SIMPLE
ORGANIZATIONAL BEHAVIOR

간편 조직행동

| 백기복 지음 |

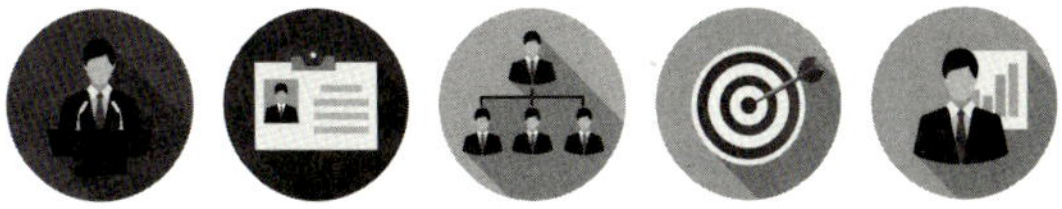

창 민 사

‘간편 조직행동’을 내면서

‘조직행동연구’를 펴낸 지 20여년이 흘렀습니다. 그동안 많은 분들이 교재로 사용해 주셨는데, 대체적으로 두 가지 평가로 나뉘는 것을 확인하였습니다. 하나는 내용이 다양하게 수록되어 있어서 좋다는 평가였고, 다른 하나는 내용이 너무 많아서 강의하기에 부담이 된다는 것이었습니다. ‘간편 조직행동’은 내용이 너무 많아 부담을 느끼시는 강사 분들을 위하여 조직행동론에서 꼭 전달해야 할 핵심 내용만을 담은 조직행동의 엣센스 교재입니다.

조직행동론은 조직원들의 행동과 심리를 다루는 학문이기 때문에 이론이 많고 각 이론에 대한 설명도 매우 자세하게 제시되는 특징을 갖습니다. 조직행동 교재들 대부분이 두께가 두꺼운 것은 이 때문입니다. 하지만 내용이 많다는 것은 강의를 하는 분들뿐 아니라 학생들에게도 부담이 될 수 있겠죠. 오늘날은 정보화의 발달로 자료에 대한 접근성이 좋아졌기 때문에 강의실에서는 엣센스만 전달하고 나머지 구체적인 것은 관심이 있으면 각자가 인터넷 등을 활용해서 스스로 찾아 학습해도 된다고 판단했습니다.

‘간편 조직행동’을 준비하면서 몇 가지 원칙을 적용했습니다.

첫째는 군살을 뺀다는 원칙입니다. 불필요하든가 중복되는 설명을 제거하고, 엣센스만 남겼습니다. 너무 깊이 들어간 내용들이나 지엽적인 것들도 과감히 제거했습니다. 제거된 내용들 중에서 꼭 필요하다고 생각되는 것은 강의하시는 분들 각자의 재량으로 ‘조직행동연구’의 내용을 활용할 수 있다고 판단했습니다.

둘째는 일관성 유지의 원칙입니다. ‘간편 조직행동’에서는 각 장의 첫 부분에 나오는 “Let's Talk!”의 사례와 본문의 내용, 그리고 장말의 ‘문제’와 종합사례가 일관성 있게 기술되도록 노력했습니다. 사례와 문제는 모두 본문의 핵심 내용과 일관성을 갖도록 제시했습니다.

셋째는 조직 현장과의 연계 원칙입니다. 사례나 문제의 내용은 물론 본문에도 될 수 있으면 조직 현장에서 중요시되는 내용을 담으려고 노력했습니다. '이론 따로 실무 따로'라는 비판을 많이 받는데 그렇지 않다는 것을 보여줄 수 있는 증거들을 곳곳에 제시하였습니다. 이론을 배우고 그것을 조직 현장의 사례를 해석하고 조직원들의 행동을 예측하는 데 활용할 수 있는 기회를 되도록 많이 제공하려고 노력했습니다.

'간편 조직행동'은 새로운 시도입니다. 이를 기점으로 앞으로 더 창의적이고, 강사와 학생들이 가르치고 배우기에 더 쉽고 의미 있는 교재가 될 수 있도록 만드는데 지속적인 노력을 해나갈 것입니다.

이 책을 내는데 좋은 아이디어를 주시고 항상 많은 지원을 아끼지 않는 창민사 윤동구 사장님께 감사의 말씀을 드리고, 조교 최지선과 최효선에게도 고마운 마음을 전합니다. 그동안 '조직행동연구'를 많이 사랑해주신 강사 분들과 학생들에게도 깊은 감사의 말씀을 전하고 앞으로도 변함없는 애정과 조언을 부탁드립니다.

2017년 1월

저자 백기복 올림

차 례

제 I 부 개 요

조직행동의 개요 제1장

제 II 부 개인차원 연구

제 2 장 능력, 태도, 가치관

성격, 감정, 지각 제3장

제4장 욕구중심 동기부여이론들

최근 동기부여이론들 제5장

제 8 장 커뮤니케이션

권력과 정치 제 9 장

제 10 장 리더십 I

제 11 장 리더십 II

제 12 장 의사결정

제13장 갈등과 협상

제15장 조직 변화와 개발

제 I 부

개 요

제1장 조직행동의 기초

제1장

조직행동의 기초

본 장의 요점

- ※ 본 장에서는 조직행동론의 전반적 체계를 조망한다.
- ※ 조직행동의 개인차원, 집단차원, 조직차원의 주제들을 살펴봄으로써 조직행동의 역동성을 감지한다.
- ※ 조직행동론의 특징을 알아봄으로써 학문적 정체성을 이해한다.
- ※ 한국 기업들이 직면한 조직행동의 과제들을 학습함으로써 본 과목이 갖은 실무적 의미를 이해한다.

Let's Talk!

"기업은 사람이다"

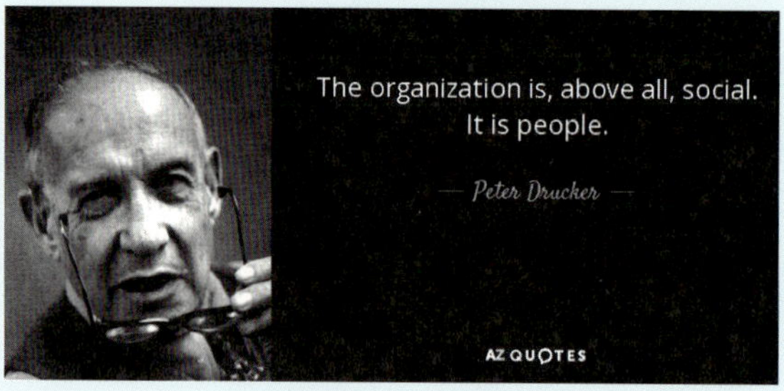

피터 드럭커(Peter Drucker; 경영학자)

"기업은 사람이다"

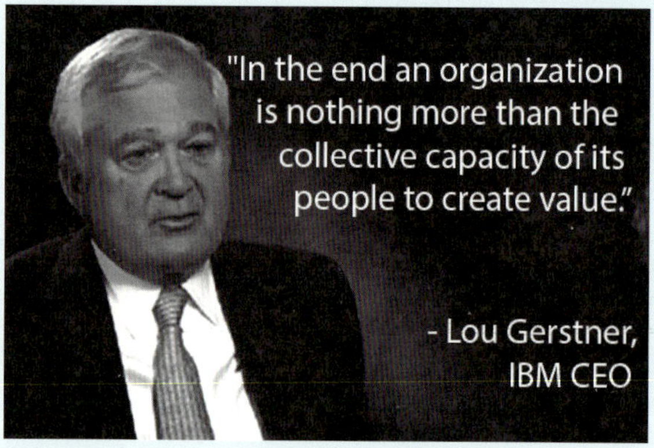

루 거스트너(Lou Gerstner; IBM 전임 CEO)

"조직이란 사람들이 역량을 모아 가치를 창조하는 것 이상 없다"

✻ 〈토론 주제 1〉 한국 기업가들 중에도 "기업은 사람이다"라는 취지의 말을 한 사람이 있다. 누구일까?

조직행동의 목적

기업이 사람을 통해서 추구하는 것

조직경영이란 "사람을 통해서 목표를 달성하는 것"이다. 그러므로 사람을 이해하지 않고서는 경영을 제대로 할 수 없다. 이것은 규모나 국적에 관계없이 모든 조직에 적용된다.

기업은 사람 때문에 흥하기도 하고 망하기도 한다. 그래서 기업들은 기업을 흥하게 하는데 기여할 수 있는 사람을 유지하고 기업에 해가 되는 사람을 배제하려고 노력한다. 능력 있고 열정이 넘치는 인재들을 확보하기 위해서 심혈을 기울이는 것은 이 때문이다. 교육과 훈련을 통하여 직원들에게 조직목표달성에 필요한 기술이나 역량을 개발해주고 올바른 가치관을 가진 직원을 확보하려고 노력하는 것도 사람이 기업의 흥망을 결정한다는 것을 믿기 때문이다. 그러므로 기업경영을 성공시키기 위해서는 사람을 잘 뽑고 잘 관리하고 효과적으로 활용하는 것이 매우 중요하다.

사람을 잘 뽑고 잘 관리하고 적절히 활용하기 위해서는 사람과 사람들의 본질을 잘 이해해야 한다. 사람과 사람들에 대한 깊이 있는 이해 없이는 기대하는 경영성과를 창출하기 힘들다. 이처럼 조직행동론(Organizational Behavior)은 경영에 큰 영향을 미치는 사람 또는 사람들의 문제를 다루는 학문체계이다.

조직생활을 통해서 개인이 얻는 것들

기업에 근무하는 조직원들도 사람과 사람들의 속성을 충실히 이해할 필요가 있다. 조직원들은, ① 조직생활을 통해서 경제적 안정을 얻고, ② 동료들이나 부하, 또는 상사와의 원활한 인간관계를 통해서 사회적 욕구를 충족시킬 수 있다. 아울러, ③ 직무를 수행하는 과정에서 개인의 성장과 성취감을

그림 1-1
조직생활을 통해서 개인이 얻는 것들

얻을 수도 있으며, ④ 조직생활을 통해서 개인적 만족과 행복감을 느낄 수도 있다. 이러한 개인적 성과는 사람과 사람들의 속성을 깊이 이해함으로써 더 효과적으로 얻어질 수 있다. 그러므로 조직행동론은 조직원 개인을 위해서도 매우 필요한 학문이다.

조직행동론의 특징들

다른 학문들과의 교류가 활발하다

조직행동론은 초기에 심리학, 사회학, 정치학, 인류학 등으로부터 많은 영향을 받았으며, 최근에는 조직행동론의 연구결과가 다른 학문들에 영향을 미치고 있어 학문영역들간에 활발한 교류가 이뤄지고 있다.

조직행동론의 개인차원 연구주제들은 기초심리학, 인지심리학, 응용심리학, 산업심리학, 조직심리학, 사회심리학 등 심리학 계열의 학문들과 활발한 교류가 이뤄지고 있다. 심리학은 인간 개인의 심리과정과 행동을 과학적으로 연구하는 학문분야로서 개인의 속성뿐 아니라 개인과 환경간의 상호작용을 설명하는 학문체계이다. 조직행동론에서는 조직의 성과(생산성, 효율성, 효과성 등)에 영향을 미치는 개인차원의 다양한 속성들(예, 능력, 태도, 가치관, 성격, 지각, 감정, 동기)을 취급하며, 이러한 속성들이 직무, 조직구조, 기술, 전략, 그리고 다른 조직원 등과 같은 조직환경요인들과 상호작용하여 개인행동에 어떤 영향을 미치는지를 연구한다.

조직행동론의 집단차원의 주제들은 주로 사회학, 사회심리학, 정치학 등과의 교류가 활발하다. 이들은 개인의 속성이나 행동을 다루기보다는 집단의 속성과 행동, 그리고 집단이 개인에 미치는 영향을 연구 대상으로 한다. 사회학은 사람들이 모여 살면서 발생하는 사회의 현상을 다루며, 사회심리학은 사람들간의 관계를 연구하는 사회학에 심리학의 관점을 접속한 학문으로 사람들간에 주고받는 심리적 영향을 주로 다룬다. 정치학은 국가를 이끄는 권력구조를 연구하는 학문분야이다. 이들 학문분야들은 조직행동론에서 다루는 집단의 특성, 커뮤니케이션, 집단의사결정, 리더십, 갈등관리, 협상, 권력과 정치 등의 주제들과 관련된다. 예를 들어, 카리스마리더십이론은 사회학에서 개발된 카리스마(charisma) 개념에 기초하고 있고 변혁적 리더십이론은 정치학자가 창안한 이론이지만, 조직행동론에 도입되어 많은 연구가 이뤄졌다. 또한 조직원들간의 팀 빌딩, 의사소통, 조직활성화, 조직원 변화와 개발 등을 연구하는 조직개발(Organizational Development) 분야는 사회심리학과 관련이 깊다.

아울러, 조직행동론의 조직차원의 주제들은 주로 사회학이나 인류학과 영향을 주고받는다. 본서에서 학습하게 될 조직문화(Organizational Culture)는 인류학의 영향을 크게 받았다. 인류학은 사람들이 사회나 국가를 이루어 살아가는 방식을 연구하는 학문이다. 조직도 사회이므로 나름대로 문화가 생겨난다. 국가별 문화가치의 차이가 특정 국가 조직구성원들의 행동에 영향을 미치기도 한다. 또한 조직구조나 조직변화 등은 사회학과 깊이 관련된다. 이들 조직차원의 연구주제들은 거시적 변수들로서 조직원들이 조직생활을 하는데 있어 환경요인으로 작용한다. 예컨대, 경직된 조직문화를 갖은 회사에서 근무하는 개인 조직원은, 유연한 조직문화의 조직구성원들에 비해, 자신의 생각과 의견을 자유롭게 표현하지 못하는 경향이 있다. 조직문화라는 환경이 조직원 개인에게 영향을 미치고 있는 것이다.

오늘날은 정보화기술의 발달로 자료의 접근성이 용이해지면서, 학자들이 자신의 학문적 경계를 넘어 다른 학문분야에서 축적된 연구결과를 서로 활발하게 빌려 쓰고 있다. 따라서 위에 열거한 학문분야 이외에도 조직행동론이 교류하는 학문분야는 다양하다. 예를 들어, 감정이나 인지성향을 설명할 때, 뇌(신경)과학 분야의 연구결과를 빌려 쓰기도 하고 생물학의 유전자 분석을 활용하여 리더십 현상을 분석하기도 한다. 아울러, 물리학의 복잡계이론은 조직변화를 설명하는 데 활용되기도 하였다. 이처럼 활발해진 학제간(interdisciplinary) 교류는 조직행동론의 발달에 큰 영향을 미치고 있다.

상황에 따라 효과가 달라진다

뉴우톤(Newton)이 제시한 만류인력의 법칙에는 예외가 없다. 사과가 땅으로 떨어지듯이, 무게가 있는 모든 것은 예외 없이 중력에 이끌린다. 하지만 인간을 다루는 이론이나 법칙들은 상황과 대상에 따라 효과가 달라진다. 가령 "능력 있는 사람이 성과를 더 낸다"라는 법칙이 있다고 하자. 그러나 능력이 있다고 하더라도 열심히 하지 않으면 능력이 다소 모자라지만 열심히 하는 사람에 비해서 더 큰 성과를 낼 수 없다. 그러므로 "능력 있는 사람이 성과를 더 낸다"는 법칙은 절대 진리라고 할 수 없다. "능력이 있는 사람이 열심히 할 때 성과가 높다"는 표현이 보다 진리에 가깝다고 할 수 있으며, 이때 '열심'이라는 조건을 조절변수(moderator)라고 한다.

이론들 중에는 각 상황에 따라 특정 변수의 효과가 어떻게 달라지는지를 구체적으로 제시하는 이론들이 있는데 이런 이론을 상황이론(situational theory)이라고 한다. 상황에 따른 효과차이를 구체적으로 제시하고 있지 않은 이론이라고 할지라도, 대부분의 경우 상황에 따라 효과가 차이가 나리라는 것을 가정하고 있다고 봐야 한다. 절대 진리인 것처럼 제시된 이론이나 법칙이라고 할지라도 "상황이 같다면"(*ceteris paribus*; 세테리스 파리부스)이라는 가정이 깔려 있다. 따라서 위에서 예로 든, "능력 있는 사람이 성과를 더 낸다"는 법칙을 접했을 때 틀렸다고 하기보다는 상황조건에 따라 능력과 성과의 관계가 달라지는 것으로 이해해야 하며 "상황이 같다면"이라는 전제가 깔려 있는 것으로 해석하는 것이 바람직하다.

시스템 관점을 가져야 한다

시스템(system)이란 사람의 몸처럼 여러 기능들이 서로 연결되어 전체를 이룬 것을 뜻한다. 사람의 몸이 심장, 위장, 간장, 신장, 대/소장, 폐 등의 부분(part)들이 신경과 혈관으로 연결되어 하나의 전체(whole)를 이루듯이, 조직도 사람, 직무, 구조, 전략, 제도, 자금, 영업 등의 부분들이 정보와 커뮤니케이션을 통하여 서로 연결되어 하나의 개체를 이룬다. 그러므로 조직도 인체와 마찬가지로 시스템에 속한다.

시스템 관점은 조직행동을 학습할 때도 중요시된다. 사람의 문제를 다른 요인들과의 관계를 고려하지 않고 독립된 문제로 국한시켜 이해해서는 안 된다. 과업, 구조, 전략, 최고경영자, 직속 상사, 동료, 하급자, 조직의 역사 등 조직의 다른 요인들과의 관계 속에서 시스템적으로 사람 문제를 이해하는 것이 바람직하다. 예를 들어, 현대자동차의 울산공장 생산라인에서 운전석을 조립하는 근로자 한 사람의 나태한 행동은 자신의 성과에 뿐 아니라, 생산라인 전체와 감독하는 사람, 그리고 생산라인의 전후에 있는 다른 근로자들의 성과에도 큰 영향을 미칠 수 있다.

또한 시스템과 그 시스템을 둘러싼 환경의 관계를 고려하는 것도 중요하다. 예를 들어, 조직원들의 역량에 관련된 문제를 조직 내 훈련의 문제로만 볼 수는 없다. 노동시장이나 산업의 특성을 고려해야 하고 기업의 재무구조와 급여수준 등도 함께 고려하는 것이 바람직하다. 이처럼, 외부환경과의 관계를 고려하여 시스템을 이해하는 것을 '열린 시스템'(open system)의 관점이라고 하고, 시스템 내부 요인들만을 고려하는 관점을 '닫힌 시스템'(closed system) 관점이라고 한다. 열린 시스템 관점으로 조직행동을 이해하려는 노력이 보다 바람직하다.

경영학의 주요 전공과 조직행동론

CEO에서 말단사원에 이르기까지 조직이 추구하는 경영전략에 적합한 인재를 확보하여 효과적으로 필요한 과업을 수행할 수 있도록 조직구조와 인사시스템을 갖추어 나아가야 한다. 경영학에서는 이들 조직경영에 필요한 요인들 각각을 별도의 전공이나 과목으로 개설하여 가르치고 있다. 이를 구체적으로 제시하면 〈표 1-1〉과 같다.

〈표 1-1〉에 나타난 전공이나 과목들은 대학에 따라 다양하게 응용되고 있다. 전략경영 전공이 인사조직 전공과 통합되어 있는 경우도 있고 국제경영이 전략경영 전공의 일부로 운영되기도 한다. 각 전공별 과목의 숫자도 차이가 많다. 예컨대 조직행동론의 한 분야로 여겨져 온 커뮤니케이션이나 조직문화 등을 별도의 과목으로 개설하고 있는 대학들도 있다. 또한 한 과목에서

표 1-1
경영학의 주요 전공과 과목 개요

핵심 요인	경영학의 전공들	대표 과목들
인력관리	인사 · 조직 전공	조직행동론
		조직개발론
인사시스템		인사관리론
		노사관계론
조직구조		거시조직론
		조직변화론
경영전략	전략경영 전공	경영전략론
		M & A
과 업	재무 전공	재무관리론 등
	회계 전공	관리회계론 · 재무회계론 등
	마케팅 전공	마케팅관리론 등
	생산 전공	생산관리론 등
	MIS 전공	MIS 기초 등
	국제경영 전공	국제경영전략론 등

다루는 내용이 다른 과목의 내용과 중복되는 경우도 있다.

주의할 점은 핵심 요인들 중 과업이라고 제시된 부문의 전공 하나하나가 매우 큰 분야라는 점이다. 돈을 끌어다가 물건을 만들고 영업을 열심히 해서 소비자들에게 팔아 돈을 받고 벌어온 돈을 잘 정리하여 세금을 내고 조직원의 월급을 주고 이익을 남기는 전반적인 과정이 간단해 보일 수도 있지만, 조직의 규모가 커지고 사업의 성격이 복잡해진 오늘날에는 과업 하나하나에 소요되는 지식체계와 요구되는 행위가 극히 복잡하고 다양해졌다. 따라서 각 과업별로 수많은 세부 전문가들이 생겨났으며 대학에서도 각 과업을 보다 효과적으로 수행할 수 있는 전문가를 육성하기 위한 노력을 기울여 왔다.

하지만 어떤 과업을 수행하든지 또는 어떤 전문성을 갖고 있든지간에 "사람의 문제"는 여전히 존재한다. 증권전문가도 동료들과의 갈등 때문에 고민할 때가 있으며 삼성전자연구소의 박사연구원도 최신의 지식으로 무장한 나이어린 후배연구원들의 도전 때문에 잠 못 이룰 수 있다. 대통령이 내린 결정이 사회 여러 계층의 반발을 촉발하기도 하고 CEO의 선택이 회사를 쇠퇴하게 만드는 경우도 많다. 요컨대 조직이란 크든 작든, 또 목적이 무엇이든간에, 사람에 의해서, 또 사람을 통해서 운영된다. 그러므로 조직경영에 있어 사람의 문제는 가장 기본적이면서 핵심적인 문제이다. 조직행동론은 바로 이러한 조직에서의 인간의 문제를 중점적으로 다루는 학문영역이다.

조직행동론의 세 차원

조직행동론이란 조직원들과 관련하여 개인차원, 집단차원, 그리고 조직차원에서 발생하는 다양한 현상들을 다루는 학문체계이다. 프로야구나 축구팀을 예로 들면, 크게 기대했던 선수가 기대만큼의 성과를 내지 못하는 경우도 있고(개인차원의 문제), 스타군단의 팀이 조직력이 무너져 약체 팀에 패하는 경우도 종종 접하게 된다(집단차원의 문제). 그런가 하면, 구단의 불필요한 간섭으로 팀이 제대로 기능을 못하는 일도 있다(조직차원의 문제). 이것은 곧 조직에서 사람 또는 사람들의 문제가 개인, 집단, 그리고 조직에 따라 다양하게 나타날 수 있다는 것을 말해준다.

기업조직 구성원들의 행동도 개인차원, 집단차원, 그리고 조직차원에서 다양하게 나타난다. 예를 들어, K사 영업1팀의 A라는 영업직원이 다른 영업직원들에 비해 특별히 성과가 낮다면 개인차원의 문제로 볼 수 있지만, 영업1팀의 성과가 평균적으로 다른 영업팀들에 비해 낮게 나타나고 있다면, 집단차원의 문제가 된다. 나아가 K사 전체의 영업실적이 다른 경쟁사들 대비 낮게 나타나고 있으면, 조직차원의 문제라고 봐야 할 것이다. 물론 각 차원의 낮은 성과의 원인은 여러 가지가 있을 수 있다. A의 낮은 성과가 영업을 싫어하는 개인의 성향이나 능력부족 때문일 수 있는 반면, 영업1팀의 성과부진은 팀 내 갈등이나 팀원들간의 비효율적인 커뮤니케이션 때문일 수 있다. 또한 K사의 낮은 영업실적의 원인은 영업보다는 관리를 중시하는 조직문화나 회사의 잘못된 인센티브제도에 기인할 수 있다.

개인차원, 집단차원, 조직차원에 관련된 주제들은 매우 다양하다. 예컨대, 개인차원에는 능력, 태도, 가치관, 성격, 지각, 감정, 동기 등과 같은 개인간 차이(개인차)와 관련된 주제들이 포함된다. 즉 개인차원의 주제들은 조직원에게 영향을 미치는 개인적 요인들이다. 집단차원의 주제들은 집단의 성격, 커뮤니케이션, 갈등과 협상, 집단의사결정, 리더십, 권력과 정치 등과 같이 여러 사람이 팀과 같은 집단을 이루어 일할 때 발생하는 요인들이다. 이들은 각 집단 내 구성원들의 행동에 영향을 미치게 된다. 한편, 조직차원의 요인들로는 조직문화, 조직변화와 개발, 조직구조, 그리고 경영전략 등을 들 수 있다. 이들은 조직 전체에 해당하는 요인들이다. 예를 들어, 조직문화를 말할 때 '관리의 삼성', '행동의 현대' 등과 같이 표현하는 것은 삼성이나 현대에 다니는 개인이나 팀에 관한 이야기를 하는 것이 아니라 삼성과 현대의 조직특성을 표현하고 있는 것이다. 이와 같은 조직차원의 요인들도 조직구성원들의 행동에 영향을 미치게 된다.

이처럼 조직행동론에서는 조직의 개인, 집단, 조직차원의 요인들이 구성원들의 행동에 어떤 영향을 미치는지를 다룬다. 즉 조직행동론은 조직경영에

그림 1-2
조직행동의 3차원

있어 가장 기본이 되는 사람 또는 사람들의 행동을 체계적으로 설명할 수 있다는 데서 큰 의의를 찾을 수 있다.

본서의 체계

본서는 제4부, 15장으로 이루어져 있다. 제I부는 개요로서 제1장 조직행동의 기초를 다룬다. 조직행동론은 조직원들의 행동을 이해함에 있어, 개인차원, 집단 및 팀 차원, 그리고 조직차원의 세 차원을 가지고 설명하는 전통을 가지고 있다. 따라서, 제II부는 개인차원의 이슈들을 다루고, 제III부에서는 두 사람 이상이 관련되었을 때 나타나는 현상들인 집단 및 팀 차원의 이슈들을 다룬다. 그리고 제IV부는 조직 전체 차원의 이슈들로 구성되어 있다.

요컨대, 제II부 개인차원에서는 개인이 각각 서로 어떻게 다르며 그 차이로 말미암아 어떤 행동차이가 나타나는가를 2장과 3장에서 다루게 되는데 주로 개인의 능력, 태도, 가치관, 성격, 감정, 그리고 지각에 관련된 이론들과 연구된 결과를 기술한다. 이어서 4장과 5장에서는 개인을 어떻게 동기부여(motivation)시킬 것인가의 주제를 학습하게 된다. 제6장은 학습과 스트레스에 대해서 살펴본다.

제III부 집단 및 팀 차원에서 다뤄지는 주제들은 집단과 팀의 특성(7장), 커뮤니케이션(8장), 권력과 정치(9장), 리더십 I, II(10장, 11장), 의사결정(12

장), 그리고 갈등과 협상(13장) 등이다. 조직원 개인은 혼자 있을 때의 행동과 집단이나 팀에 소속되어 있을 때의 행동이 다르게 나타난다. 이것은 곧 집단이나 팀은 나름대로 독특한 특성을 갖는다는 것을 의미한다. 최고의 선수들로 구성된 축구팀이 형편 없는 팀에게 패하게 되는 것은 선수 개인의 문제가 아니라 팀의 문제이다. 그러므로 우리는 개인의 특성을 넘어 집단이나 팀에 나타나는 독특한 특성들을 체계적으로 이해할 필요가 있는 것이다.

한편, 제Ⅳ부 조직차원의 연구는 가장 거시적인 주제들을 다룬다. 즉, 조직 전체의 속성과 관련되는 조직문화(14장)와 조직변화 및 조직개발(15장)을 학습하게 된다. 삼성에 다니는 조직원들과 현대자동차에 다니는 조직원들의 행동성향이 평균적으로 다르게 나타나는 것은 조직문화 차이에 따른 결과이다. 조직문화의 개념과 유형을 체계적으로 학습함으로써 다양한 조직문화에 따른 개인 조직원들의 행동성향을 이해할 수 있게 된다. 아울러, 조직은 환경의 변화에 적응하기 위해서 조직의 관행과 조직원들의 행동을 변화시킬 필요가 있다. 조직과 조직원들의 변화를 종합적으로 다루는 것이 조직변화 및 조직개발의 장이다.

이상에서 설명한 본서의 체계를 그림으로 나타내면 〔그림 1-3〕과 같다.

제1장 문제 풀이

(1) 위키피이아에서 "OB(Organizational Behavior)"의 정의를 찾아보자.

(2) 당신이 선호하는 "가장 다니고 싶은 직장"은 어떤 직장인지 말해보자.

(3) 조직에서 사람은 "자산(asset)"이 되기도 하고 "부채(liability)"가 되기도 한다. 사람이 자산이 되는 경우와 부채가 되는 경우의 예를 들어보자.

그림 1-3 본서의 체계

제I부 개 요

제1장 조직행동의 기초

↓

제II부 개인차원 연구

제2장 능력, 태도, 가치관
제3장 성격, 감정, 지각
제4장 욕구중심 동기부여이론들
제5장 최근 동기부여이론들
제6장 학습과 스트레스

→

제III부 집단차원 연구

제7장 집단과 팀
제8장 커뮤니케이션
제9장 권력과 정치
제10장 리더십 I
제11장 리더십 II
제12장 의사결정
제13장 갈등과 협상

↓

제IV부 조직차원 연구

제14장 조직문화
제15장 조직 변화와 개발

종합 사례 1 페이스북 CEO, 마크 주커버그(Mark Zuckerberg)의 "People First"

Facebook의 CEO 마크 주커버그는 '사람 먼저'(People First)의 철학으로 경영한다. 그가 내세우는 경영은 5P 경영으로 알려져 있다. 5P 경영이란 아래와 같다.

Passion(열정): 항상 자신이 옳다고 믿는 일을 찾아 철저히 몰입하고 충만한 에너지를 유지하라.

Purpose(목적): 목적을 세우고 최고의 제품을 창조하기 위해서 의미 있게 움직여라.

People(사람): 비전과 목표를 성취할 수 있도록 강력하고 힘 있는 팀을 구축하라.

Product(제품): 평범한 제품을 만들려 하지 말고, 모든 것을 바꿀 수 있는 혁신제품을 창안하라.

Partnership(파트너십): 상상력이 풍부한 사람들과 강하고 튼튼한 파트너십을 구축하라.

[종합 문제 1] 주커버그의 5P를 통해서 볼 때 Facebook은 조직구성원들을 어떻게 대하는 회사라고 추정할 수 있을까?

제 Ⅱ 부

개인차원 연구

제 2 장

능력, 태도, 가치관

본 장의 요점

- ※ 능력의 개념과 종류를 배우며 창의성, 인지스타일 등 유사 개념도 학습한다.
- ※ 태도에 속하는 직무만족, 조직몰입, 조직시민행동을 구체적으로 학습하며 행동과 태도의 불일치에 기인하는 인지부조화에 대해서 알아본다.
- ※ 가치관의 개념과 수단가치, 최종가치를 이해하고 보편적 가치와 일 가치의 관계를 학습한다.
- ※ 능력, 태도, 가치관이 조직행동에 미치는 다양한 결과를 구체적으로 파악한다.

Let's Talk!

“능력은 사람을 돋보이게 하지만, 태도는 사람을 존중받게 한다”

영화 “인턴”(Intern)은 능력 있는 30대의 창업회사 사장이 태도 좋고 경험 많은 70대의 노인을 인턴으로 고용한다는 이야기다.

영화가 우리에게 주는 중요한 교훈:

“능력은 사람을 돋보이게 하지만, 태도는 사람을 존중받게 한다”
[“People see you for your abilities; people respect you for your attitude.”]

(http://blog.naver.com/sweetchina/220867408899)

✱ 〈토론 주제 2〉 많은 기업경영자들이 종업원들의 “능력 부족, 태도 불량, 성과 부진” 때문에 고민한다. 어떻게 해결할 수 있을까?

사람의 모든 행동에는 원인이 있다. **개인차**(individual difference)란 조직행동의 원인이 될 수 있는 개인의 내적 요인들을 뜻한다. 여기에는 능력, 태도, 가치관, 성격, 감정, 지각 등이 포함된다.

본서에서는 이처럼 조직원 개인행동의 원인이 될 수 있는 여섯 가지 요인들에 대해서 살펴보게 된다. 제2장에서는 능력, 태도, 가치관을 알아보고 제3장에서는 성격, 감정, 그리고 지각에 대해서 학습하게 된다.

능 력

능력(Ability)이란 무엇인가

일의 성과는 능력과 태도에 의해서 결정된다. 아무리 능력이 있더라도 열정적 태도가 없으면 성과를 기대하기 힘들다. 또한 일에 대한 태도가 아무리 좋다 하더라도 능력을 갖고 있지 못하면 일을 잘해낼 수 없다. 흔히 성과를 능력과 태도의 함수라 하여 다음과 같이 표시한다.

$$\text{성과} = f(\text{능력} \times \text{태도})$$

능력이란 어떤 일(정신적, 육체적)을 할 수 있는 **최대한의 한계**를 나타내는 것이며 이는 태어날 때부터 가지고 있을 수도 있고 학습에 의해 개발될 수도 있다.[1)]

물론, 한 개인이 잠재적으로 보유하고 있는 최대치와 그 사람이 실제로 발휘하는 능력의 수준간에는 차이가 있을 수 있다. 잠재능력이 최대한 개발되었다는 것을 전제로 할 때, 잠재능력의 몇 퍼센트가 발휘되는가는, 위의 공식에 나타나 있듯이, 태도에 의해서 결정된다.

능력과 비슷한 개념으로 기술(skill), 적성, 컴피턴시 등의 용어도 쓰인다.

표 2-1
관리자의 세 가지 능력[2)]

개념화 능력 (conceptual ability)	조직에서 일어나는 여러 가지 구체적이고 복잡한 정보, 사건, 현상들을 추상화하여 일정한 개념의 틀에 따라 이해할 수 있는 능력을 뜻한다. 이러한 능력이 뛰어난 사람은 조직의 상황을 보다 더 빨리 이해하여 조직목표 달성에 무엇이 필요한지를 꿰뚫어 본다.
인간관계 능력 (human skills)	효과적으로 리더십을 발휘하고 조직원들의 동기를 유발시키며 상 · 하급자 및 동료들과 원활한 의사소통을 수행하는 등에 소요되는 능력을 말한다.
전문적 능력 (operational skills)	전문적 기술이란 특정의 임무수행을 위하여 그 임무에 필요한 지식이나 방법, 테크닉, 장비 등을 사용할 수 있는 능력을 말하며, 이는 경험이나 교육 · 훈련 등에 의해서 얻어진다.

관리자의 능력 분류

조직경영과 관련하여 조직원들이나 경영자들에게 요구되는 능력(또는 기술)의 유형을 흔히 전문적 능력, 인간관계 능력, 개념화 능력 등으로 나눈다. 여기서는 각각의 개념과 조직계층에 따른 각 기술(능력)의 소요정도에 대해서 살펴보려 한다. 이에 대한 내용을 〈표 2-1〉에 요약하였다.

이 세 가지 능력은 조직 내에서 개인이 갖고 있는 위치와 관련된다. 즉 어떠한 계층에 있느냐에 따라 더 많이 요구되는 능력의 유형이 다르다. 이를 〔그림 2-1〕에 나타내었다.

그림 2-1
조직계층에 따른 필요 능력

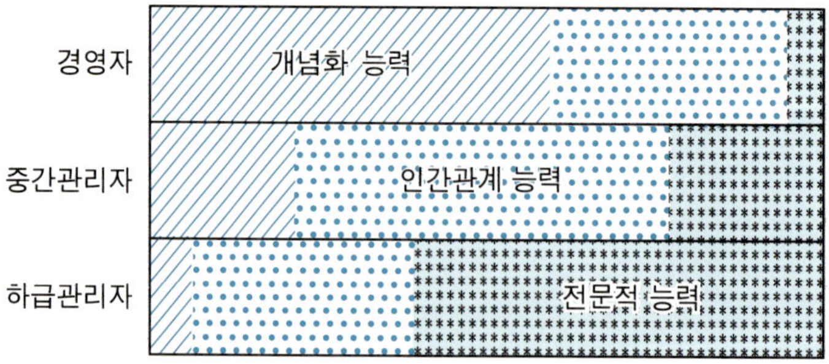

창의성

창의성이란 무엇인가

창의성이란 정보나 지식을 독특한 방법으로 조합하여 참신하고 유용한 아이디어를 산출해 내는 능력을 뜻한다. 창의적 성과는 천재들에 의해서만 얻어지는 것은 아니다. 꾸준히 노력하여 획기적 성과를 창출한 노력형 창조자들도 많다. 예를 들어, 피카소(Picasso)는 일찍부터 비범한 재능을 보여줬으며, 그러한 남다른 창의성에 입각하여 획기적인 작품들을 남겼다. 반면에 세잔느(Cezanne)는 인내를 가지고 꾸준히 새로운 것을 탐색하며 노력한 결과 나이가 들면서 창의성이 두드러지게 나타난 경우이다. 〈표 2-2〉에는 피카소형 기업가와 세잔느형 기업가들의 예를 제시하였다.

창의성은 전문성, 상상력, 그리고 내적 동기 등 세 가지 요소로 구성된다.[3] 창의성이 있는 사람들은 일반적으로 내적 동기가 강하여 선택한 일이나 문제 자체를 즐기려는 성향을 갖는다. 강한 내적 동기는 관심분야에 있어 남다른 전문성을 쌓게 하며, 이것이 상상력과 상호작용하면서 참신한 아이디어를 산출해 내게 되는 것이다.

표 2-2
창의성: 천재형 피카소와 노력형 세잔느

피카소 형(Picasso)	세잔느 형(Cezanne)
• 마크 앤드리센(Marc Andreessen) 넷스케이프 창시자로 대학교 재학 중 웹브라우저를 개발	• 크레그 배릿(Craig Barrett) 전 인텔 최고경영자, 엔지니어로서 합리적 경영
• 스티브 잡스(Steve Jobs) 애플컴퓨터 창시자, PC 업계를 시작했다는 평	• 멕 휘트만(Meg Whitman) 이베이(ebay) 최고경영자, 과거의 경험을 중시하여 이를 미래성장의 동력으로 사용

개인의 창의성 저해요인들

개인차원에서 창의성을 저해하는 요인들을 알고 있으면 창의성 발휘에 도움이 된다. 물론 상황에 따라 개인의 잠재적 창의성이 다 발휘될 수 없도록 하는 저해요인들의 종류가 다르겠지만, 일반적으로 나타나는 개인차원의 방해요인들은 〈표 2-3〉과 같이 요약될 수 있다.

표 2-3
창의성 저해요인들

(1) "정답"을 찾으려는 경우
(2) 항상 논리적이려고 노력하는 자세
(3) 규칙이나 규율에 맞는 해결책을 찾으려 함
(4) 지나치게 실용성을 추구함
(5) 애매하고 모호한 상황을 회피하려는 자세
(6) 실패할 것을 두려워 함
(7) 일에 재미를 붙이지 못함
(8) 자신의 전문성 밖의 문제에 대해서는 무관심함
(9) 바보처럼 보이는 것을 싫어함
(10) 자신이 창의성이 없다고 믿음

인지스타일

인지스타일(cognitive styles)이란 인간이 정보를 어떻게 판단하고 지각하는가와 관련된 정신적 과정을 의미한다. 이 인지스타일의 분류는 이미 1920년대에 스위스의 심리분석학자 칼 융(Carl Jung)에 의해 이루어졌으며 그 후 마이어스와 브릭스(Myers & Briggs)에 의해서 발전되어 오늘날에는 MBTI(Myers-Briggs Type Indicator)라는 설문양식에 의해 널리 알려져 있다.[4)]

MBTI는 네 가지 차원으로 이루어져 있다. 이들은 ① 개인의 에너지가 어느 쪽으로 많이 사용되는가(에너지 방향), ② 외부의 정보를 인식하고 수집하는 방법이 어떤가(정보인식), ③ 어떤 방식으로 의사결정을 하는가(결정방법), 그리고 ④ 어떤 양식으로 살아가는가(생활양식) 등이다.

이들 네 차원은 각각 상반된 두 요인을 갖는다. 즉, ① 에너지 방향에는 외향형(Extraversion)과 내향형(Introversion)이 있다. 외향적인 사람은 주로 다른 사람들을 만나고 교류하는 데 에너지를 쓴다. 내향적인 사람은 주로 자기 자신을 위해서 에너지를 사용한다. ② 정보인식의 방법에는 감각형(Sensing)과 직관형(iNtuition)이 있다. 감각적인 사람은 현실적인 반면, 직관적인 사람은 이상적인 사람이다. ③ 결정방법은 사고형(Thinking)과 감정형(Feeling)으로 대비된다. 사고를 중시하는 사람은 논리적이고 분석적, 객관적인 반면, 감정을 중시하는 사람은 결정할 때 상대방의 마음을 중시하며 잘잘못을 따질 때도 정상을 참작해야 한다고 믿는다. 그리고 ④ 생활양식에는 판단형(Judging)과 인식형(Perceiving)이 있다. 판단형은 계획적으로 인생을 살아가는 사람이고 인식형은 즉흥적으로 살아간다. 이상에서 설명한 4차원 8요인 각각의 특징을 대비시켜 설명하면 〔그림 2-2〕와 같다.

그림 2-2 MBTI 8요인들의 특징

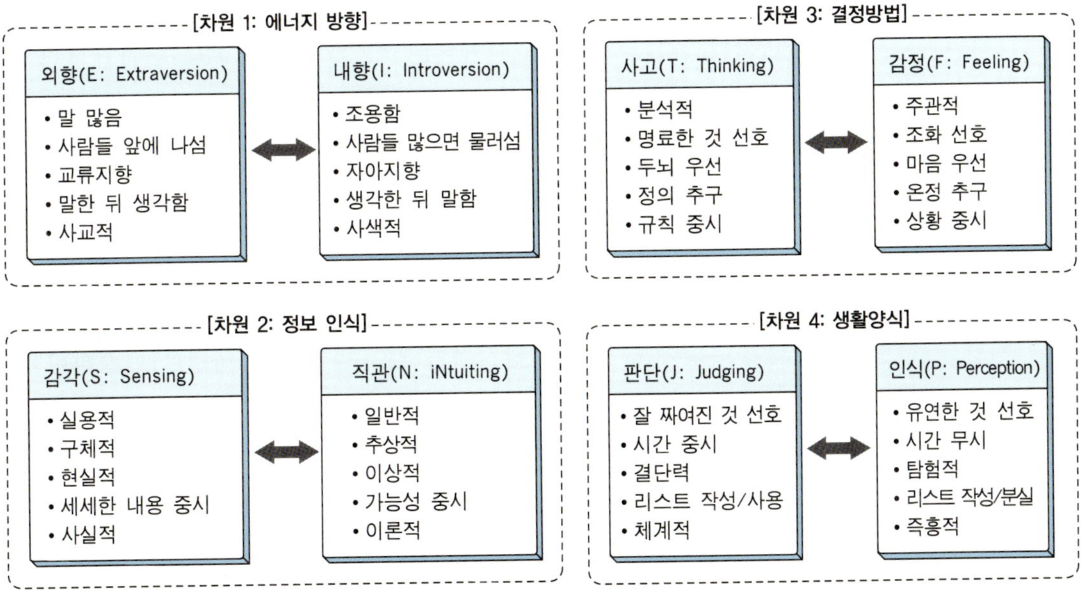

자료: Nelson, D.L., & Quick, I.C. 2005. *Understanding Organization Behavior*, Thomson: South-Western, p. 60에서 수정 인용.

표 2-4
MBTI 16유형

ISTJ 세상의 소금형	ISFJ 2인자 권력형	INFJ 예언자형	INTJ 과학자형
ISTP 백과사전형	ISFP 성인군자형	INFP 잔다르크형	INTP 아이디어 뱅크형
ESTP 수완좋은 활동가형	ESFP 사교형	ENFP 스파크형	ENTP 발명가형
ESTJ 사업가형	ESFJ 친선도모형	ENFJ 달변형	ENTJ 지도자형

이처럼 MBTI의 4차원 8요인을 가지고 개인의 인지스타일을 진단할 수 있는데 총 16가지 유형이 있다. 16유형을 별칭과 함께 제시하면 〈표 2-4〉와 같다. 자신이 어떤 유형인지를 추측해보자.

인지부조화

인지부조화(cognitive dissonance)이론은 페스틴저(Leon Festinger)가 주창한 이론이다.[5] 두 개의 신념간에 혹은 신념과 태도간에 또는 태도와 행동간에 불일치가 발생하면 개인은 인지부조화를 경험하게 된다. 인지부조화는 개인의 심리적 균형을 깨뜨리기 때문에 이를 감소시키려는 쪽으로 노력하게 된다. 또한 태도와 행동간의 부조화가 발생한 경우 행동은 이미 이루어져서 돌이킬 수 없는 것이므로 행동을 바꾸는 것보다는 태도를 바꾸는 것이 쉽다.

예를 들어 휴일에도 회사에 당직자가 있어야 한다는 사실은 인정하나 당신에게 당직을 하라고 하면 부정적 태도를 취할 수 있다. 또한 절약하는 생활을 하자고 구호를 외치면서도 회사 기물(용지나 펜 등)을 아끼지 않고 마구 사용하는 경우도 있다. 담배가 건강에 좋지 않다는 것을 익히 아는 사람의 흡연 행동과 "담배는 건강에 해롭다"라는 인지간에 부조화가 존재한다. 대부분의 흡연가들은 담배를 끊음으로써 행동을 바꾸기보다는 누구누구는 하루에 담배를 세 갑씩 피우고도 80세까지 살았다라든가 담배 피우는 즐거움도 없다면 인생의 의미가 전혀 없다는 등의 이유를 들어 인지부조화를 해소하려 할 것이다. 이것은 태도와 행동간의 부조화가 발생한 경우 태도를 바꾸어 합리화하려는 경우에 해당한다.

인간이 인지부조화를 감소시키고자 하는 욕망의 크기는 다음 세 가지 요인에 의해 결정된다. 즉, ①부조화가 생기게 된 상황의 중요성, ②개인이 믿는 상황 변화에 대한 영향력의 정도, ③부조화에 수반된 비용 등이다. 중요한 신념이나 행동일수록, 부조화 해소가 가능하다고 느낄 때, 그리고 부조화의 비용이 클수록, 인지부조화 해결을 위해서 더 적극적으로 노력하게 된다. 이러한 인지부조화는 조직변화와 저항 등 많은 조직현상을 설명하는 데 쓰인다. 조직원들의 행동을 바꾸려 할 때 신념이나 태도와 새로운 행동이 조화를 이룰 수 있도록 참여의 기회를 많이 주는 것이 변화저항을 줄이는 방법이다.

태 도

태도(Attitude)란 무엇인가

특정 대상에 대해서 좋아하고 싫어하는 것(호-불호; 互-不互)을 태도라고 한다. 맡은 일이 좋으면 열정을 가지고 한다. 다니는 회사가 정말 마음에 들면 앞장서 회사를 위해 희생하려는 자세를 가지게 된다. 이들은 태도 좋은 사람들의 예이다.

우리가 흔히 대할 수 있는 각종 매체에 대한 태도도 개인에 따라 다를 수 있다. 또한 특정 정당이나 정책에 대한 태도, 동료에 대한 태도, 직무에 대한 태도, 특정 제품에 대한 태도 등을 가질 수 있으나 조직행동론에서 초점을 맞추고 있는 것은 직무나 조직과 관련된 태도이다. 직무나 조직과 관련된 태도로는 직무만족, 직무몰입, 조직몰입, 충성심, 일체감, 조직시민행동(OCB: Organizational Citizenship Behavior) 등이 있다.

태도는 인지적(cognitive), 감정적(affective), 행동적(conative) 요소로 구성된다. 인지적 요소는 대상에 대해 개인이 가지고 있는 평가나 신념을 말한

그림 2-3
상사에 대한 태도의 예

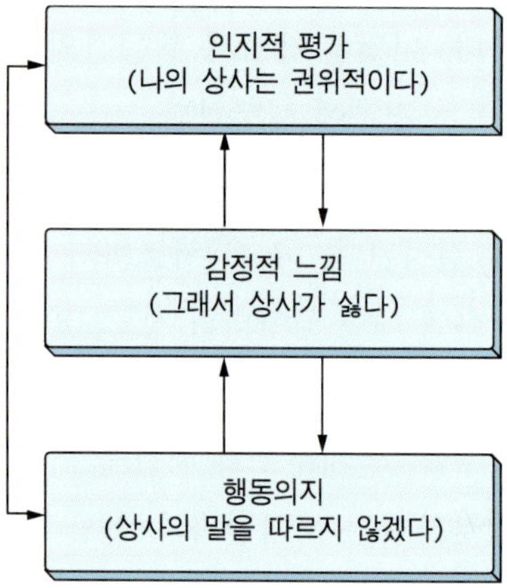

다. "나의 상사는 권위적이다"라는 표현은 태도의 인지적 요소를 나타내는 말이다. 감정적 요소는 대상에 대한 느낌을 말한다. "나는 나의 상사가 권위적이라서 좋아하지 않는다"는 표현은 태도에 있어 감정적 느낌의 한 예이다. 행동적 요소는 대상에 대한 행동성향을 나타내는 말로서, "나는 권위적인 상사의 지시를 따르지 않겠다"라는 말은 상사에 대한 나의 행동의지를 나타낸다(〔그림 2-3〕 참조).

직무만족

왜 중요한가

직장인들은 깨어 있는 시간의 대부분을 직장에서, 또는 직장을 위해서 보낸다. 그러므로 직장에서 자신이 맡은 직무에 만족하지 못하면, 인생이 불행해지게 된다. 행복한 삶을 영위하는 것은 인간이 갖는 기본적인 권리이므로 조직은 구성원들의 직무만족에 관심을 기울여야 한다. 또한 직무에 대한 불만족은 각종 병의 원인이 되는 스트레스를 유발하게 되므로 적절히 관리할 필요가 있다. 직무만족은 개인의 가정생활에도 영향을 미치므로 더욱 중요시된다. 예컨대, 직장상사와의 불화로 불만을 느끼게 되면, 퇴근 후 가정생활에도 영향을 미친다.

직무만족이란 무엇인가

직무만족이란 개인이 직무나 직무경험에 대한 평가의 결과로 얻게 되는 즐겁고 긍정적인 감정상태를 의미한다.[6)]

조직에서 인간의 문제에 보다 진지하게 관심을 보이기 시작했던 1960년대부터 직무만족에 대하여 많은 연구가 이루어졌다. 그 결과, 직무만족은 단일차원이 아닌 다차원의 개념이며 조직의 다양한 성과요인들과 관련된다는 사실이 밝혀졌다. 예컨대, 삼성에 다니는 사람이 삼성이라는 회사 자체에 대해서는 만족하지만(이처럼 회사 전체에 대한 만족상태를 '일반적 만족'이라고 부른다), 그 안에서 자신이 수행하는 일에 대해서는 불만족할 수 있다. 또한 자신이 받는 급여에 대해서는 불만족하지만 하는 일이 좋아서 열심히 일하는 사람들도 많다. 개인이 조직에서 느낄 수 있는 이러한 만족도의 차원들을 대략 다섯 가지로 요약해 볼 수 있다. 즉, 일 자체, 급여, 승진 기회, 상사, 동료 등이 그것이다.[7)]

조직원들의 만족/불만족은 어떤 결과를 낳는가

조직에서 직무만족은 다양한 결과를 낳는다. 구성원들의 만족도가 높아지면 이직이나 결근이 줄고, 조직시민행동을 더 많이 보이게 된다. 만족도와 성과나 생산성의 관계는 오랫동안 학자들간에 논란이 되어왔다. 과거에는 만족한 사람들이 일을 더 열심히 하는 것은 아니라 오히려 성과가 높은 사람들이 그에 대하여 적절한 보상을 받게 될 때, 만족도가 높아진다고 믿었다. 즉 인과관계에 있어, 만족이 성과를 높이는 것이 아니라 높은 성과가 만족을 이끌어내게 된다는 결론이다.[8)] 하지만 보다 최근의 연구결과에 따르면[9)] 만족도가 높은 조직구성원들의 성과가 낮은 구성원들에 비해 더 높게 나타났다. 직무만족과 성과간에 매우 강한 상관관계가 있다고 볼 수 있다.

조직원들의 불만족이 높아지면 조직에 여러 가지 부정적 결과를 가져오게 된다. 이직, 결근이 늘 뿐 아니라 서비스나 일의 질이 떨어지며 파업이나 투서, 일탈행동 등이 늘어나게 된다.

그림 2-4
만족도와 적극성

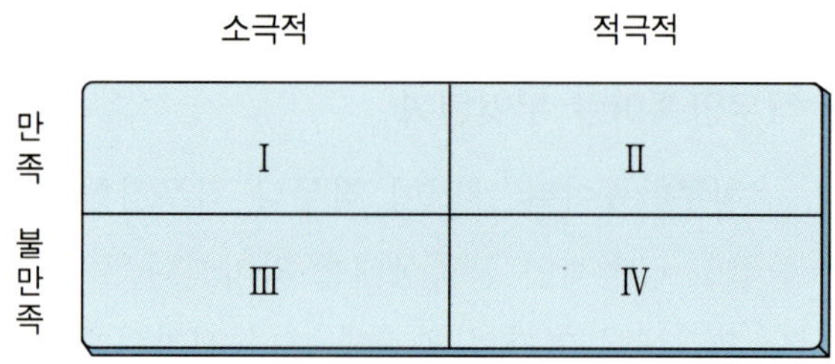

물론 불만족이 모두 행동으로 표출되는 것은 아니다. 많은 경우 사람들은 불만족하면서도 어느 범위 안에서는 이를 행동으로 나타내지 않는다. 이러한 현상은 〔그림 2-4〕와 같이 그림을 통하여 설명할 수 있을 것이다. 이 그림은 만족하는 사람과 불만족하는 사람을 적극적인 경우와 소극적인 경우로 나누어 I, II, III, IV의 네 유형으로 구분하고 있다. 이 중에서 적극적으로 불만족하는 사람들(IV)은 노조를 결성하는 등 자신의 불만을 해소하기 위하여 적극적인 행동을 보이는 사람들이다.

돈을 많이 주면 조직원들의 만족도가 높아지는가

최근에 그동안의 급여와 만족도의 관계에 대한 많은 연구결과들을 종합 검토한 논문에 따르면,[10] 급여수준과 만족도(급여에 대한 만족, 직무만족, 또는 일반적 만족도)의 관계는 매우 약한 것으로 나타났다. 즉 급여를 많이 준다고 해서 급여에 대한 만족도나 직무만족, 또는 일반적 만족도가 별로 높아지지 않는다는 뜻이다. 급여수준이 만족도에 큰 영향을 미치지 못하는 이유는, 사람들이 높은 연봉을 받게 된 초기에는 일시적으로 만족할 수 있지만, 시간이 지나면서 높은 수준의 급여에 적응하여 익숙해져 더 많은 연봉을 기대하기 때문이라고 한다.[11] 이것은 만족도를 결정하는 데 있어 급여수준이 아니라 다른 요인들이 작용하는 것으로 해석될 수 있다.

영국에서 수행된 또 다른 연구에서는,[12] 급여를 주는 방식이 급여만족도, 일반적 만족, 또 고용안정(job security) 만족도와 큰 관계를 갖는 것으로 나타났다. 즉 성과와 연동된 방식으로 급여를 제공할 경우, 만족도가 높아진다는 연구결과이다. 일을 잘하건 못하건 무조건 많이 주는 것보다는 성과가 높은 조직원에게 더 많은 급여를 제공하는 것이 급여에 대한 만족도를 높여줄 뿐 아니라 일반적 만족도와 고용안정 만족도도 높여준다는 뜻이다.

조직몰입

직무만족과 유사한 개념으로 **조직몰입**(Organizational Commitment)이 있다. 조직몰입이란 개인이 특정 조직에 대하여 애착을 가짐으로써 그 조직에 남아있고 싶어하고 조직을 위해서 더 노력하려 하며 조직의 가치와 목표를 기꺼이 수용하게 되는 심리적 상태를 뜻한다.

마이어와 알렌(Meyer & Allen)은[13] 조직몰입을 세 가지 차원으로 나누어 설명하고 있는데, 정서적 몰입, 지속적 몰입, 그리고 규범적 몰입이 그것이다([그림 2-5] 참조). **정서적**(affective) **몰입**이란 구성원이 조직에 대하여 정서적으로 애착을 느끼고 동일시하는(예, '삼성맨') 몰입유형을 말한다. 삼성맨으로서 자부심을 갖는 것이나 자기가 속한 그룹사의 제품만을 맹목적으로 선호하는 등의 행위는 정서적 몰입의 결과라고 볼 수 있다.

지속적(continuance) **몰입**은 소속된 조직과 결별하는 데 따르는 경제적 비용이 많이 들기 때문에 구성원으로서의 자격을 유지하려는 심리적 상태를 의

그림 2-5
조직몰입 3요인

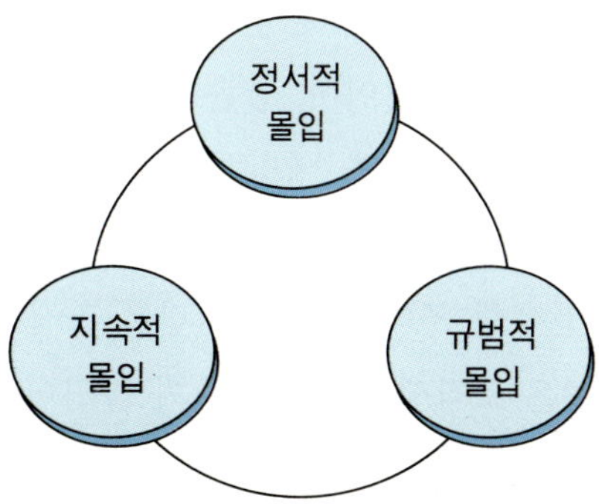

미한다. 회사를 그만뒀을 때 스톡옵션이 무효화되기 때문에 못 떠나는 경우가 예가 될 수 있다. 또한 삼성에서 임원이나 사장을 했던 사람들은 회사를 그만두고 난 후에도 수 년 간 현직에 있을 때와 비슷한 처우를 받는다. 다른 회사에 직장을 얻을 경우 그러한 혜택을 포기해야 하므로 삼성 퇴직자로 머물러 있는 경우도 있다.

한편, **규범적**(normative) **몰입**이란 도덕적, 심리적 부담이나 의무감 때문에 조직에 대하여 몰입하게 되는 경우이다. 프로젝트를 수행하던 조직원이 중간에 이직했을 때 회사에 손실을 가져올 것을 우려해 계속 남아 있는 경우가 예가 될 수 있다.

조직시민행동

조직시민행동(organizational citizenship behavior)이란 조직원이 조직의 원활한 운영을 위해서 공식적으로 주어진 임무 이외의 일을 자발적으로 수행하는 것을 의미한다. 예를 들어, 결근한 동료의 일을 도와주는 행위, 필수는 아니지만 회사에 도움이 되는 일에 자발적으로 동참하는 것, 아무도 보고 있지 않을 때 규칙을 지키는 것, 일을 잘 몰라 힘들어 하는 사람을 자발적으로 돕는 행위, 너무 바빠 점심을 못 먹고 있는 동료에게 김밥을 사다 주는 행위 등 다양한 형태를 띤다.

조직시민행동(OCB)은 이타적 행동, 공손한 태도(courtesy), 성실성, 공민의식(civic virtue), 그리고 스포츠맨십(sportsmanship) 등 다섯 가지 요인들을 포함한다.[14)] 이타적 행동이란 직무수행과정에서 어려움에 처한 동료를 자발적으로 돕는 행위이며, 공손한 태도는 직무수행과 관련하여 다른 조직원들과의 불필요한 갈등을 예방하기 위한 자발적 노력을 의미한다. 성실성은 조직의 규정, 규칙, 규범을 일관성 있게 지키려는 자세를 뜻하며, 공민의식이란 자신이 속한 조직에 대해서 깊은 관심을 갖고 적극 참여하는 행동이고, 스포츠맨십은 조직생활에서 다소의 불편이나 기대에 못 미치는 일이 있더라도 불평하지 않고 인내하는 성향을 의미한다.

이들 다섯 가지 요인들 중에서 이타적 행동과 공손한 태도는 조직 내 다른 구성원들을 지향하므로 '조직시민행동–개인'(OCB-I)이라고 부르고, 성실성, 공민의식, 그리고 스포츠맨십은 행동의 대상이 조직을 향한 것이므로 '조직시민행동–조직'(OCB-O)이라고 부른다.[15)]

가치관

가치관이란 무엇인가

가치관이란 '옳고 그름(right or Wrong)의 판단기준, 또는 무엇을 중요시하는가'이다. 가치관 연구의 선구자 로키치(Milton Rokeach)는 "가치관이란 어떤 구체적인 행동양식이나 존재양식이 그 반대의 행동양식이나 존재양식보다 개인적으로 혹은 사회적으로 더 바람직하다는 신념"[16)]이라고 했다. 로키치는 또한 "개인의 가치체계(value system)란 개인의 가치관이 상대적 중요성에 따라 우선순위화되어 있는 것으로 우리는 모두 일련의 가치관을 가지고 있으며 그것들은 하나의 가치체계를 형성"[17)]한다고 하였다. 따라서 가치관에는 개인의 이상적인 생각, 즉 무엇이 옳고 바람직한 것인가에 대한 생각이 나타나 있다.

로키치의 **수단적 가치**와 **최종 가치**를 요약하면 〈표 2-5〉와 같다. 로키치의 연구 결과에 따르면 가장 높게 평가되는 수단적 가치는 "사랑"으로, 가장

표 2-5
로키치의 가치관 분류

수단적 가치 (instrumental value)	수단적 가치란 개인에 의하여 선호되는 행위방식이나 행동양상을 말한다. 예를 들면 "잘 사는 것", "행복한 삶"이라는 최종 가치를 얻기 위한 수단적 가치로 "돈"을 말하는 사람도 있을 것이고, "정직"을 말하는 사람도 있을 것이다.
최종 가치 (terminal value)	최종 가치란 개인에 의해 선호되는 최종 상태를 말한다. 지혜나 구원과 같이 인간이 살아가는 동안 획득하고자 하는 존재양식이나 목표를 뜻한다.

자료: Rokeach, M. 1982. *Halgren Tests,* Clifford: Pullman.

높게 평가되는 최종 가치는 "행복"으로 나타났다.[18] 로키치에 의해 분류된 가치의 종류를 〈표 2-6〉에 제시하였다. 이 표에 제시된 여러 가치에 대해 순위를 매겨봄으로써 각자의 가치체계를 파악할 수 있다.

가치관은 비교적 안정적이고 지속적인 속성을 가지고 있다. 우리가 현재 보유하고 있는 가치관은 작년에 가지고 있었던 가치관과 비슷할 것이며 큰

표 2-6
로키치(Rokeach) 가치 조사표

• 최종 가치와 수단적 가치의 목록을 아래에 제시하였다. 귀하가 가장 중요하다고 생각하는 순서대로(1=가장 중요함, 18=중요도가 가장 낮음) 각각의 가치에 대해 순서를 매겨보자.

순위	수단적 가치	순위	최종 가치
	야심에 참(열심히 일하고 야망으로 가득함)		안락한 삶(번창하는 삶)
	너그러움(편견이 없음)		재미있는 삶(자극적/활동적 삶)
	유능함(가능성, 효용성)		성취감(지속적 기여)
	즐거움(기쁨, 근심걱정 없는 마음)		평화로운 세상(전쟁과 갈등이 없는 삶)
	깨끗함(말쑥함, 단정함)		아름다운 세상(자연과 예술의 미)
	용기 있는(신념에 충실한)		동등한 세상(동등한 기회)
	아량(다른 사람을 용서하고자 하는 마음)		가족의 안전(사랑하는 사람을 돌보는 것)
	도움(타인의 복지를 위해 일함)		자유(독립, 자유로운 선택)
	정직(진실함)		행복(만족함)
	상상력(창조성)		내적인 조화(마음의 갈등으로부터 해방)
	독립성(자급자족할 수 있음)		성숙한 사랑(육체적/정신적 완성)
	지성적(이지적임, 총명함)		국가의 안전(침략으로부터의 보호)
	논리적(이성적, 변덕스럽지 않음)		기쁨(즐겁고 여유 있는 삶)
	사랑(애정/다정다감한 마음)		구원(구제되고 영원한 삶)
	복종적(존경심/순종적)		자기존중(스스로에 대한 존경심)
	예의바름(정중함/매너가 좋음)		사회적 인격(존경, 감탄의 대상)
	책임감 있는(의지할 만함)		진정한 우정(가까운 교제)
	자기 통제적(제한적/자기규율적)		지혜(삶에 대한 성숙한 이해)

자료: Rokeach, M. 1982. *Halgren Tests*, Clifford: Pullman.

계기가 없는 한 미래에도 비슷한 가치관을 갖게 될 것이다. 보통은 어린 시절에 부모나 선생님으로부터 가치관을 습득한다. 가치관은 '예, 아니오'의 2분법적 논리로 학습된다. 도둑질은 '안됨'이라고 가르치지 '조금 안됨'이나 '아마 안될 거야' 등과 같이 애매하게 가르치지는 않는다. 이처럼 우리는 절대적 기준이나 흑백의 기준에 의해 가치관을 습득했기 때문에 우리가 가지고 있는 가치관은 안정성과 지속성을 띠게 되는 것이다.[19)]

물론 가치관이 일생 동안 한번도 바뀌지 않는 것은 아니다. 가치관은 일정한 과정을 통해서 변화될 수도 있다.[20)]

또한 가치관은 우리의 태도나 행동에 영향을 미친다. 따라서 가치관은 태도나 지각, 성격, 동기유발 등을 이해하는 데 기초가 되므로 조직행동의 연구에 있어 매우 중요한 위치를 차지한다.

로키치는 가치관이 인간의 삶에 대해서 갖는 기능을 세 가지로 제시하고 있다.

첫째, 가치관은 개인의 행동을 가이드한다. 옳다고 여기는 기준에 따라 행동하려는 성향을 갖는다.

둘째, 의사결정과 갈등해결의 기준으로 사용한다. 특정 사안에 대한 가치판단 결과에 따라 선택하고 주장한다.

셋째, 가치관은 개인의 동기를 유발한다. 가치관은 개인의 자기존중감을 높이는 방향으로 작용한다.

가치관은 세대, 조직, 지역에 따라서도 다르게 나타난다

위에서는 개인의 가치관이 어떻게 구분되는가를 살펴봤다. 하지만 가치관은 집단 전체에 공통적으로 나타나기도 한다. 즉 세대에 따라, 조직에 따라, 국가 등 지역에 따라서 그 집단에 소속된 사람들에 공통적으로 나타나기도 한다. 우리가 흔히 얘기하는 세대차라는 것은 세대간 '옳고 그름의 판단기준 차이' 즉 가치관 차이를 뜻한다. 젊은 세대는 새로운 시도를 옳다고 여기고 나이든 세대는 기존 방식 고수를 정답이라고 여긴다. 일상 속에서 세대

차로 인한 갈등의 사례들을 쉽게 접하게 된다.

조직에 따라서도 가치관은 달라진다. 현대그룹에 근무하는 사람들은 행동을 중시하고 삼성에 다니는 사람들은 치밀한 관리를 중시하는 것은 일하는 방식에 대한 '공유된 가치관(shared value)' 차이 때문이다. 이것을 조직문화라고 한다.

국가나 지역에 따른 가치관 차이도 존재한다. 한국 사람들은 행동을 할 때, "빨리빨리"하는 것을 중요시하는 반면, 급할 것 없이 천천히 행동하는 것을 더 바람직하다고 여기는 국가나 지역도 있다. 독일 사람들이 규정을 중시하고 프랑스인들이 윗사람의 권위를 중시하는 것도 국가 간 문화가치에 기인한다. 이 내용도 14장에서 자세히 다루게 된다.

제2장 문제 풀이

(1) "내가 바꿀 수 있는 유일한 것은 태도이다. 인생의 10%는 내게 무슨 일이 일어나는가에 의해서 결정되지만, 인생의 90%는 내가 그것에 어떻게 반응하는가에 의해서 결정된다." "...The only thing I can change is attitude. Life is ten percent what happens to me and ninety percent how I react to it."

(Charles Swindoll; http://www.goodreads.com/quotes/595630)

어려운 일이 발생했을 때, 당신은 어떻게 반응하는가? 즉, 어려운 일을 처리하는데 있어 당신은 보통 어떤 태도를 보이는가? ①쉽게 당황, ②냉정 긍정, ③화내면서 감정적으로, ④좌절 포기.

(2) 2013년 6월 9일자 미국의 시사잡지 "TIME"은 밀레니얼(Millennial)세대(1981년부터 2000년 사이에 태어난 사람들; Y세대라고도 함)의 특징을 '자기만 아는 이기주의자(the ME ME ME Generation)'라고 표현하고 있다. 디지털원주민세대(the digital native generation; 아나로그시대를 경험하지 않고 태어나서부터 디지털시대에 사는 세대)이다. 이들의 가치관은 어떤가?

종합 사례 2

기부왕 워런 버펫(Warren Buffet)의 가치관

세계 최고의 투자가로 인정받는 워런 버펫은 대단한 기부자로도 알려져 있다. 부자가 되면 어떻게 하면 세금 덜내고 자식에게 물려줄까 걱정하는 사람들이 많은데 자기 재산의 99%를 빌게이츠재단에 기부한다고 발표했다(참고: givingpledge.org).

기부하면서 워런 버펫이 한 말이 그의 가치관을 말해준다.:

"세상의 부모치고 자기 자식들에게 더 좋은 세상을 남겨주고 싶지 않은 부모가 어디 있겠습니까? 부모들은 자식들이 가진 꿈을 이룰 수 있도록 돕기 위해서 최선의 노력을 다 합니다. 하지만 아무리 노력해도 자식들이 꿈을 이룰 수 있도록 도울 도리가 없는 부모들이 이 세상에는 너무나 많습니다. 미국의 어린아이들은 성공적 인생을 살아가는 데 필요한 교육을 제대로 받지 못하고 있으며, 저개발 국가의 아이들은 선진국에서는 오래 전에 소멸하여 더 이상 발생하지 않는 병에 걸려 죽어가고 있습니다. ……(중략)… 세계의 모든 어린이들이 질병으로부터 건강을 보호받고 제대로 된 교육을 받을 수 있도록 우리가 가진 대부분의 재산을 재단에 기부합니다…."

(자료원: http://www.nydailynews.com/money/2010/06/16/2010-06-)

[종합 문제 2] 워런 버펫은 왜 자신의 기부재단을 따로 만들지 않고 빌게이츠재단에 기부했을까?

나의 조직행동 진단 2

나의 창의적 행동수준[21)]

▣ 아래의 항목들은 당신을 묘사하고 있는 것이다. 주어진 〈응답양식〉을 가지고 성실히 응답하시오.

〈응답양식〉

1	2	3	4	5
전혀 그렇지 않다.	그렇지 않다.	보통이다.	그렇다.	매우 그렇다.

◈ 나는 다른 사람들과 함께 일할 때……

항　　목	1	2	3	4	5
1. 목표달성을 위해서 새로운 방식을 제안하곤 한다.					
2. 성과를 높이기 위해서 새롭고 실제적인 방법을 개발한다.					
3. 새로운 기술이나 일 추진방법, 테크닉 또는 기발한 아이디어를 찾는다.					
4. 일의 질(Quality)을 높이기 위한 새로운 방법을 제안한다.					
5. 창의적 아이디어의 훌륭한 원천이다.					
6. 위험을 감수하는 것을 두려워하지 않는다.					
7. 새로운 아이디어를 같이 일하는 사람들에게 홍보하고 지원한다.					
8. 기회가 오면 일을 할 때 창의성을 발휘한다.					
9. 새로운 아이디어의 실천에 필요한 적절한 계획과 스케줄을 개발한다.					
10. 자주 새롭고 혁신적인 아이디어를 생각해 낸다.					
11. 문제에 대한 창의적 해법을 찾아낸다.					
12. 문제에 대한 참신한 접근법을 고안해내곤 한다.					
13. 일을 수행하는 새로운 방식을 제안한다.					

[해 석]

▣ 13개 항목의 총합을 구한다. 총점은 65점이다. 당신의 응답총합(T)에 대해서 아래와 같이 진단한다.

〔1〕 T가 52점 이상($T \geq 52$): "매우 창의적"

〔2〕 T가 42점에서 51점($42 \leq T \leq 51$): "비교적 창의적"

〔3〕 T가 32점에서 41점($32 \leq T \leq 41$): "다소 비창의적"

〔4〕 T가 32점 미만($T < 32$): "매우 비창의적"

제3장

성격, 감정, 지각

본 장의 요점

※ 성격, 감정, 지각의 개념을 이해한다.

※ Big Five, Type A/B 등 주요 성격의 특징과 조직행동에 미치는 영향을 알아본다.

※ 정서, 감정, 기분의 차이를 배우고 EQ와 핵심 정서에 대해서 학습한다.

※ 선택적 지각, 귀인이론, 지각의 오류 등이 조직행동에서 갖는 의미를 이해한다.

Let's Talk!

자신의 약점을 표현하는 법

면접을 할 때 개인의 약점을 묻는 질문을 받을 때가 있다. 어떻게 표현하는 것이 가장 바람직할까? 약점을 묻는 질문은 IQ보다는 EQ를 알아보기 위한 것이다.

EQ란 자신의 감정을 관리하든가, 다른 사람의 감정에 효과적으로 대응하는 능력이다. IQ보다 EQ가 성공에 더 큰 영향을 미친다는 연구도 있다. 면접에서 약점을 말해야 할 때, 세 가지 전략이 바람직하다고 한다.

① 직무와 무관한 약점을 말한다. 간호원 지원자라면, 간호직무에 관련이 없는 대중 연설에 약점이 있다는 식의 응답.

② 개선된 약점을 말한다. 옛날엔 잘못했는데 이제는 잘하게 된 역량을 언급하는 것. 본래는 말을 잘못했는데 각고의 노력으로 극복했다는 식.

③ 장점으로 해석될 수 있는 약점을 말한다. 프로젝트관리직이라면, 매사 세 번 체크하는 습관이 있어 너무 꼼꼼하다는 비판을 받을 때가 있다는 식의 표현.

[https://www.thebalance.com. By Alison Doyle Updated October 07, 2016]

✤ 〈토론 주제 3〉 당신의 약점을 위의 ①~③의 원리에 따라 다른 사람에게 말해보자.

성 격

성격의 유형

성격(personality)이란 개인의 독특한 사고, 감정 및 행동패턴을 말한다. 성격을 알면 개인의 행동을 예측할 수 있다. 그만큼 성격은 매우 안정적이기 때문에 특정 상황에서 정해진 방향으로 행동이 나타난다. 요컨대 성격이란 사람을 분류하기 위해서 사용하는 심리적 특성들의 집합이라고 할 수 있다.

구체적으로, 학자들간에 많이 활용되고 있는 '5대 성격'(Big Five)과 A/B형 성격, 자긍심과 자기효능감, 자기관찰, 그리고 나르시시즘 등에 대해서 자세히 알아보자.

5대 성격(Big Five)

최근 학자들간에 조직경영과 관련성이 큰 **다섯 가지 성격유형**에 대하여 의견의 일치를 보이고 있다. 즉, 성실성, 친화성, 정서적 안정성, 외향성, 그리고 경험에 대한 개방성 등이 그들이다. 〈표 3-1〉에 5대 성격유형을 표로 정리하였다.

성실성(Conscientiousness)이란 수행가능한 소수의 목표에 관심과 노력을 집중하여 체계적이고 정해진 규칙을 지키면서 책임감 있게 실천해 내는 성향

표 3-1
5대 성격

성격유형	성격의 특징
성실성	조심스러움, 믿음직함, 강한 자기 절제
친화성	정중함, 품위 있음, 동정심이 많음, 잘 보살핌
정서적 안정성	여유로움, 안정적임, 차분함
외향적 성격	활동적임, 말하길 좋아함, 사교적임, 확신을 줌
경험에 대한 개방성	민감함, 유연함, 창의적임, 호기심이 많음

을 말한다. 성실성이 떨어지는 사람은 감당하기 어려울 만큼 많은 목표들을 동시에 선택하며 부주의하고 체계적으로 실천할 줄 모르며 책임감도 별로 없다. 지금까지의 연구들을 종합해보면, 성실성은 5대 성격유형 중에서 직무성과에 가장 큰 영향을 미치는 것으로 나타났다.[1] 성실성은 또한 5대 성격 중 유일하게 조직시민행동과도 밀접한 관계가 있으며, 성실한 사람이 더 큰 행복(well-being)을 느낀다는 연구결과도 얻어졌다. 하지만 실직과 같은 불행한 일을 당했을 때 성실한 사람은 그렇지 못한 사람들에 비해 생활만족도가 120%가량 급격히 떨어지는 것으로 나타났다.[2] 성실성의 어두운 면이라고 볼 수 있다.

친화성(Agreeableness)이란 다른 사람들과 더불어 잘 지낼 줄 아는 성향을 의미한다. 자신을 지나치게 내세우기보다는 전체적인 화합을 중시하고 협력적이며 주변 사람들을 신뢰하는 성격이다. 이 성향이 높은 사람들은 상급자, 하급자, 그리고 동료들과 무리 없는 조직생활을 영위해 나간다. 고객과 같은 이해관계 집단과도 원만한 관계를 형성하게 된다.

정서적 안정성(Emotional stability)이 낮은 사람들은 기쁨과 슬픔, 흥분과 침울의 양극단의 감정을 보이며 불안한 감정을 자주 표출한다. 반면에 정서적 안정성이 높은 사람들은 차분하고 열정적이며 스트레스나 긴장상태에 대한 극복 능력이 탁월하다.

정서적으로 불안정한 사람들은 다른 사람들의 비판에 민감하며, 사회적 지원을 충분히 받지 못하고 있다고 느끼고, 스스로에 대해서도 냉소적인 태도를 보이며, 완벽주의적 성향을 갖는 경우가 많다. 또한 정서적 안정성은 약 50～60%는 유전적 요인에 기인하는 것으로 나타났다.[3] 외과의사, 조종사, 경찰, 안전관리자, 서비스업 종사자 등은 정서적 안정성과 관련이 깊은 직업들이다.

외향적 성향(Extroversion)의 사람은 말이 많고 자기 표현을 잘하며 사람 사귀기에 능숙한 유형이다. 이들은 항상 자신에 대한 확신으로 가득 차 있으며 여러 사람들과 다양한 관계를 발전시킨다. 내향적인 사람들은 이와 반대되는 성향을 띤다. 혼자 있기를 좋아하고 사람들과 관계를 맺는 것에 대해서도 별 관심을 두지 않는다.

끝으로, **경험에 대한 개방성**(Openness to experience)이란 개인이 갖는 관심의 범위와 관련된다. 개방적인 사람은 새로운 것이나 혁신적인 경험을 즐기며 상상력이 풍부하고 외적 자극에 민감하며 지적인 면모를 보인다. 또한 이들은 변화에 대한 수용도가 높으며 호기심이 많고 끊임없이 새로운 정보를 추구하려는 성향을 띤다.

A/B형 성격

의학자들에 따르면 심장질환은 개인의 성격에 따라 발생률이 다르다. 개인의 성격 중 A형 성격이 심장질환의 발생과 가장 직접적인 관계를 갖는 것으로 나타나고 있다. 로즈만과 프리드만(Roseman & Friedman)은 A형이 B형에 비해 관상심장질환(Coronary Heart Disease: CHD)에 걸릴 확률이 월등히 높다는 사실을 밝혀냈다.[4] A형과 B형간의 행동차이점들을 〈표 3-2〉에 요약하였다.

A/B형 성격은 과업성과나 인간관계 측면에서도 시사하는 바가 크다. 개념적으로 볼 때, A형이 B형보다 과업수행의 성과가 높을 것으로 예상되지만, 실제는 그렇게 간단하지가 않다. A형이 B형보다 더 열심히 일하는 것은 사실이다. 다양한 난이도의 과업들 중에서 선택을 하라고 했을 때 A형이 B형보다 더 어렵고 복잡하며, 도전적인 과업을 선택하는 것도 또 하나의 특성으

표 3-2
A/B형의 성격 특성

A 형	B 형
• 경쟁적이고 조급하다. • 신경질적이고 방해를 받을 때에는 더 강력하게 반응하는 경향이 있다. • 업무처리속도가 빠르다. • 과도한 경쟁, 공격성, 시간의 압박, 열정적인 발언, 얼굴 근육의 긴장 등의 특징을 나타낸다.	• 자연스럽고 시간 또는 사람에 대한 통제의 압력을 느끼지 못하고 정상적인 추진력을 갖는다. • 과업을 성취하기 위해 꾸준히 일을 한다. • 작업속도가 일정하며 시간에 얽매이지 않는다. • 작업시간을 연장시키지 않으며 과업성취를 위해 서두르지 않는다.

로 들 수 있다. 그러나 A형이 B형보다 항상 좋은 성과를 내는 것은 아니다. 가령 인내심이나 면밀한 분석과 판단을 요구하는 과업이 주어졌을 때 서두르는 A형보다 과묵한 B형의 성과가 더 높다는 것이 연구결과 밝혀졌다.

최고경영자들 중 A형보다 B형의 숫자가 훨씬 더 많다는 점도 이 사실을 뒷받침해 준다.[5] A형인 최고경영자는 조직환경의 위협을 더 크게 느끼며 보다 공격적 전략을 구사하는 것으로 나타났다.

A형은 또한 대인관계에 있어 갈등을 야기하는 수가 많고 동료들과도 종종 마찰을 일으킨다. 그러나 이러한 부정적인 요소들만 잘 극복한다면, 일처리 속도가 빨라 커다란 성과를 낼 수 있다.

A형의 특성과 그에 따른 직무행동을 요약 · 정리하면 〔그림 3-1〕과 같다. 즉 A형은 점점 짧은 시간 내에 더 많은 일을 하려는 성향을 보이고 시간강박, 적대성 등의 행동을 보이는데 그에 따라 과다한 스트레스를 받고 성급한 행

그림 3-1
타입 A유형의 특성과 행동

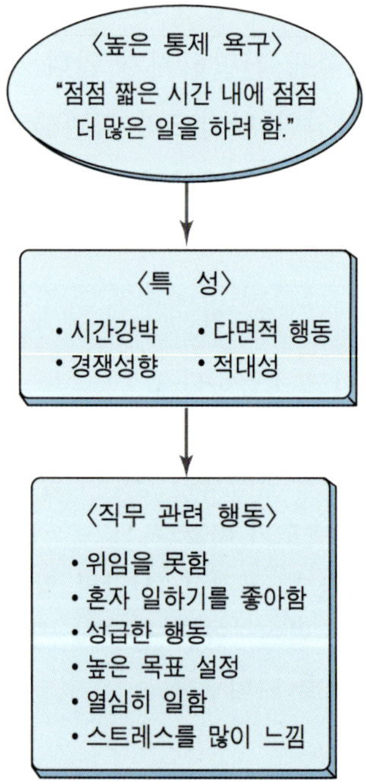

동을 하는 등의 결과를 가져온다.

통제위치(Locus of Control)

통제위치란 자신에게 일어나는 일을 자신이 통제할 수 있다고 믿는가, 환경에 의하여 통제된다고 믿는가를 뜻한다(〔그림 3-2〕 참조). 어떤 일의 원인을 자신에게 돌리려는 성향의 사람들을 **내부통제자**(또는 내재론자, Internal)라고 한다. 통제의 위치가 내부인 사람은 자신이 운명의 주인이라고 생각한다. 반면에 자신에게 닥친 일의 원인을 환경에 돌리는 사람의 통제위치는 외부이다. **외부통제자**(또는 외재론자, External)들은 자신들이 운명의 인질이라고 생각하고 자신들에게 닥치는 일들은 행운이나 운명 때문이라고 믿는다.

통제위치가 내부인 사람과 통제위치가 외부인 사람간에는 조직행동에 있어 중요한 차이가 있음이 연구결과 밝혀졌다. 밝혀진 차이점들을 아래에 제시하였다.

① 내재론자는 외재론자보다 동기의 수준이 높다.
② 내재론자는 외재론자보다 성과를 결정하는 것은 자신의 노력이라고 믿는다.
③ 성과에 따라 보상이 결정될 때(즉 성과급) 내재론자는 외재론자보다 업무와 관련된 문제해결이나 학습에 있어 높은 성과를 나타낸다.
④ 외재론자보다 내재론자의 경우에 직무만족과 성과간의 관계가 더 분명하게 나타난다.[6)]
⑤ 내재론자는 외재론자보다 더 높은 수준의 급여를 받으며 급여의 증가속도도 더 빠르다.

그림 3-2
통제위치

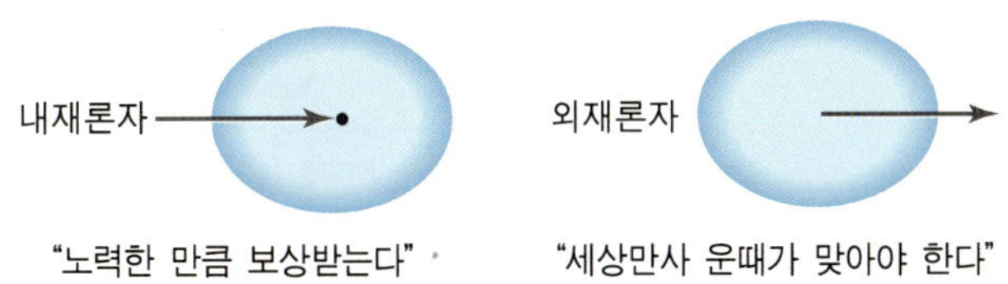

⑥ 내재론자는 외재론자에 비해 걱정을 더 많이 하는 경향이 있다.
⑦ 내재론자들은 참여적 리더십스타일을 선호하고 외재론자에게는 지시적 리더십이 효과적이다.

자아개념: 자긍심과 자기효능감

사람들은 자신에 대해서 모종의 이미지를 형성하게 되는데 이것을 자아개념(Self-concept)이라고 한다. 자아개념에는 자긍심(Self-esteem)과 자기효능감(Self-efficacy)이 포함된다(〔그림 3-3〕 참조).

자긍심이란 개인이 인식하는 자신의 능력과 **자아상**(Self-image)에 대한 개념으로[7] 항시성을 갖는다. 자기효능감은 자긍심과는 달리, 개인이 특정 상황에서 특정의 일을 얼마나 잘할 수 있는지에 관한 믿음이다.[8] 자긍심이 모든 일에 대해서 일반적으로 갖는 자신감인 반면 자기효능감은 특정한 일에 대한 자신감이다. 연구에 따르면, 자긍심이 높은 사람이 자긍심이 낮은 사람보다, 또한 자기효능감이 높은 사람이 낮은 사람보다 더 높은 성과를 내는 것으로 나타났다.[9]

연구결과에 따르면, 업무를 성공적으로 수행했을 때 자기효능감이 높아지며 이것이 다음에 업무를 수행할 때 긍정적인 영향을 미치는 것으로 나타났다.[10]

또한 자신이 수행하고 있는 업무에 대하여 자기효능감이 높을수록 직무스트레스를 덜 받는 것으로 밝혀졌다. 아울러 자기효능감이 높은 사람은 일의 결과에 대해서 자기 탓을 할 가능성이 크다.

그림 3-3
자아개념

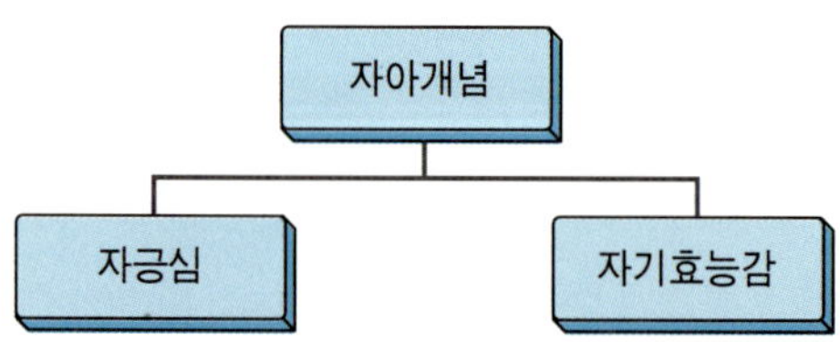

자기관찰

자기관찰(Self-Monitoring)은 개인이 환경의 신호(cue)를 읽고 그것을 해석하여 자신의 행위를 환경요구에 맞춰 조절해 나가는 성향을 말한다. 자기관찰의 정도가 높은 사람은 어떤 행동이 적절한 행동인지에 대한 환경적/사회적 신호를 읽을 줄 알고 신호를 적절히 해석하여 자신의 행위를 그에 맞추어 나가는 성향을 보인다. 반면 자기관찰의 성향이 낮은 사람은 신호를 읽는 능력이 부족하거나, 읽더라도 환경요구에 맞춰 자신의 행위를 변화시킬 줄 모르는 사람이다. 자기관찰이 높은 사람은 다른 사람들의 기대에 민감하고 사회적 네트워크의 중심을 차지하기 때문에 성과가 높고 승진이 빠른 것으로 나타났다. 또한 자기관찰이 높은 사람들은 다른 사람들이 자신의 능력과 성과를 알아주도록 만들 줄 안다.

자기관찰이 높다는 것은 다른 사람을 많이 의식한다는 뜻이다. 다른 사람의 말에 민감하고 그들이 바라는 것을 맞춰주려 노력한다. 그러므로 이들이 리더를 맡으면 구성원들의 요구나 기대에 민감하여 관리를 잘할 가능성이 높다. 이들은 사람뿐 아니라 과업상황의 필요나 요구에도 민감하여, 회사가 부여하는 목표나 과업의 요구에 민감하게 반응한다. 아울러, 집단의 규범이나 상사로부터의 피드백 등에 대해서도 주의를 집중하고 받아들이려 한다. 이처럼 자기관찰이 높은 사람들은 상황에 쉽게 적응하는 모습을 보이기 때문에 특색이 없다는 평가를 받을 때가 많다.

반면에, 자기관찰이 낮은 사람은 다른 사람들이 뭐라고 하든, 상황이 어떻게 변하든 자신의 소신대로 밀고 나가는 스타일이다. 이들은 항상 내면의 원칙과 가이드라인을 중시하기 때문에 상황에 관계없이 일관된 행동을 보인다. 이들은 자기관찰이 높은 사람들에 비해 상대적으로 뚜렷한 성격적 특색을 보인다.

나르시시즘(narcissism)

나르시시즘은 그리스 신화에서 물에 비친 자신의 모습을 사랑하게 된 나르시서스(Narcissus)의 스토리에 기초하여 만들어진 성격유형으로 자기애(自

己愛), 자아도취 또는 자기도취성향이라고 불린다. 나르시시스트들은 자기중심적이며, 자신을 실제보다 더 훌륭하다고 여기고, 다른 사람들로부터 끊임없이 자신의 존재를 인정받으려는 속성을 갖는다. 나르시시즘 성격은 부정적 측면과 긍정적 측면을 갖는다.

부정적 또는 병리적 측면들은 다음과 같이 요약된다.: "나르시시스트들은 자기도취(self-absorption), 오만, 거만, 과대망상, 과대포장 등의 태도를 보이며, 스스로 다른 사람들보다 우수하고 특별하다고 생각하므로 다른 사람들의 주목(attention)과 각별한 칭송(excessive admiration)이나 인정받기를 추구한다. 또한 이들은 타인의 감정을 헤아릴 줄 모르고 공감에 약하며 다른 사람들을 이용해먹고 자신에게 위협이 되는 사람들을 깎아 내리기도 한다.[11] 자신을 비판하든가 비판할 거라고 추정되는 사람들을 혐오하며, 자신을 인정해주고 칭송하는 사람들에게는 아첨하는 태도를 보인다. 자신의 성취를 끊임없이 자랑하고, 자기는 모든 면에 다 전문가라고 생각하며, 후회하든가 감사할 줄 모른다.[12] 나르시시스트들은 역지사지(易地思之)할 줄 모르며, 자신을 객관적으로 성찰하는 데 약하다."

하지만 최근에는 나르시시스트들의 긍정적 측면에 대한 연구가 활발하다.: "생산적 나르시시스트들은 독립심이 강하고 위험을 감수하며, 스스로 나아갈 방향과 비전을 구축하고 사람들을 멋진 웅변으로 끌어들여 카리스마를 형성한다. 끊임없이 인정받으려고 노력하는 가운데 열정 있는 사람이라는 평가를 받으며, 위협에 민감하고 유머감각이 뛰어나며, 닥치는 대로 학습한다.[13]"

감 정

정서, 감정, 기분은 유사한 개념이다. 하지만 구체적인 개념영역은 다르다. 정서(affect)란 인간의 보편적 느낌을 말하며 감정(emotion)과 기분(mood)을 포함한다. 감정은 특정 사람이나 사물을 향한 격한 느낌인 반면,

그림 3-4
정서, 감정, 기분의 관계

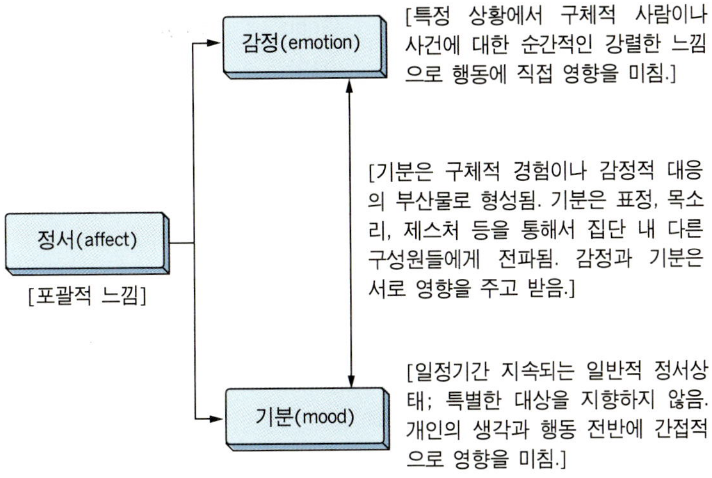

기분은 강하지는 않지만 비교적 오래 지속되는 이유 없는 일반적 느낌을 의미한다. 〔그림 3-4〕에 이들의 특징을 정리하였다.

이들간의 개념차는 우리가 쓰는 일상의 표현 속에 잘 나타난다. 예를 들어, "A는 정서적으로 좀 불안하다"는 표현은 '정서'가 갖는 포괄성을 잘 나타낸다. 아울러, "그는 작은 일에도 감정 폭발이 잦다"는 표현에서는 '감정'이란 구체적 대상을 향한 것('작은 일')이며, 강렬한 느낌에 기초한 순간적 행동('폭발이 잦다')이라는 내용을 담고 있다. 또한 "하루 종일 왠지 기분이 꿀꿀해서 일이 손에 잡히지 않았다"에는 특정 대상이 없고 이유 없는('왠지') 일반적인 정서 상태('꿀꿀')가 계속되면서('하루 종일') 전반적으로 일에 영향을 미쳤음('일이 손에 잡히지 않았다')을 나타낸다.

감정의 유형

학자들이 조직원들의 감정이나 감성에 관심을 보이기 시작한 것은 비교적 최근의 일이다.[14] 감정이란 어떤 사람이나 사물 또는 사건에 대해서 경험하게 되는 격한 느낌으로, 반응행동을 촉발한다.

표 3-3
감정의 유형

감정유형	분노 (Anger)	두려움 (Fear)	즐거움 (Joy)	사랑 (Love)	슬픔 (Sadness)	놀라움 (Surprise)
유사한 감정 항목들	혐오 시기 울분 귀찮음 역정 격앙	경악 불안	기쁨 만족 환희 낙관 자랑스러움 안도 희열	애정 동경 심취	실망 실의 수치스러움 애통 연민	(없음)

자료: McShane, S. L., & Von Glinow M. A. 2003. *Organizational Behavior*, (2nd ed.), Boston, M.A.: McGraw-Hill.

이러한 감정은 대략 여섯 가지 유형으로 대별될 수 있다. 그들을 〈표 3-3〉에 요약하였다.

EQ(감정지능)

학계뿐만 아니라 실무에서도 EQ에 대한 관심이 매우 높다. EQ(또는 E.I.: Emotional Intelligence)란 "개인이 자기 자신이나 다른 사람들의 감정을 지각하는 역량"으로 정의된다. 골만(Goleman)에 따르면, 감정지능은 자기인식, 감정조절, 자기동기부여, 감정이입, 그리고 사회적 기술 등의 차원으로 이루어지는 것으로 나타났다. 이들 각 차원을 요약하면 〈표 3-4〉와 같다.

직무수행과 관련된 감정연구는 비교적 최근에 많이 이루어지고 있다. 그간의 연구들을 주제별로 종합해보면, ① 감정의 표출과 관리에 관련된 연구들, ② 감정지능(EQ: Emotional Quotients=지성을 측정하는 IQ에 대비하여 감성수준을 측정하는 지표)이 개인이나 조직성과에 미치는 영향에 관련된 연구들, ③ 개인의 감정적 혹은 정서적 특성이 개인성과에 미치는 영향을 다룬 연구들, 그리고 ④ 조직원들의 순간적 감정표출의 원인과 결과에 관한 연구들 등으로 나눌 수 있다.[15)]

최근의 연구들에 따르면,[16)] 개인이 갖고 있는 EQ의 수준에 따라서 고용

표 3-4
EQ의 5차원

차 원	개 요
자기인식 (self-awareness)	• 특정 대상에 대한 자신의 감정을 정확히 인식하는 것. 예) "그녀에 대한 나의 호감이 사랑일까?"
감정조절	• 감정을 상황에 맞게 잘 다루는 능력 예) "승진한 사람 표정관리하기"
자기동기부여	• 어려운 중에서도 낙관적 태도를 유지할 수 있는 역량. 예) "쥐구멍에도 해뜰 날 있다."
감정이입	• 다른 사람의 감정을 이해할 줄 아는 능력 예) "입장 바꿔 생각해 봐."
사회적 기술	• 타인의 감정에 적절히 반응하여 인간관계를 원활히 할 수 있는 능력 예) "슬픔은 나누면 반이 되고 기쁨은 나누면 두 배가 된다."

자료: Goleman, D. 1995. *Emotional Intelligence-why it can matter more than IQ*. New York; Bantam Books.

불안에 대한 대응방법이 다른 것으로 나타났다. 즉, EQ가 낮은 사람들은 높은 사람들에 비해 고용불안에 접했을 때, 보다 부정적 감정반응을 표출하며 대응전략도 비효율적인 방법을 사용한다는 연구결과이다.

지 각

지각(Perception)이란 무엇인가

지각(perception)이란 개인이 환경을 이해하고 해석하는 과정을 말한다. 즉, 개인이 외부로부터 5관을 통하여 정보를 받아들이는 기능을 뜻한다.

같은 환경이라 할지라도 사람에 따라 서로 다른 의미를 부여한다. 취업을 원하는 사람이라면 인터넷에서 구인사이트가 제일 먼저 눈에 띌 것이다. 그러나 이미 취직을 한 사람이라면 경제나 사회문제에 더 관심이 쏠릴 것이다. 인터넷뉴스라는 똑같은 환경자극에 대하여 서로 다른 반응을 보이는 것은 지각차 때문이다.

선택적 지각

인간의 지각 기능은 불완전하기 때문에 들어오는 모든 자극을 다 처리할 수 없다. 자극들 중에서 현저한 것들만 선택하여 지각하게 되는데 이것을 선택적 지각이라고 한다.

가만히 앉아 있는 사람도 수많은 정보(환경의 자극)를 접하게 된다. A군이 지금 시험을 치르고 있다고 하자. 천둥번개를 동반한 많은 비가 내리고 있고, 감독관은 책상 사이를 왔다갔다하고 있다. 바로 뒤에 앉은 B군은 답을 가르쳐 달라고 A의 등을 찌르고 있다. 앞에 앉은 C군은 답을 적은 종이를 보내오고, 대각선에 앉은 D군은 계속 머리를 만진다.

이 모든 것들이 A군에게는 자극이다. 그러나 그는 모든 자극을 똑같이 지각할 수는 없다. A군은 자신에게 주어지고 있는 많은 자극들 중에서 자신에게 필요한 자극에만 관심을 기울이게 되고(즉, 선택적으로 주의를 기울이고) 이해하려 한다. 이러한 현상을 선택적 지각(selective perception)이라고 한다.

주의(attention)란 어떠한 사건, 사물 또는 사람에 대해 의식적으로 관심을 갖는 과정이다. 주의는 환경이나 자신의 기억으로부터 오는 정보에 의해 발생한다. 학자들은 인간이 자신에게 주어지는 여러 자극들 중에서 현저한 자극(salient stimuli)에 대해 주의를 더 많이 기울이게 된다는 사실을 알아냈다.

귀인이론

우리는 어떠한 행위에 대해 그 원인을 추론하려는 성향이 있다. 이것이 귀인이론의 기본 전제이다. 자신의 행동이나 타인의 행동에 대하여 원인과 결과를 밝히는 것을 **귀인**(歸因: "원인을 돌린다"는 뜻)이라 한다. 우리는 이러한 귀인행위에 내재한 법칙을 발견할 수 있다.

일반적으로, 사람들은 관찰된 행위에 대해 선행하는 사건들을 고려함으로써 인과관계를 추론한다. 귀인이론의 일반적 모델은 〔그림 3-5〕와 같다. 아래에서는 가장 널리 알려져 있는 켈리(Kelley)가 제안한 귀인이론과 관찰자와 행위자에 따른 귀인모델을 설명하기로 한다.

그림 3-5 귀인이론의 일반 모델

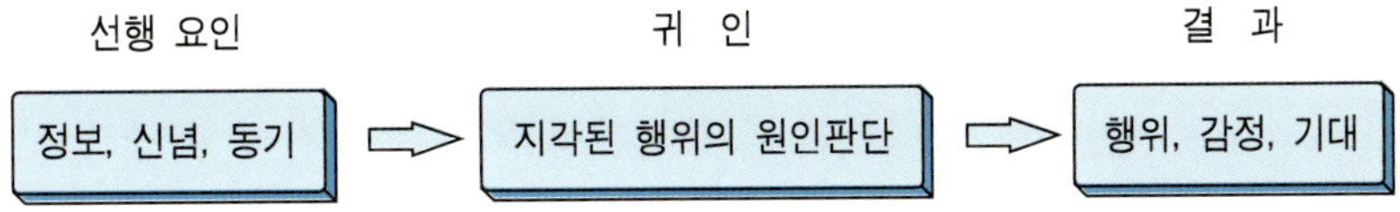

자료: Kelley, H. H., & Michela, J. H. 1980. Attribution Theory and Research, In Mark R. Rosenzweig & Lyman W. Porter(eds.), *Annual Review of Psychology*, 31, p.459.

켈리의 귀인이론

켈리의 귀인이론은 하이더(Heider)의 이론에 바탕을 둔다. **귀인이론**의 창시자인 하이더는 인간의 행위에 대한 귀인을 크게 내부 요인에 대한 귀인(내부 귀인)과 외부 요인에 대한 귀인(외부 귀인)으로 나누었다.

내부 요인이란 사람의 능력이나 기술 등 개인내적 요인을 말하며 외부 요인이란 업무의 특성이나 상급자의 특성 등 개인외적, 환경적 요인을 말한다.

켈리는 행위에 대한 귀인에 있어서의 내부 귀인과 외부 귀인개념을 좀더 발전시켰다. 켈리는 사람들이 행위에 대한 원인을 규명하려 하는 경우에 합의성(consensus), 특이성(distinctiveness), 일관성(consistency)의 세 가지 차원에서 귀인을 형성한다고 보았다. 이 각각의 개념을 예를 들어 설명해 보자. A군은 중간고사 영어시험 점수가 낮게 나왔다. 그는 자신의 영어점수가 왜 낮은지 그 원인을 알아내려 할 것이다. 이러한 사실에 켈리의 이론을 적용해 보면 다음과 같다.

① **합의성**: (다른 사람들은?) A군 자신만 영어시험을 못 봤는가 아니면 다른 학생들의 영어시험 결과도 나쁜가? 만약 다른 학생들의 영어시험 결과도 나쁘게 나왔다면 그는 자신의 시험결과가 나쁜 원인을 시험이 어려웠다는 것에 귀인(외부귀인)하려 할 것이다. 즉, 합의성의 법칙은 하나의 특정 사건에 대하여 다른 사람들(동료들)이 얻은 결과와 비교하여 귀인하려는 성향을 말한다.

② **특이성**: (다른 과목은?) 영어, 수학, 생물 등 여러 과목 중에서 영어만 결과가 나쁘게 나왔는가 아니면 수학과 생물 모두 나쁘게 나왔는가? 만약 세

과목 모두 시험결과가 나빴다면 A군이 시험준비를 하지 않은 것으로 원인(내부 귀인)을 돌리려 하겠지만 다른 과목은 모두 결과가 좋게 나왔는데 영어만 나쁘게 나왔다면 영어시험을 보는 시간에 유난히 복도가 시끄러웠다든가 영어만 어려웠다든가 하는 사실에 원인(외부 귀인)을 돌리려 할 것이다. 즉, 한 사건의 결과를 비슷한 다른 사건의 결과와 비교하여 귀인하려는 성향을 특이성의 법칙이라고 한다.

③ 일관성: (과거에는?) A군의 영어시험 점수가 이번에만 낮게 나왔는가? 만약 과거의 영어시험에서는 좋은 점수를 받았었는데 이번 시험결과만 나쁘게 나왔다면 A군은 이러한 결과에 대한 원인으로 시험이 어려웠다든가 시험날 주변이 산만했다든가 하는 외적 귀인을 생각할 것이다. 즉, 한 사건(여기서는 현재의 영어시험 결과)에 대한 과거의 역사(과거의 영어시험 결과)와의 비교를 통하여 귀인하려는 경향을 일관성의 법칙이라 한다.

〔그림 3-6〕은 개인의 성과와 일관성, 특이성, 합의성의 높고 낮음간의 관계를 나타낸 것이다. 이 그림에서 보는 바와 같이, 합의성은 사람과, 특이성은 업무와, 일관성은 시간과 관련된 개념이다.

중요한 것은 사람들은 이 세 가지 법칙들(합의성, 특이성, 일관성)을 종합적으로 사용하여 귀인판단을 한다는 점이다. 따라서 이들 세 법칙의 어떤 조합이 어떤 귀인을 낳는지를 살펴보는 것이 중요하다. 켈리의 주장에 따르면 높은 특이성과 낮은 일관성, 높은 합의성인 경우 외부적 귀인을 낳게 되며 낮은 특이성과 높은 일관성, 낮은 합의성은 내부적 귀인을 낳는다고 하였다(〔그림 3-7〕).

행위자/관찰자에 따른 귀인모델

귀인의 유형은 행위결과의 좋고 나쁨에 따라서 달라지기도 하지만, 자신이 한 행동의 결과에 대하여 귀인하는 경우와 타인이 한 행동의 결과에 대하여 귀인하는 경우간에도 차이가 난다. 이 관계를 요약하면 〔그림 3-8〕과 같다.

일반적으로 사람은 자신이 한 일(행위자가 본인인 경우)인가 타인이 한 일(행위자가 타인)인가에 따라서 귀인을 달리하는데, 자신이 한 일이 성공했을

그림 3-6
합의성, 특이성, 일관성이 높고 낮음에 관한 도표

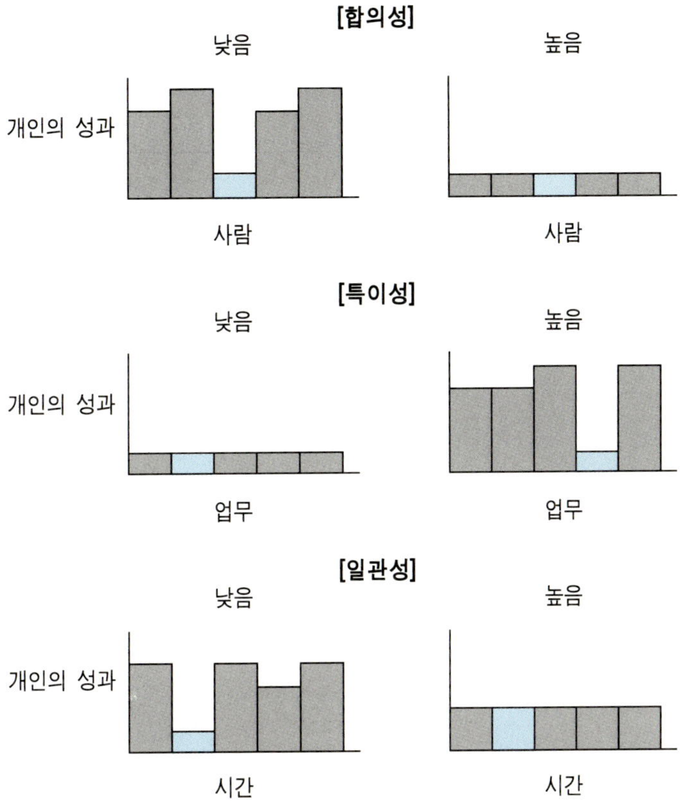

자료: Brown, K. A. 1984. Explaining group poor performance: An attributional analysis. *Academy of Management Review*, p. 56에서 수정 인용.

그림 3-7
켈리의 귀인법칙 종합

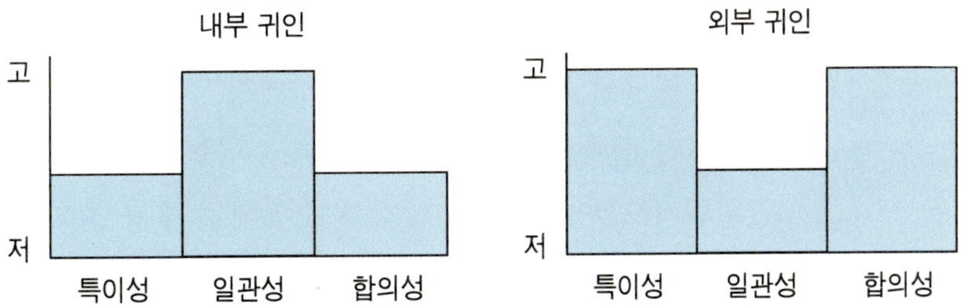

그림 3-8
행위자/관찰자에 따른 귀인모델

		행위자	
		본인	타인
행위의 결과	성공	내부 귀인	외부 귀인
	실패	외부 귀인	내부 귀인

때에는 자신의 능력이나 노력과 같은 내부 요인에 귀인하려는 경향이 강하고 자신의 일이 실패로 끝났을 경우에는 상황이나 운, 다른 사람 때문 등과 같이 외부 요인에 귀인하려는 경향이 있다. 이러한 귀인패턴은 타인이 한 일의 결과에 대해서는 정반대로 작용한다. 즉, 타인이 한 일의 결과가 성공적이었을 때 우리는 그 사람의 능력보다는 상황이나 운과 같은 외적인 요인에 귀인하는 경향이 강하나 타인이 한 일의 결과가 실패했을 때는 그 사람의 능력이나 노력 부족 등과 같이 행위자(타인)의 내적 요인에 그 원인을 돌리려는 경향이 있다.

지각의 오류

사람에 대한 지각과 판단을 함에 있어 우리는 가끔 지름길을 택하는 경우가 있다. 지름길이란, 지각과 판단의 효율성을 높이기 위해서 자기 나름대로 개발한, 대상을 판단하는 빠르고 쉬운 편법을 뜻한다. 그러나 지름길을 통해서 다른 사람을 지각함에 있어 여러 가지 오류가 발생한다. 이러한 지각의 오류는 왜곡된 평가, 비합리적 의사결정, 파괴적인 선입관, 변화거부 등과 같은 부정적 결과를 가져올 수 있으므로 각별한 주의가 요구된다.

일반적으로 나타나는 지각적 오류에는 후광 효과(halo effects), 관대화 경향(leniency effects), 중심화 성향(central tendency), 대조 효과(contrast effects), 최근 효과(recency effects), 초기 효과(primacy effects), 투영 효과(projection) 등이 있다. 이들에 대한 정의를 〈표 3-5〉에 요약 · 정리하였다.

표 3-5
지각의 오류

후광 효과	• 개인이 갖은 지능, 사교성, 용모 등과 같은 특성들 중 하나에 기초하여 그 개인에 대한 일반적 인상을 형성하는 것. • 예: 입사면접시 다리지 않은 양복을 입고 면도도 하지 않고 나타난 피면접자에 대하여 면접관이 그의 영어능력이나 영업능력이 형편없을 것이라고 판단하는 경우. 그의 옷차림이나 외모의 특성을 영어능력이나 영업능력에 일반화시켜 판단한 것으로 후광 효과가 작용한 것이다.
관대화 경향	• 다른 사람을 매우 좋게 평가하고자 하는 성향 • 예: 교수가 학생에게 학점을 줄 때 수업시간 참여도, 시험결과 등은 별로 고려하지 않고 모두에게 좋은 점수를 주는 경우.
중심화 성향	• 판단을 함에 있어 아주 나쁘다거나 아주 좋다거나 하는 양극의 판단을 피하고 중간 정도인 것으로 판단을 하려는 경향. • 예: 설문에 응답을 할 때 양극단의 응답을 피하고 주로 가운데 항목(그저 그렇다, 보통이다)에 응답하는 경우.
최근 효과	• 판단을 함에 있어 최근 제공된 정보에 더 큰 비중을 두는 것. • 예: A는 지난 2년 동안 늘 좋은 성적을 유지했었는데 바로 이번 학기에만 성적이 좋지 않았다. 이로 인해 A는 성적이 좋지 않은 학생으로 평가될 수 있다.
초기 효과	• 판단을 함에 있어 처음 주어진 정보에 보다 큰 비중을 두는 경향. • 예: 면접관이 10명의 피면접자들을 순서대로 평가하면서 비교적 초기에 면접한 사람들에게 후한 점수를 주게 되는 경향
대조 효과	• 판단을 함에 있어 대조되는 정보로 인하여 판단이 왜곡되는 것. • 예: 아주 키가 큰 사람 옆에 서 있는 보통 키의 사람은 실제보다 더 작아 보인다.
투영 효과	• 판단을 함에 있어 자신 입장을 일반화하여 남을 평가하려는 경향. • 예: 공격적인 성향이 높은 평가자가 공격적인 성향이 낮은 평가자보다 피평가자의 성격을 더 공격적인 것으로 평가한다.[17]

이외에도 지각오류를 조장하는 요인으로서 스테레오타입과 피그말리온 효과가 있는데 아래에서 살펴보기로 한다.

스테레오타입

스테레오타입(Stereotype)이란 어떤 사람을 판단함에 있어 그 사람이 속한 집단에 대한 선입관을 바탕으로 판단하는 경우를 말한다. 김 부장을 평가한다고 하자. 성격이나 능력, 가치관 등을 통해서 그를 판단하지 않고 출신학교, 학과, 출신지역, 종교 등에 따라 그를 판단한다면 이는 스테레오타입에 의해 판단한 것이라 말할 수 있다.

성역할 스테레오타입

성역할 스테레오타입(Sex-Role Stereotypes)이란 남성과 여성은 서로 다른 특성과 능력을 가지고 있으므로 일을 수행함에 있어서 역할이 달라야 한다는 선입관을 의미한다.

여성은 남성에 비해 경쟁심과 독립심, 객관성, 그리고 논리성이 모자라며 남성은 여성보다 감성, 온정, 표현력이 떨어진다라는 스테레오타입이 일반화되어 있는 것으로 나타났다. 또한 남 · 여 모두가 남성적인 특성이 여성적인 특성보다 바람직하다고 여기고 있는 것으로 나타났으며, 여성적인 특성에 대해서는 부정적으로 인식하고 있는 것으로 밝혀졌다.[18]

그러나 1980년대 이후 미국에서 수행된 연구들에서는 기존의 성역할 스테레오타입에서 나타난 사실과는 다른 결과들이 얻어졌다.[19] 즉 성과의 평가나 어떤 현상을 이해하는 데 있어 성역할 스테레오타입은 아무런 영향을 미치지 못하는 것으로 밝혀졌다.

나이 스테레오타입

나이가 많은 조직원이 젊은 조직원에 비해 직무만족과 직무몰입, 동기유발, 조직애착, 생산성 등이 낮다는 스테레오타입(Age Stereotypes)이 존재한다.[20] 그러나 이것은 그렇게 획일적으로 결론지을 수 없는 문제이다. 오히려 어떤 연구에서는 나이가 많아짐에 따라 직무만족, 일에 대한 동기, 조직몰입이 더 높아진다는 결과가 얻어졌다.

또한 직무성과와 나이에 관한 연구들을 모아 메타분석을 실시한 결과, 나이와 직무성과간에는 정(+)의 상관관계가 있는 것으로 나타났다.[21] 따라서 나이가 많을수록 동기와 성과가 떨어진다는 판단은 옳지 않다. 직무의 특성에 따라서는 나이가 들수록 성과가 더 높아지는 경우도 많다.

피그말리온 효과

피그말리온 효과(Pygmalion effect)란 특정인에 대한 기대가 그의 행동 결과로 나타나게 되는 현상을 일컫는 말이다. 사람은 윗사람이나 동료가 믿고 기대하는 바에 따라 행동하게 되고 그러한 행동의 결과로 타인이 믿고 기대했던 바가 현실로 나타나게 된다는 것이다.

연구결과에 따르면, 실제로 지능이 비슷한 A와 B, 두 학급을 두고 학기초에 교장이 A반 담임교사에게는 "당신이 맡을 학급의 학생들은 매우 지능이 높아 성적이 좋을 것이다."라고 말해주고, B반 담임교사에게는 "당신이 맡을 학급의 학생들은 지능이 평균 이하다."라고 말해 줬다. 실제로는 지능의 차이가 없었던 A, B 학급 학생들의 지능을 일 년 후 비교해 본 결과 실제로 차이가 나타났다.[22] 학생들이 우수하다는 예언을 들은 교사는 우수한 학생들에게 걸맞는 행동을 보여 주었으며 그로 말미암아 실제적으로 학생들의 지능이 높아지게 된 것이다.

피그말리온 효과 또는 자성적 예언을 조직의 성과와 관련시켜 개발한 모델을 소개하면 〔그림 3-9〕와 같다. 그림에서 알 수 있듯이, 상사가 자신의 하급자에 대해 높은 기대를 가지고 보다 좋은 리더십을 발휘하면 하급자도 자신에 대해 더 큰 기대를 가지게 되며 이는 보다 높은 수준의 동기유발로 이어지게 된다. 동기수준이 높아짐에 따라서 상사가 하급자에 대해 가진 기대가 높은 성과로 현실화된다는 것이다. 즉, 상급자가 가지고 있던 기대가 하급자의 행위를 통해 나타남으로써 상급자는 자성적 예언의 효과를 경험하게 되는 것이다.

그림 3-9
피그말리온 효과모델[23)]

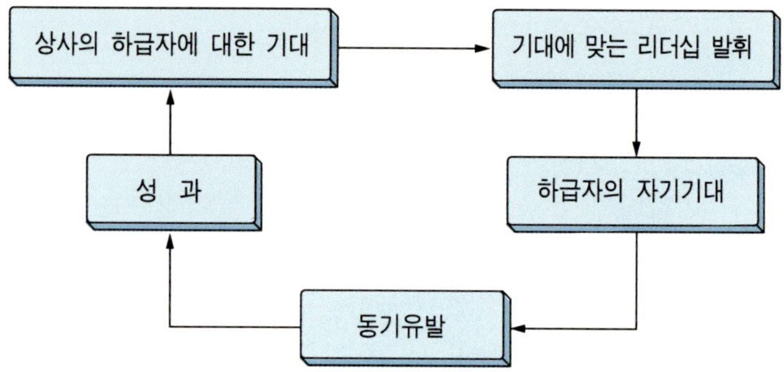

자료: Eden, D. 1984. Self-fufilling prophecy as a management tool: Harnessing Pygmalion, *Academy of Management Review*, pp. 64-73.

인상관리

인상관리(Impression management)란 다른 사람들이 자신에 대해서 형성하게 되는 지각을 관리하고 통제한다는 것이다. 조직생활을 하는 사람들은 상사나 주변 사람들이 자신에 대해서 좋은 인상을 형성하도록 의식적으로 노력을 기울일 필요가 있다.

흔히 인상관리에는 두 가지 전략이 사용된다. 하나는 부정적 인상회피전략이고 다른 하나는 긍정적 인상제고전략이다. 부정적 인상을 회피하기 위한 구체적 방안으로서 다음 세 가지 행동이 많이 활용된다.[24)]

첫째, 적절한 구실을 댄다. 행동이 좋지 않은 결과를 낳았을 때 납득할 수 있는 구실을 들어 면책을 시도한다.

둘째, 사과한다. 구실이 통하지 않는 상황에서는 자신의 행동을 사과하고 다시는 그런 일이 없을 것임을 다짐한다.

셋째, 관계가 없음을 강조한다. 일이 잘못되었을 때, 자신은 그 일과 큰 관계가 없음을 적절히 설명한다.

긍정적 인상을 제고하기 위한 방안으로서는 다음의 네 가지를 들 수 있다.

첫째, 자신의 기여한 바가 알려지게 한다. 좋은 결과를 가져온 일에 대해서 자신도 기여하였음을 직간접적으로 다른 사람들이 알도록 한다.

둘째, 부풀려 이야기한다. 자신이 이룩한 성과가 생각했던 것보다 훨씬 큰 업적이었음을 강조한다.

셋째, 큰 장애가 있었음을 인식시킨다. 성과를 내는 과정에서 큰 장애물과 어려움을 만났음에도 불구하고 그를 지혜롭게 극복하고 좋은 결과를 냈다는 인식이 들도록 한다.

넷째, 중요한 사람들과 연결되어 있음을 알린다. 그럼으로써 자신은 그만큼 중요한 사람이라는 인상을 다른 사람들에게 줄 수 있다.

이러한 행위들은 사람들이 자신을 보호하고 가치를 높이기 위해서 일반적으로 많이 사용하는 전략이기는 하지만, 지나치게 의도적으로 인상을 조작하려고 하기보다는 자아개념과 자아이미지를 확고히 하여 필요한 행동이 자연스럽게 우러나도록 하는 것이 중요하다.

제3장 문제 풀이

(1) 지각의 차이. 아래의 그림 〈가〉, 〈나〉, 〈다〉, 〈라〉를 보고 무엇인지 말해보자.

〈가〉

〈나〉

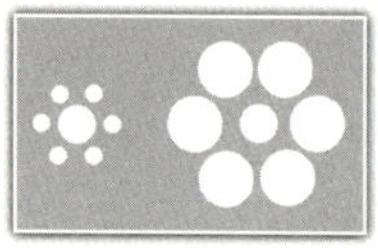

〈다〉

〈라〉

〈가〉 촛대 vs. 마주보는 두 여인, 〈나〉 가운데 원의 크기가 더 큰 것은 왼쪽, 오른쪽?, 〈다〉젊은 여인 vs. 노파, 〈라〉 쥐 vs. 안경 낀 남자

(2) 아래의 그림에서 보듯이 우리가 누구와 말을 할 때 53%는 외모와 바디랭귀지가 영향을 미치고 38%는 목소리의 톤, 높낮이, 속도가 영향을 주며, 내용은 7% 밖에 영향을 못 미친다고 한다. 이러한 현상이 인상관리에 주는 의미는 무엇인가?

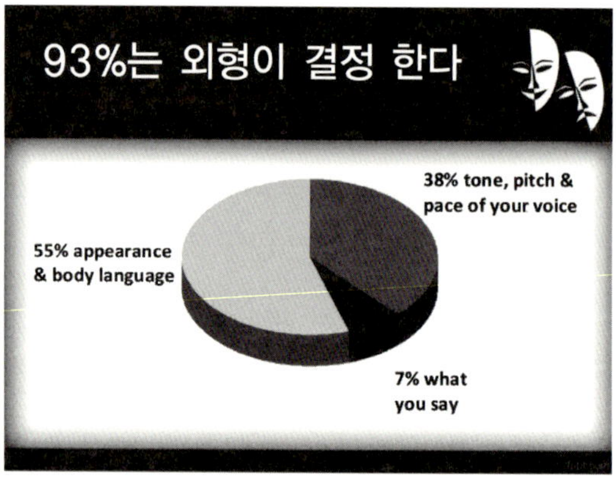

종합 사례 3

조직에서 문제가 되는 수동공격형 성격

수동공격형 성격(passive-aggressive)은 자신의 진실된 감정(예, 분노)을 감추고 겉으로 수긍하는 자세를 보이는 성격을 말한다. 상사 앞에서 아닌 것을 직접 아니라고 하지 못하고 나중에 간접적으로 공격하는 성격.

예를 들어, 상사가 "다음 분기 목표를 2배로 늘려라"는 지시를 받았을 때, 그 앞에서 못하겠다고 말하는 대신 "알겠습니다"라고 해놓고 나중에 데드라인을 어기든가, 미팅에 나타나지 않든가, 전화를 안 받든가, 변명, 뒷담화 등의 행동을 보이는 것이 예가 될 수 있다.

특히 한국인들에서 이런 성격을 많이 볼 수 있다. 문화적으로도 어른 앞에서 거절하는 것을 좋지 않게 여기기 때문이다. "No"라고 말할 수 있는 한국인, 조직에서 "No"라고 말하는 사람은 살아남기 힘들지만, 조직을 위해서는 꼭 필요한 사람이다. 상사의 온갖 비리와 부패와 불합리가 하급자의 "수동공격형 성격" 때문에 사전에 예방되지 못한다.

[종합 문제 3] 그렇다면 '수동공격'의 반대는 무엇인가?

나의 조직행동 진단 3-1

나의 EQ 알아보기

▣ 다음 각 항에 대하여 당신이 얼마나 잘할 수 있는 능력을 가지고 있는지를 평가해보자. 응답하기 전에 실제 상황을 생각하고 정확히 답해 보자.

〈응답양식〉

1	2	3	4	5
별로 잘 못한다		보통이다		매우 잘한다

항 목	1	2	3	4	5
1. 신체적 이상을 감정으로 표현하는 것					
2. 압박을 받는 상황에서도 태연하게 행동하는 것					
3. 나의 행동이 다른 사람들에게 미치는 영향을 아는 것					
4. 다른 사람과의 갈등에 대한 성공적 해결책을 제시하는 것					
5. 화날 때 금방 가라앉히기					
6. 화가 나려 할 때, 그것을 아는 것					
7. 다른 사람들이 심한 스트레스 하에 있을 때 알아채는 것					
8. 다른 사람들과 의견의 일치를 이루는 것					
9. 내가 지금 어떤 감각을 사용하고 있는지를 아는 것					
10. 재미없는 일을 할 때 동기를 유발시키는 것					
11. 다른 사람들이 감정을 통제하도록 돕는 것					
12. 다른 사람들을 기분 좋게 만드는 것					
13. 내가 기분이 바뀌는 순간을 알아채는 것					
14. 내가 다른 사람들의 분노의 표적이 될 때 침착함 유지하기					
15. 다른 사람에게 동정심을 표현하기					
16. 필요할 때 다른 사람에게 충고와 감정적 지원 제공하기					
17. 내가 자기 방어적일 때, 그것을 아는 것					
18. 말한 것을 실행하는 것					
19. 다른 사람들과 친밀한 대화를 나누는 것					
20. 다른 사람에 대한 느낌을 그 사람에게 정확히 전달하는 것					

[해 석]

▣ 20개 항목의 응답점수들을 다 합한다. 합한 점수(내 점수) 결과 판단법.

〔내 점수 ≧ 80〕 → 〔고 EQ〕〔감성지능이 높은 사람〕

〔50 ≦ 내 점수 < 80〕→ 〔중 EQ〕〔감성적 리더십 발휘의 기초는 되어 있는 사람〕

〔내 점수 < 50〕 → 〔하 EQ〕〔감성지능 개발이 필요한 사람〕

나의 조직행동 진단 3-2

A/B형 성격 진단

▣ 다음은 성격유형 A/B를 알아보기 위한 설문이다. 각 항목에 대해 당신의 행동을 잘 묘사하고 있는 정도를 표시하시오.

1. 약속에 늦을 수 있다	1 2 3 4 5 6 7 8	결코 늦어서는 안 된다
2. 경쟁적이지 않다	1 2 3 4 5 6 7 8	매우 경쟁적이다
3. 서두르지 않는다	1 2 3 4 5 6 7 8	항상 바쁘다
4. 한번에 한가지씩 일을 한다	1 2 3 4 5 6 7 8	한꺼번에 많은 일들을 한다
5. 모든 일을 천천히 한다	1 2 3 4 5 6 7 8	빠르다(식사, 걸음걸이 등)
6. 감정을 느긋하게 표현한다	1 2 3 4 5 6 7 8	감정을 격정적으로 표출한다
7. 많은 것에 관심을 가진다	1 2 3 4 5 6 7 8	일 이외에는 관심사가 없다

[해 석]

▣ 7가지 질문에 표시한 수의 합에 3을 곱한다. 아래 분류에 따라 자신의 유형을 평가한다.

점 수	성격 유형
120점 이상	A+
106~119	A
100~105	A−
90~99	B+
90점 이하	B

자료: Bortner, R. W. 1969. Short rating scale as a potential measure of pattern a behavior, *Journal of Chronic Diseases*, pp.87-91.

제 4 장

욕구중심 동기부여이론들

본 장의 요점

※ 욕구중심의 동기부여이론에 속하는 욕구 5단계이론, ERG이론, 성취동기이론, 2요인이론, 직무특성이론 등을 학습한다.
※ 다양한 욕구유형들을 학습한다.
※ 개인 욕구들이 어떻게 나타나며 조직행동에 어떤 영향을 미치는지를 배운다.
※ 욕구중심이론들이 경영에 주는 의미를 이해한다.

Let's Talk!

'무엇이 당신을 동기부여되게 하는가?'

사람마다 동기부여의 요인이 다르다. 국가문화에 따라서도 달라진다. 아래의 〈표 4-1〉은 중국, 미국, 유럽, 호주인들의 동기부여원천 순위를 조사하여 제시한 것이다.

〈표 4-1〉 동기부여원천의 국가 간 차이(점수는 순위)

구 분	중국	미국	유럽	호주
돈	1	4	5	5
도전적 직무	2	1	1	8
학습기회	3	5	4	2
경력개발	4	2	2	2
긍정적 팀 환경	5	3	3	1
기업의 사회적 책임(CSR)	6	8	8	7
유연근무제도	7	6	6	4
더 많은 휴가	8	7	7	6

(출처: http://learnchinesebusiness.com/2013/10/02/)

중국인들은 돈에 의해서 가장 크게 동기부여된다는 것은 상식과 맞는 결과이다. 호주 사람들은 도전적 직무를 제일 낮게 평가하고 긍정적 팀 환경을 제일 높게 평가하고 있다는 것이 이채롭다. 호주인들은 일보다 근무환경을 더 중시한다는 뜻이다. 호주인들이 또한 학습과 경력을 중시하는 것은 장기적 관점을 가지고 일한다는 의미로 해석된다. 아울러, 중국, 미국, 유럽인들이 다 같이 도전적 직무에 크게 동기부여된다는 사실에 주목할 필요가 있다.

[토론 주제 4] 한국인들을 가장 크게 움직이는 동기요인은 무엇일까?

동기부여란 무엇인가

동기부여의 영어에 해당하는 모티베이션(Motivation)의 어원은 라틴어의 "movere"이며 이것은 "to move"라는 뜻이다. 한국어로는 동기부여, 동기유발, 동기화 또는 모티베이션 등의 어휘로 표현된다.

동기부여이론들은 내용이론과 과정이론으로 대별된다. 내용이론은 주로 개인이 내면에 갖고 있는 욕구를 동기의 원천으로 보는 이론들이고, 과정이론은 개인과 환경의 교류과정에 초점을 두어 개인의 동기를 설명하는 이론들이다. 제4장에서는 내용이론들을 다루고, 5장에서는 과정이론들을 다룬다.

욕구중심의 동기부여이론들

매슬로우의 욕구단계이론

욕구 5단계

욕구단계이론은 1943년, 임상심리학자 매슬로우(Abraham Maslow)가 발표한 이론이다. 이 이론은 욕구를 〔그림 4-1〕과 같이 다섯 가지로 나누고 생리적 욕구 → 안전욕구 → 소속욕구 → 자존욕구 → 자아실현욕구 등의 순서대로 나타난다고 주장하였다.

욕구는 어떻게 작용하는가

매슬로우의 욕구 5단계 이론은 다음의 원칙들에 의하여 작동된다.

① 다섯 가지 욕구가 저차원에서 고차원으로 순서대로 나타나기 때문에 한 단계를 건너뛰어 그 위의 욕구가 나타나는 경우(예, 안전욕구에서 소속욕구를 뛰어 넘어 자존욕구가 발현되는 식)는 없다. 또한 어느 한 순간

그림 4-1
매슬로우의 욕구 5단계

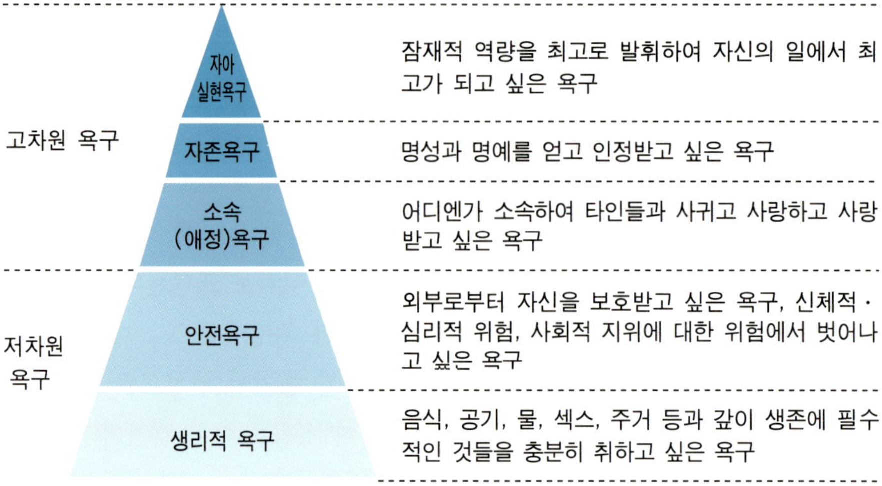

개인의 의식을 지배하는 욕구는 하나다.

② 욕구의 출현과 소멸은 「결핍 — 지배 — 충족 — 새로운 욕구 출현」의 과정을 거쳐 자아실현욕구가 출현될 때까기 계속된다. 이것을 「결핍-지배의 원리」와 「충족-출현의 원리」라고 한다. 즉 순서에 의해 어떤 특정 욕구가 결핍되어 있으면 그 욕구가 개인의 의식을 지배하고 아래 단계 욕구가 충족되어야 다음 단계 욕구가 출현한다는 원리이다.

③ 자아실현욕구를 제외하고 개인의 행동에 동기를 부여하는 것은 결핍이다. 자아실현욕구는 다른 욕구와는 달리 충족되면 될수록 욕구의 크기가 더 커진다.

④ 생리적 욕구와 안전욕구는 저차원 욕구이고, 소속욕구, 자존욕구, 자아실현욕구는 고차원 욕구에 해당한다.

조직경영에 주는 의미

매슬로우의 욕구단계이론은 조직경영에 대하여 분명한 메시지를 보내고 있다.

첫째, 개인의 행동을 규정함에 있어 결핍욕구뿐 아니라 성장욕구의 중요성을 강조함으로써 조직경영에 새로운 의미를 더하였다.

오늘날 대부분의 조직원들은 자신의 존재를 발전시킨다는 성장의 문제에 더 큰 관심을 보인다. 따라서 조직경영에 있어 자존욕구나 자아실현욕구와 같은 성장욕구를 충족시킬 수 있는 방향으로 동기를 부여해 나아가야 할 것이다. 예를 들어, 조직원들이 직무수행을 통하여 다양성, 자율성, 책임감 등을 더 많이 경험할 수 있도록 해야 한다.

둘째, 상황변화에 따라 새로이 출현하는 욕구에 유의해야 한다. 예컨대 경영상태가 악화되어 감원정책을 펴야 하는 경우, 남아 있는 조직원들에게 가장 지배적으로 나타날 수 있는 욕구는 안전욕구일 것이다. 이때 경영자는 하루속히 조직원들에게 안전에 대한 불확실성을 제거해주어 상위욕구가 그들의 심리를 지배할 수 있도록 해야 한다.

알더퍼의 ERG이론

ERG의 개념

매슬로우의 욕구단계이론이 갖은 한계점을 극복하기 위해서 알더퍼(Clayton Alderfer)는 1969년에 ERG이론을 발표하였다.[1)]

ERG에서 E는 Existence의 머릿글자이며 "존재욕구"를 뜻한다. 생리적 욕구나 안전욕구와 같이 존재와 관련된 욕구이다. 또한 여기에는 급여, 부가급, 육체적 작업에 대한 욕구, 그리고 물질적 욕구가 포함된다.

R은 Relatedness의 앞 글자로서 "관계욕구"이다. 이것은 개인이 주변 사람들(상사, 동료, 하급자, 친구, 가족 등)과 좋은 인간관계를 형성하고 싶어하는 욕구이다. 생각이나 감정을 주변 사람들과 공유하게 될 때 관계욕구가 충족된다.

G는 Growth의 첫 글자이며 "성장욕구"이다. 인간으로서 성장하고 자신의 능력을 잠재적 한계까지 발휘해 보고 싶은 욕구를 뜻한다. 능력개발뿐 아니라, 자율, 성취욕구 등도 성장욕구에 포함된다.

ERG이론은 매슬로우의 욕구단계이론과 공통점도 있으나 적어도 다음의 세 가지 측면에서 차이를 보인다.

① 욕구의 분류체계가 다섯 가지가 아니라 세 가지로 되어 있어 개념 자체가 보다 포괄적이다.

② ERG이론에서는 개인이 세 가지 욕구를 동시에 다 경험할 수 있다. 욕구들간의 계층구조가 욕구계층이론에서보다 약하다.

③ 매슬로우의 이론에서와는 달리 ERG이론에서는 상위욕구가 계속되는 시도에도 충족되지 않고 좌절되면 다시 하위욕구가 나타난다고 보고 있다. 즉, 매슬로우 이론에서는 욕구 출현의 진행방향이 상향(上向) 일변도였지만, ERG이론에서는 상향 또는 하향으로 진행된다.

ERG 욕구는 어떻게 나타나는가

ERG이론이 작동되는 기본원칙은 충족-진행의 원리와 좌절-퇴행의 원리이다. 이를 〔그림 4-2〕를 통해서 구체적으로 살펴보자.

그림에 나타났듯이 ERG이론은 일곱 가지 원리에 의해서 작동된다. 각각의 원리에 편의상 번호를 붙였다. 〔원리 1〕은 존재욕구가 충족되지 않았을 때 존재욕구의 강도가 커지는 경우이다. 예를 들어, 돈이 떨어졌을 때 돈을

그림 4-2
ERG이론의 작동원리

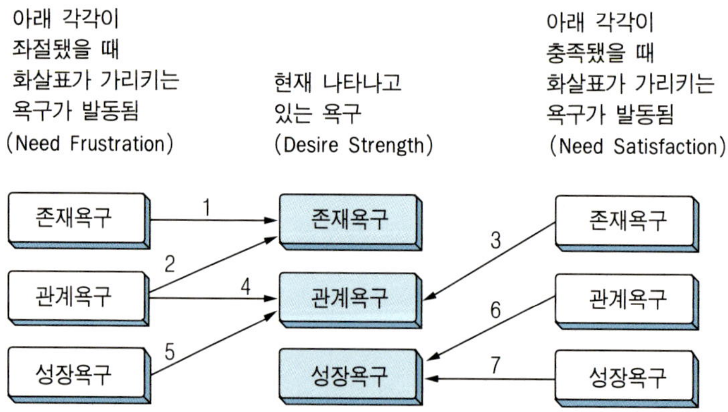

자료: Kreitner, R. & Kinicki, A. 1989. *Organizational Behavior*. Homewood, IL: Irwin.

더 필요로 하는 것과 같다. 존재욕구가 동기를 유발하게 되는 또다른 경우〔원리 2〕는 한 개인이 계속되는 시도에도 불구하고 상위욕구인 관계욕구를 충족시키지 못하고 좌절하게 되면 하위욕구인 존재욕구가 더 강하게 나타난다는 원리이다.

〔원리 3〕은 존재욕구가 만족됐을 때 관계욕구가 지배하게 된다는 것이다. 직장에서 급여나 혜택을 많이 받는 사람들이 서로 어울리기를 좋아하는 현상은 이 원리를 가지고 설명될 수 있다. 관계욕구가 발동되는 또다른 예는 개인의 성장욕구가 충족되지 않는 경우이다(〔원리 5〕).

마지막으로 관계욕구(〔원리 6〕)나 성장욕구(〔원리 7〕)가 충족됨으로써 성장을 위한 욕구가 증가하게 되는 경우가 있다.

조직경영에 주는 의미

ERG이론이 조직경영에 주는 가장 큰 시사점은 좌절-퇴행의 가설에 기인한다. 매슬로우의 이론에서도 성장욕구나 고차원 욕구의 중요성이 강조되기는 하였지만 ERG이론에서와 같이 그러한 욕구의 좌절이 가져오는 경영적 의미를 구체적으로 부각시키지는 못하였다.

좌절-퇴행 가설에 따르면, 관계욕구나 성장욕구가 좌절되었을 때 그 하위단계의 욕구가 더 강해진다. 예를 들어, 관계욕구가 좌절되면 존재욕구인 금전적 보상을 더 많이 요구할 수 있다. 따라서 경영자가 조직원의 고차원 욕구를 충족시켜야 하는 것은 동기부여를 위해서만이 아니라 직·간접 비용을 절감한다는 차원에서도 중요하다. 조직원들은 성장을 원하며 조직이 그것을 적절히 충족시키지 못하는 경우, 하위욕구가 더 크게 나타남으로써 다른 측면에서 그만한 비용을 치르게 되기 때문이다.

맥클리랜드의 성취동기이론

성취동기란 무엇인가

성취동기에 대하여 처음으로 주의를 환기시킨 사람은 1930~1940년대

그림 4-3
성취동기이론의
4대 욕구

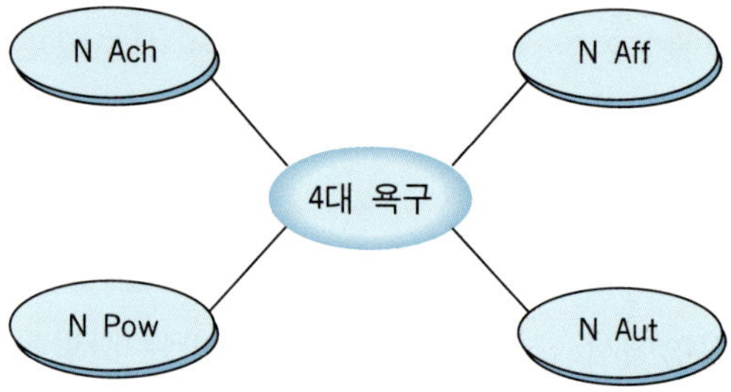

헨리 머레이(Henry Murray)였다. 그 후 50년대 데이비드 맥클리랜드(David McClelland)와 60년대 존 애트킨슨(John Atkinson)에 의하여 발전하게 되었다.[2)]

머레이는 인간의 욕구를 20가지로 분류하였다. 물론 이들 20가지 욕구들이 다 의미있다고 보기는 힘들다. 특히, 조직경영과 관련하여 중요시될 수 있는 욕구들은 대략 성취욕구(Need for Achievement: N Ach), 친화욕구(Need for Affiliation: N Aff), 권력욕구(Need for Power: N Pow), 자율욕구(Need for Autonomy: N Aut) 등으로 지목되고 있다.

"욕구는 학습된다"

성취동기이론에 있어 가장 핵심적인 사항은 문화공동체에 의해 "욕구가 학습된다"는 점이다. 각 욕구에 대한 개인의 욕구수준은 성장 초기의 사회화 과정에서 남과 어울리고 공동생활을 하면서 경험을 통하여 학습된다. 학습과정은 강화이론으로 설명하고 있다. 즉 보상된 행위는 학습되고 그렇지 않은 행위는 소멸된다.

성취욕구

성취욕구란 어려운 일을 달성하려는 욕구, 장애를 극복하여 높은 목표를 달성하려는 욕구, 어떤 물건이나 인간 · 사상 등을 철저히 이해하고 조작 또는 조직화함에 있어 보다 빨리 독립적으로 하고 싶은 욕구, 다른 사람들과의 경쟁에서 이기고 싶은 욕구, 그리고 능력을 유감없이 발휘하여 자신의 가치를 높이려는 욕구 등으로 정의된다.

여러 욕구들 중에서도 특히 성취욕구에 대해서 가장 많은 연구가 이루어졌다. 성취욕구가 높은 사람의 경우 다음과 같은 특징을 갖는다.

① 스스로의 노력으로 일을 성공시키려 한다. 문제를 해결하거나 일을 추진함에 있어 스스로 책임지고 목표를 성취하려는 자세를 갖는다.

② 성공 가능성이 중간정도일 때 가장 동기유발 효과가 크다. 목표 자체가 성취 불가능하면(즉, 성공 가능성이 낮으면) 포기하기 쉽고 너무 가능성이 높으면 흥미를 잃게 된다.

③ 목표를 달성함에 있어 과정 또는 결과에 대한 피드백을 원한다. 성취동기가 높은 사람들은 자신의 성취 과정과 결과에 대하여 확인하려 하며 이것이 피드백 요구로 이어진다.

친화욕구와 자율욕구

친화욕구란 다른 사람이 자신을 한 인간으로서 받아들여 주기를 바라는 욕구이다. 따라서 친화욕구가 강한 사람은 ① 다른 사람의 감정을 상하지 않게 하려고 매우 주의하며, ② 친화하고 싶은 사람들이 만들어 놓은 규범이나 기대에 부응하려는 성향이 있고, ③ 다른 사람들로부터 인정받기 위해서 많은 노력을 기울인다.

친화욕구가 강한 사람은 상호 협조적이고 우호적인 조건하에서 열심히 일하는 성향이 있으며, 평가차원이 아니라 지원차원에서 피드백을 제공해 줄 때 성과가 높아진다고 한다. 따라서 친화욕구가 강한 사람에게 동기를 부여하려면 상호 협조적이고 성과에 대해서 인정(approval)해 주는 분위기를 조성해야 할 것이다.[3)]

자율욕구는 어떤 제약으로부터 자유롭고 독립적이고 싶은 욕구이다. 자율욕구가 강한 사람은 독립적으로, 자신의 통제하에 일하고 싶어 하며 지나친 규칙이나 규정을 싫어한다. 자율욕구가 강한 사람은 의사결정에 참여하는 것을 중시하며 다른 사람들의 압력을 견디는 힘이 강하고 조직목표보다는 자신

의 목표와 처지를 더 중시하는 경향이 있다.[4)]

권력욕구

자율욕구가 다른 사람들로부터 자유롭고 싶은 욕구라고 한다면 권력욕구는 다른 사람들을 지배하고 리드하고 통제하고 싶은 욕구이다.

다음에서 맥클리랜드는 권력욕구의 발달과정을 네 가지 단계로 나누어 설명하고 있다.

권력욕구의 제1단계에서는 다른 사람들과의 관계를 활용하여 힘을 축적하는 단계이다. 이 단계에서는 힘 있는 사람과 밀접한 관계를 설정함으로써 권력욕구를 충족시키려 한다. 제2단계에서는 힘의 원천이 자기 자신이 된다. 자신이 한 일로부터 자기 존재에 대한 자부심이 생기며 이것이 권력동기의 원천이 된다. 제3단계에서 개인은 권력욕구를 충족시키기 위하여 경쟁에서 이김으로써 다른 사람들을 지배하려 하고 영향력을 행사하려 한다. 이 단계에는 다른 사람을 돕는 행위도 포함된다. 제4단계는 기업의 성공과 같은 좀 더 커다란 목적을 위해서 다른 사람들에게 영향력을 행사함으로써 권력감(feeling of power)을 맛보게 되는 경우인데, 가장 고차원적인 단계이다.[5)]

또한 맥클리랜드는 권력을 개인중심적 권력(personalized power)과 집단중심적 권력(socialized power)으로 나누어 설명하고 있는데, **개인중심적 권력**이 강한 사람은 봉건시대 군주와 유사하며 하급자들이 조직에보다는 자신에게 복종할 것을 강요한다. 그러나 **집단중심적 권력욕구**의 경우는 집단이나 조직의 목표를 달성하는 문제에 보다 큰 관심을 두며 구성원들을 참여시켜 목표를 세우게 하고 그것을 성취할 수 있는 수단을 마련해 준다든가 그들에게 성

그림 4-4
권력욕구의 4단계

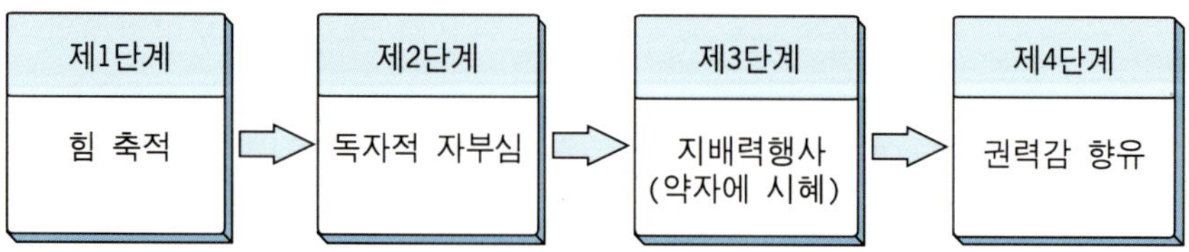

취할 수 있는 능력에 대한 확신을 심어주는 등의 활동을 통해서 권력욕구를 충족시킨다. 따라서 집단중심적 권력욕구는 이타적이고 자제된 욕구 표현방식이라고 할 수 있다.

조직경영에 주는 의미

첫째, 성취동기가 학습된다는 사실은 조직경영에 있어서 조직원들의 동기수준을 교육·훈련을 통하여 개발할 수 있는 길을 열어 놓았다. 「성취동기 훈련과정」과 「권력동기 훈련과정」 등이 개발되었다.

둘째, 채용, 배치, 이동 등과 같은 인사관리 과정을 운용함에 있어 개인의 욕구를 고려하여 적재적소 배치가 가능하도록 해야 한다.

셋째, 직무의 내용과 목표를 보다 도전적으로 만들어야 한다. 그러나 직무수행자의 욕구특성을 먼저 살펴보고 그의 욕구특성에 맞는 직무를 제공함으로써 적합화(match)시키는 것이 바람직하다.

넷째, 교섭(협상)을 함에 있어서도 상대방의 심리를 지배하고 있는 동기의 유형과 수준을 이해하면 큰 도움이 된다.

허즈버그의 2-요인이론

동기의 양면성

허즈버그는 만족과 불만족을 동일한 개념의 양극으로 보지 않고 두 개의 독립된 개념으로 보고 있다. 따라서 만족도의 반대는 불만족이 아니라 만족도가 영(zero)인 상태이며 마찬가지로 불만족의 반대도 만족이 아니라 불만족이 영인 상태라는 것이다([그림 4-5] 참조).

그 후의 연구에서 허즈버그는 직무만족에 영향을 미치는 요인들을 정리하여 **동기요인**(motivators)이라 이름하였고 직무 불만족에 영향을 미치는 요인들을 집합적으로 **위생요인**(hygiene factors)이라고 명명함으로써 '2-요인(two-fator)이론'이 탄생하게 된 것이다. 〈표 4-2〉에 동기요인과 위생요인들을 정리하였다.

그림 4-5
허즈버그의 직무만족 개념

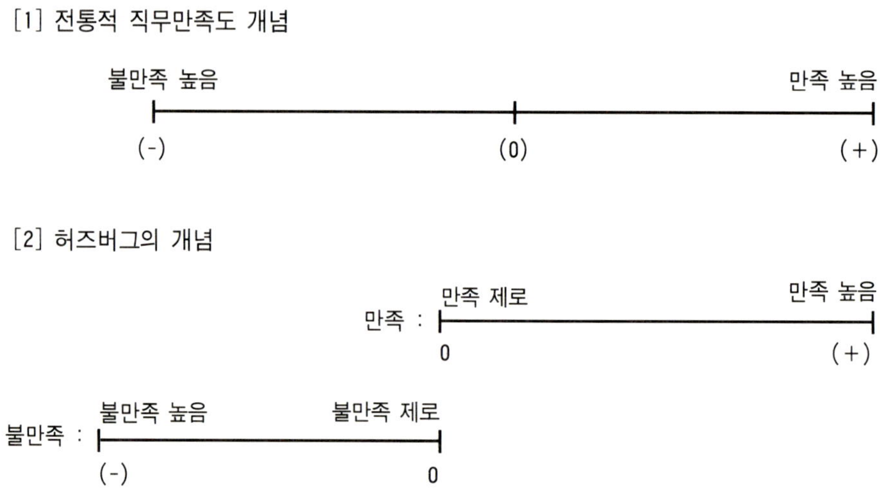

2요인은 어떻게 구성되는가

〈표 4-2〉에서 볼 수 있듯이, 동기요인들은 주로 직무 자체 또는 개인의 정신적 · 심리적 성장에 관련되는 요인들이며, 위생요인들은 직무 외적인 요인들이다. 즉, 허즈버그는 직무 자체로부터 얻는 성취감, 안정감 등과 같은 내

표 4-2
동기요인과 위생요인들

위생요인들	동기요인들
① 급여	① 성취감
② 감시와 감독	② 칭찬이나 인정을 받을 수 있는 기회
③ 회사의 정책과 행정	③ 직무 자체가 주는 흥미
④ 감독자(상사)와의 인간관계	④ 성장 가능성
⑤ 하급자와의 인간관계	⑤ 책임감
⑥ 동료와의 인간관계	⑥ 직무의 도전성
⑦ 작업조건	⑦ 발전성(승진)
⑧ 개인생활 요소들	
⑨ 직위	
⑩ 직장의 안정성	

재적 만족이야말로 진정한 만족이고 급여, 작업조건과 같은 직무 외적 요인들은 아무리 높거나 훌륭하더라도 진정한 만족을 줄 수 없다고 보았다.

조직경영에 주는 의미

허즈버그의 이론이 조직경영에 주는 의미는 위생요인 추구자의 문제, 동기요인 구축문제, 그리고 조직구조 측면의 의미 등 세 가지로 요약될 수 있다.

① 허즈버그는 급여, 승진 등과 같은 위생요인들을 병적으로 추구하는 조직원들(hygiene seekers)은 조직경영에 있어서는 암적인 존재라고 했다. 이들은 높은 급여, 좋은 작업조건, 직장의 안정성 등을 확보함으로써 짧은 기간 동안 동기가 유발된 듯이 보이나 머지않아 성과나 실적에 관계없이 계속 더 많은 보상을 요구하게 된다는 것이다.

② 동기요인들을 직무 속에 구축하는 것은 허즈버그 이론의 핵심적 요소이다. 즉, 조직원들이 성취감, 인정감, 자극, 책임감, 발전성 등을 체험할 수 있도록 직무를 재구성해야 한다고 주장한다.

③ 허즈버그는 자기 스스로를 "직무충실화의 창시자(father of enrichment)"라고 부를 만큼 직무충실화에 대한 상표권에 집념을 보였다. 심지어는 직무충실화를 실천하기 위한 여러 가지 프로그램을 만들면서 「**정통**(원조) **직무충실화 기법**」(Orthodox Job Enrichment)이라는 이름을 붙이기까지 하였다.[6)]

④ 조직구조 측면에서, 허즈버그는 노사나 인사담당부서를 위생요인 담당부문과 동기요인 담당부문으로 양분할 것을 제안하고 있다. 대부분의 조직에 있어 현재의 상태가 위생요인 관리위주로 구성되어 있으므로 여기에 동기요인 담당부문을 신설함으로써 소기의 목적을 달성할 수 있다고 보았다.

직무특성이론

직무특성이 동기의 원인이다

직무특성이론의 체계는 〔그림 4-6〕과 같이 요약될 수 있다. 이 이론은 다

그림 4-6
직무특성이론 모델

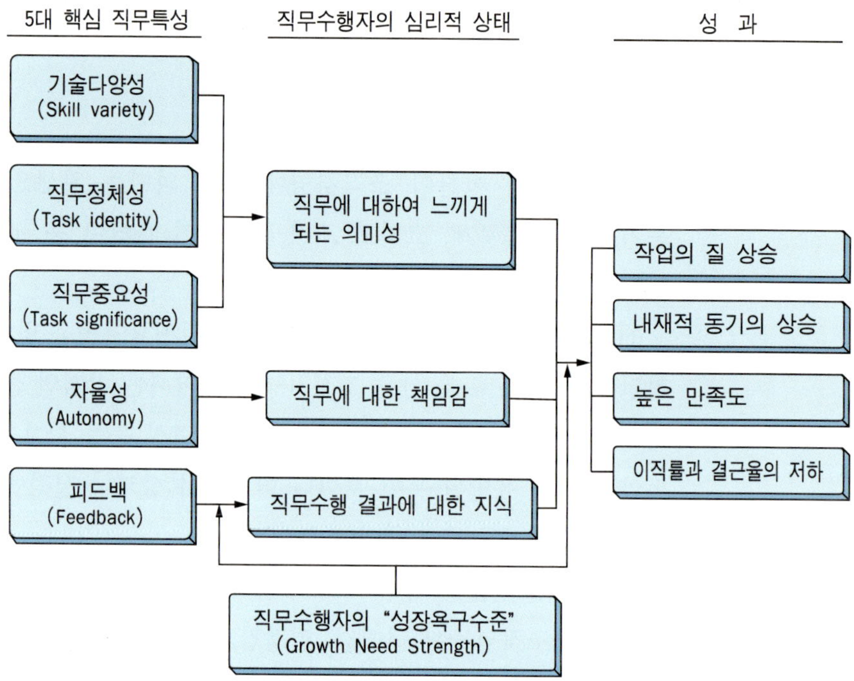

자료: Hackman, R. J., & Oldham, G. R. 1976. Motivation through the design of work: Test of a theory, *Organizational Behavior and Human Performance*, vol.16. p.256.

섯 가지 직무특성과 세 가지 심리상태 변수들, 그리고 네 가지 성과변수들로 구성되어 있다. 또한 개인의 **성장욕구수준**(Growth Need Strength)이 직무특성과 심리상태, 심리상태와 성과간을 조절해주는 변수(Moderator)로 작용하고 있다. 즉 직무수행자의 성장욕구수준이 높은 경우, 그가 수행하는 직무를 재구성하여 다양한 기술을 필요로 하도록 하고 직무의 정체성과 중요성을 높여주며 보다 큰 자율성을 부여하고 직무수행과정에서 중간결과를 실시간 알 수 있도록 하면 직무수행자는 자신의 직무에 대하여 커다란 의미와 책임감을 체험케 되고 직무 자체에 대한 동기(즉 내재적 동기)가 유발되어 작업의 질과 만족도가 상승하며 이직과 결근이 줄어들게 된다는 것이다. 또한 작업자의 성장욕구수준이 낮은 경우에는, 5대 핵심 직무특성의 수준을 작업자의 낮은 성장욕구에 맞춰 낮춰주면 된다. 즉 성장욕구수준이 높은 경우만이 바람직하다는 의미가 아니다. 욕구수준이 낮은 경우와 높은 경우 각각에 대하여 그들의 기호와 가치에 알맞은 특성의 직무를 제공해주면 된다. 뭔가 도전하고 싶고, 직무를 통하여 성취하고 싶은 고성장욕구자들에게는 직무특성도 그에 맞게 보다 중요하고 자율적이며 다양한 기술을 요하도록 맞춰줘야 할 것이고, 보다 안정적이길 바라고 확실한 것을 추구하는 성향을 갖은 저성장욕구자들에게는 보다 정형화되고 단순한 직무를 제공함으로써 성과를 높일 수 있다는 것이다.

5대 직무특성과 MPS

5가지 핵심 직무특성들 각각에 대한 정의부터 살펴보도록 하자.

간단한 예를 들면, 자동차 타이어 판매소에서 타이어를 교체하는 직원은 나사를 풀고 타이어를 빼고 다시 새 타이어를 장착하여 나사를 조이는 등의 비교적 단순한 기술을 필요로 하지만, 항공사의 스튜어디스의 직무는 안내, 안전관리, 방송, 청소, 고객요구대응 등 요구되는 기술이 더 다양하다.

또한 편의점의 시간제 근로자는 정해진 시간동안에 물건만 팔아주면 되지만, 정규직 근로자는 재고를 확인하고 고객유인방법을 고민하고 결산을 하는 등 편의점에서 일어나는 모든 일에 책임을 져야 하기 때문에 직무정체성

표 4-3
5대 핵심 직무특성들

핵심 직무특성	정 의
① 기술다양성	직무수행에 요구되는 기술 종류의 다양성. 기술다양성이 높으면 수행하는 직무의 폭이 넓어짐.
② 직무정체성	직무의 내용이 제품이나 서비스 전체를 완성시키도록 되어있는지 아니면 일부만 맡도록 되어있는지를 뜻함.
③ 직무중요성	직무가 조직 내, 외의 다른 사람들의 삶과 일에 얼마나 큰 영향을 미치는가의 정도.
④ 자율성	맡은 직무에 대해서 직무수행자가 일정과 작업방식을 자유재량으로 결정할 수 있는 정도.
⑤ 피드백	직무수행과정에 얼마나 잘하고 있는지를 알 수 있는 정도.

이 더 높다고 볼 수 있다.

아울러, 항공사의 티켓팅하는 직원은 고객을 정확히 비행기에 탑승하는 직무를 맡고 있어 잘못되어도 바로 잡으면 되지만, 비행기 운항을 책임지는 조종사(pilot)는 잘못되었을 때 막대한 인명피해를 가져올 수 있기 때문에 직무중요성이 더 높다고 할 수 있다.

자동차 제조공장에서 부품을 조립하는 사람은 작업 일정과 방식에 있어 자율성이 거의 없지만, 컨설팅회사의 컨설턴트는 그보다 훨씬 자유롭다.

스포츠 중에서 쇼트트랙이나 스피드 스케이팅은 경쟁자들과 함께 달리기 때문에 자기가 몇 등인지를 달리는 과정에 알 수 있어 피드백이 높은 직무라고 볼 수 있으나, 피겨 스케이팅은 자신의 프로그램을 다 끝내고 난 후 심판관들이 채점한 것을 올려야 몇 등인지를 알 수 있기 때문에 상대적으로 피드백이 낮은 직무라고 볼 수 있다.

핵크만과 올담(Hackman & Oldham)은 직무특성이론을 발표하면서 다섯 가지 직무특성을 제시하는 데에 그치지 않고 이들이 서로 어떠한 작용을 하면서 동기부여효과를 산출하는지를 잠재적 동기지수(Motivating Potential Score: MPS)를 가지고 설명하였다.

$$\text{MPS} = \left[\frac{\text{기술다양성} + \text{직무정체성} + \text{직무중요성}}{3} \right] \times [\text{자율성}] \times [\text{피드백}]$$

이 공식에서 중요한 것은 자율성과 피드백 두 요소를 강조하고 있다는 점이다. 이 두 요소를 곱의 관계로 삽입시킨 것은 그들 중 어느 하나가 영(Zero)에 가까워지면 다른 요소들이 아무리 높은 점수를 갖는다고 하더라도 전체 MPS가 낮아진다는 것을 뜻한다.

요컨대 MPS가 높은 직무는 성장욕구가 강한 직원에게 맡기고 MPS가 낮은 직무는 성장욕구가 약한 직원에게 맡기는 것이 바람직하다는 결론이다.

X이론, Y이론

X이론은 성악설(性惡說)이고, Y이론은 성선설(性善說)을 뜻한다.

X이론의 경영자는 ① 사람은 본래 일하기 싫어하고 될 수 있으면 일을 피하려 하며, ② 그렇기 때문에 통제, 감시, 위협을 가해야 목표달성이 가능해지고, ③ 책임지려 하지 않고 지시를 기다리며, ④ 일에 대한 의욕이 없다고 믿는다. 반면에 Y이론의 경영자는, ① 사람은 본래 일을 좋아하며, ② 스스로 일을 찾아서 수행하고, ③ 책임을 지려 하므로, ④ 자율성을 주고 권한을 위임해주면 회사를 위해서 헌신적으로 일한다는 믿음을 갖는다.

제4장 문제 풀이

(1) 토끼와 거북의 일화에서 누가 더 성취욕구가 강했다고 볼 수 있을까?

(2) 매슬로우의 욕구 5단계설을 탈북을 하는 북한주민들에게 적용하면 어떻게 될까? 이들의 마음을 지배하는 욕구는 어떤 욕구일까?

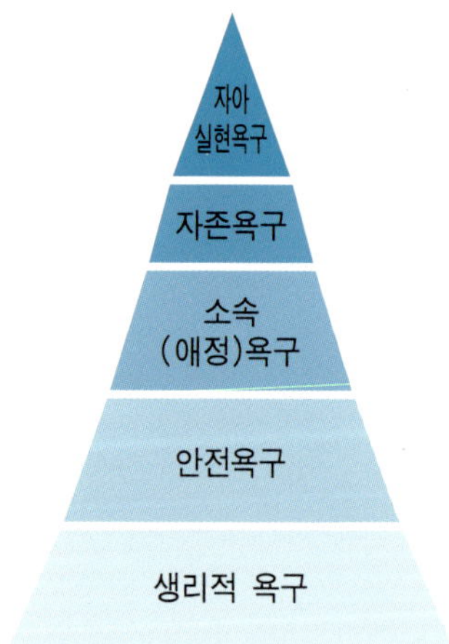

종합 사례 4

박태준 POSCO 창업자의 성취욕구: 무(無)에서 유(有)를 창조한 경영자

POSCO의 창업자 박태준 명예회장은 자금, 기술, 인력이 없는 상황에서 POSCO를 설립하여 세계적인 기업으로 성장시켰다. 그야말로 무(無)에서 유(有)를 창조한 것이다. 공장 입구에 붙어 있는 "자원은 유한(有限), 창의는 무한(無限)"이라는 문구가 POSCO의 역사를 잘 말해준다. 그는 무엇보다도 사람을 중시하였다. 몇 가지 증거를 살펴보자.

첫째, 그는 제철공장을 지을 자금이 전혀 없는 상황에서 은행에서 빚을 내어 사원들 아파트부터 지었다. 공장 지을 자금을 구해오지 못하면 사원주택만 지어놓고 망하게 되는 위험한 선택이었다. 하지만 그는 박정희 당시 대통령을 설득하여 한 · 일 청구권자금을 제철공장 건설에 투입하게 된다.

둘째, 조직원 교육과 훈련에 획기적으로 투자하였다. POSCO만큼 직원들 해외연수를 많이 보낸 기업도 드물 것이다. 제철소를 지을 기술이 모자랐기 때문에 일본을 비롯한 세계 곳곳의 제철소를 찾아다니며 보고 들은 것들을 모아 짜 맞춰야 했다. 삼성의 이병철 창업자는 POSCO연수체계를 벤치마킹한 적도 있다.

셋째, 직원들에게 확실한 사명감을 심어줬다. POSCO직원들은 아직도 다른 회사 직원들에 비해 국가에 대한 사명감이 남다르다. 철은 산업의 쌀이라고 한다. 오늘날 세계를 제패하는 한국의 자동차, 조선, 가전, 기계 등등 주요 산업의 핵심은 품질 좋고 값싼 철강이다. POSCO가 값싸고 좋은 제품을 이들에게 공급해주지 않았다면, 오늘날의 현대자동차, 삼성중공업, LG전자 등은 탄생할 수 없었을 것이다. 이런 사명감과 자부심을 POSCO인들은 무의식중에 가지고 있다.

넷째, 스스로 깨끗하여 확실한 윤리의식을 정착시켰다. 박태준 명예회장은 1968년부터 1992년까지 25년여를 POSCO의 최고경영자로 재임했다. 하지만 그는 POSCO의 주식을 단 한 주도 가지고 있지 않았다. 또 재산도 별로 없었으며, 그나마 가지고 있던 집도 처분하여 모두 사회에 환원하였다. 그가 가장 싫어하는 말은 부실, 부패, 부정이라는 단어들이었다. POSCO를 건설할 때 부실공사가 발견되자 다이너마이트로 폭파시킨 적도 있다.

다섯째, 기본적으로 인간에 대한 깊은 애정을 갖고 있었다. 그는 생활이 어려운 직원들의 이야기를 듣고는 자주 울음을 터뜨렸던 것으로 알려져 있다. 한번 POSCO와 인연을 맺은 사람들은 끝까지 보살펴주려고 노력했다. 한 달에도 수 십 권씩 책을 읽는 독서광이며 다른 사람들과의 토론을 좋아하고, 전문가들의 의견을 존중했다.

POSCO는 오늘도 이러한 인간중시의 전통을 이어가고 있다.

[종합 문제 4] "무에서 유를 창조"하는데 박 회장의 성취열정은 어떤 역할을 했다고 보는가?

제 5 장

최근 동기부여이론들

본 장의 요점

- ※ 본 장에서는 욕구중심이론들 이후에 제시된 보다 최근의 과정중심 동기부여 이론들을 배운다.
- ※ 동기가 유발되는 개인적 프로세스를 다루고 있는 기대이론, 공정성이론, 목표설정이론, 자기결정이론 등을 학습함으로써 개인동기에 대한 이해를 넓힌다.
- ※ 다양한 동기부여 매커니즘 이해를 통하여 조직경영에 주는 실천적 함의를 터득한다.
- ※ 다른 사람들을 일정한 방향으로 동기부여시키기 위해서 어떻게 개입해야 하는지를 학습함으로써 리더십 발휘의 지혜를 터득한다.

Let's Talk!

'과업목표는 'SMART' 하게 세워야 한다!'

본 장에서는 동기부여의 과정이론들을 다룬다. 이들 중에서 성과에 큰 영향을 미치는 것으로 알려진 이론이 바로 목표설정이론이다. 목표는 어떻게 세워야 하는가? 실무차원에서 조직원들의 목표달성은 매우 중요하다. 모든 평가가 목표달성 여부를 중심으로 이뤄진다. 그렇다면 목표를 어떻게 세워야 할까? 'SMART' 기법을 활용해보자.

S = Specific 목표는 구체적으로 세워야 한다.

M = Measurable 목표는 측정 가능해야 한다.

A = Aligned 상위목표와 조화를 이뤄야 한다.

R = Reasonable 합리적이어야 한다.

T = Time-bound 달성기한이 명확해야 한다.

[토론주제 5] 어떤 사람은 쉬운 목표를 선호하고 어떤 사람들은 도전적 목표를 좋아한다. 당신은 어떤 목표를 선호하는가? 왜 그런지 이유를 말해보자.

본 장에서는 동기부여의 과정이론에 속하는 기대이론, 공정성이론, 목표설정이론, 인지적 평가이론 등을 다룬다. 과정이론은 개인이 내면에 갖는 욕구에 의해서 동기부여된다는 내용이론과는 달리, 개인을 둘러싼 상황에 대한 판단과 예측의 결과로 동기의 방향과 수준이 결정된다는 이론들이다. 그러므로 과정이론들은 상황요인들에 대한 개인의 판단과 예측의 인지적 과정을 구체적으로 제시한다. 이들은 욕구이론들 이후에 발표된 보다 최근의 이론들이다.

기대이론

기대이론이란 무엇인가

기대이론은 기댓값, 유의성, 그리고 수단성의 세 가지 핵심개념으로 이루어지며 이들이 체계적으로 융합하여 나타나는 동기유발 과정을 밝히는 이론이다. 예일대학의 브룸(Victor Vroom) 교수가 제시하였다.

예를 들어, 대학 4학년 1학기 김대기 군이 중간고사를 앞두고 야구구경 가는 것과 시험공부하는 것 중에서 어느 쪽으로 동기부여되는지를 기대이론으로 예측해 볼 수 있다.

우선 노력했을 때 야구구경을 갈 수 있는 기댓값과 공부를 할 수 있는 기댓값을 정한다. 기댓값(E: Expectancy)이란 노력했을 때 어떤 행동을 해낼 수 있는 확률이다. 기댓값은 행위자의 주관적 판단에 따라 결정되므로 같은 행위에 대해서도 개인마다 다르며 0에서 1까지의 값을 갖는다($0 \leq E \leq 1$).

김대기 군이 판단하는 야구구경 기댓값은 0.9이고 시험공부 기댓값은 0.4라고 하자. 김 군은 야구표 살만한 돈도 있고 집도 야구장에서 멀지 않으며, 표가 매진될 리도 없기 때문에 1에 가까운 0.9를 주었다. 하지만 김 군은 시험공부하려고 책상에만 앉으면 졸리고 머리가 아파 글자가 눈에 들어오지 않는다. 회계학은 좀 하겠는데 조직행동론처럼 말로 하는 것은 정말 적성에 맞지 않는다. 또 아침잠이 많아 도서관 자리잡기도 힘들 것 같다. 이런저런 이

그림 5-1
김대기 군의
기댓값(E)

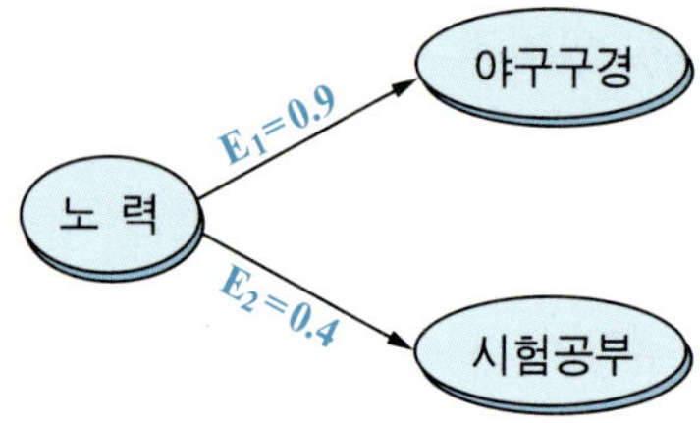

유로 김 군은 시험공부에 별로 자신이 없어 0.4를 주었다. 〔그림 5-1〕에 여기까지를 요약하였다.

다음에는 야구구경을 갔을 때와 시험공부를 했을 때 각각 어떤 결과가 따르는지를 정리한다. 예컨대, 김대기 군이 야구구경을 갔을 때 따르는 결과는 즐거움, 스트레스 등이 될 것이다. 시험공부에 따르는 결과는 성적향상, 성취감이라고 하자. 여기서 고려해야 하는 것은 김 군이 즐거움, 스트레스, 성적향상, 성취감 등을 얼마나 중요시 여기는가 하는 것이다. 김 군이 느끼는 각 결과의 중요성을 '유의성'(Valence)이라고 하고 −n에서 +n까지의 수치를 갖는데($-n \leq V \leq +n$), 보통 −5에서 +5 또는 −10에서 +10의 수치를 선택하여 사용한다.

〔그림 5-2〕에서 보듯이, −10에서 +10으로 계산했을 때 김 군은 즐거움에 +8, 스트레스는 −5, 성적향상에 +7, 성취감에 +3을 부여했다. 어떤 결과를 얼마나 중시하는가를 보면 그 사람의 가치체계를 알 수 있다. 김대기 군은 즐기는 것을 좋아하고, 좋은 성적 받아 좋은 직장에 취직하고는 싶지만 성취감은 별로 중시하지 않는 실리파다. 그래서 즐기면서도 성적스트레스를 좀 받는다.

세 번째 해야 할 일은 야구구경 갔을 때 진짜 즐거움과 스트레스가 찾아올까, 또 시험공부를 했을 때 성적향상과 성취감이 따라올까를 결정하는 것이다. 이처럼 행동(야구구경, 시험공부)과 결과간의 관계의 밀접도를 수단성(I: Instrumentality)이라고 한다. 수단성은 상관관계이므로 −1에서 +1까지의 수치를 갖는다($-1 \leq I \leq +1$). 김 군은 지금까지 모든 야구경기는 즐거웠다라고

그림 5-2
김대기 군의 유의성(V)

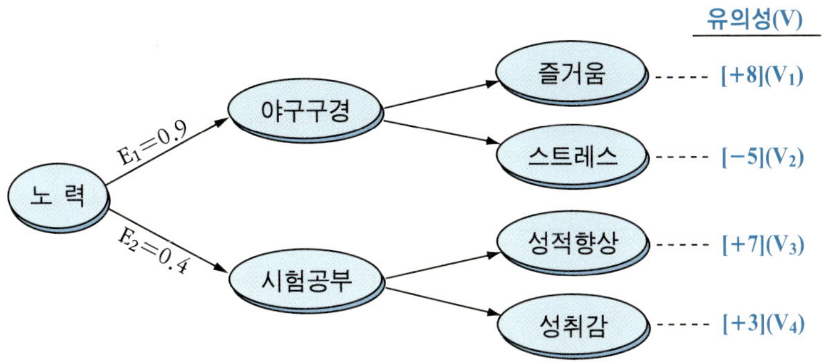

느끼고 있으므로 $I_1=0.8$, 시험공부 걱정으로 스트레스 받을 것이라고 예측되지만 과거의 예로 보아 일단 야구장에 들어서면 경기에만 집중하게 된다는 것을 알기 때문에 $I_2=0.2$를 부여했다. 한편 시험공부와 성적향상의 관계는 경험상 노력한 만큼 성적이 나온다고 믿기 때문에 $I_3=0.8$, 성취감은 어느 정도 얻을 수 있다고 보아 $I_4=0.5$를 주었다. 〔그림 5-3〕에 E, V와 함께 제시하였다.

김대기 군이 E, V, I를 가지고 '야구구경'과 '시험공부' 중에서 선택하는 방법을 알아보자. 최종 선택은 야구인가 공부인가이다.

야구경기값은 E_1, I_1, V_1을 곱한 값과 E_1, I_2, V_2를 곱한 값을 합하면 된다.

그림 5-3
김대기 군의 수단성(I)

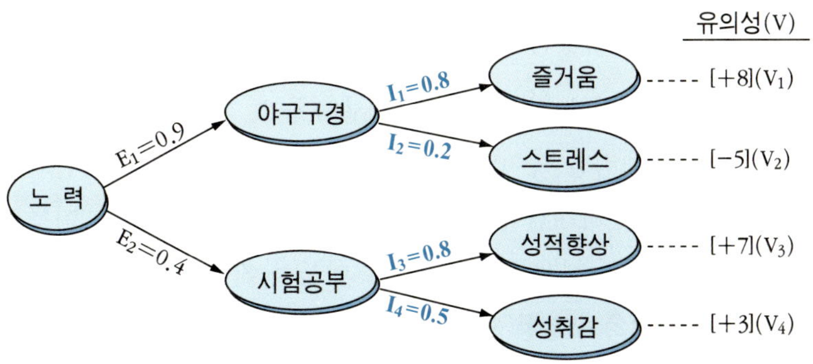

그림 5-4
김대기 군의 선택

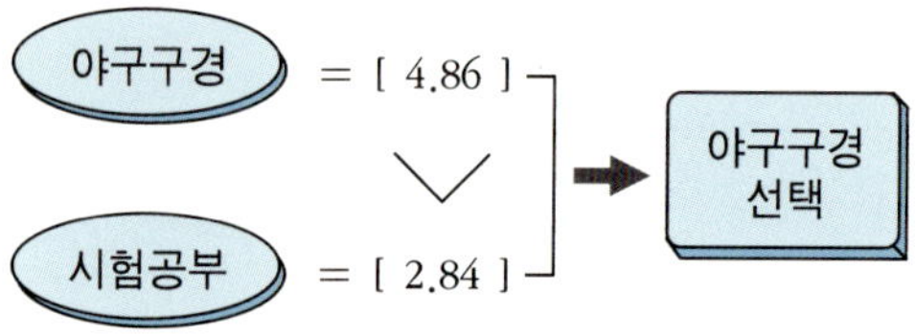

즉, 전자는 (0.9)×(.8)×(8)=5.76이고, 후자는 (0.9)×(0.2)×(−5)=(−0.9)이다. 그러므로 (5.76)+(−.9)=[4.86]이 야구구경값이 된다.

시험공부값은 E_2, I_3, V_3값을 곱한 값에 E_2, I_4, V_4를 곱한 값을 더하여 얻는다. 즉, 전자는 (0.4)×(0.8)×(7)=2.24이고, 후자는 (0.4)×(0.5)×(3)=0.6이다. 시험공부값은 (2.24)+(0.6)=[2.84]가 된다.

따라서 김대기 군은 야구구경값 [4.86]과 시험공부값 [2.84]를 비교하여 큰 쪽인 "야구구경"을 선택하게 된다는 것이 기대이론의 주장이다([그림 5-4]). 결국, 야구광 김대기 군은 시험을 앞두고서도 야구구경을 간다.

기대이론을 통한 동기부여 방법

경영자나 관리자들이 기대이론을 이용하여 조직원들의 동기를 유발시키려 할 경우 공략포인트는 세 가지로 요약될 수 있다. 즉, 기대감과 수단성을 높여주고 유의성을 정확히 파악하여 활용하는 것이다.

① **기대감 제고:** 노력했을 때 얼마나 어려운 일을 할 수 있는가 하는 것은 일차적으로 능력의 문제이다. 따라서 교육 · 훈련이나 재배치 등을 통하여 개인의 능력과 기술을 개발해주고 적절한 직무를 부여함으로써 직무에 대한 기대감을 높여줄 수 있을 것이다. 이 외에도 개인의 특정 직무(또는 대안)에 대한 기대감을 높여줄 수 있는 요소들은 많다. 이들을 요약하면 〈표 5-1〉과 같다. 관리자, 경영자들은 이들을 확보하는 데 주력해야 할 것이다.

② **수단성 제고:** 이것은 근본적으로 경영 또는 관리층과 조직원간의 신뢰의 문제라고 볼 수 있다. 개인의 높은 성과가 급여상승이나 승진과 같은

표 5-1
기대감에 긍정적 영향을 미치는 요인들

(1) 개인의 능력 향상
(2) 자기 존중(self-esteem)
(3) 과거의 성공적인 직무수행 경험
(4) 상 · 하급자들로부터의 도움
(5) 직무완결에 필요한 충분한 정보
(6) 직무수행에 필요한 예산 지원, 재료와 장비의 확충

자료: Pinder, C. C. 1984. *Work Motivation*. Glenview, ILL.: Scott, Foresman에서 수정 인용.

결과로 이어진다는 약속이 한 번, 두 번, 또는 자주 지켜지지 않을 때, 열심히 노력하여 얻은 높은 직무수행 성과의 결과에 대한 수단성이 떨어지게 되며, 이에 따라 경영자와 조직원간에 불신이 싹트고 조직원들의 직무수행 노력이 점차 떨어지게 된다. 따라서 경영자나 관리자는 일정수준의 성과(또는 어떤 행동)에 대해서 조직원들에게 외적 보상을 약속하였다면 반드시 그 약속을 지키는 것이 기대이론 측면에서 동기를 높이는 방법이다.

③ 결과에 대한 유의성 제고: 경영자, 관리자가 기대이론 측면에서 동기를 유발시키기 위해서 할 수 있는 또 다른 일은 조직원 가치(또는 욕구)체계를 파악하여 조직이 현재 제시하고 있는 인센티브의 유효성을 평가하고 무엇을 더 제시해야 하는가를 판단하는 것이다. 바람직한 행동에 대해서 긍정적 인센티브를 더 많이 제시할수록 그 행동을 선택할 동기는 높아진다.

공정성이론

공정성이론(Equity Theory)은 개인과 개인 또는 개인과 조직간의 교환관계(exchange relationship)에 초점을 둔다. 즉, 교환과정에 있어서의 지각된 불균형이 갖은 동기효과를 설명하는 이론이다. 즉, 내가 회사에 기여한 투입(input)과 받은 '산출'(outcome)을 준거인(비교 대상)과 비교하여 공정성을 판단하게 된다. 판단결과 공정하다고 지각되면 현재의 공정한 관계를 지속하

기 위한 투자를 계속할 것이다. 공정치 않다고 판단되면 불공정을 시정하기 위한 방향으로 동기부여가 된다.

공정성이론, 어떻게 작동하는가

공정성이론의 작동방법을 이해하기 위해서는 몇 가지 기본적 사항들에 대한 설명이 선행되어야 한다. 즉, 개인의 투입, 산출의 구체적 내용과 준거인물 또는 준거기준에 대한 설명이 그것이다. 우선 개인과 조직간의 고용관계에 있어서의 교환과정에서 사용될 수 있는 투입과 산출의 내용들을 요약하면 〈표 5-2〉와 같다.

표에서 볼 수 있듯이, 개인은 조직과 고용관계를 맺음으로써 자신이 가지

표 5-2
공정성이론에서의 투입과 산출

투 입	산 출
시간	급여/상여금
지성	각종 부가혜택(fringe benefit)
교육/훈련	도전적 직무부여
경험	직업안정
기술(숙련)	내재적 보상
창의성	경력상승
얽매임	단조로움
사회적 지위	지위상징물
조직에 대한 충성심	운명에 대한 불확실성
나이	안락한 근무환경
성격적 특성	개인성장/자기개발의 기회
도구소유	상급자의 지원
노력	인정
출석	중요한 의사결정에 참여시킴
건강	허즈버그의 위생인자들

자료: Adams, J. S. 1973. Toward understanding of inequity, *Journal of Abnormal & Social Psychology*, pp. 422-36과 Miner, J. B. 1980. *Theories of Organizational Behavior*, Hinsdale, Ⅲ.: Dryden Press, p. 103에서 종합 재구성.

고 있는 지적, 성격적, 심리적, 신체적 모든 것을 자신이 조직으로부터 받은 것(즉, 산출)에 대하여 제공하게 된다. 물론, 이들 중 무엇을 얼마만큼 조직에 투자하는가는 자신과 준거인들이 조직으로부터 받는 것에 따라 결정된다. 또한 개인이 조직으로부터 받을 수 있는 산출물들은 반드시 긍정적인 것들만은 아니다. 거기에는 운명에 대한 불확실성, 단조로움, 또는 허즈버그의 위생인자들과 같은 부정적인 요소들도 포함된다.

앞에서도 잠깐 언급하였듯이, 공정성이론의 핵심은 '나'가 투자한 투입과 받은 산출의 비율을 '나'가 선택한 비교대상(준거인물, 준거기준)의 투입과 산출의 비율에 대비하여 공정성을 판단하고 행동의 방향을 결정한다는 것이다. 즉, 개인은 자기의 [산출(Outcome)/투입(Input)]비율을 자신이 비교하려고 선택한 준거인물의 비율과 비교하여 부등호(<, >)가 성립하면(즉, 형평에 어긋난다고 느끼면) 그 부등호를 등호(=)로 바꾸려는 동기를 갖게 된다는 것이다. 이 관계를 그림으로 요약하면 〔그림 5-5〕와 같다.

개인이 불공정하다고 느끼면 내적 긴장이 유발되고 이 긴장이 동기유발의 원동력이 되어 불공정을 줄이기 위하여 노력하게 된다. 조직원들은 불공정 지각으로부터 오는 긴장을 줄이기 위해서 여섯 가지 방법을 주로 사용하는 것으로 알려져 있다.

그림 5-5
공정성이론의 핵심

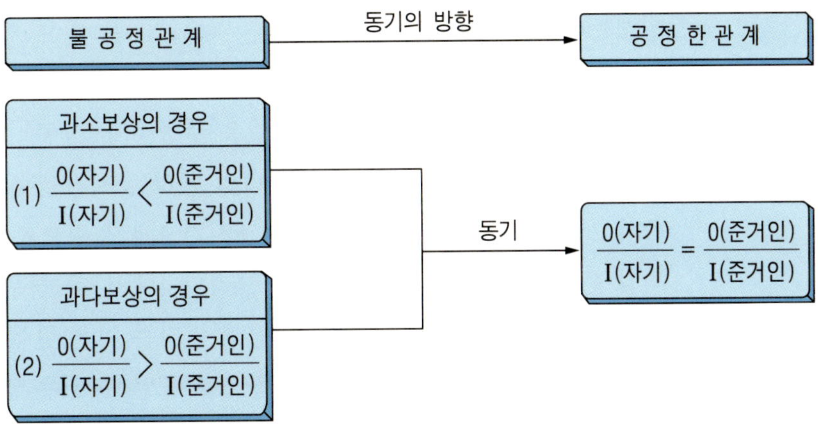

① 투입의 변경: 불공정을 지각하는 사람이 불공정 비율을 공정한 상태로 바꾸기 위해서 자신의 투입을 상향 또는 하향 조정할 수 있다. 예를 들어 자신이 맡은 일의 양(量) 또는 질(質)을 조절하여 준거인(또는 집단)과의 비율이 같도록 한다는 것이다. 다음의 예들을 살펴보자.

예 1 과소보상의 경우

	〈나의 경우〉		〈준거인의 경우〉
〔보상〕	₩40,000	<	₩80,000
〔일한 시간〕	4시간		4시간

예 2 과다보상의 경우

	〈나의 경우〉		〈준거인의 경우〉
〔보상〕	₩80,000	>	₩40,000
〔일한 시간〕	4시간		4시간

〔예 1〕은 준거인에 비하여 내가 과소보상을 받은 경우이다. 같은 4시간을 일했는데 나는 ₩40,000을, 준거인은 ₩80,000을 받고 있다. 이와는 반대로 〔예 2〕는 과다보상의 경우이다. 각각의 경우에, 공정성 회복을 위해서 내가 취할 수 있는 행동은 여러 가지가 있을 수 있지만 그중 '투입을 변경'하는 입장에서 살펴보면 〔예 1〕의 경우는 나의 일하는 시간을 4시간에서 2시간으로 줄이고 〔예 2〕의 경우는 4시간에서 8시간으로 늘림으로써 준거인의 비율과 각각 등호를 이루려고 할 것이다. 그러나 〔예 1〕의 경우에 4시간 일하도록 되어 있는 것을 2시간만 일하고 퇴근해 버리는 것은 현실적으로 거의 불가능한 일이다. 따라서 4시간 일을 2시간으로 줄일 수 없는 경우에는 4시간 일하는 척하면서 2시간의 일량(量)만 한다든가 노동이나 서비스의 질을 대폭 떨

어뜨린다든가 함으로써 공정성을 유지하려 한다. 그러나 나이 등과 같이 변경할 수 없는 투입물들도 있을 수 있다. 이 경우는 불공정 시정을 위한 다른 방법을 사용하게 된다. 물론 〔예 1〕과 〔예 2〕의 불공정을 시정하기 위한 다른 방법들도 있다.

② 산출의 변경: 이 방법은 투입보다는 산출물에 문제해결의 초점을 둔다. 즉, 산출의 양(量)을 변경함으로써 공정성을 이루려는 것이다.

특히 〔예 1〕에서와 같은 과소보상의 경우 산출변경이 중요시된다.

보상을 주관하는 측(경영자나 관리자)과의 협상 또는 힘겨루기를 통하여 적정 산출을 보장받으려는 노력을 기울이게 된다. 노동조합 활동이나 다른 압력수단을 동원하여 산출을 증대시키려는 예는 주변에서 많이 발견된다. 〔예 2〕와 같은 과다보상의 경우 산출을 변경시키려는 노력의 예는 현실적으로 드물다. 그러나 보상을 주관하는 측에 과다 산출물을 돌려주는 경우는 없을지 모르지만 과다보상을 지각하는 사람이 자선단체나 불우이웃 돕기 등에 기부금을 출연하는 식의 방법을 통하여 과다보상을 간접적으로 환원하는 예는 종종 볼 수 있다.

③ 투입과 산출의 인지적 왜곡: 투입이나 산출을 실제로 바꾸지 않고도 나와 준거인물의 산출/투입비율을 동일하게 만들 수 있는 방법이 있다. 즉, 인지적으로(머릿속에서) 투입, 산출의 비율계산을 자신이 생각하는 결과에 맞도록 왜곡하는 것이다. 이 과정에서 나와 준거인물의 투입, 산출에 대한 사실을 왜곡하거나 비중을 달리 하여 공정성 비율간에 등호를 만들어 내게 된다. 이 방법은 주로 개인이 과다보상을 인식할 때 많이 쓰이는 방법이다.

위의 〔예 2〕에서 '나'는 과다보상을 인지하게 되는 경우이다. 그러나 사람들은 일반적으로 자신의 과다보상을 인정하기보다는 투입의 질이나 산출의 효용을 재평가(왜곡)하여 등식을 성립시키려는 경향이 있다. 즉, "나와 준거인물이 똑같이 4시간을 소비하였지만 일의 질이나 담당 업무의 중요성(비중)이 엄연히 차이가 난다"는 식으로 자신의 과다보상을 합리화할 수 있다.

④ 장(場) 이탈: 이것은 불공정한 비교결과를 낳는 상황(場)을 이탈함으로써 문제를 해결하려는 전략이다. 장 이탈의 구체적 방법으로는 타부서로의

이동, 결근 또는 이직 등을 들 수 있다.

이러한 장 이탈전략은 비교적 극단적인 불공정 시정 방편이므로 인식되는 불공정의 정도가 크든가 다른 방법으로 해결할 수 없는 경우에, 또는 개인이 심리적, 정신적으로 불공정 시정비용을 감당할 수 없는 경우에 주로 사용된다.

⑤ 준거인물에 영향을 미침: 준거인물을 문제의 상황으로부터 제거하든가 집단압력을 가하여 투입을 바꾸게 할 수 있다. 조직에서 새로 사람을 뽑을 때 실력보다는 함께 지내기 편한 정도를 보고서 뽑는 것은 전자의 예라고 할 수 있을 것이다. 조직에서 동료들과 보조를 맞추지 않고 혼자 독주하려는 사람에게 여러 가지 압력을 가하여 최고 능력을 발휘하지 못하도록 하향 조정하게 되는 경우는 후자의 예라고 볼 수 있다.

⑥ 준거인물 변경: 비교의 대상을 바꿈으로써 불공정을 시정하는 전략이다. 한 전문직 종사자가 조직 내 다른 전문가를 준거인물로 선택하여 비교하다가 스스로 과다보상감을 느끼게 되어 준거인물을 지역 내 또는 국내 최고의 전문가로 상향조정하게 되는 경우를 예로 들 수 있다.

조직경영에 주는 의미

공정성이론이 조직경영에 주는 첫 번째 의미는 급여나 보상과 관련된다. 급여나 보상은 중요한 산출에 해당하며 조직경영자들이 조직원들과 가장 흔히 대립하게 되는 사안이다. 공정성이론과 관련하여 조직경영자들은 과다보상, 공정성 유지, 과소보상 등 세 가지 전략들 중 하나를 선택할 수 있을 것이다.

첫째, 과다보상의 경우는 조직원들이 초과보상에 대하여 감사함이나 죄의식(guilt)을 느끼고 자신의 투입을 그만큼 늘리려고 노력할 때 유효하지만 교환과정에 있어서 인지적 왜곡 등에 의한 '횡령'(초과보상분에 대하여 추가 노력으로 보답하지 않음)의 가능성이 있다. 따라서 과다보상은 그 규모가 기대보다 월등히 커야 인정하게 되는 것이 상례이다. 이 방법은 초과비용을 유발할 수 있고 조직원들이 기여도 하기 전에 보상부터 지급하게 되는 어색한 면이 있다. 그러나 이론에 따르면 과소보상, 형평유지, 과다보상 중 성과증진과 관련되는 경우는 과다보상의 경우뿐이다.

둘째, 공정성을 유지하는 전략은 결근, 이직 또는 부정적 행위 등을 줄일 수 있지만 공정성 유지를 통하여 성과를 높일 수는 없다. 사실 이러한 결과들이 공정성이론을 통하여 이룩할 수 있는 최대의 결과이다.

셋째, 조직이 과소보상을 통하여 이룩할 수 있는 긍정적 결과는 거의 없다. 즉, 조직원들이 과소보상의 느낌을 갖게 되면 투입을 줄이든가 산출증진을 위해서 투쟁하게 되며 결과적으로 성과하락, 이직, 결근 등을 낳게 된다. 따라서 공정성을 유지하는 것은 성과가 현상태보다 더 저하되는 것을 막고 이직, 결근 등을 방지하기 위해서 필요한 핵심 조건이라 할 수 있다.

목표설정이론

목표란 무엇인가

목표설정이론(Goal Setting Theory)은 1968년 로크(Edwin A. Locke)에 의해서 제시된 이론이다.[1)]

목표설정이론은 개인의 성과가 목표에 의해서 결정된다는 이론이다. 〔그림 5-6〕에 목표설정이론의 개념 모델을 제시하였다. 〈표 5-3〉에는 모델의 전 과정을 〈안전보험 주식회사〉의 김선주 부장의 예를 가지고 설명하였다.

그림 5-6
목표설정이론의 개념적 모델

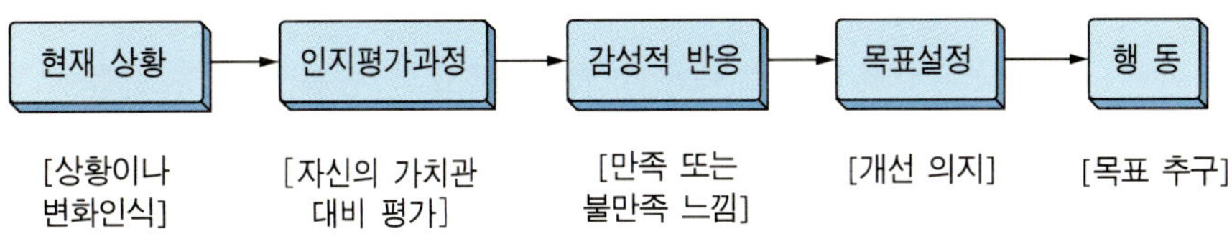

자료: Locke, E. A., Cartledge, N., & Knerr, C. S. 1970. Studies of the relationship between satisfaction, goal setting and performance. *Organizational Behavior and Human Performance*, No.1-5, pp.136-15.

표 5-3
목표설정이론의 예

- (현재의 상황) 100여 개의 직영대리점을 운영하고 있는 「안전보험 주식회사」의 대리점장인 김선주 부장은 과거 5년 동안 10등 내외의 계약순위를 기록해 왔으나 지난 분기에 20등 이하로 떨어졌다.
- (자신의 가치기준과 현상태를 인지적으로 평가) 20등 이하라는 순위는 김 부장이 평소에 생각해 오던 상위 10%라는 가치기준에 비해 너무 낮은 등수이다.
- (감정적 반응) 이렇듯 자신의 현실이 가치기준에 못미친다는 평가결과에 대하여 김 부장은 불만족을 느끼게 된다.
- (목표설정 및 행동) 따라서 김선주 부장은 다음 분기에는 성과를 높여야겠다는 의지를 갖게 되고 결국 그 의지가 높은 목표설정과 행동으로 이어진다.

그러나 〔그림 5-6〕에 나타난 모델은 목표설정에 이르는 개인의 심리적 과정을 이해하는 데는 유효하지만 구체적으로 목표의 어떤 특성이 어떤 상황에서 성과와 어떻게 연결되는가를 설명하는 데는 충분치 않다.

따라서 목표설정이론에 대하여 보다 구체적으로 살펴보도록 하자.

도전적이고 구체적 목표가 성과를 높인다

초기의 목표설정이론의 초점은 목표의 특성이 어떠할 때 성과가 높아지는가를 이해하는 데 두어졌다. 그러다가 거듭되는 실증연구를 통하여 학자들이 목표의 효능에 대한 확신을 갖게 되면서 한쪽에서는 다양한 상황조건하에서 목표에 따른 성과가 어떻게 달라지는가를 연구하기 시작하였으며[2] 또 다른 쪽에서는 목표와 인간과의 상호작용(즉, 목표가 주는 심리학적 의미)을 이해하려는 방향으로[3] 연구가 진행되어 왔다.

구체적으로 목표의 특성, 목표의 종류, 상황요인들에 관한 연구결과들을 〈표 5-4〉에 정리하였다. 〈표 5-4〉에 요약된 내용들을 좀더 자세히 살펴보기로 하자.

① 목표의 특성: 흔히 목표의 특성이 성과에 미치는 영향을 검증하는 연구에서는 도전적/구체적 목표를 "최선을 다하라"(do-your-best)식의 애매한

표 5-4
목표관련 변수들

구 분	변 수	연구결과 요약
① 목표의 특성	난이도	성취가능한 범위 내에서 어렵고 도전적인 목표일수록 성과가 높다.
	구체성	"최선을 다하라"식의 애매한 목표보다는 수량과 기간 측면에서 구체적인 목표일 때 성과가 더 높다.
② 목표의 종류	지시된 목표	지시된 목표의 경우 수행자의 수용(acceptance)이 중요하다. 지시된 목표가 수용되지 않으면 성과가 높아질 수 없다.
	참여적 목표	상·하급자가 토론을 통하여 공동으로 설정하는 목표로서, 참여에 대한 많은 논란이 있었으나 특별한 효과는 없는 것으로 나타났다.
	자기설정 목표	외부의 자극(예: 경쟁자)에 의해서 스스로 설정하는 목표로서 개인이 여러 가지 목표수준들 중에서 하나를 선택하게 되는(즉, 목표선택) 경우이다.
③ 상황 요인들	피드백	목표가 성과를 높이려면 피드백이 필수적으로 동반되어야 한다(즉, 목표+피드백)는 결론을 얻은 연구가 많다.
	보상조건	목표달성에 따른 조건적 보상(즉, contingent reward)이 주어졌을 때가 그렇지 않은 경우보다 성과가 높다.
	직무 복잡성	직무의 복잡성이 증가함에 따라 목표의 성과에 대한 효과가 떨어진다. 그러나 충분한 실증연구가 아직 되어 있지 않다.
	능력	목표가 어려워지면 어려워질수록 능력과 성과의 상관관계는 커진다. 목표와 능력간의 상호작용이 성과를 결정한다.
	경쟁상황	경쟁은 지시된 목표의 수용도를 높여주고 스스로 목표를 세우도록 하여 성과를 높인다.

목표나 목표를 전혀 주지 않는 조건과 대비시킨다. 결과적으로 90% 이상의 연구에서, 도전적/구체적 목표를 주었을 때가 애매한 목표를 주었을 때나 목표를 안주었을 때보다 성과가 높게 나타났다.

목표가 구체적이라는 것은 기간과 목표량에 있어 명확해야 한다는 의미이다. 즉, "토요일 오전 10시까지(시간) 500페이지(목표량)의 문서 작성을 끝낸다"는 식이다. 구체적인 목표는 인간에게 노력의 방향을 제시해 주며 심리적 불확실성을 제거해 주고 목표의 난이도(도전성)는 노력의 강도를 결정한다.

② 목표의 종류: 목표는 설정주체에 따라 세 가지로 나눌 수 있다. 즉, 지시된 목표, 참여적 목표, 그리고 자기설정목표가 그들이다.

지시된 목표란 상급자가 목표의 양이나 기간을 결정하여 하급자에게 명령하는 경우이다. 지시된 목표는 통제, 관리, 권위, 하향적(Top-down) 커뮤니케이션, 계약상의 강제 등의 개념들과 관련된다. 지금까지의 연구결과에 따르면, 지시된 목표는 하급자에 의해서 수용되어야 효과가 있는 것으로 밝혀졌다.[4)]

목표수용(goal acceptance)은 목표몰입(또는 집착)이라고 불리기도 한다. 목표수용이 목표에 대한 일시적 동의에 초점을 맞추고 있는 반면 몰입은 일정기간 동안 처음 수용한 목표를 바꾸지 않고 그 목표를 달성하려는 지속적인 결의나 심리적 애착을 내포한다. 목표몰입에 영향을 미치는 요인들로는 권한, 동료집단, 보상과의 연계, 공개적 선언, 개인적 취향 등이 있다.[5)]

많은 연구결과에 따르면, 지시된 목표, 참여적 목표, 그리고 자기설정목표 중에서 목표에 대한 몰입이나 성과 측면에서 지시된 목표가 가장 우수한 것으로 나타났다. 그러나 (어렵고 구체적인 특성을 갖는) 지시된 목표가 기대되는 성과를 가져올 수 있으려면 다음의 상황요건들을 충족시켜야만 한다.

③ 상황요인들: 목표설정을 통하여 성과를 높이려 할 때 고려해야 하는 상황요인들이 있다. 대략 피드백, 보상조건, 직무복잡성, 능력, 그리고 경쟁 등이 포함된다.

피드백이 주어지는가 안주어지는가에 따라서 다음번 실행에 있어서의 목표의 효과가 크게 달라진다. 앞서의 실행성과가 어떠했는지를 알아야 다음번 실행에서 어느 정도의 목표가 달성 가능한지를 짐작하여 자신감을 형성할 수 있기 때문이다.

보상조건도 목표가 성과를 높이는 데 크게 도움을 줄 수 있다. 목표설정이론에서는 보상을 목표달성과 연계시켜야 한다고 주장한다. 외재적 보상의 경우, 목표달성 여부에 따라 보너스를 차등지급한다든가 승진이나 인사고과에 반영하는 것이 바람직하다. 목표의 달성은 또한 내재적 보상을 가져올 수도 있다. 즉, 목표를 달성함으로써 성취감, 자존심, 자신감 등을 맛보게 된다. 내재적 보상의 경우 목표가 어려울수록 보상의 크기도 커진다.

직무복잡성은 세 가지 차원으로 설명된다. 즉, 요소의 복잡성(component complexity), 조정의 복잡성(coordinative complexity), 그리고 동태적 복잡성(dynamic complexity)이 그들이다.[6] 요소의 복잡성은 직무에 포함된 요소들의 수로 표시되고 조정의 복잡성은 그 요소들간의 관계의 특성과 관계의 수로 측정될 수 있으며 동태적 복잡성은 요소나 그들간의 관계의 수나 유형이 시간의 흐름에 따라 어떻게 변하는가를 나타낸다.

연구결과, 단순한 직무를 사용한 경우가 복잡한 직무를 사용한 경우보다 목표설정의 효과가 훨씬 더 큰 것으로 나타났다.[7]

또 다른 상황요인은 능력이다. 목표가 어려워질수록 성과가 높아지지만 목표가 점점 어려워져서 능력이 그 한계에 도달하게 되면 성과의 증가율도 떨어지게 된다. 따라서 능력한계에 도달해 갈수록 목표의 난이도와 성과는 완만한 상승곡선을 그리게 된다.

마지막으로 경쟁이 갖는 상황요인으로서의 역할을 간과할 수 없다. 경쟁상황에서는 지시된 목표의 수용도가 높아지며 경쟁상황 자체가 개인으로 하여금 스스로 목표를 설정케 함으로써 성과를 높여 준다.[8]

MBO란 무엇인가

MBO(Management By Objective)란 "목표에 의한 관리"라고 번역되며 미국의 경영학자 피터 드럭커(Peter Drucker)가 1954년에 듀퐁 등의 회사에서 실시하고 있던 목표관련 관행들을 정리하여 자신의 서적에 소개하면서 널리 알려지게 된 전사적 목표관리체계이다.

MBO의 경우도 목표설정이론의 적용에서와 같이 대략 ① 목표의 설정, ② 실행, 그리고 ③ 성과에 대한 피드백의 단계를 밟는다. 그러나 그 내용 면에

그림 5-7
MBO의 과정

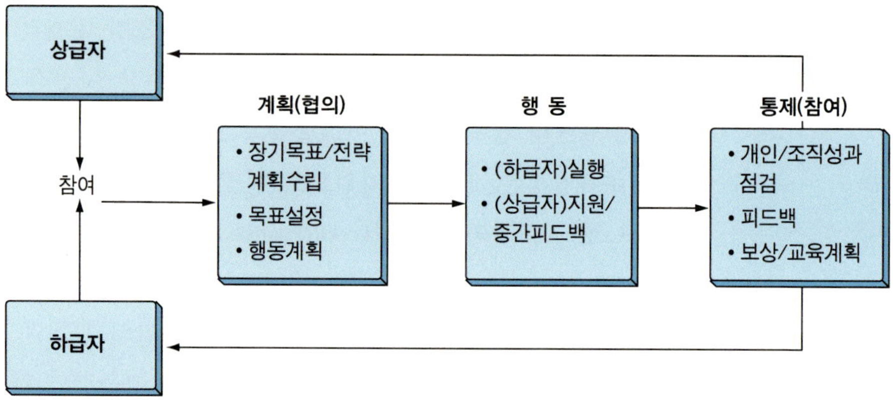

있어서는 MBO가 훨씬 거시적이다. 〔그림 5-7〕에 MBO과정을 요약하였다.

MBO의 특징을 몇 가지로 요약할 수 있다. 첫째, 전사적 목표관리체계이다. 최고경영자에서 부문장, 본부장, 팀장, 팀원에 이르기까지 전구성원이 일관성 있는 목표를 갖는다. 최고경영자가 회사의 목표를 세우면, 각 부문들이 회사의 목표달성에 필요한 부문목표를 설정하고 부문에 속한 본부들은 부문목표를, 본부에 속한 팀들은 팀 목표를 설정하는 식으로 사장에서 팀원들에 이르기까지 일관된 목표체계를 완성하게 된다. 이처럼 위에서 아래로 일관성 있게 전개되는 전파방식을 낙수(落水)방식(trickle-down; cascading)이라고 한다.

둘째, 상 · 하 간에 참여적 목표설정에 기초한다. 부문의 목표를 세울 때 각 부문장들은 사장과 사전에 협의하여 설정하며, 본부의 목표는 부문장과 본부장들간에, 팀 목표는 본부장과 팀장들간에, 그리고 팀원들의 목표는 팀장과 팀원들간에 참여적 방식으로 설정하게 된다. 협의과정에서 회사의 비전/미션, 중장기전략, 사업계획 등과 각 단위조직별 역량과 상황을 고려하여 회사, 부문, 본부, 팀의 목표를 정하게 된다.

셋째, 효과성(effectiveness)과 효율성(efficiency)을 동시에 추구한다. 피터 드럭커에 따르면, 효과성이란 "옳은 일을 하는 것"(doing the right thing)이고, 효율성이란 "옳은 방식으로 일하는 것"(doing things right)이다. 즉 옳은 목표를 정하는 것은 효과성의 개념에 속하지만, 주어진 목표를 비용과 시간을 덜 들여 달성하는 것은 효율성에 해당한다. MBO는 올바른 목표를 설정하고 설정한 목표를 올바른 방법으로 달성하는 관리체계이다.

넷째, 체계적 평가가 가능하다. MBO는 목표를 설정하는 데만 초점을 맞추기보다는 설정된 목표가 어떻게 수행되고 있는지를 점검하는 것까지를 포함하므로 체계적 평가가 가능하다. 특히 참여적으로 목표를 설정하기 때문에 자신의 목표가 어떻게 설정되었는지를 충실히 이해하게 되며, 목표실행 중간과 종료시에 피드백을 제공함으로써 평가와 더불어 학습효과도 높일 수 있다.

MBO는 거시적 차원에서 포괄적인 변화를 추구하나 목표설정이론의 접근방식은 국지적이고 소규모적인 변화에 초점을 맞춘다. MBO가 종종 실패하게 되는 이유 중에 하나는 바로 조직 전체에 분산되는 목표들의 초점결여 때문이다. 반면에 목표설정이론에 근거한 국지적 목표추구방식은 가시적 결과산출이 가능하고 상급자와 하급자간의 일상적 교류 속에서 항상 실시가능하므로 조직효과증진에 더 큰 기여를 할 수 있다고 본다.[9)]

인지적 평가이론

인지적 평가이론은 벰(Bem)의 자기귀인(Self-attribution)이론에 근거하여[10)] 데시(Deci)가 발표한 이론으로 어떤 직무에 대하여 내재적 동기가 유발되어 있는 경우 외적 보상이 주어지면 내재적 동기가 감소된다는 이론이다.

인간은 자신의 행동에 대한 원인을 규명하려는 심리적 속성을 갖는다. 이러한 관점에서 보면 외적 보상 없이 내재적 동기가 유발되어 있는 상태에서는 원인으로 돌릴 만한 다른 요인(예, 외적 보상)이 없기 때문에 열심히 일하는 행위의 원인을 일 자체의 특성(즉, 일이 재미있어서) 때문이라고 귀인하게 된다. 그런데 이처럼 내적 귀인의 상태에 **외재적 보상**을 제공하게 되면 열심

그림 5-8
내적 동기와 외재적 보상: 데시(Deci)의 동기이론

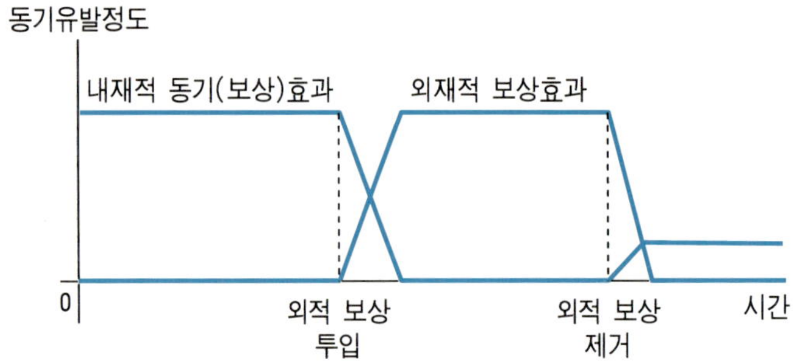

히 일하는 것에 대한 귀인의 대상이 일 자체에서 보상(예, 돈)으로 바뀌게 된다. 이 경우 똑같이 열심히 일은 하겠지만, 그 이유가 흥미 있는 일 때문이 아니라 보상 때문이라고 스스로 평가하게 된다. 그런데 이때 재미있는 것은 만약 내적 동기유발 상태에 외재적 보상을 주었다가 이 외재적 보상을 제거하면 어떻게 되겠는가 하는 것이다. 여기에 인지적 평가이론의 핵심이 있다.

이 이론에 의하면 외재적 보상을 제거했을 때 본래의 내적 동기(즉, 일 자체의 흥미 등)가 되살아나지 않는다. 이를 그림으로 표현하면 〔그림 5-8〕과 같다. 따라서 자원봉사자에게 큰 외적 보상을 제공하는 것은 봉사의 동기를 퇴색시킨다.

인지적 평가이론의 영역은 보상문제에만 국한되는 것은 아니다. 예를 들어 피드백이 주어졌을 때에도 사람들은 그것이 주는 의미를 판단하여 귀인의 자료로 삼는다. 사람들은 피드백을 통하여 외부로부터 얻는 정보를 통제적 정보(Controlling information)와 능력정보(Competence information)로 구분한다.

즉, 나를 통제할 목적으로 주어진 피드백이라고 판단되는 경우(즉, 통제적 정보)와 나의 능력을 평가하는 내용이라고 판단되는 경우(즉, 능력정보)가 있을 수 있다. 앞서와 마찬가지로 능력정보는 내재적 동기와 관련되고 통제적 정보는 외적 통제와 관련되며 통제적 정보가 능력정보에 의한 내재적 동기유발 효과를 약화시킬 수 있다.

제5장 문제 풀이

(1) 기업에서 많이 쓰는 용어로서 'KPI'라는 것이 있다. 무슨 뜻인지 조사하여 동기부여 이론들 중 어느 이론과 관련성이 큰지 설명해보자.

(2) 공정성(equity)과 평등성(equality)은 다른 개념이다. 아래의 그림이 이들의 차이를 잘 표현하고 있다. 그대로 놔두면 equality 사과나무 밑의 키 작은 사람은 사과를 따먹을 수 없다. 반면 equity 사과나무 밑에는 키 작은 사람과 큰 사람이 전혀 차이가 없이 노력에 의해서 사과 따는 성과를 거둘 수 있다. 본 장에서 배운 공정성이론과 어떻게 관련되는지를 설명하시오.

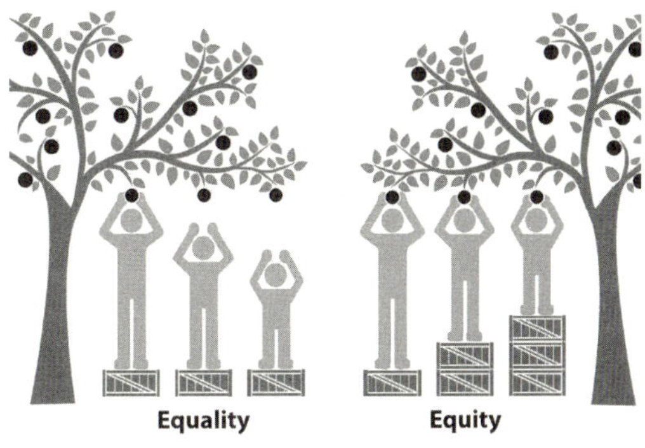

종합 사례 5

LG이노텍 허영호 사장의 10배 목표

"처음 LG이노텍에 부임해왔을 때 허 사장이 확인한 것은, TV 채널 선택에 관련된 부품인 튜너(Tuner) 생산에 있어, 고객이 요구하는 납기 준수율이 낮고, 불량률이 높아 고객의 신뢰를 잃고 있었으며, 이로 말미암아 재고가 쌓이고 부실채권이 발생하여 수익성이 악화된 상황이었다. 그런데도 임직원들은 모두 패배감에 젖어 있어 누구 하나 적극 나서서 이 문제를 해결하려고 하지 않는 상황이었다.

허 사장은 문제의 핵심이 높은 불량률에 있다고 판단하였다. 불량률이 낮아지면 납기지연이 해소되고 고객의 신뢰도 회복할 수 있으며, 그럼으로써 수익성도 개선될 수 있다고 믿었다. 분석결과, 중간공정인 칩 마운트(Chip Mount)의 불량률이 32,000ppm으로 터무니없이 높아 문제의 원인이 되고 있음을 발견하였다. 허 사장은 1/10이 안되는 불량률 3,000ppm을 새로운 목표로 제시하였다. 현재의 10배였다. 당연히 임직원들의 반발이 심했다. 허 사장은 설득에 들어갔다. 그는 방법을 찾기 위해 조직원들과 함께 고민에 고민을 거듭하였다. 그리고 그 해 연말, 기적이 일어났다. 불량률 1/10의 목표가 달성되었던 것이다."

독종리더들은 항상 터무니없는 목표를 제시하는 데서 시작한다. 박태준이 그랬고 정주영 또한 마찬가지였다. 박태준은 1973년 하반기 포항제철 제1고로를 건설하면서 공기가 3개월이나 지연되는 것을 발견하였다. 그는 군대에서처럼 비상을 걸었다. 24기간 콘크리트 공사를 지시했다. 공사장 일꾼들은 시멘트 범벅이 되어 일했다. 박 회장도 물론 그들과 함께했다. 그 결과, 5개월 걸릴 것이라던 콘크리트 작업을 2개월 만에 거뜬히 해내고야 만다.

정주영 회장도 비슷한 행동을 보였다. 중동 건설공사가 한창이었던 시절, 거대한 철 구조물을 만들어야 하는데 그곳에서는 만들 수 있는 여건이 안되었다. 정 회장은 울산에서 철 구조물을 만들어 운반하기로 결심했다. 모두가 안된다고 난리를 쳤다. 만드는 것은 문제가 아니지만 도저히 공기에 맞춰 운반할 수 없다는 이유에서였다. 정 회장은 끄떡도 하지 않고 밀어붙였다. 철 구조물은 울산에서 완성되었다. 운반이 문제였다. 남은 시간은 얼마 되지 않았다. 정 회장은 거대한 오일탱커에 철 구조물을 실으라고 했다. 하지만 전속력으로 달린다 해도 기한 내 중동까지 도착하는 것은 불가능했다. 정 회장은 기발한 아이디어를 냈다. 탱커에 거대한 돛을 단 것이다. 돛이 바람을 받아 끌어주고 엔진이 전속력으로 밀어 준 결과, 철 구조물은 기한 내에 공사장에 도착할 수 있었다.

허영호 사장의 불량률 10배 줄이기도 이러한 맥락의 행동이었다. 합리적이거나 상식적 수준에서는 도저히 이해할 수 없는 목표치다. 소위 '도전적 목표'라는 말을 가지고 이 현상을 표현하는 것은 합당치 않다. 합리적 기준으로 봤을 때 말도 안되는 목표치다. 그럼에도 불구하고 한국 사람들은 그 목표를 달성해 낸다. 이것은 독종DNA를 갖고 있기 때문에 가능한 일이다.

다른 나라의 기업들도 어려운 목표, 도전적 목표를 동기부여의 수단으로 삼는다. 그래서 소위 '스트레치 골'(stretch goal)이라는 제도를 운영하는 기업들이 많다. 전년대비 10% 성장을 목표로 하던 것을 30%~50%로 높여 잡도록 한다. 사실 LG의 다른 계열사를 비롯한 코리안 리(Korean RE) 등의 기업들도 "5% 성장은 불가능하지만 30% 성장은 가능하다"는 슬로건을 내걸고 뛰고 있다. 하지만 10배의 목표는 이 관행으로도 설명할 수 없는 터무니없는 수준이다.

중요한 것은 LG이노텍뿐 아니라 다른 많은 한국 기업들에서 이런 터무니없는 목표들이 달성되어 왔다는 점이다. 한국인들이 갖은 '한'(恨)으로 이 행동을 설명하는 학자들도 있고, '신명(神命)'이나 '신바람'의 개념으로 설명하기도 한다. 하지만, 분명한 것은 한국인들의 DNA속에는 '해야 하는 것은 해야 한다'는 일종의 책무감 같은 것이 존재한다는 사실이다. 이것이 대한민국의 터닝포인트를 만들어낸 원인이다.

(월간중앙. 2010년 11월호)

[종합 문제 5] 이처럼 과다한 목표를 추구할 때 나타날 수 있는 부작용들은 무엇이며, 그들을 극복할 수 있는 방법은 무엇인가?

나의 조직행동 진단 5

나의 목표지향성(goal-orientation)

▣ 아래의 각 문항에 주어진 응답양식을 사용하여 답하시오.

〈응답양식〉

전혀 그렇지 않다			보통이다			매우 그렇다
1	2	3	4	5	6	7

항 목	응 답						
	1	2	3	4	5	6	7
1. 나는 다른 사람들보다 공부(또는 일)를 더 잘하는 것을 중시한다.							
2. 나는 공부나 일을 하는 과정에서 가능한 모든 것을 다 배우지 못할까 걱정한다.							
3. 나는 공부나 일을 할 때 최대한 많이 배우려고 한다.							
4. 나는 공부나 일을 할 때 잘못한다는 소리 안듣는 것으로 만족한다.							
5. 나는 공부나 일에서 다른 사람들에 비해 잘하는 것을 중요시한다.							
6. 때때로 나는 공부나 일에서 알아야 하는 것을 다 알지 못할까 봐 두려움을 느낀다.							
7. 나는 공부나 일에서 모든 내용을 완전히 이해하는 것을 중요하게 생각한다.							
8. 공부나 일을 할 때, 나의 목표는 잘못하지 않는 것이다.							
9. 공부나 일을 할 때, 나의 목표는 다른 사람들보다 더 좋은 평가를 받는 것이다.							
10. 나는 종종 공부나 일에서 배워야 하는 것을 다 배우지 못할까 봐 걱정을 한다.							

항 목	응 답						
	1	2	3	4	5	6	7
11. 나는 공부나 일에서 주어지는 내용들을 완전히 숙달하려고 노력한다.							
12. 나는 공부나 일에서 잘못할까 봐 두려워하는 마음 때문에 동기부여 될 때가 있다.							

[해 석]

〈1〉 우선 다음의 공식을 이용하여 당신의 목표지향성향을 계산하시오.

- 숙련-향상성향: 항목 3 + 7 + 11 = (   )
- 숙련-회피성향: 항목 2 + 6 + 10 = (   )
- 성과-향상성향: 항목 1 + 5 + 9 = (   )
- 성과-회피성향: 항목 4 + 8 + 12 = (   )

〈2〉 각 영역 별 '고', '저'를 아래 표를 가지고 평가하시오.

영 역	고, 저 평가기준	나의 성향에 체크
숙련-향상	고: 17점 이상, 저: 17점 미만	고( ), 저( )
숙련-회피	고: 12점 이상, 저: 12점 미만	고( ), 저( )
성과-향상	고: 15점 이상, 저: 15점 미만	고( ), 저( )
성과-회피	고: 13점 이상, 저: 13점 미만	고( ), 저( )

〈참고〉

* 숙련-향상성향: 최종 평가(예, A+학점)를 잘 받는 것보다 많이 배우겠다(즉, 기술을 숙련하겠다)는 것을 목표로 세우고 도전하는 성향. 과정목표추구자이다.
* 숙련-회피성향: 배워야 할 것을 못 배울까 봐 걱정하여(즉, 미숙련을 우려하여) 목표를 "배워야 하는 것을 다 따라 가는 것"으로 세우는 성향. 과정목

표를 추구하나 도전보다는 탈락방지가 목표인 소극적 성향.

* 성과-향상성향: 어려운 최종 목표(예, A+학점)에 도전하려는 성향. 무엇을 배웠는가보다는 무슨 학점을 받았는가를 중시함.
* 성과-회피성향: 최고 결과를 추구하는 것이 아니라 최종적으로 탈락하지 않는 것을 목표로 하는 성향

자료: Burger, J. M. 2004. *Personality*. Thomson-Wadsworth.

제6장

학습과 스트레스

본 장의 요점

※ 새로운 행동을 습득하는 학습을 설명하는 다양한 이론들을 학습한다.

※ 보상받는 행동은 반복되고 벌을 받는 행동은 소멸된다는 강화의 법칙을 통하여 다른 사람의 행동을 바꿀 수 있는 효과적인 개입방법을 배운다.

※ 보상과 벌을 어떻게 주는 것이 바람직한지를 이해한다.

※ 스트레스의 개념, 원인, 특징, 해결방법을 학습함으로써 스트레스 관리의 효과적 방법을 터득케 한다.

※ 전신스트레스증후군의 개념을 이해한다.

Let's Talk!

'경험이 최고의 학습방법!'

공자말씀: "들은 것은 잊게 되고, 본 것은 기억하지만, 해본 것은 이해하게 된다"
(子日, 聽卽振, 視卽記, 爲卽覺 청즉진, 시즉기, 위즉각)

행동으로 배운 것은 80% 효과, 멀티미디어로 배운 것은 50%, 오디오학습효과는 30%, 독서학습효과는 고작 10%!!!

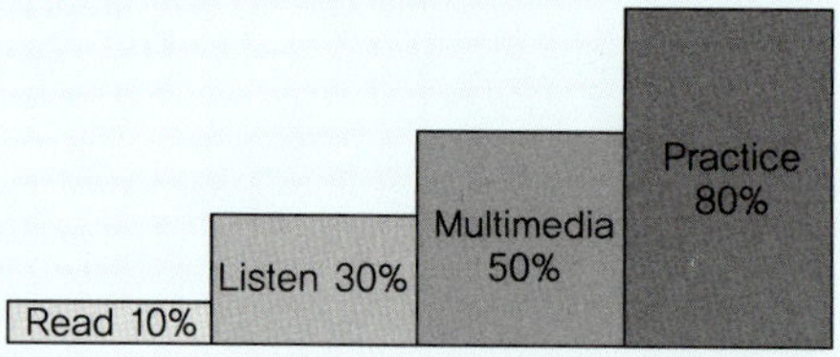

아인슈타인: "학습은 경험이다. 다른 모든 것은 정보에 불과하다"

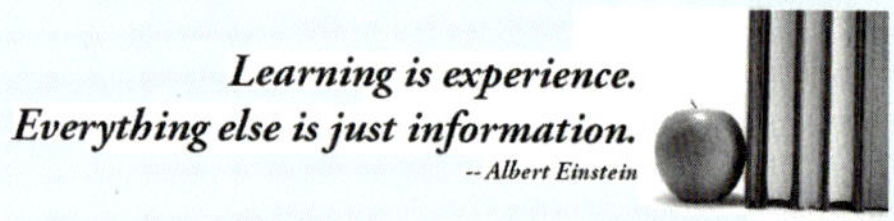

윤윤수 필라회장: "경험이 최고의 선생이다. 대학교육 필요없다."

✠ 〈토론 주제 6〉 당신이 경험으로부터 배운 것들을 동료들과 함께 말해보자. 책을 읽어서 배우는 것과 직접 경험은 어떤 차이가 있는가?

학 습

학습이란 경험에 의한 행동이나 동기의 변화 또는 증가로 정의된다. 학습에는 세 가지 핵심 특성이 있다. 첫째는 학습은 변화를 수반한다는 것이고, 둘째는 그 변화가 비교적 장기적으로 유지되어야 한다는 점이다. 그리고 셋째로 학습은 직 · 간접적인 경험을 통해서 발생한다는 사실이다.

학습이론은 두 상반된 학파간의 치열한 논쟁 속에서 발전하여 왔다. 하나는 **행동주의학파**(Behaviorists)이고 다른 하나는 **인지론학파**(Cognitive theorists)이다. 행동주의론자들은 학습을 행동에 따른 외적 결과를 통제함으로써 가능해진다고 믿는다. 돌고래가 바람직한 행동을 보일 때만 먹이를 줌으로써 먹이라는 즐거운 결과들을 획득하기 위해서 조련사가 원하는 행동을 계속 보이게 된다. 즉, 먹이라는 외적 결과를 조작하여 돌고래의 특정 행동을 학습시킨 것이다. 행동론자들은 똑같은 논리가 사람들에게도 적용될 수 있다고 믿었다. 학습은 개인을 둘러싼 환경의 특성에 의해 결정된다는 것이다.

행동주의와는 달리 인지론은 인간 내면의 '인지능력'을 가지고 학습현상을 설명한다. 사람은 누구나 주어지는 정보를 저장했다가 그것을 꺼내어 분석하고 결합하여 새로운 현상을 이해하고 판단할 수 있는 인지능력을 타고난다. 개인이 갖고 있는 인지능력이나 인지구조의 특성에 따라 행동과 동기가 달라진다. 따라서 인지구조가 바뀌어야 진정한 학습이 일어난다는 것이다.

학습에는 어떤 이론들이 있나

사회적 학습이론

사회적 학습(Social Learning)이란 환경과 개인의 인지와의 상호작용을 통하여 행위가 습득되는 것을 뜻한다.[1)] 최근에는 사회적 인지이론이라고 불리기도 하며 반두라(Albert Bandura)에 의해 주창되었다.

그림 6-1
사회적 학습 이론 모델

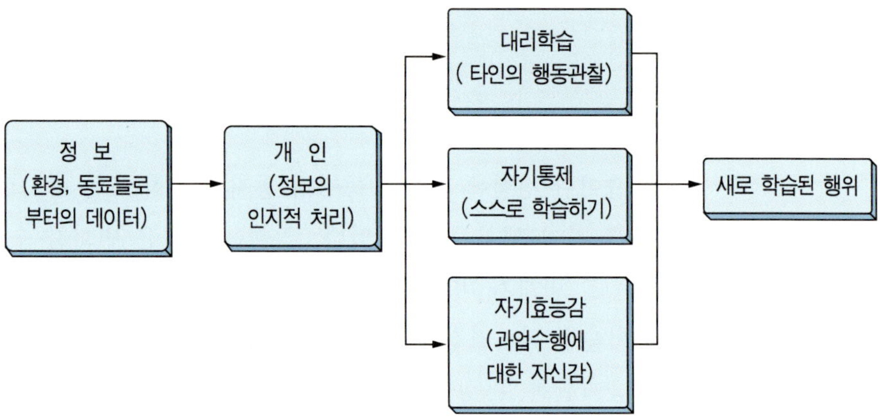

자료: D. Hellriegel, J. W. Slocurn, Jr. & R. W. Woodman, 1998, *Organizational Behavior*, Cincinnati, OH: South-Western College Publishing, p.108.

사회적 학습이론의 기본모델을 요약하면 〔그림 6-1〕과 같다. 외부로부터 전달된 정보가 개인의 인지구조 속에서 처리되어 새로운 행위가 학습되는 과정을 그리고 있는데, 학습은 대리학습, 자기통제, 자기효능감 등에 의해서 이루어진다.

사회적 학습이론에 의하면, 사람은 다른 사람을 관찰하는 과정에서 그들의 행위와 그 결과에 대한 이미지를 인지구조 속에 형성하게 된다. 이처럼 다른 사람의 행동과 그 결과를 관찰함으로써 학습하게 되는 것을 **대리학습**(vicarious learning)이라고 한다.

골프를 배울 때 프로골퍼를 따라하는 것이나 훌륭한 리더들의 사례를 읽어 리더십을 배양하려는 노력 등은 대리학습의 예에 해당한다.

또한 자기통제(Self-control)에 의해서 학습을 하기도 한다. 사람은 자신의 행위가 인지적 판단과 부합되고 환경의 자극과 행동의 결과를 통제할 수 있는 한 스스로 자신의 행동을 통제하려는 성향이 있다.

세번째 요소는 **자기효능감**(Self-efficacy)이다. 자기효능감이란 특정 과업의 수행 가능성에 대한 개인의 믿음 또는 자신감을 의미한다. 학습에 있어서도 잘할 수 있다는 자신감이 있어야 학습효과가 높아진다. 자기효능감에 가장 큰 영향을 미치는 요소는 과거의 성취경험이다. 따라서 자기효능감을 높이기 위해서는 작은 성공을 되도록 많이 경험할 필요가 있다. 또한 다른 사람들의 기대감도 자기효능을 높여준다. 윗사람들의 부하에 대한 높은 기대는 부하들의 자기효능감을 증가시킬 수 있다.

경험학습

경험학습(experiential learning)은 머리로 배우는 것이 아니라 몸으로 배우는 것이다. 훌륭한 의사란 얼마나 책을 많이 읽었는가에 의해서 결정되는 것이 아니라 얼마나 다양한 환자들을 직접 치료한 경험이 있는가에 의해서 결정된다. 한의사의 경우는 특히 더 그렇다. 조직도 구성원들이 다양한 경험을 통하여 성장할 수 있는 방안들을 다각도에서 마련해 놓고 있다. 편식과 같이 재무나 마케팅, 또는 인사관리 등 어느 한쪽의 경험만을 갖고 있는 사람을 경영자로 세우기에는 부담이 많이 가기 때문이다.

교육학자 듀이(Dewey)는 〔그림 6-2〕와 같이 경험학습 4단계 모델을 제시하였다.[2] 모델에 따르면, 개인의 구체적 경험은 성찰(reflection)과정을 거쳐, 원리나 법칙을 발견하는 추상적 개념화 단계에 이른 후, 학습한 추상적 개념이나 원칙을 현실에 다시 실험적으로 적용해보고 조정하는 최종 단계를 밟는

그림 6-2
듀이의 경험학습 모델

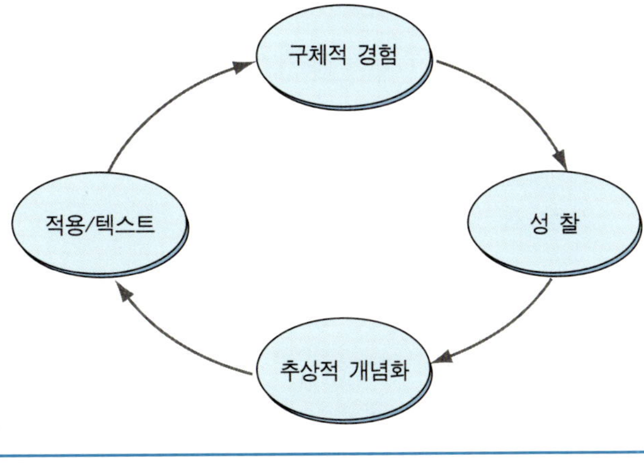

다. 이 과정을 반복하면서 추상적 지식이나 원칙이 테스트되고 확인, 조정된다. 따라서 경험학습에서는 경험을 많이 하는 것보다는 경험한 것에 대해서 성찰하고 추상적 원리를 구성하여 현실에 적용해보면서 확고한 지식으로 만드는 과정을 중요시한다. 무엇보다도 성찰이 없으면 경험학습사이클은 지속될 수 없다.

많은 연구결과, 경험학습은 매우 효과적인 학습방법이며, 학습자의 행동에 장기적이고 긍정적인 영향을 미치는 것으로 나타나고 있다.

행동수정

앞서 연구한 스키너의 조작적 조건화의 원리를 응용하여 개인의 구체적인 행동을 강화 또는 소멸시킬 수 있도록 구성한 일련의 학습화 기법들을 행동수정이라고 한다. 행동에 따른 결과를 조작하여 동기를 부여하는 방법이다.

ABC 법칙

조작적 조건화 과정의 환경적 자극을 A(Antecedents)로 표시하고,[3] 자극에 대한 반응(행동)을 B(Behavior)라고 하며, 행동에 따르는 결과를 C(Consequences)로 표시한다. 특정한 자극 A가 주어졌을 때 개인이 보여줄 수 있는 자극에 대한 여러 가지 반응행동들 중에서 긍정적 결과를 가져오는 행동은 강화되고 부정적 결과가 따르는 행동은 소멸된다는 것이다. 이 논리를 〔그림 6-3〕에 정리하였다.

돌고래를 훈련할 때 조련사의 신호(A)대로 점프(B)하면 정어리(C: 보상)를 주는 것이 좋은 예이다.

강화의 법칙

행동수정은 이러한 A →B→C 과정 중에서 특히 B →C의 관계에 초점을 둔다. 행동과 결과의 관계는 다음의 네 가지 강화의 법칙에 의해서 설명될

그림 6-3
ABC의 법칙

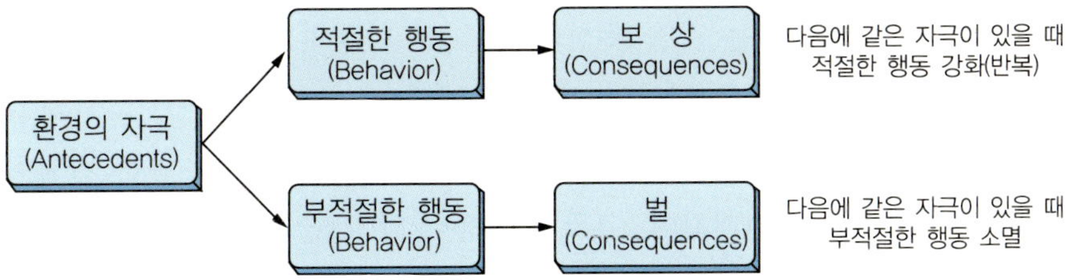

수 있다. 이들간의 차이점들을 〔그림 6-4〕에 제시하였다.

긍정적 강화란 특정 행동과 연계하여 즐겁고 긍정적인 결과를 제공함으로써 그 행동을 반복토록 유도하는 것을 말한다. 상급자가 하급자의 높은 성과에 대하여 칭찬을 해줌으로써 하급자가 더 높은 성과를 추구하도록 동기부여시키는 긍정적 강화의 예이다.

부정적 강화는 불유쾌하고 부정적인 결과를 제거해줌으로써 바라는 행동이 반복되도록 하는 것이다. 잔소리가 심한 상사가 하급자의 끊임없는 개선실적을 보고 잔소리를 안하게 되었다면 이는 부정적(또는 소극적) 강화의 예가 될 수 있다. 부정적 강화를 벌(punishment)과 혼동하는 사람들이 많다. 그러나 부정적 강화는 특정 행동을 강화하기 위한 전략인 반면 벌은 행동의 중지에 목적을 두는 전략이다.

그림 6-4
강화법칙들간의 차이

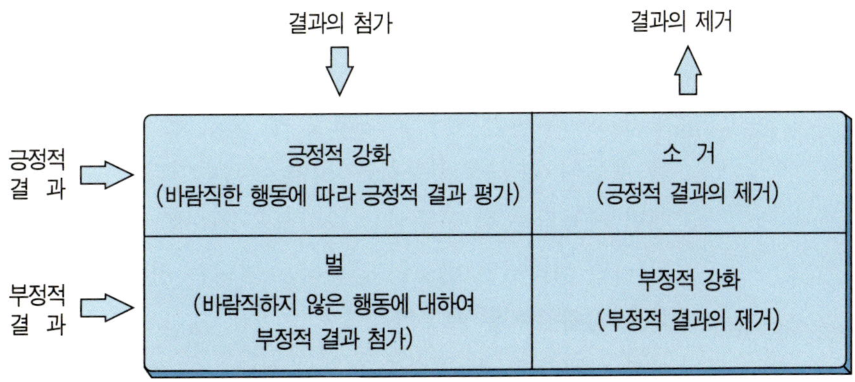

벌이란 특정 행동을 중지시키기 위하여 행동과 연계하여 불유쾌한 결과를 제공하는 것을 뜻한다. 지각한 학생의 지각 행위를 근절시키기 위하여 화장실 청소를 시키는 것이 한 가지 예가 될 수 있다. 조직에서 우리는 벌을 통한 통제의 예들을 많이 찾아볼 수 있다. 그러나 벌은 바람직하지 않은 구체적 행동에 대하여, 그러한 행동이 있고 난 직후에, 행동의 부정적 결과에 상응하는 강도로, 상대방의 자존심을 손상시키지 않는 상황하에서(예, 개인적으로) 납득할 수 있도록 실시해야 효과적이다.[4] 상사가 자신의 권위를 세우기 위해서 막연히 벌하는 행위는 바람직하지 않다.

소거는 긍정적 강화요인을 제거함으로써 특정 행동의 중단을 유도하려는 전략이다. 지각하는 직원에게 OT(overtime: 연장근무)수당을 받을 수 있는 기회를 제거하는 것이 한 예가 될 수 있다.

강화스케줄

강화스케줄이란 행동에 따르는 강화요인 제공의 시점과 빈도를 조절함으로써 바라는 행동을 지속시키려는 것이다. 긍정적 강화요인을 얼마나 자주, 또는 어느 시점에 제공하는 것이 개인의 바람직한 행동의 지속적 발현을 이끌어내는 데 가장 적절할까? 스키너와 그의 동료학자들이 수년간에 걸쳐 비둘기를 대상으로 한 실험을 통하여 밝혀낸 바를 요약 · 정리하면 다음과 같다(〈표 6-1〉 참조).[5]

연속적 강화법

바람직한 행동이 나타날 때마다 강화요인을 제공하는 기법으로 새롭게 형성된 바람직한 행동을 강화할 때, 또는 불규칙하거나 발생하는 빈도가 낮은 행동의 경우에 사용하는 것이 효과적이다. **연속적 강화법**은 강화요인이 매번 제공되는 한 꾸준한 성과향상을 기대할 수 있으나[6] 강화요인이 제거되고 나면 나타났던 반응이 급속히 소거되는 경향이 있다. 이 방법은 지나치게 자주 강화요인을 제공함으로써 조기에 포만상태에 이르게 되어 동기부여효과를 기대할 수 없게 되는 경우가 많다.

표 6-1
강화스케줄

스케줄		내 용
연속적 강화법		바람직한 행동이 나올 때마다 강화요인(보상)을 제공한다.
단속적 강화법	고정간격법	일정한 시간적 간격을 두고 강화요인을 제공한다.
	변동간격법	불규칙한 시간 간격에 따라 강화요인을 제공한다.
	고정비율법	일정한 수의 바람직한 행동이 나타났을 때 강화요인을 제공한다.
	변동비율법	불규칙한 횟수의 바람직한 행동 후 강화요인을 제공한다. (예: 지난번에는 100개 생산 후 보상이 제공되었으나, 이번에는 50개, 다음에는 80개 등으로 바뀜).

단속적 강화법

단속적 강화법은 바람직한 행동이 나타날 때마다 강화하는 것이 아니라 그러한 행동이 누적되는 것을 보고 어떤 기준을 가지고 강화요인을 제공하는 기법들을 통칭하는 말이다. 여기에는 고정간격법, 변동간격법 등 시간의 흐름을 기준으로 하는 방법들과 고정비율법, 변동비율법 등과 같이 행동의 발현빈도에 초점을 맞춘 기법들이 있다.

고정간격법은 일정한 시간적 간격을 두고 강화요인을 제공하는 방법이다. 시간급제나 일정한 기간에 지급하는 보너스나 연봉 등은 이 고정간격법에 해당한다. 한국 기업들은 주로 월급 등의 형태로 고정간격법을 사용하여 왔다. 연구결과에 따르면, 고정간격법하에서 사람들의 행동은 평상시에는 나태하다가 보상(강화)시기가 임박해지면 비교적 바람직한 행동을 많이 보이는 패턴을 따른다고 한다.[7] 성과증진 측면에서 고정간격법은 다른 방법들에 비해 가장 열등한 것으로 알려져 있다.

변동간격법하에서는 강화요인이 불규칙한 시간 간격에 따라 제공된다. 조직원들은 언제 자신의 행동이 평가되고 보상될지를 예측할 수 없다. 따라서 변동법(변동간격법 또는 변동비율법)하에서 조직원들은 항상 바람직한 행동을 보이고 최선을 다하는 자세를 견지하게 된다. 이 방법은 매우 강력하고 지속적인 성과향상의 결과를 가져온다. 뿐만 아니라, 소거에 대한 저항력도 강하다.

고정비율법은 일정 횟수의 바람직한 행동이 있고 난 후 보상을 해주는 행동중심적 강화방법이다. 1대 1의 고정비율을 사용하면 매 행위마다 보상해주는 앞서의 연속적 강화법과 동일해진다. 생산량에 기초하여 급여를 지급하는 성과급제도(piece-rate system)가 하나의 예가 될 수 있다. 강력하고 지속적인 행동반응 결과를 낳는다고 알려져 있다.

변동비율법은 불예측적인 횟수의 바람직한 행동을 보였을 때 강화가 이루어지는 방법이다. 개념상, 가장 좋은 예는 슬롯머신을 이용한 도박행위를 생각할 수 있다. 몇 번이나 손잡이를 잡아당겨야 큰 보상이 이루어질지 아무도 예측할 수 없기 때문에 슬롯머신 도박에 매달리게 되는 것이다. 이 방법은 강력하고 지속적인 행동을 낳으며 소거에 대한 저항력도 강한 것으로 알려져 있다.

이상에서 살펴본 바와 같이, 강화스케줄들 중에서 변동비율법과 변동간격법이 가장 강력한 행동수정효과를 가져오는 것으로 알려져 있으며 고정간격법이 그러한 효과에 있어 가장 약한 것으로 나타났다. 그럼에도 불구하고 실제에 있어서는 고정간격법이 가장 많이 쓰이는 이유는, 그것이 주로 경제생활 측면의 안정성 때문인 것 같다. 가정경제를 꾸려나감에 있어 고정적으로 비용이 지출되어야 하는 상황에서(예, 휴대전화 요금 등) 조직원들에게 변동비율이나 변동간격으로 급여를 지급하게 되면 많은 문제점이 야기될 수 있다. 급여 중 일부분에 대해서 변동법의 사용을 고려할 수는 있을 것이다.

스트레스의 개념과 관리

스트레스는 그 근원에 따라 크게 직무스트레스와 생활스트레스로 나뉜다. 가정에서의 자녀문제, 경제적인 문제, 친족들과의 원만치 못한 관계 등으로부터 야기되는 스트레스를 **생활스트레스**라고 하고 직장에서 상사로부터, 동료로부터, 하급자로부터 직무수행과 관련하여 받게 되는 스트레스를 **직무스트레스**라고 부른다. 여기에서는 직무스트레스를 중심으로 살펴보게 된다.

직무스트레스란 "직무와 관련하여 구성원이 인지하는 압박감, 불안감, 그리고 걱정"이라고 정의할 수 있다.[8] 또한 직무스트레스는 조직원 개인과 다양한 환경요인 간의 상호작용을 통하여 나타난다.

직무스트레스는 직무나 상황의 요구에 대해서 개인이 자신을 지킬 수 없다고 느껴질 때, 또는 상황특성이 개인특성과 불일치할 때 발생한다. 예를 들어, 직무, 역할, 조직의 특성 등과 같은 환경적 특성이 조직원 개인의 욕구, 능력, 성격 등과 맞지 않을 때, 개인은 스트레스를 받는다(개인-환경 부적합). 다른 이론에서는, 조직이 구성원에게 부과하는 직무나 역할요구(job demand)를 충족시키는 데 필요한 직무통제 권한이나 자원을 개인이 보유하고 있지 않을 때(job control), 직무스트레스가 발생한다고 해석한다(직무요구-통제 불균형). 아울러, 조직으로부터 주어지는 보상이 자신의 노력과 기여에 못 미친다고 느낄 때도 직무스트레스를 느낀다(보상-노력 불일치).

한편, 기쁠 때 느끼는 긍정적 스트레스를 **유스트레스**(eustress)라고 부르며, 스트레스가 오래 지속되어 불면 등의 신체적 증상으로 나타나는 경우를 **디스트레스**(distress)라고 부른다. 또한 부과된 양에 따라 **과다 스트레스**(hyperstress)와 **과소 스트레스**(hypostress)로 양분할 수 있다. 스트레스 분류는 〈표 6-2〉와 같다.

표 6-2
스트레스 분류

원 인	유 형	
스트레스의 방향	유스트레스 (eustress) (+)	디스트레스 (distress) (−)
스트레스 과소	과다 스트레스 (hyperstress)	과소 스트레스 (hypostress)

그림 6-5
스트레스와
성과의 관계

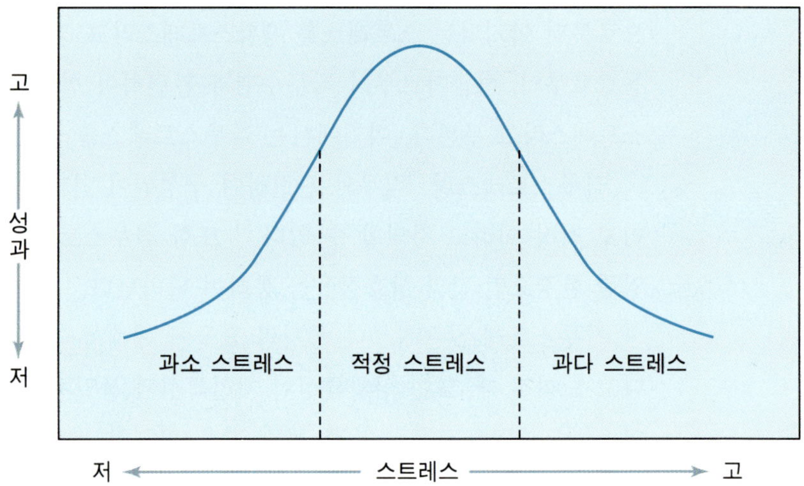

스트레스는 항상 부정적 측면만 존재하는 것은 아니다. 어느 정도의 일정한 스트레스는 오히려 성과를 촉진하고 업무의 성취감을 높일 수 있는 동기가 되며 스트레스를 극복하지 못할 경우에는 심한 우울증과 열등감을 느낄 수도 있다. 이처럼 스트레스는 긍정적인 측면과 부정적인 측면 모두를 가지고 있다.

여키스와 닷슨(Yerkes and Dodson)은 적정한 수준까지 스트레스를 증가시킴으로써 성과를 개선할 수 있다는 것을 발견하였다. 그러나 적정수준을 넘으면 성과는 다시 감소하였다. 〔그림 6-5〕에 이 현상을 그림으로 제시하였다.

〔그림 6-5〕에 나타났듯이, 개인의 성과는 적정 스트레스일 때 극대화되지만, 과다 스트레스나 과소 스트레스일 때는 그보다 떨어지게 된다.

하지만 중요한 것은 적정 스트레스 수준이 사람마다 다르다는 것이다. 어떤 사람은 매우 예민하여 상사의 자그마한 지적에도 과다 스트레스를 받는가 하면, 웬만큼 큰 사건이 아니고서는 눈 하나 깜짝하지 않는 강심장을 갖고 있는 사람도 있다.

직무스트레스 모델

조직원들이 느끼게 되는 직무스트레스는 다양한 요소들과 복합적으로 관련된다. 스트레스의 원천과 개인차, 그리고 스트레스의 결과들을 종합적으로 설명하고 있는 모델 중에서 〔그림 6-6〕에 제시된 모델이 일반적으로 널리 알려져 있다.

〔그림 6-6〕에서 보여지듯이 이 모델은 스트레스의 원천을 개인차원, 집단차원, 조직차원, 그리고 조직 외 차원의 요소들로 나누고 있다. 물론, 여기에 제시된 것 이외의 요소들도 많이 있을 수 있다. 예를 들어, 스트레스의 원천

그림 6-6
직무스트레스 모델

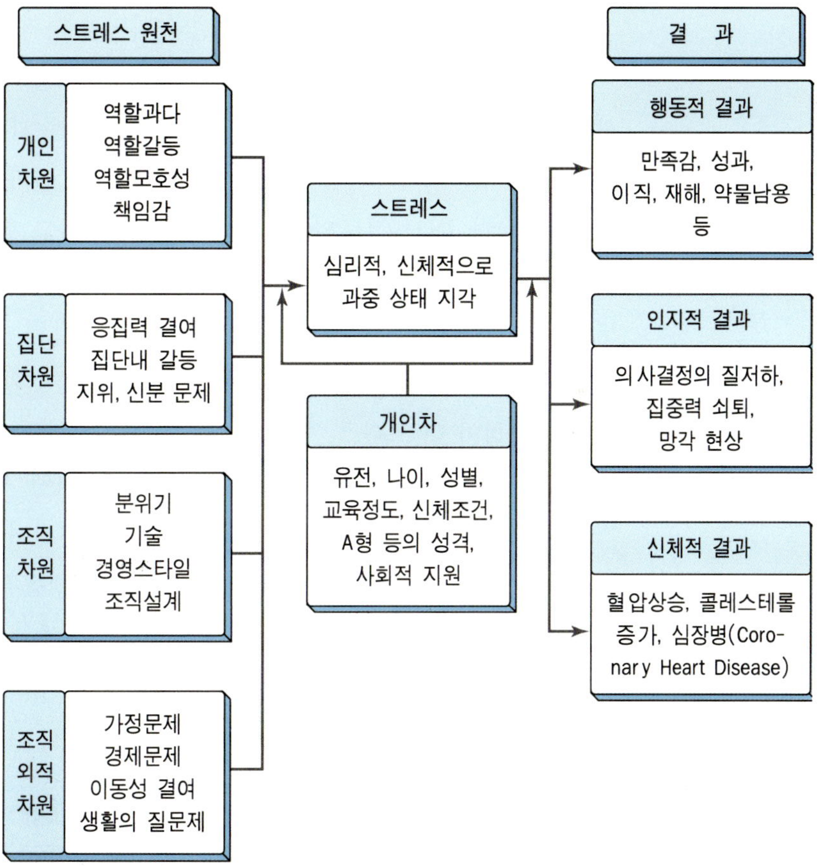

표 6-3
스트레스에 대한 반응결과

스트레스에 대한 반응 유형	세 부 결 과
행동적 반응	흡연, 알콜남용, 약물남용, 돌발적 사고, 폭력, 식욕부진 등
심리적 반응	가정불화, 수면방해, 성적 역기능, 우울증 등
의학적 반응	심장질환, 척추장애, 소화장애, 두통, 암, 당뇨병, 폐질환, 피부질환 등

을 상사, 하급자, 동료, 직무, 조직구조, 그리고 기타의 원천들로 나누어 볼 수도 있을 것이다. 개인차 변수들이나 결과 변수들에 대해서도 물론 다른 유형의 분류가 가능하다.

그러나 여기에서 중요한 것은 모델의 의미를 명확히 이해해야 한다는 것이다. 본 모델은, 첫째, 똑같은 스트레스 원천에 노출되더라도 개인에 따라(즉, 성별, 나이 등) 스트레스를 느끼는 정도가 다르다는 의미이며, 둘째, 같은 수준의 스트레스를 느끼더라도 개인에 따라 나타나는 결과가 다르다는 뜻이다.

예를 들어, 어느 정도의 역할갈등이 존재한다고 할 때 B형보다 A형의 성격을 가진 조직원이 보다 큰 스트레스를 받게 될 것이며 그로 말미암아 심장병에 걸릴 확률도 더 크다고 할 수 있다. 또한 같은 수준의 스트레스에 대해서도 나이가 들거나 여성일수록 행동, 인지, 또는 신체상에 부정적 결과를 가져올 가능성이 더 크다.[9)]

스트레스에 대한 반응은 사람마다 다른데, 어떤 사람은 무난히 극복하는가 하면, 어떤 사람은 극단적인 자살까지 이르게 된다. 이처럼 스트레스에 따른 개인별 다양한 반응들을 크게 분류해 보면 행동결과, 심리적 결과, 의학적 결과로 나타낼 수 있다. 이에 대한 내용은 〈표 6-3〉에 정리되어 있다.

스트레스 대처

전신대처 증후(General Adaptation Syndrome: GAS)

어느 한 가지 원인에 의해서 우리 신체에 과다한 요구가 주어질 때 신체

그림 6-7
세일(Seyle)의 전신대처 단계

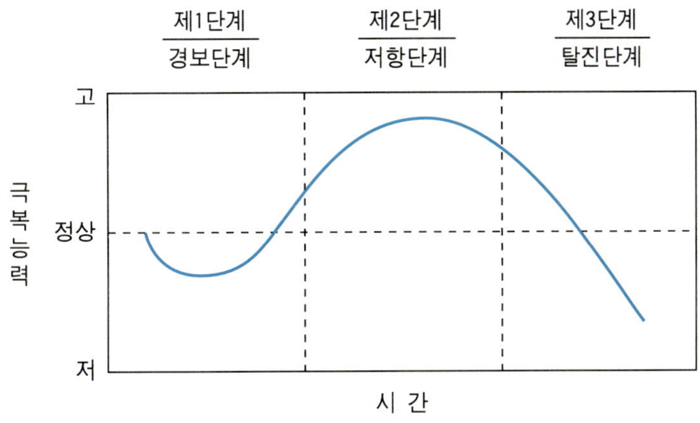

자료: Gibson, J. L., Ivancevich, J. M., & Donnelly, J. H., 1994. *Organizations: Behavior, Structure, Processes*. Burr Ridge, IL: Irwin.

는 어느 일부분만이 그러한 스트레스에 대처하기 위해 긴장하는 것이 아니라 전신이 자기방어를 위한 태세에 들어가게 된다. 우리 신체의 방어기능은 스트레스 원천을 극복하든가 그에 적응하기 위해서 전반적 가동상태에 들어가게 되는데 여러 방어작용이 거의 동시에 작동하기 때문에 증후(syndrome)라는 명칭이 붙는다.[10)] 전신대처 증후는 세 단계로 나뉜다. 경보단계, 저항단계, 그리고 탈진단계가 그들이다([그림 6-7] 참조).

처음 스트레스의 원인이 신체에 전달되면 뇌에서 신체의 모든 부분에 경보를 울리게 된다. 결과적으로 우리의 신체는 혈압상승, 근육수축 등의 반응을 보이게 된다.

저항단계는 신체가 스트레스의 원천과 싸우는 단계인데 피로와 긴장감을 느끼게 된다. 다수의 스트레스에 장기간 노출되어 적응이 더 이상 유지될 수 없는 상태인 소모의 단계가 올 수 있다.

마지막 단계는 우리 신체가 저항과정에서 모든 에너지를 써버려 기진맥진하게 되는 탈진단계이다.

스트레스 극복기법

스트레스를 관리하기 위한 방법은 개인차원과 조직차원의 전략이 있을 수 있다. 우선 개인차원의 대처전략은 사후적인 대처방식이고, 조직차원의 대처전략은 예방의학과 같은 스트레스 잠재요인을 제거하는 것에 중점을 두게 된다.

개인차원의 극복방법

과다한 스트레스를 받을 때 그것을 극복하는 방법은 다양하며 개인마다 나름대로의 방법을 갖고 있음을 쉽게 알아볼 수 있다. 스트레스를 받을 때 많이 먹거나 자는 사람이 있는가 하면 담배나 술에 자신을 맡겨버리는 경우도 많다. 그러나 우리는 좀더 과학적이고 체계적이며 부작용이 없는 기법을 사용해야 할 것이다.

흔히 쓰이는 스트레스 극복기법들로는 근육이완법, 바이오 피드백, 명상법, 정기적 운동, 인지 재구성 등이 있다. **바이오 피드백**은 기계를 사용하여 스트레스에 기인한 증상들을 개인이 스스로 진단하고 근육이완이나 다른 기법을 사용하여 스트레스를 극복하는 방법이다. **명상법**은 대개 조용한 장소에서 아무 것도 하지 않겠다는 수동적 마음(비운 마음)과 가장 편한 자세로 자기암시를 하는 방법이다.

인지 재구성 방법은 비현실적이고 비합리적인 개인의 생각이나 믿음을 바로잡아 줌으로써 스트레스를 줄이는 기법이다.

근육이완법은 의자에 앉아서 쉽게 할 수 있는 방법으로 발끝에서 머리쪽으로 올라오면서 10초 간격으로 근육의 긴장과 이완을 되풀이해 주는 기법이다. 또한 근육이완법은 두통예방에 효과적인데, 자기 신체 근육을 다리, 팔, 가슴 등 몇 개의 그룹으로 나눈 다음 한 그룹을 한꺼번에 마사지한다거나 습포찜질을 한다고 상상한다. 그러면 근육이 무거워지고 느슨해진다. 또 편안한 자세를 취할 수 있는 입장이라면 편안한 자세로 눕거나 기대서 심호흡을 3번 한 후 발끝에서 머리끝까지 근육을 완벽하게 풀어준다.

조직차원의 극복방법

조직에서의 스트레스 관리는 직무성과나 생산성을 극대화하기 위한 사전관리적 성격이 강하게 나타난다. 조직차원의 대처전략은 개인차원의 대처전략과 연장선상에 있는 것으로 상호 밀접한 관계를 가지고 관리되어야 한다. 이반세비치(Ivancevich)와 매티슨(Matteson)은 목표관리, 조직개발 프로그램, 직무충실, 조직구조의 재설계, 자율적인 작업집단의 설정, 다양한 작업계획 수립, 건강관리시설의 제공 등을 스트레스 관리수단에 포함시키고 있다. 헬리겔(Hellrigel)과 그의 동료들은 조직차원의 대처전략으로, 행동수정, 경력에 관한 카운슬링, 조직구성원에게 영향을 미치는 중요한 의사결정의 참여 정도, 작업환경개선, 직무설계, 목표관리, 복지시설을 위한 계획, 조직구조의 재설계, 세미나와 교육프로그램 등을 제시하고 있으며, 또한 루산스(Luthans)는 조직차원의 대처전략으로, 지원적인 조직분위기의 창출, 과업설계의 확대, 갈등 감소와 명확한 조직적 역할, 계획과 경력경로의 개발 및 카운슬링의 제공 등을 제시하고 있다.

제6장 문제 풀이

(1) 터키에서는 음주운전에 걸리면 30km 떨어진 곳에 버려둬 집까지 걸어오게 하고 집에 도착하면 구속한다고 한다. 말레이시아에서는 음주운전자가 기혼일 경우 배우자와 함께 구속한다. 핀란드는 한 달 치 월급을 몰수하며, 엘살바도르에서는 총살형에 처한다고 한다. 이러한 조치들을 어떤 이론으로 설명할 수 있는가?

(2) 아래는 디스트레스와 유스트레스의 차이점을 설명한 글이다. 당신이 경험한 디스트레스와 유스트레스의 사례들을 말해보자.

"……상을 받기 위해 연단 앞에서 기다릴 때의 긴장, 결혼식장에서 입장을 기다리는 신부의 두근거림 등도 일종의 스트레스 반응이다. 그래서 학계에서는 일상적으로 우리가 경험하는 불편하고 괴로운 스트레스를 '디스트레스(distress)'라고 하고, 위와 같이 좋은 일이지만 자율신경계가 스트레스 반응을 보이는 것을 '유스트레스(eustress)'라고 부른다. 월드컵 축구 경기를 보다가 한국 선수가 골을 넣자 환호성을 지르다 심장마비로 사망하는 사건이 벌어지는 것도 유스트레스가 지나칠 때 벌어지는 일이다." [네이버 지식백과] 스트레스란?-우리 몸에 내재된 생존 시스템(정신이 건강해야 삶이 행복합니다, HIDOC)

종합 사례 6

"직장인 77.4%, 직장 상사를 스트레스 원인으로 꼽아"

직장인들은 사소한 트집이 잡힐 때 가장 분노한다는 조사가 나왔다. '직장 상사'가 화를 불러일으킨다는 응답자가 전체의 77.4%나 됐다. 취업포털 사람인(www.saramin.co.kr)이 직장인 1,008명을 대상으로 '직장생활 중 억울하거나 답답해 화나는 순간' 을 조사한 결과다.

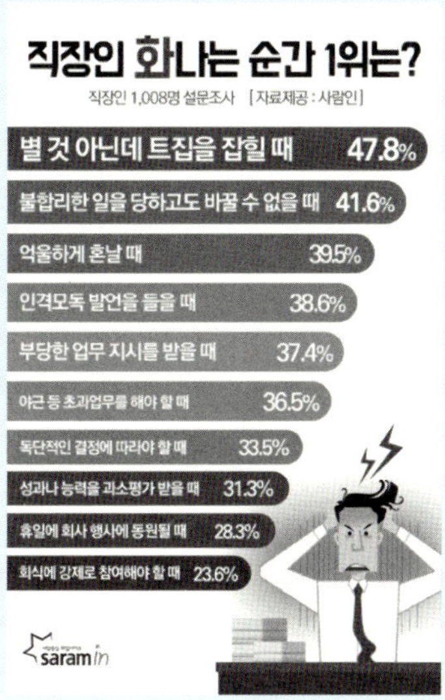

분노하는 순간으로는 '별 것 아닌데 트집 잡힐 때'가 47.8%로 가장 높은 비중을 차지했다. 그 다음으로 '불합리한 일을 당하고도 바꿀 수 없을 때'(41.6%, 복수응답), '억울하게 혼날 때'(39.5%), '인격모독 발언을 들을 때'(38.6%), '부당한 업무 지시'(37.4%), '야근, 주말근무 등 초과업무'(36.5%), '독단적인 결정'(33.5%), '성과나 능력을 과소평가 받을 때'(31.3%)가 뒤를 이었다.

화나게 하는 대상은 단연 '상사'(77.4%, 복수응답)가 압도적으로 많았다. 2, 3위를 차지한 'CEO 및 임원'(29.4%), '거래처, 협력사'(21.7%)와는 큰 차이가 있었다.

응답자의 46.3%(467명 · 복수응답)는 화가 날 때 '참고 표현하지 않는다'고 답했다. 화가 나도 참고 표현하지 않는 이유로는 '어차피 문제가 해결되지 않아서'(76% · 복수응답)라는 대답이 많았다.

화를 참는 것이 직장생활에 미치는 영향으로는 '퇴사를 생각하게 됨'(63.6% · 복수응답)을 가장 많이 들었다. 다음으로 '협업에 대한 의욕 떨어짐'(55.5%), '반항심이 생김'(36.8%), '집중력 저하'(32.3%) 등이 이어졌다.

쌓인 스트레스를 풀기 위한 방법으로는 '수면'(42.5%, 복수응답)이 첫번째였다. 직장 내에 고민을 털어놓을 상대가 있다고 응답한 직장인은 55.5%였다.

(윤민혁 기자 2016.10.19.: http://biz.chosun.com/site/data/html×dir/2016/10/19/2016101902520.html)

[종합 문제 6] 당신이 가장 분노하는 때는 언제인가? 화가 났을 때 어떻게 해결하는가? 다른 사람들과 비교해보자.

나의 조직행동 진단 6

나의 스트레스 진단

〈응답양식〉

전혀 아니다 = 0점, 가끔 그렇다 = 1점, 자주 그렇다 = 2점,
매우 자주 그렇다 = 3점, 거의 항상 그렇다 = 4점

질 문 나는……	응답 양식 0	1	2	3	4
1. 공부나 업무에 대해 거의 열정을 느낄 수가 없다.					
2. 잠을 충분히 자는 데도 피곤하다.					
3. 해야 할 공부나 업무를 모두 수행했는데 화가 난다.					
4. 조금만 불편해도 기분이 가라앉고 짜증나서 참을 수 없다.					
5. 공부나 업무에 시간과 에너지를 계속 쏟고 싶지 않다.					
6. 공부나 업무가 하찮고 쓸모없는 것 같아 우울하다.					
7. 의사결정 능력이 평상시보다 저하된 것 같다.					
8. 필요한 만큼 유능하지 못한 것 같다.					
9. 내가 하는 공부나 업무의 질이 원하는 수준에 이르지 못한다.					
10. 신체적, 정신적으로 모두 지쳐 있다.					
11. 질병에 걸리기 쉬운 상태다.					
12. 이성에 대한 관심이 적어졌다.					
13. 식사량이 달라졌고 커피, 찬 음료, 술을 더 마시든가, 담배를 더 피운다.					
14. 친구나 다른 사람들의 문제나 요구에 무감각해져 있다.					
15. 급우, 직장상사, 동료, 친구, 가족과 말할 때 뒤틀려 있다.					
16. 잘 잊어버린다.					
17. 집중하는데 어려움이 있다.					
18. 쉽게 지루해진다.					
19. 불만족하고 어딘가 잘못된 것처럼 느낀다.					
20. 왜 공부나 일하느냐고 물으면 '해야 하니까'라는 답이 나온다.					

[해 석]

▣ 위의 1~20번까지 응답한 결과를 모두 합산하시오.

총점 = ________________

당신의 총점	해　석
0~25점	적응을 잘하고 있습니다. 특별한 조치가 필요 없습니다.
26~40점	스트레스가 있습니다. 스트레스를 더 받기 전에 예방적 행위가 필요합니다.
41~55점	에너지 소진의 위험이 있습니다. 에너지 소진을 막기 위한 노력이 필요합니다.
56~80점	에너지 소진상태입니다. 포괄적인 스트레스 관리계획이 필요합니다.

자료: "서울백병원 스트레스 클리닉."에서 수정.

제 III 부

집단차원 연구

제 7 장

집단과 팀

본 장의 요점

※ 집단과 팀의 개념 차이를 이해한다.

※ 집단의 유형과 발달단계를 학습함으로써 집단에 대한 개념의 틀을 완성한다.

※ 규모, 규범, 응집력 등 집단의 성격에 대한 이해를 통하여 집단현상의 지식골격을 완성한다.

※ 팀의 유형과 장단점들을 학습함으로써 팀에 대한 맹신을 극복한다.

※ 팀에 필요한 역할들과 팀워크 학습을 통하여 팀 운영 역량을 배양한다.

Let's Talk!

'팀이 잘 돌아가게 하는 법!'

THE A-TEAM

팀이 잘 돌아가게 하기 위해서는
"공통점"(commonalities)을 발견하라고 조언한다.[1]

특히 "팀원들이 서로의 감정에 공감하고 서로를 위해주고 적극적으로 도우려 할 때"(즉 공감과 공조empathy & caring), 팀이 효과적으로 성과를 달성할 수 있다는 것이다.

2010년에 나온 영화 "A-Team"에서 보듯이 각자의 개성이 탁월하지만, 근본적으로 서로에 대한 공감과 배려가 팀을 하나의 미션을 위해서 나아가게 한다.

✽ 〈토론 주제 7〉 그렇다면 팀워크를 해치는 행동에는 어떤 것들이 있는가?

집단이란 무엇인가

집단과 팀은 무엇이 다른가

사람들이 공간적으로 가깝게 모여있을 때 우리는 그것을 '무리'라고 부른다. 이들간에는 어떤 특정한 질서나 구조도 없고 공통의 목표도 없다. 이 개념은 그 자체로서는 조직경영에 주는 의미가 별로 없다. 무리와는 달리 집단에는 공동의 목표, 구조, 구성원 간의 교류가 존재한다.

최근 팀의 개념이 부각되면서 집단과 팀간의 개념차이에 많은 관심이 모아지고 있다.

팀은 공동목표에 몰입하며 공동책임의식이나 책무감을 갖는다는 측면에서 집단과 다르다. 일이 잘못 되었을 때, 구성원 중 누구 때문에 실패했는지 비난하기보다는 구성원 각자가 '내가 더 기여하지 못했다'라고 책무감을 갖는다면 팀의 면모를 갖춘 것이다. 일반적으로 회사에서는 팀은 몰입과 책무감을 갖는 소수 인력 등이 모인 것을 뜻하며, 집단은 여러 팀 등으로 구성된 본부나 부문처럼 큰 단위조직을 뜻한다.

무리, 집단, 그리고 팀의 발전단계를 〔그림 7-1〕과 같이 요약해 볼 수 있다.

집단의 유형

가장 일반적으로 사용되는 집단분류기준은 공식집단과 비공식집단의 구분이다. 공식집단은 조직에서 조직의 목표를 수행하기 위하여 미리 설정해 놓은 집단을 말하고, 비공식집단은 조직에서 미리 설정해 놓지는 않았지만 구성원들 각자의 만족을 위하여 자치적으로 형성하게 되는 집단을 의미한다.

공식집단

공식집단에는 조직 내에서 지위나 계층 등을 가지고 형성되는 명령집단

그림 7-1
팀 발전단계

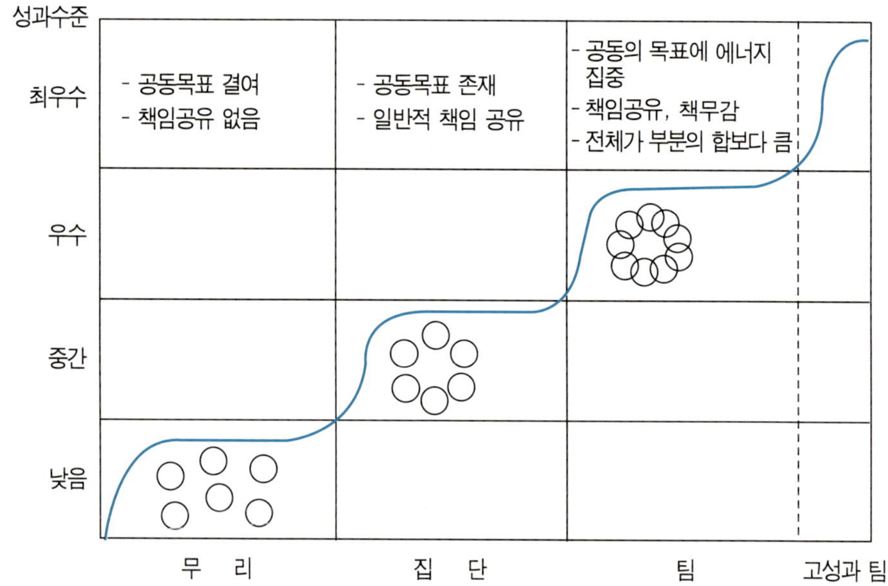

자료: S. Buchholz, T. Roth, & K. Hess, 1987, *Creating the High performance Team*, New York: John Wiley, p.16.

과 조직의 특정한 과업을 수행하기 위하여 이루어지는 과업집단이 있다.

명령집단이란 보통 조직도에 나타나는 구조와 같이 하부자와 감독자로 구성되는 형태의 집단으로 우리가 흔히 볼 수 있는 기업체의 조직과 유사하다. 또한 조직의 공식적인 목표를 달성하기 위하여 구성된 집단이므로 다른 명령집단과의 상호작용이 필요하다.

과업집단이란 특정한 과업이나 프로젝트를 수행하기 위해서 조직 내에서 새로 구성되는 집단으로 이러한 집단을 흔히 프로젝트팀 또는 과업팀이라고 한다. 과업집단의 구성원들은 일반적으로 원래 자신들이 소속해 있던 집단에서 벗어나 조직의 공통목표를 달성하기 위하여 새로운 집단에 소속하게 된다. 비록 다른 집단에서 모여든 구성원들이지만 구성원들간의 상호교류는 다른 형태의 집단보다 활발히 이루어진다.

비공식집단

비공식집단은 조직 내에서 공식목표나 과업에 관계없이 자연적으로 형성된 집단으로 조직 전체의 만족보다는 구성원 개개인의 만족을 위하여 구성된다. 이러한 집단의 형태로는 이익집단과 우호집단이 있다.

이익집단이란 조직구성원들이 자신들의 개인적인 목표나 이익을 얻기 위하여 형성하게 되는 집단으로 조직의 목표보다는 자신 또는 자신들이 속한 이익집단의 목표를 우선하여 행동하게 된다. 이익집단은 전체 조직성과에 부정적인 영향을 미칠 수 있지만 이익집단의 목표를 전체 조직의 목표와 조화를 시킬 수 있다면 조직성과를 높일 수도 있다.

한편, **우호집단**이란 조직의 구성원들 사이에서 공통된 특성, 예를 들어, 연령, 취미, 정치적 성향들이 비슷한 사람들끼리 모여 구성하는 동호회와 같은 집단으로 조직 내의 목표보다는 개인적인 관심사에 따라 행동하게 되는 집단이다.

사람들은 왜 집단에 소속되고 싶어하는가

집단에 참여하는 이유에는 여러 가지가 있을 수 있다. 출생에서부터 정해진 성(姓)씨를 가지게 되고 특정 지역출신이라는 본의 아닌 집단의 타이틀을 달고 성장하게 되는 경우를 비롯하여 자의적, 타의적으로 다양한 이유 때문에 우리는 집단에 소속하게 된다.

개인의 자발적인 참여를 전제로 하여 인간이 집단을 형성하게 되는 이유를 분류해 보면 개인의 욕구충족, 집단의 매력, 집단의 목표, 자격획득, 그리고 경제적인 이유 등으로 정리될 수 있다. 〔그림 7-2〕에 이들의 내용을 요약하였다.

집단발단 단계

집단발달이란 집단이 어떻게 생성되고 발전해 가는가를 설명하는 것으로서 터크만(Tuckman)의 모델이 대표적이다.

그림 7-2
집단참가의 주요 이유들

[집단참가이유 1] 개인의 욕구충족: 예) 노동조합 가입으로 안정욕구 충족

[집단참가이유 2] 집단이 갖는 매력: 예) 동아리, 해병대 지원

[집단참가이유 3] 집단의 목적: 예) 시민단체, 자선단체 참여

[집단참가이유 4] 자격획득: 예) 의과대학 진학

[집단참가이유 5] 경제적 이유: 예) 취업 노력

* 군복무처럼 의무적으로 가입해야 하는 경우는 제외함.

집단이 계속적으로 존속하기 위해서는 과업과 구성원들간의 대인관계를 적절히 관리하여야 한다. 터크만의 **집단발달 모델**에서는 이러한 관점에서 대인관계와 과업기능을 기준으로 〔그림 7-3〕과 같이 집단발달의 4단계를 제시하고 있다.

형성기에서는 조직구조(리더선정, 역할분담), 목표, 책임 등을 정하고 각자의 역할을 학습한다. 격동기에서는 갈등이 생기기 시작하는데 구성원들이 처음에 생각하고 있던 것과 실제가 차이가 있음을 알게 되고 리더의 능력에 대

그림 7-3
터크만의 집단발달 4단계

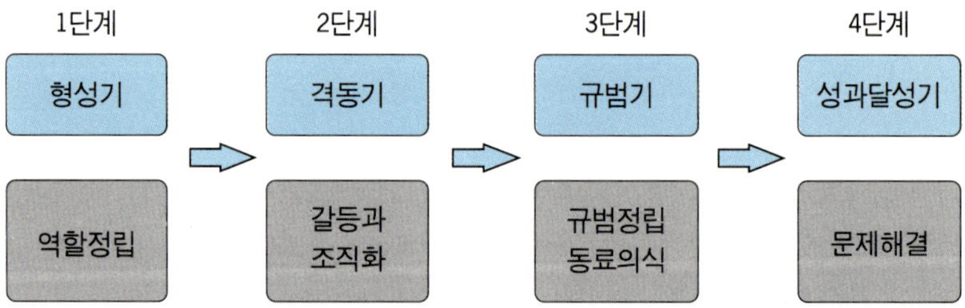

자료: Tuckman, B. W. 1965. Developmental sequence in small group. *Psychological Bulletin*, 63, pp.384-399.

하여 회의를 느끼기 시작하기 때문이다. 소수의 구성원들은 리더의 결정에 반항하기도 한다. 규범과 원칙을 세워 갈등을 빨리 극복하는 것이 중요하다. 규범기에서 구성원들은 규범을 정립하여 격동을 극복할 수 있는 질서를 찾게 되고 응집력과 동료의식이 싹트게 된다. 구성원들은 서로의 느낌을 공유하며, 각자의 행동에 피드백을 주고받는다. 성과달성기는 집단의 본래 목적을 달성하기 위해서 매진하는 단계이다. 구성원간의 관계도 점점 복잡해지고 과업수행에서 다양한 문제도 생겨난다. 문제를 극복하면서 성장 · 발전하든가 도전에 굴복하여 위축되기도 한다.

집단의 성격

집단의 성격을 알아봄으로써 집단을 좀더 쉽게 이해할 수 있게 된다. 집단의 성격에는 규모, 구성원 다양성, 역할, 규범, 리더십, 신뢰, 응집력 등이 포함된다.

규 모

집단의 규모가 커지면 어떤 변화가 일어나는가

규모는 집단성격 중 가장 근본적인 변수이다. 집단의 규모에 따라 여러 가지 다른 결과를 기대할 수 있다. 우선, 집단의 규모가 증가함에 따라 상사의 직접적인 통제나 감독의 기회가 줄어들므로 그에 따른 이완현상을 생각해 볼 수 있을 것이다. 일반적으로 규모의 증가로 나타나는 결과들을 요약하면 〈표 7-1〉과 같다.

과업특성에 따라 집단규모가 성과에 미치는 효과가 달라진다

규모에 따른 결과는 집단이 수행하는 과업의 특성에 따라 달라진다. 집단과업의 종류를 대개 다음의 세 가지로 나눈다.[2)]

표 7-1
집단규모의 증가에 따른 결과

변 수	규모증가에 따른 결과
만족도	• 만족도가 떨어짐
결근율	• 결근율이 증가함
이직률	• 이직률이 증가함
구성원의 참여도	• 참여기회의 감소, 의사소통 · 정보교환의 문제 생김
리더십	• 리더의 역할증대, 개인적 배려의 한계
여 론	• 여론수렴의 어려움
집단성과	• 다양한 인적 자원 확보 때문에 성과가 높아진다는 연구결과와 구성원간의 견제나 집단과정의 손실 때문에 성과가 낮아진다는 상반된 결과 얻음

자료: Steers, R. M. 1984. *Introduction to organizational behavior*, Glenview, Illinois: Scott, Foresman and Company.

부가적 과업과 집단의 규모

부가적(additive) 과업이란 집단구성원들 각자의 개별적 과업수행의 결과물들을 합한 것이 곧 집단의 성과가 되는 경우이다. 과업을 수행하는 사람들의 숫자가 늘어날수록 집단의 산출물도 그만큼 늘어나게 되며, 집단성과도 더불어 높아지게 된다. 예를 들면, 줄다리기 시합에서 보다 많은 사람들이 과업에 참여할수록 줄을 당기는 것은 그만큼 쉬워진다.

우수자 결정과업과 집단의 규모

우수자(disjunctive) 결정과업이란 최고의 성과를 올린 개인(또는 소수)의 성과가 곧 집단의 성과가 되는 경우를 말한다. 이 경우는 집단의 성과는 집단을 대표하는 최우수 구성원에 의해서 결정된다. 그러므로 집단규모의 성과에 대한 영향은 과업수행에 대한 충분한 능력을 지닌 개인들이 차지하는 비율이 얼마나 되는가에 의해서 결정된다고 볼 수 있다. 천재 한 명이 집단 전체를 먹여 살리는 경우이다.

그림 7-4
규모와
과업 특성

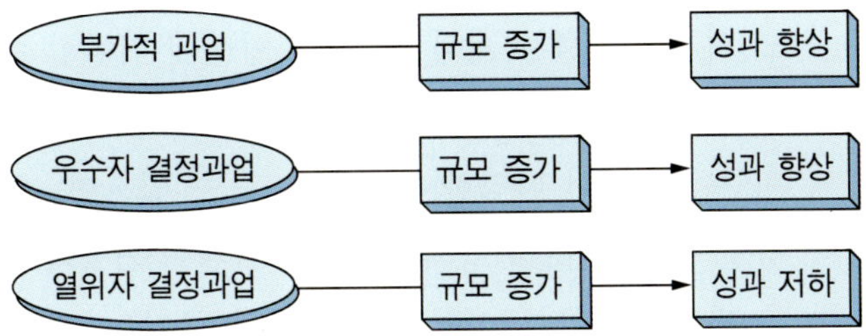

열위자 결정과업과 집단의 규모

열위자(conjunctive) 결정과업은 최저 성과를 기록한 개인의 성과가 집단의 성과를 결정짓는 경우를 의미한다. 예를 들어 군대에서 분대 단위로 10km 행군을 하는데 분대의 성과는 그 분대에서 가장 늦게 완주한 사람의 기록으로 표시되는 것과 같다. 〔그림 7-4〕에 과업특성에 따라 집단규모의 성과에 미치는 영향을 정리하였다.

집단구성원의 다양성과 성과는 어떤 관계가 있는가

과거에는 한국의 기업 팀 구성원들이 연령, 성별, 출신학교, 문화가치 등에 있어 매우 균질하였다. 팀 구성원들이 대부분 국내 대학 졸업자, 남성, 한국인 부모에게서 태어난 사람들이었으며, 거의 예외 없이 나이 많은 사람이 조금이라도 더 높은 직급을 차지하는 구조였다. 하지만 최근에는 같은 팀 내에 상사보다 나이가 더 많은 부하들도 쉽게 찾아볼 수 있고, 여성의 비율이 눈에 띄게 높아졌으며, 국내 대학 졸업자와 해외 대학 졸업자들이 섞여 일하는 경우가 많아졌고, 다문화가정 출신이나 외국인들도 늘어나고 있다. 또한 직장과 직업, 또는 대인관계에 대한 구성원들의 가치관도 매우 다양해졌다. 그만큼 집단구성원들의 다양성이 증가하고 있다고 볼 수 있다. 이러한 다양성의 증가는 구성원들의 행동에 여러 가지 변화를 요구한다.

집단구성원들의 다양성 증가는 긍정적인 측면과 부정적인 측면을 동시에 갖는다.[3] 긍정적인 측면은, 집단구성원 다양성 증가는 인지적 자원(특정 문제해결에 필요한 정보, 관점, 의견)의 증가를 가져오고, 사회적 자본(인적 네트워크)의 다양화를 가져와 집단성과향상에 기여할 수 있다는 것이다. 다양한 배경이나 특성을 갖는 구성원이 함께 모여 있을 경우, 정보원이 중복되지 않고, 사안에 대해서 다양한 의견을 모을 수 있으며, 폭넓은 사회적 네트워크를 활용할 수 있어 보다 창의적인 대안발견이 가능해진다는 것이다.

반면에, 집단구성원들의 다양성 증가는, 조직을 일사불란하게 움직이기 힘들기 때문에 효율성과 생산성 저하를 가져올 수 있으며, 출신에 따른 파벌이 형성되어 갈등이 발생할 가능성이 높고, 상반된 의견을 조정하든가 응집력을 형성하는 데 시간이 많이 걸려 집단성과에 부정적인 영향을 미칠 수도 있다. 야구와 농구팀들을 대상으로 한 연구에 따르면, 선수들간에 상호의존성이 상대적으로 적게 요구되는 야구에서는 선수들의 나이 다양성이 팀 성과와 무관하지만, 선수들간에 높은 의존성을 필요로 하는 농구에서는 나이 다양성이 성과에 부정적인 영향을 미치는 것으로 나타났다.[4)]

집단 내 다양성 증가는 구성원들의 행동에도 큰 영향을 미친다. 특히 커뮤니케이션을 할 때, 세심한 주의를 필요로 한다. 나이나 성적인 표현, 또는 인종적 표현에 있어서 각별한 주의를 요한다. 또한 다양성 증가는 리더들에게도 새로운 도전이다. 다양한 가치관을 갖은 구성원들을 동기부여시켜 한 방향으로 이끌어가야 하므로 과거와 같은 상의하달식의 일방적 리더십과는 다른 보다 섬세한 리더십을 필요로 하게 된다.

기대되는 역할(role)과 지각된 역할

집단 내의 모든 구성원들은 지위와 위치에 따라 고유한 역할을 부여받는다. 역할을 분류하여 보면 '기대되는 역할'과 '지각된 역할'이 있는데 이 두 가지 역할이 서로 조화를 이룰 때 성과가 높아진다.

'기대되는 역할'이란 직무와 관련하여 구성원들 서로간에 수행해주기를 기대하는 역할이며 **'지각된 역할'**이란 실제로 특정인의 행동에 대하여 인식된 결과이다. 이 둘간에 차이가 있을 때 집단성과에 부정적인 영향을 미치게 된다. 팀장에게 기대되는 역할과 사장에게 기대되는 역할이 다르며, 팀 내 각 구성원들도 서로에 대해서 기대역할을 갖게 된다.

역할세트

사람들은 살아가면서 다양한 집단의 구성원이 되고 각 집단에서 다른 역할을 부여받게 된다. 직장에서나 지역사회 또는 가정에서 그들은 각기 다른 역할을 수행하게 된다. 예를 들어 가정에서는 가장의 역할을 하고 직장에서는 한 부서의 관리자로 일하는 사람이 있다면 그는 가장과 관리자라는 복수의 역할을 수행하고 있는 셈이다. 특정인에 대하여 기대되는 역할들을 모아 놓은 것이 역할세트(role set)이다.

역할갈등과 역할일치

사람들은 다양한 역할세트를 가지게 되므로 자신의 역할을 수행하는 데 있어서 역할세트 내 갈등을 경험하는 경우가 있다. **역할갈등**은 스트레스의 원인이 되고 성과저하를 가져오게 되므로 경영자들은 구성원들이 역할일치(role congruency)를 느낄 수 있도록 노력해야 한다.

조직 내에는 여러 가지 형태의 역할갈등이 존재하는데 이들을 요약하면 다음과 같다.

① 개인과 역할간의 갈등: 개인과 역할간의 갈등은 주어진 역할이 한 개인이 갖은 기본적인 가치나 태도, 욕구 등과 상충될 때 발생한다.

② 역할세트 내 갈등: 역할세트 내 갈등은 개인에게 기대되는 역할들간의 충돌을 뜻하며 양립할 수 없는 역할들을 수행해야 할 때 발생한다.

역할모호성과 역할명료성

사람들은 자신이 무엇을 해야 하는지를 모를 때 역할모호성을 경험하게 된다. 역할모호성은 특정 상황에서 적절한 행동이 무엇인지 잘 모를 때 또는 자신의 행동이 가져올 결과를 예측할 수 없을 때 발생한다. 지시와 지침, 권한과 역할의 경계를 명확히 하는 것이 역할명료성(role clarity)을 높여준다.

역할모호성을 장기간 경험하게 되면 불만족이 높아지고 자신감을 잃게 되며 궁극적으로 성과저하를 가져오게 된다.[5)]

규범은 어떤 역할을 하는가

규범에 대해서는 지금까지 여러 각도에서 연구가 수행되었다. 우선 규범의 정의에 대한 맥그래스(McGrath)의 견해를 살펴보도록 하자:[6)]

- 집단이 처해 있는 환경 속에서 집단과 관련된 문제들을 해결하기 위한 준거의 틀
- 문제를 해결하기 위하여 미리 규정해 놓은 구성원들의 태도와 행동
- 바른 태도와 규칙 위반시의 관용에 대하여 기술한 것
- 규범에 맞는 행동에는 보상이 주어지고 규범을 벗어난 행동에는 처벌이 따름.

규범이란 문서화되어 있는 것이 일반적이지만 때때로 불문율형태로 존재하기도 한다. 또한 규범은 집단이 중요시하는 방향으로 발달하게 된다. 만약 집단에 있어서 생산이 가장 중요한 이슈라면 집단의 규범은 생산에 관한 내용을 많이 포함하게 된다.

규범은 구성원 전체에 적용되는 것이 원칙이나 차별적 특권(idiocyncracy credit)을 갖는 구성원들도 있다. 즉, 어떤 구성원들은 규범을 어겨도 아무런 벌을 받지 않고 지나갈 수 있다는 것을 보여줌으로써 자신의 차별적 지위를 과시하려는 경향이 있다.

규범은 집단 운영과정을 단순화시키는 기능을 한다. 또한 규범은 구성원들의 행동에만 적용될 수 있는 것이다. 구성원들의 사고나 감정까지를 규범화할 수는 없다. 규범은 대부분의 구성원들이 중요하다고 여기는 행위를 중심으로 서서히 생겨나는 것이 상례이나, 경우에 따라서는 순간적으로 생겨나는 규범들도 있다.[7)] 집단구성원들은 규범을 준수함으로써 집단의 생존에 도움을 줄 수 있고 기대행위를 명백히 해주며, 당황스러운 상황에 처하지 않게 한다. 그리고 집단의 핵심가치가 무엇인지를 알 수 있게 한다.[8)]

규범은 어떻게 만들어지는가

집단에서 규범은 공식적 · 비공식적인 교류 속에서 발생된다. 보다 구체적으로 규범의 발생은 다음의 네 가지 현상과 관계가 깊다.

① 상사나 동료들의 명시적 선언: 상사가 명시적으로 할 것과 하지 말아야 할 것을 지시하는 경우 하나의 규범으로 성립된다.

② 집단활동과정에서의 결정적 사건: 과거에 있었던 좋은 또는 좋지 않은 사건 때문에 구성원들이 할 수 있는 것과 해서는 안되는 것을 구별하게 된다.

③ 초기의 행위: 집단활동의 초기 행위가 하나의 규범으로 굳혀져 버리는 경우가 있다.

④ 과거 상황으로부터 전이된 행동: 여러 학급을 가르치는 선생님이 이전 학급에서의 경험을 토대로 다른 학급 학생들의 행동규범을 설정하는 경우가 여기에 속한다.

집단규범 준수에 따르는 결과

규범준수는 의사결정을 빠르게 해주고 구성원들의 행동을 통일시키는 역할을 하지만 나름대로의 역기능도 간과할 수 없다. 즉, 엄격한 규범은 집단의 다양성과 사고의 유연성을 제한하게 되어 창의적 집단운영을 저해할 수도 있다. 특히 변화의 국면을 맞이한 집단의 경우 역기능적 규범 때문에 변화속도가 더디어지든가 엄청난 비용을 치르게 되어 집단의 유효성이 떨어지는 경우들을 우리는 자주 목격하게 된다.

규범은 그 강도가 강할수록, 결정화(Crystalized) 정도가 높을수록 받아들여지기 쉽다. 또한 구성원의 성격과 역할에 따라서도 규범 수용도가 달라진다.

규범이탈자에 대한 조치에 있어서도 다양한 전략이 존재한다. 직접 수정, 축출, 이탈과 수용 등의 전략이 쓰인다. 규범이탈자들이 소집단을 이루어 이익집단화함으로써 자신들의 이탈행위를 합리화할 수도 있다. 하지만 이탈적 행동이 창의성을 높이고 집단의 관료적 규범을 극복하는 계기가 되기도 한다.

응집력

응집력(Cohesiveness)이란 집단구성원들의 개인차나 개인적 동기를 초월하는 '우리주의'(We-ness) 정신이며 집단을 유지하는 데 필수적인 힘이다. 응집력이 높은 집단은 낮은 집단과 비교하여 볼 때 구성원들간의 상호 교류 빈도가 높고 집단의 성과도 영향을 받는 것으로 나타나고 있다.

다음의 〈표 7-2〉에는 응집력을 증가시키는 요소들과 응집력을 감소시키는 요소들을 분류해 보았다.

응집력은 사회-감정적 응집력과 도구적인 응집력으로 나누어 볼 수 있는데 사회-감정적 응집력이란 구성원들이 집단에 소속됨으로써 자신들이 감정적인 만족을 얻게 되고 그로부터 생기게 되는 구성원간의 '우리'의식이다. 도구적 응집력은 구성원들의 이성적 판단에 기초하여 응집력이 형성되는 것을 말한다.

집단의 응집력에 관한 연구에 의하면, 높은 응집력을 지닌 집단의 구성원들은 낮은 응집력을 지닌 집단의 구성원들에 비하여 구성원들간에 보다 높은 만족도를 보이며, 빈번하고 긍정적인 의사소통을 하는 것으로 나타났다. 또한 높은 응집력을 지닌 집단이 낮은 응집력을 지닌 집단에 비하여 보다 높은 효율성을 보인다.

그러나 응집력이 높아지면 구성원들의 사고다양성을 저하시킬 수 있다. 따라서 사고를 많이 필요로 하지 않는 단순, 반복적 과업인 경우는 높은 응집

표 7-2
응집력의 증감요소

응집력을 증가시키는 요소	응집력을 감소시키는 요소
집단목표에 대한 수용	목표에 대한 배척
상호교류의 빈도증가	집단크기 거대
개인적인 매력	불만족스러운 경험
집단간 경쟁	집단 내 경쟁
호의적인 평가	독재적인 지배

자료: Szilagyi, Jr., A. D., & Wallace, Jr., M. J. 1990. *Organizational Behavior and Performance*, 5th ed., Glenview, Ⅲ.: Foresman/Little, Brown, pp.282-283.

력이 성과를 높이지만 복잡, 역동적 과업에 대해서는 높은 응집력이 오히려 성과를 떨어뜨린다. 집단에 다양성이 요구되는 이유이다.

팀

팀 중심의 조직구성이 세계적으로 각광을 받고 있다. 그러나 남들이 팀을 도입한다고 해서 무조건적으로 우리도 도입해야 한다는 생각은 바람직하지 않다. 팀을 도입하였을 때 구체적으로 어떤 효과가 있는지를 분석해 본 뒤에 도입 여부를 결정하는 것이 바람직하다.

팀제 도입의 가장 큰 특징은 과거의 계층구조를 유연화시켰다는 점이다. 전통적 조직의 과(課)나 부(部)가 팀으로 통합되었다. 팀장이 있고 나머지는 직급(과장, 차장, 부장) 불문하고 똑같은 팀원이 된다. 나이나 근속연수 또는 직급이 높다고 팀장을 하는 것이 아니라 능력 위주로 팀장을 맡긴다. 연공서열보다 능력을 중시하므로 창의성 발현, 소통, 빠른 일처리 등이 가능해진다.

팀의 유형

일반적 팀

지금까지 알려진 팀의 유형이 너무나 많아 일일이 다 열거하기가 힘들 정도이다. 과거에 부(部)나 과(課)로 불리던 조직들이 '팀'으로 불리기 시작한 지 오래다. 여기에서는 모어만(Mohrman)[9)]이 제시한 4대 기준에 의한 **팀분류** 방식을 알아보도록 한다.

〈표 7-3〉에 소개된 것처럼, 과업팀이란 생산이나 서비스 제공 등 일상적인 업무를 수행할 목적으로 구성된 팀을 의미하며, 개선팀이란 업무처리과정의 비효율과 비용 등을 개선할 목적으로 구성된 팀을 뜻한다. 또한 어떤 팀은 일시적으로 발생한 문제를 해결하기 위해서 구성되었다가 그 문제가 해결되고 나면 소멸되는 경우도 있다. 집단의 리더가 일일이 간섭하고 통제하는

표 7-3
팀분류표

단순한 유형의 팀	기 준	복잡한 유형의 팀
과업팀 (제품/서비스 생산관리)	목적 또는 사명	개선팀 (과정개선을 통한 효과증진)
임시팀 (일정기간만 존재)	시 간	영구팀 (조직이 존재하는 한 존재)
작업집단 (집단구성원들을 위해서 리더가 결정을 내림)	자율성의 정도	자율관리팀 (팀원들이 주요 결정을 스스로 내릴 수 있음)
단순기능팀 (구성원들이 유사한 전문영역을 가짐)	권한구조	다기능팀 (다양한 전문성을 갖은 팀원들로 구성된 팀)

스타일은 자율성을 중시하는 팀을 책임지기에는 부적절한 스타일이다. 한편, 오늘날에는 유사하고 공통된 기능과 역량을 갖는 구성원들로 이루어진 단순기능팀보다는 상호 보완적인 서로 다른 기능을 갖는 구성원들이 모여 시너지 효과를 낼 수 있는 다기능팀을 많이 활용하고 있다.

이 외에도 다양한 이름을 갖는 팀들이 존재한다. 그러나 이름이 어떻든 간에 〈표 7-3〉에 나타난, 목적/사명, 시간, 자율성, 그리고 권한구조 등 네 기준을 가지고 평가해 볼 수 있다.

가상팀

정보통신기술의 발달로 가상팀(virtual team)이라는 새로운 형태의 팀이 세계적으로 점차 많이 활용되고 있는 추세이다. 인터넷 등을 통하여 서로 이슈나 자료를 공유하고 각자의 역할을 정하여 수행한 뒤 일을 마치면 사이버 공간에서 통합 · 완료하는 형태를 띤다.

가상팀이란 팀구성원들이 시간, 공간 또는 조직의 경계를 초월하여, 주로 전자통신을 통하여 커뮤니케이션 하면서 과업을 수행하는, 다기능팀을 의미한다.[10] 예를 들어, 미국의 한 소프트웨어 개발업체는 개발팀의 일부는 미국에, 또 일부는 인도에, 그리고 나머지는 영국에 배치하여 24시간 개발업무를 수행토록 한다. 미국에서 퇴근할 때쯤이면 인도가 출근시간이 되고 인도에서 일하다 퇴근할 시간이 되어 개발하던 것을 웹상에 올려놓고 퇴근하면 영국 팀원들이 출근하는 시간이 되어 끊이지 않고 24시간 개발체제를 운영할 수 있다고 한다. 물론 각 나라에 흩어져 있는 팀원들이 다 같은 회사소속도 아니다. 일부는 외주업체 직원들이다. 이처럼 가상팀은 지역과 시간과 조직경계를 초월하여 운영될 수 있다.

가상팀의 출현은 '텔레코즘의 법칙'(Law of Telecosm)과 무관하지 않다. 텔레코즘의 법칙이란 컴퓨터 네트워크가 발달할수록 지리적 거리는 줄어든다는 의미이다.[11] '멀리 있는 이웃'이 가능해진 것이 사실이다.

가상팀은 비단 글로벌기업들만이 사용하는 것은 아니다. 국내 기업들도 지리적으로 떨어져 있는 점포나 지점들을 관리한다든가 어떤 사안에 대해서 협력업체들과 공동으로 노력해야 하는 경우, 또 심지어는 교육, 훈련에 있어서도 얼마든지 활용될 수 있다.

가상팀을 운영할 때 가장 중요한 도전은 바로 팀원들간의 신뢰(trust)일 것이다. 신뢰를 확보하고 유지하기 위한 상호간의 조정노력이 어떤 팀에서보다도 중요하다. 상대방의 능력과 기술에 대한 신뢰, 일에 대한 접근방식과 일정준수에 대한 신뢰, 목표성취에 대한 신뢰 등이 가상팀의 성패를 좌우한다.

팀워크

팀워크(teamwork)란, 팀 구성원들의 서로 다른 생각과 역량과 정서를 역동적으로 조합하여 개인들의 합을 뛰어넘는 팀 성과를 창출하는 과정이라고 정의된다.[12] 팀워크가 강한 팀은 개인의 성과보다는 팀 성과 향상을 위해서 구성원들이 헌신하며, 구성원들간에 교류가 활발하고 팀 정신(spirit)을 공유한다.

연구결과에 따르면, 강한 팀워크를 갖은 팀은 다음의 일곱 가지 차원이

높게 나타난다.[13)]

팀 지향성(team orientation): 강한 팀워크의 구성원들은 팀 지향성이 높다. 팀 지향성이란 구성원들이 동료구성원들과 팀의 과업에 대해서 갖는 호의적인 태도를 뜻한다. 팀 지향성이 높으면 구성원들이 팀의 규범을 잘 수용하고, 응집력이 높으며, 팀에 대한 소속감이 강하다.

팀 리더십(team leadership): 팀워크가 잘 짜인 팀의 구성원들은 모두가 리더의 역할을 수행한다. 팀 리더십이란 구성원들이 다른 구성원들을 위해서 방향을 제시하고, 지원하며, 문제해결을 가이드 하는 것이다.

커뮤니케이션(communication): 팀워크가 높은 팀은 구성원들간에 정보공유가 활발히 일어난다. 또한 활발한 소통은 팀워크를 강화하게 된다.

모니터링(monitoring): 강한 팀워크 하에서는 구성원들이 다른 구성원들의 행동과 성과수행과정을 관찰하고 팀 성과 향상을 위해서 정보를 제공할 준비를 한다.

피드백(feedback): 팀워크가 높은 팀의 구성원들은 다른 구성원들에게 피드백을 제공하고, 자신에 대한 피드백을 해달라고 요구하며(feedback-seeking), 제공되는 피드백을 수용한다. 구성원들이 좋은 내용뿐 아니라 부정적 피드백도 어렵지 않게 제공하고 수용하는 것이 강한 팀워크의 증거이다.

백업 행동(backup behavior): 다른 구성원들의 성과수행을 지원하는 것을 백업행동이라고 한다. 팀워크가 높은 팀은 구성원들이 적극적으로 백업행동을 보인다. 팀 전체의 성과향상을 위해서 다른 구성원들의 과업수행을 어떻게 지원할 것인지를 고민한다.

조정행위(coordination): 팀 구성원들이 팀의 과업프로세스를 잘 이해하고 전체적인 효율성을 극대화하기 위해서 자신의 행동과 성과수행을 적절히 조정할 줄 알면 팀워크가 잘 짜인 것이다.

팀 설계는 어떻게 하나

일정한 목적을 달성하기 위해서 팀을 사용하기로 결정하였다면 효과적인 팀 설계 및 운영을 위한 몇 가지 사항들을 고려해야 한다.

첫째는 팀의 규모를 얼마로 할 것인가의 문제이다. 물론, 팀의 규모는 과업의 특성에 따라 달라진다. 그러나 일반적으로는 2~16명 정도가 효과적 운영을 위한 한계인 것으로 알려져 있다. 얼굴을 마주보며 교류할 수 있는 최대규모는 12명 정도이다. 미국기업의 이사회(Board of Directors)도 숫자가 많아지면 5~7명 정도씩 특정 주제를 중심으로 소집단으로 나누어 운영하는 것이 관례이다.[15)]

둘째는 **팀원 구성**을 어떻게 할 것인가의 문제이다. 흔히 팀원들간에 성격이 맞아야 한다거나 생각이 같아야 한다는 등의 이야기를 하는 사람들이 많다. 그러나 이러한 막연한 기준을 가지고 팀 구성에 임할 수는 없다. 사실 지금까지의 연구결과는 그러한 상식적 판단과 일치하지 않고 있다. 팀원들의 생각이 다양할수록, 또 배경이 획일적이지 않을수록 팀 성과가 높아진다는 것이다.

셋째, 팀에 주어지는 권한을 확대할 필요가 있다. 팀제를 도입할 때 가장 결정하기 힘든 것이 팀장과 팀원들에게 어느 정도의 권한을 줄 것인가를 결정하는 것이다. 권한의 핵심은 인사권과 예산권이다. 팀원을 뽑고 배치하고 퇴출시킬 수 있는 권한과 예산을 짜고 그것을 책임하에 집행할 수 있는 권한을 팀에 내려줬다면 팀의 자율성이 극대화된 것으로 볼 수 있다.

넷째, 팀 운영의 성패는 신뢰(Trust)의 구축에 달려 있다. 팀원들의 능력이 아무리 뛰어나다고 하더라도 서로간에 신뢰가 형성되어 있지 않으면 자신의 능력을 다 발휘하려 하지 않을 것이다. 신뢰가 허물어지면 갈등이 발생하고 팀이 방향을 잃게 된다. 신뢰란 다섯 차원으로 이루어져 있으며 각 차원간에는 서로 중요도에 있어 차이를 보인다. 즉, 성실성, 역량, 일관성, 충성심, 그리고 개방성 등의 순서를 갖는다.[16)]

끝으로, 다섯째는 **팀리더**의 역할을 명확히 해야 한다는 것이다. 전통적 집단 조직에서는 부서장의 권한이 컸기 때문에 구성원들보다 한 계층 위에 존재하면서 그들이 해결할 수 없다고 믿어지는 중요한 사안들에 대하여 해답을 제시해주는 역할을 담당했었다. 개념상 팀조직에서는 팀장과 팀원들간의 경계가 뚜렷하지 않다. 단지 역할이 다를 뿐이다. 따라서 과거처럼 상사로 군림하려는 팀장은 팀을 효과적으로 이끌기가 매우 힘들어진다.

팀 운영에 필요한 9가지 역할들

팀을 운영하는 데는 다양한 역할들이 필요하다. 팀 구성에 있어 가장 중요한 것은 바로 이러한 다양한 역할들을 제대로 수행할 수 있는 사람들로 팀을 구성해야 한다는 것이다. 팀 운영에 필요한 역할들을 구체적으로 살펴보면 〔그림 7-5〕와 같다.

그림에 나타났듯이, 팀을 성공적으로 운영하기 위해서는 적어도 아홉 가

그림 7-5
팀 운영에 필요한 핵심 역할들

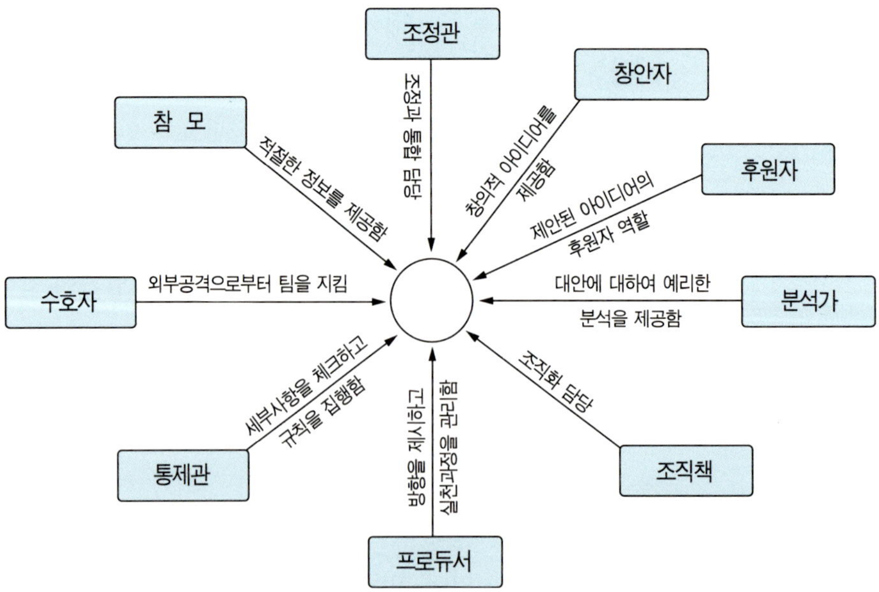

자료: Margerison, C. & McCann, D. 1990. *Team management: Practical new approaches*, London: Mercury Books.

지 역할들이 제대로 수행되어야 한다. 즉, 창안자, 후원자, 분석가, 조직책, 프로듀서, 통제관, 수호자, 참모, 그리고 조정관 등이 그들이다. 물론, 한 팀원 개인이 이들 중 여러 가지의 역할을 동시에 수행할 수도 있다. 중요한 것은, 이들 역할들을 나누어 수행하는 데 필요한 성격과 경험, 그리고 능력을 갖춘 사람들을 중심으로 팀을 구성해야 한다는 것이다.

팀 운영에 있어 여러 역할들이 제대로 수행되어야 한다는 것은 매우 중요한 의미를 갖는다. 가령, 팀원 열 명이 모두가 분석가들이라고 가정해 보자. 비판은 많은데 일은 되는 것이 없을 것이다.

그렇다고 프로듀서들만 있어서도 곤란하다. 행동은 안하면서 관리만 하려들 것이기 때문이다. 따라서 요구되는 역할을 제대로 수행할 수 있는 사람들을 중심으로 팀을 구성하는 것이 가장 바람직하다.

제7장 문제 풀이

(1) 팀을 구성할 때 가장 중요한 것은 필요한 전문성을 가진 팀원들을 초빙하는 일이다. 이때 팀 구성을 책임진 사람이 자신과 친한 사람, 연줄이 있는 사람, 고분고분 자기 말을 잘 듣는 사람들 위주로만 팀을 구성하면, 팀이 목표로 하는 성과를 거둘 수 없다. 하지만 전문성이 탁월한 팀원들로 팀을 구성하더라도 실패하는 경우가 있다. 어떤 경우에 전문가들로 구성된 팀이 실패할까?

(2) 본문에서 우리는 농구처럼 선수 상호간에 긴밀한 의존성을 필요로 하는 경기에서는 구성원들의 다양성이 오히려 성과에 부정적인 영향을 미친다는 사실을 배웠다. 회사에도 다양한 팀들이 존재한다. 마케팅팀과 생산팀 중 어느 팀이 더 다양성을 필요로 할까?

종합 사례 7

히딩크의 팀워크

2002년 월드컵에서 한국을 세계 4강에 올려놓았던 네델란드의 거스 히딩크 감독은 '개인보다는 팀워크를 더 우선시 하며, 다른 감독들처럼 정형화된 포메이션을 고집하지 않고 기존의 틀을 벗어나 선수들의 강인한 체력과 스피드에 기초한 공격축구'를 구사한다.

거스 히딩크가 갖고 있는 팀 운영의 가장 중요한 철학은 팀워크를 최우선시 한다는 점이다. 스타플레이어 한두 명에 팀의 성패를 의존하는 것이 아니라, 모든 선수들이 각자의 위치에서 최고의 실력을 발휘할 수 있도록 선발과 훈련과 관리에 있어 모든 과학적인 방법을 다 동원한다.

특히 그는 학연이나 지연 등에 연연하지 않는 공정한 선수선발로 유명하다. 지연, 학연과 관계없는 외국인 감독들이 갖는 장점이기는 하지만, 외국인 감독이라고 하더라도 힘 있는 축구관계자들의 부탁(?)이나 조언을 완전히 무시하지 못했던 경우도 많았다.

또한 그는 선수들에게 명확한 팀 목표를 설정해주고 그를 달성하기 위한 전략과 전술을 제시하였다. 팀의 목표달성에 기여하지 못하는 선수는 가차 없이 교체하였다.

한겨레21(2002, 6)은 그의 성과의 원인을 다음과 같이 분석하고 있다.

1) 명성에만 기대려는 스타급 선수들을 선발권을 활용하여 휘어잡았으며,
2) 여러 포지션을 소화할 수 있는 토털사커를 키운 것과,
3) 기초체력을 강조하고 잔재주에 연연하지 않았으며,
4) 선천적으로 승부근성이 없거나 체력이 약한 사람을 빼고 재능이 있다는

느낌만 와도 선수를 발굴해 키웠다.

히딩크 감독은 한국선수들을 어떻게 보았을까?

"지금에야 하는 말이지만 한국팀의 첫 인상은 가히 충격적이었다. 전력을 말하는 것이 아니라 열정을 말하는 것이다. 그들은 내가 지시하는 것을 충실히 이행하려고 노력했으며, 한결같이 착하고 순수했다. 유럽의 톱클래스 선수들은 스스로의 생각이 강하고 개성이 탁월하다. 하지만 그들 사이에는 프로라는 의식이 있을 뿐 하나의 팀으로서, 아니 한 국가를 대표하는 스포츠선수로서의 사명감은 많이 떨어지는 것이 사실이다. 월드컵이란 무대를 자신의 몸값을 높이기 위한 수단으로 여기는 선수들도 많이 봐왔다. 한국선수들은 월드컵 그 자체를 영광으로 생각했으며, 그 무대에서 뛰기 위해서는 무슨 일이라도 할 수 있다는 자세를 보였다. 이러한 한국선수들의 마음가짐에 적잖은 충격을 받았다. 실력은 중요하지 않다. 실력이 모자라면 보충하면 되는 것이다. 가장 중요한 것은 스스로 하고자 하는 의지다. 그런 점에서 한국선수들은 세계 어느 나라 선수들보다 우월하다."

(http://wjc1004.tistory.com/497)

[종합 문제 7] 한국 감독들은 왜 히딩크처럼 성공하지 못할까?

나의 조직행동 진단 7

팀 역할 선호도

▣ 이 조사는 당신이 팀에서 어떠한 역할이 어울리는지를 알아보는 것이다.

*아래의 문제를 읽고 해당되는 난에 표시를 하시오.	전혀 일치하지 않음	거의 일치하지 않음	보 통	일치함	아주 많이 일치함
1. 나는 대개 팀이 성취하고자 하는 일에 책임을 진다.	1	2	3	4	5
2. 나는 우리 팀이 지금까지 성취한 것에 대해서 팀의 멤버들에게 요약해서 말하곤 한다.	1	2	3	4	5
3. 나는 대개 팀 멤버들을 돕는 사람으로서 그들의 의견을 들어준다.	1	2	3	4	5
4. 나는 모든 팀 멤버들이 현안에 대해 관심을 갖도록 만들려고 노력한다.	1	2	3	4	5
5. 나는 대개 팀의 멤버로서 토론회를 어떻게 조직하는지를 결정한다.	1	2	3	4	5
6. 나는 회의에서 다른 팀 멤버의 아이디어를 칭찬하곤 한다.	1	2	3	4	5
7. 나는 회의시 결정사항을 잘 숙지한다. 그래서 사람들은 나에게 의존하려 한다.	1	2	3	4	5
8. 나는 토론에서 중재자의 역할을 한다.	1	2	3	4	5
9. 나는 우리 그룹이 팀 목표에 대해 낙관적으로 생각하도록 만들려고 노력한다.	1	2	3	4	5

*아래의 문제를 읽고 해당되는 난에 표시를 하시오.	전혀 일치하지 않음	거의 일치하지 않음	보 통	일치함	아주 많이 일치함
10. 나는 모든 팀 멤버들에게 발언기회를 제공한다.	1	2	3	4	5
11. 대부분의 회의에서 팀 멤버들의 아이디어에 혹평을 덜 하는 편이다.	1	2	3	4	5
12. 나는 회의에서 의견차이를 해결하기 위해 팀 멤버를 적극적으로 돕는다.	1	2	3	4	5
13. 나는 팀 멤버들이 각 이슈에 대해 그들의 아이디어를 잘 표현하도록 적극적으로 용기를 붇돋운다.	1	2	3	4	5
14. 사람들은 회의의 목적을 명확하게 아는 나에게 의존하는 경향이 있다.	1	2	3	4	5
15. 나는 회의의 기록을 하거나 노트를 갖고 다니는 사람이 되고싶다.	1	2	3	4	5

[해 석]

- 격려자: #6+#9+#11 = ______________
- 선동자: #4+#10+#13= ______________
- 중재자: #3+#8+#12 = ______________
- 주도자: #1+#5+#14 = ______________
- 수렴자: #2+#7+#15 = ______________

〈합이 제일 높은 것이 당신의 선호역할이다.〉

* 각 항목별 점수가 10점 이상일 경우 아래 역할에 대한 성향이 강하다고 할 수 있다.

- 격려자: 팀 구성원을 칭찬하고 아이디어를 지지하며 온화한 성격으로 그룹의 결속력을 증가시킨다.
- 선동자: 회의 참여나 팀 활동 참여를 위해 모든 구성원들을 적극적으로 참여시키는 역할을 한다.
- 중재자: 그룹 내의 의견을 조정하고 긴장감을 줄여주는 역할을 한다.
- 주도자: 조직의 목표를 정확히 하고 목표달성을 위한 방법 등을 강구하는 역할을 한다.
- 수렴자: 조직원들의 미팅시에 했던 의견들을 잘 정리하고 요약하며 문서화하는 역할을 한다.

* 당신의 팀은 어떤 사람들로 구성되어 있는가?

제 8 장

커뮤니케이션

본 장의 요점

※ 조직운영의 핵심인 커뮤니케이션의 프로세스, 유형, 장애요인, 개선방안 등을 학습함으로써 조직경영의 기본 스킬을 터득한다.
※ 정보전달자와 수신자 사이에 존재하는 프로세스를 체계적으로 학습하여 스스로 커뮤니케이션 문제점을 진단할 수 있게 한다.
※ 매체의 정보충실도를 이해토록 하여 효과적 매체선택을 돕는다.
※ 조직 내 상 · 하 · 좌 · 우와 대각선 방향 커뮤니케이션의 특징을 이해한다.
※ 대인간 커뮤니케이션의 기초인 적극적 경청법을 학습하여 소통능력을 향상시킨다.

Let's Talk!

"표정도 소통이다!"

사람들의 얼굴표정을 연구하는 학자들에 따르면, 누구든 얼굴표정을 옆으로 15% 넓히면 호감형 얼굴이 된다고 한다. 사람은 화가 나든가 기분이 안 좋으면 표정이 가운데로 몰린다. 넓은 표정을 가지고 화내기는 힘든 구조이다. 직접대면소통을 할 때는 넓은 표정으로 대하는 것이 좋다. 아래의 그림 중에서 왼쪽과 오른쪽 표정들 중 어느 쪽이 더 호감을 주는가?

15%
Wider!

✠ 〈토론 주제 8〉 각자 얼굴표정을 15% 넓힌 후 옆 사람과 마주보고 소감을 말해보자.

커뮤니케이션의 정의

커뮤니케이션이란, 원래 라틴어의 'communis'에서 유래한 것으로 'common (공동의)'이란 뜻을 가지고 있다. 커뮤니케이션이란 "전달자와 수신자 사이의 정보의 전달, 개인간 또는 집단간의 의미의 전달"[1]이라고 정의되기도 하고, "일반적인 상징을 통한 정보나 의사의 전달"이라고 정의하기도 한다. 여기에서의 상징이란 언어적인 것과 비언어적인 것을 모두 포함한다. 요컨대 커뮤니케이션이란 의사나 정보를 갖고 있는 자가 그것을 받아들이려는 타인에게 전달하고 해석되어지는 과정을 말한다.

커뮤니케이션은 어떤 기능을 하는가

조직 내 커뮤니케이션은 다음의 네 가지 기능을 갖는다.[2]

조직구성원 통제: 조직 커뮤니케이션은 기본적으로 구성원들에게 임무를 부여하고 그 과정과 결과를 통제하는 기능을 갖는다. 통제란 각 구성원에게 해야 할 일을 전달하고 과정이 잘 되고 있는지를 확인하며, 결과가 바람직한지를 평가하는 일련의 행위를 말한다. 공식적 또는 비공식적 차원에서 조직구성원으로서 해야 할 행동과 하지 말아야 할 행동들을 전달하고 준수 유무를 피드백하는 것도 포함된다. 통제기능의 궁극적 목표는 구성원들이 조직의 지침과 규범을 준수하도록 만드는 것(compliance gaining)이다.

리딩(leading): 구성원들을 조직의 목표달성에 몰입시키고 동기부여시키는 기능이다. 구성원들에게 비전을 제시하든가, 변화와 혁신의 필요성을 역설하는 등의 리더십행동이 여기에 포함된다. 의식적 또는 무의식적으로 구성원들이 리더를 모델로 생각하고 따라하면서 영향을 받는 것도 이 범주에 속한다. 배려, 위로, 의견수렴, 구성원 개발 등 리더의 다양한 행동들을 포함한다.

대인관계 형성: 대인관계를 형성하는 데 있어 커뮤니케이션은 결정적인 역할을 한다. 생각을 나누고, 마음과 감정을 나누면서 형성되는 대인관계는 서로간에 대화와 공감과 공유가 없이는 불가능하다. 대화는 경험의 공유, 정서적 공감, 정보의 공유 등을 가능하게 함으로써 대인관계 형성에 커다란 영향을 미친다.

의사결정: 커뮤니케이션은 구성원들이 상황에 대한 '의미구축'(sense-making)과 의사결정을 하는데 커다란 역할을 한다. 구성원들은 접하는 다양한 정보들에 의미를 부여하고 체계화하여 문제의 성격을 정의한다. 문제의 성격이 정해지면, 문제해결을 위해서 누가, 무엇을, 어떻게 해야 할 것인지에 대해서 의사결정을 하게 된다. 이 과정에서 정보의 수집/공유, 회의와 토론, 갈등의 해결, 협상과 타협 등 다양한 커뮤니케이션 행위가 나타나게 된다.

커뮤니케이션 과정

가장 일반적으로 통용되고 있는 커뮤니케이션의 과정모델은 다음의 〔그림 8-1〕과 같다.[3] 이 모델은 전달자의 의도, 부호화, 매체, 메시지 수신, 해석, 피드백, 잡음 등의 기본요소들로 이루어져 있다. 그 각각의 요소에 대해서 살펴보도록 하자.

그림 8-1
커뮤니케이션 모델

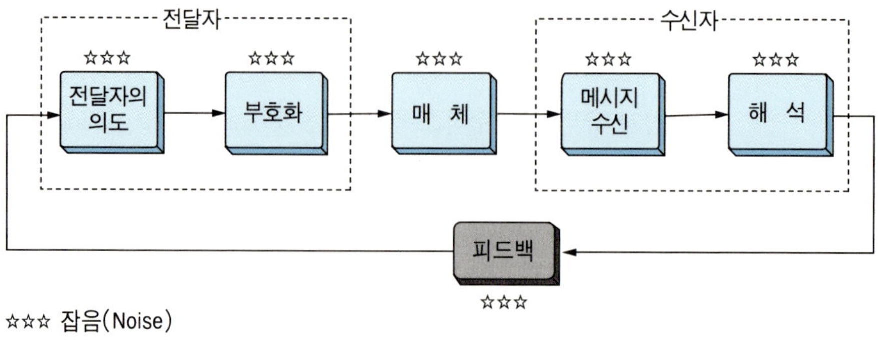

전달자의 의도

커뮤니케이션에서의 전달자(Communicator)는 아이디어를 제공한다든지, 정보를 전하는 등의 의사전달을 시도하는 사람을 말한다. 전달자의 전달의도가 커뮤니케이션의 시발점이 된다. 그 이후에는 전달자가 자신의 의도를 각색하고 부호화하여 수신자에게 정확히, 적시에 메시지가 전해지도록 하는 노력이 뒤따른다.

부호화

부호화(Encoding) **과정**에서는 전달자의 의도를 반영해 줄 수 있는 적절한 매개수단이 필요한데 대개가 언어를 사용하고 있으나 비언어적인 상징도 많이 사용되고 있다(예, 표정, 신호, 제스쳐, 그림, 숫자, 이모티콘 등). 상징물이나 신호 등에는 전달자의 의도가 하나의 부호로 실리게 되는데 눈으로 보이지 않는 체계이므로 전달자와 수신자간의 보다 깊은 심리적인 교감을 필요로 한다.

집단 내의 응집력을 높이거나 문제해결을 하고자 할 때, 가시적인 상징물을 사용하는 것이 보다 효과적이라는 연구결과가 있다.[4)]

메시지 및 매체

메시지(Message)란 전달자가 수신자에게 전하려는 내용이며, 부호화의 결과이다. 또한, 매체(Channel)란 부호화된 의사가 어떤 경로를 거쳐 수신자에게 전달되느냐 하는 것이다. 여기에는 직접대면(face to face), E-메일과 문자, 전화, 핸드폰, 스마트폰, 집단토의, 팩시밀리, 메모, 정책 규정집, 비디오, 각종 보고자료 그리고 화상회의 등의 방법들이 포함된다. 매체의 중요성은 전달내용과의 적합성에서 찾아볼 수 있다. 즉, 전달내용에 맞는 매체를 선정해야 정확하고 효과적인 커뮤니케이션이 이루어질 수 있다.[5)]

중요한 정보인 경우에는 직접 대면을 통하여 전달하는 것이 보다 효과적이다. 커뮤니케이션 경로와 전달내용이 조화를 이룰 때 정확하고 효과적인 커뮤니케이션이 이루어질 수 있다.

메시지 수신 및 해석

수신된 메시지는 수신자(Receiver)에 의해서 해석되고(Decoding) 그 의미가 제대로 받아들여져야 한다. 해석이란 어느 정도는 기술적인 문제로, 수신자의 해석능력과 관련된다. 수신자는 자신의 과거 경험이나, **준거의 틀**(frame of reference)에 근거하여 부호화된 메시지를 해석한다. 이때 해석된 메시지가 전달자의 의도와 일치하면 할수록 커뮤니케이션의 효과는 증진된다고 볼 수 있다. 따라서 효과적 커뮤니케이션을 위해서는 전달자는 수신자 지향적(receiver oriented)이어야 하고[6] 수신자는 전달자의 의도를 정확히 파악하려고 노력해야 한다.

피드백

일방적인 커뮤니케이션에서는 전달하려는 내용과 수신자가 받아들이는 내용 사이에 불일치의 가능성이 높다.[7] 그리고 수신자의 반응이 없다면 내용전달이 올바로 이루어졌는지에 대하여 확인할 수 없게 된다. 그러므로 커뮤니케이션에서는 반드시 피드백이 있어야 하며, 때문에 쌍방향 커뮤니케이션의 필요성이 대두되는 것이다.

잡 음

〔그림 8-1〕에서 보듯이, 커뮤니케이션의 각 단계마다 잡음(Noise)이 존재한다. 잡음이란 '원활한 커뮤니케이션을 방해하는 요소'로서 이를 제거하지 않으면 원활한 커뮤니케이션이 이루어지지 못하게 된다. 가장 흔한 예로 전화 통화시 혼선에 의한 잡음이 있을 수 있다. 이와 같은 **물리적인 잡음**뿐 아니라 잡념과 같은 **심리적 잡음**도 포함된다.

일반적으로, 물리적 방해물, 어의상의 문제점, 문화적 차이, 피드백 부재, 그리고 발신자와 수신자간의 지위 차이 등이 효과적인 커뮤니케이션을 방해하는 잡음으로 작용할 수 있다.

정보충실도란 무엇인가

어떤 커뮤니케이션 매체를 선택하는 것이 바람직한가는 매체의 정보충실도(information richness)와 상황(또는 문제)의 복잡성에 따라 결정된다.[8)]

정보충실도란 특정 데이터가 내포하고 있는 정보의 양과 다양성을 뜻한다. 정보충실도는 피드백에 걸리는 시간, 매체의 가시성과 가청성, 개인적인가 공개적인가의 여부, 그리고 언어의 종류(신체적, 자연적, 숫적 언어 중) 등 네 가지 요소에 따라 결정된다. 가령, 직접 대면인 경우, 피드백이 즉각적이고, 전달자를 직접 보면서 화자의 말을 듣게 되며 개인적이고 신체적 또는 자연적 언어를 사용하며 다양한 단서(cue)를 제공하게 되므로 정보충실도가 가장 높다. 일반적인 비주얼(visual)소통이 음성소통보다 충실도가 높다.

또한 바람직한 매체의 선택은 상황(문제)의 복잡성에 따라서도 달라진다. 일상적이고 예측가능하며 분명한 목표나 절차를 포함하는 내용인 경우에는 의사전달 상황의 복잡성이 낮다고 볼 수 있으나 조직변화에서와 같이 예측할

그림 8-2
매체의 정보 충실도

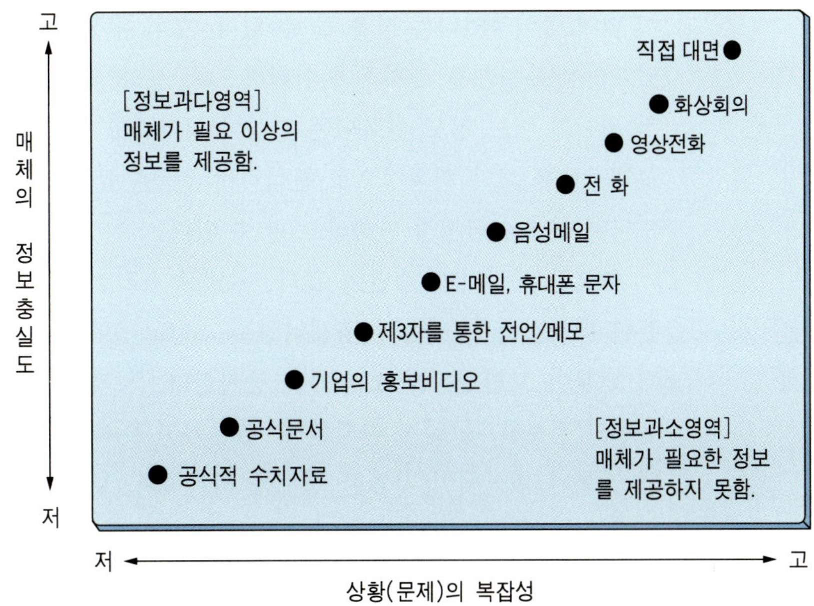

자료: Hellriegel 등, 1998, 앞의 책, p.400에서 수정.

수 없는 상황의 경우에는 복잡성이 높다고 볼 수 있다.

정보충실도와 상황복잡성을 두 축으로 하는 좌표를 가지고 상황에 따른 바람직한 매체의 속성을 살펴 볼 수 있다. 그 내용을 〔그림 8-2〕에 정리하였다.

모바일 시대의 조직 내 커뮤니케이션

우리나라의 모바일통신 산업은 세계 최고 수준을 자랑한다. 한국인들의 모바일통신 사용시간은 하루에 평균 126분으로 세계 최고이다.[9] 스마트폰의 보급률은 2012년 기준으로 인구의 80%에 달한다.[10] SNS(Social Network Service)는 한국인들의 생활의 일부가 된 지 오래다. 이러한 모바일 시대의 도래는 조직 내 커뮤니케이션 풍토에도 막대한 영향을 미치고 있다. 의사결정을 승인할 때, 전자결제나 모바일 결제가 보편화되었고 조직구성원들간의 정보공유뿐 아니라 관계형성에도 모바일통신이 사용되고 있다.

모바일통신의 도입으로 긍정적인 측면과 부정적인 측면이 동시에 나타나고 있다. 긍정적인 측면은, 정보공유가 원활해져 의사결정에 소요되는 시간이 많이 줄어들었다는 점을 들 수 있다. 또한 구성원들과 지리적으로 떨어져 있으면서도 관계를 유지하기 쉬워졌으며, 상하간의 소통빈도가 많아져 위계적 질서가 어느 정도 완화되는 현상이 나타나고 있다. 빅데이터를 활용하여 고객정보를 보다 과학적으로 분석하여 전략수립에 활용할 수 있게 된 것도 모바일 시대의 긍정적 변화라고 할 수 있다.

하지만 부정적인 측면도 많다. 무엇보다도 보안성이 문제가 되고 있다. 흔히 매체선택시, 사용의 광대역성(broadwidth)이나 상호작용성(interactivity)과 더불어 보안성(surveillance)을 중시한다.[11] 광대역성이란 얼마나 다양한 유형의 정보를 폭 넓게 전달할 수 있는가를 뜻하며, 상호작용성이란 즉각적인 소통과 피드백이 가능한 정도를 의미하며, 보안성은 정보의 비밀유지에 관련된다. 이들 중에서도 모바일 시대는 보안성이 특히 중요시된다. 국지적 정보가 국가적 또는 세계적으로 순식간에 확산될 수 있으므로 조직원들의 행동에 큰 변화를 가져오고 있다. 상사의 비합리적인 명령, 무리한 요구, 잘못된 의사결정에 대한 평가가 쉽게 확산되어 인상관리(impression management)에 특별히 신경을 써야 하는 시대가 되었다.

모바일과 더불어 이메일도 조직생활의 일부가 되어 있다. 그러나 이메일 사용에 따른 문제점도 많이 지적되고 있다. 예를 들어, 한 연구에 따르면 이메일 메시지를 잘못 해석하는 비율이 약 50%나 된다고 한다. 또한 스팸메일 등으로 시간을 낭비하게 되는 경우도 많다. 오죽하면, 읽지 않거나 답하지 않고 무조건 무시 또는 삭제해버리는 '이메일파산'(e-mail bankruptcy)이라는 말까지 만들어졌을까? '이메일파산'은 1999년 MIT대학의 쉐리 터클(Sherry Tuckle) 교수가 처음 사용하였다. 아울러 이메일에 있어서도 프라이버시 보호 등 보안성 문제를 야기한다.

커뮤니케이션의 유형

대인간 커뮤니케이션

대인 커뮤니케이션 네트워크

조직 내 구성원간의 커뮤니케이션 경로의 구조를 뜻하는 말로 사슬형, 원형, Y형, 수레바퀴형, 완전연결형 등이 있다.[12)] 네트워크 유형에 따라 의사소통의 속도나 정확도, 구성원들의 만족도, 권한의 집중도 등이 차이가 난다. 이들 네트워크 유형들을 그림으로 나타내면 〔그림 8-3〕과 같다.

사슬형

사슬형(Chain Type)은 공식적인 계통과 수직적인 경로를 통해서 의사(정보)전달이 이루어지는 형태이다. 그러므로 명령과 권한의 체계가 명확한 공식적인 조직에서 사용되는 커뮤니케이션 네트워크이다.

조직의 라인(Line)이 가장 대표적인 예라고 할 수 있다. 일원화되어 있는 계통을 통해서 최고경영자의 의사가 말단 일선 작업자에게까지 전달되며 그

그림 8-3
네트워크 유형

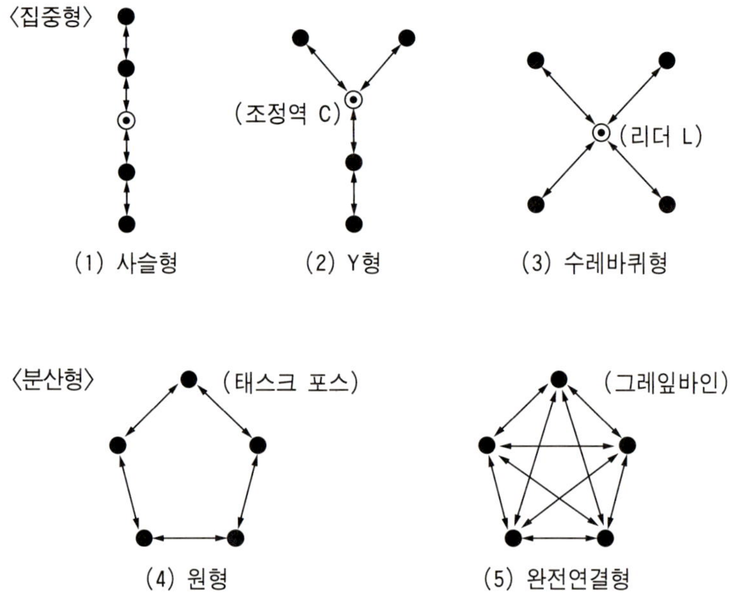

반대의 경우도 똑같은 명령사슬을 통하게 된다. 사장이 직접 과장에게 지시하는 것이 아니라 담당임원→부장→과장→대리→사원 등과 같이 연쇄적으로 지시가 전달된다. 관료적 조직이나 공식화가 진행된 조직에서 이러한 네트워크 형태를 쉽게 발견할 수 있으며 사슬이 길수록 정보왜곡의 가능성은 커진다. 오늘날에는 이러한 유형의 네트워크가 갖은 비효율을 타파하기 위하여 플랫조직(flat structure) 등이 많이 사용된다.

Y형

Y형(Y Type)은 다음에 설명될 수레바퀴형과는 달리 집단 내에 특정의 리더가 있는 것은 아니지만, 비교적 집단을 대표할 수 있는 인물이 있는 경우에 나타난다. 특히 라인과 스탭의 혼합집단에서 찾아볼 수 있으며 단순한 문제를 해결하는 데 있어서의 정확도는 비교적 높다. 위의 그림에서 볼 수 있듯이 조정역인 C를 통해야만 전체 커뮤니케이션이 이루어지게 된다. 즉 서로

다른 집단(라인과 스탭)에 속한 사람들간의 커뮤니케이션에 있어 조정역을 필요로 할 때 사용될 수 있다.

수레바퀴형

수레바퀴형(Wheel or Star Type)은 집단 내에 특정한 리더가 있을 때 발생한다. 특정의 리더에 의해서 모든 정보의 전달이 이루어지기 때문에 정보가 특정 리더에게 집중되는 현상을 보인다. 공장의 작업원들이 한 감독자에게 보고를 하고 그에게 기술을 전수받는 형태가 이에 속한다. 이 방법은 힘이 한곳(리더 L)에 집중되어 구성원들간의 정보공유가 안된다는 단점을 갖고 있다.

원 형

원형(Circle Type)은 위원회 조직이나 태스크 포스조직에서와 같이 권력의 집중도 없고, 지위의 상 · 하도 없이 특정 문제해결을 위해서 구성된 조직에서 발생한다. 물론 이 형태에서는 문제해결 과정이 상당히 민주적이라고 할 수는 있지만 집단사고(Groupthink)의 문제점이나, 차선의 결정을 내릴 위험은 남아 있다.

완전연결형

완전연결형(All Channel Type)은 아래에 나오는 그레잎바인과 같은 비공식적인 커뮤니케이션 방법으로서, 구성원 전체가 서로의 의견이나 정보를 자유의지에 따라 교환하는 형태이다.

이 형태는 오늘날 조직에서 이상적으로 추구하는 형태이다. 일정한 규칙없이 자유롭게 의견교환이 이루어지다 보면 창의적이고 참신한 아이디어 산출이 가능해진다. 광고문안을 만든다든가, 새로운 대안을 찾아내려 할 때 브레인스토밍 과정에서 많이 사용될 수 있다.

지금까지 살펴본 각각의 네트워크 유형이 갖은 특성을 〈표 8-1〉로 요약할 수 있다.[13] 〈표 8-1〉에 나타나듯이, 하나의 커뮤니케이션 방법이 항상 옳을 수는 없다. 신속성, 정확성, 구성원의 사기, 의사결정의 신속성 등을 고려하여,

표 8-1
커뮤니케이션 형태의 성격

	사슬형	Y형	수레바퀴형	원형	완전연결형
권한의 집중	고	중	중	저	매우 저
의사소통속도	중	중	단순직무:빠름 복잡직무:느림	단합:빠름 개별:느림	빠름
의사소통 정확도	서면:고 언어:저	단순:고 복잡:저	단순직무:고 복잡직무:저	단합:고 개별:저	저
구성원 만족도	저	중	저	고	고
의사결정 속도	빠름	중간	중간	느림	빠름
의사결정 수용도	저	중간	중간	고	고
조직구조 형태	수직적	수직적	수평적	수평적	수평적

상황에 따라 이에 적절한 커뮤니케이션 방법을 선택하여 사용하는 것이 바람직하다.

조직차원의 커뮤니케이션

조직에서의 커뮤니케이션은 공식적 커뮤니케이션(formal communication)과 비공식적 커뮤니케이션(informal communication)으로 나눌 수 있다. 즉, 업무와 관련된 커뮤니케이션(공식적 커뮤니케이션)과 업무 이외의 사적인 만남이라든지, 사교모임에서의 커뮤니케이션(비공식적 커뮤니케이션)으로 구분한다. 특히 비공식적인 커뮤니케이션이 조직 내에서 중요한 비중을 차지하게 되는 것은 그것이 업무와 관련된 정보를 자연스럽게 전파하는 기능을 갖고 있기 때문이다. 아울러 조직에서 문제가 되는 일방적(one-way) 커뮤니케이션과 양방향(two-way) 커뮤니케이션에 대해 알아본다.

공식적 커뮤니케이션

위에서 말한 것과 같이 업무와 관련된 공식적 커뮤니케이션은 〔그림 8-4〕

그림 8-4
커뮤니케이션 경로

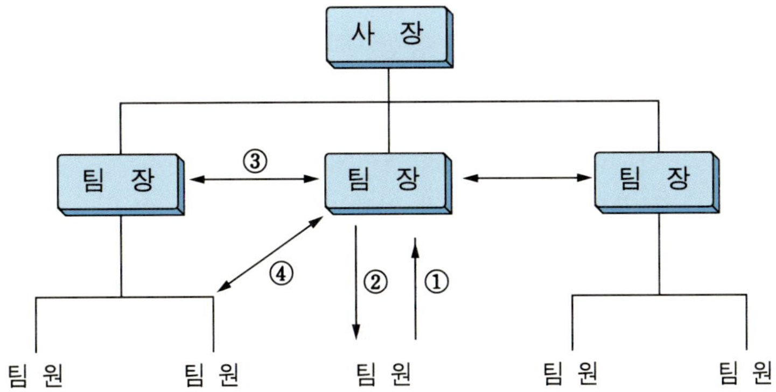

자료: Hodgetts, R. M. 1984. *Modern Human Relations at Work*, Dryden Press.

에서 보는 바와 같이 수직적, 수평적, 대각적 커뮤니케이션으로 나눌 수 있다. 그리고 수직적 커뮤니케이션은 그 방향에 따라 다음 〔그림 8-5〕와 같이 상향식과 하향식으로 구분된다.[14] 상급자의 하향적 커뮤니케이션의 내용이 될 수 있는 것은 업무지시, 방향제시, 성과피드백, 목표정보 등이며 이에 대한 하급자들의 반응은 하급자 자신에 관한 정보제공, 하급자들간에 관련된 정보, 조직행동 정보, 그리고 실제 업무에 관련된 정보 등을 포함한다.

그림 8-5
수직적 커뮤니케이션의 내용

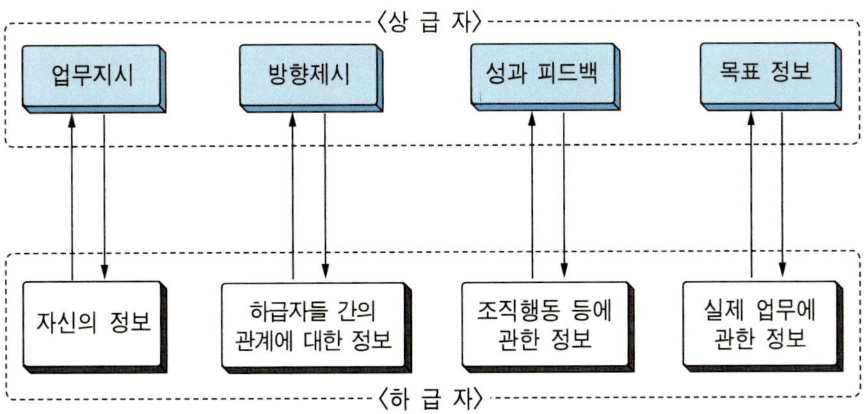

자료: Hodgetts, R. M. 1984. *Modern Human Relations at Work*, Dryden Press.

상향식 커뮤니케이션

공식적 경로를 통한 수직적 커뮤니케이션의 하나인 **상향식 커뮤니케이션**은 바텀업(Bottom-up)이라고도 하며 제안제도나, 상향 보고가 예가 될 수 있다. 전통적인 커뮤니케이션의 개념인 하향식 커뮤니케이션과는 달리 하급자로부터 의사나 제반 정보가 상급자에게로 흘러가는 것을 말한다.[15] 상향식 커뮤니케이션의 목적은 '하급자의 자발적인 의사전달과 일선경험을 통한 실무적인 아이디어의 창출'이라고 볼 수 있다. 그러나 조직의 규모가 비대해지면서 상향식 커뮤니케이션이 제대로 활용되지 못하는 경우가 많다.

또한 상급자들이 때때로 하급자들의 의견이나 아이디어를 무시하는 경우도 있다. 하급자들도 보고할 내용이 좋지 않을 때에는 보고를 꺼리는 성향이 있기 때문에 상향식 커뮤니케이션이 효과를 보지 못하게 되는 수도 있다.[16] 그 중요성에 비해 상향식 커뮤니케이션이 충분히 활용되지 못하고 있는 것이 현실이다.

하향식 커뮤니케이션

이는 지시적 커뮤니케이션이라고도 하는데 전통적인 커뮤니케이션의 개념으로 업무와 관련된 상급자의 의견이나, 전달사항이 공식적인 경로를 거쳐 하급자에게 전달되는 것을 의미한다. 이에는 업무지시, 메모, 정책지시, 회사간행물, 안내서 등이 포함된다. 이 커뮤니케이션은 명령의 일원화와 책임소재의 명료성을 확보할 목적으로 가장 널리 사용되고 있는 방법이다. 그러나 이 방법이 제대로 이루어지지 않았을 때는 조직구성원 사이에 갈등이 유발되는 경우가 있다.[17]

즉 직무에 대한 현실적 상황을 반영하지 않은 지시 등으로 하급자들에게 불필요한 스트레스를 야기하는 경우가 있다. 일반 라인(Line)부문에서는 탑다운(Top-down)방식의 효용성이 대단히 높게 나타난다. 탑다운방식의 핵심은 지시나 명령의 수용에 있다. 하급자의 수용을 확보하기 위한 방법으로는 앞의 제6장에서 학습했던 목표에 의한 관리(MBO: Management by Objective) 방법이 있다. 즉 의사결정시에 하급자를 참여시켜 함께 목표를 세우고 이를 받아들이도록 하는 방법이다.

수평적 커뮤니케이션

조직 내에서 같은 지위에 있는 구성원끼리의 커뮤니케이션을 수평적 커뮤니케이션이라고 한다. 그리고 동등한 부서간의 커뮤니케이션도 이에 속한다. 대학교에서 각 학과의 학과장들이 차기연도의 개설강좌를 결정하기 위하여 회의를 갖는 것도 이 예에 포함된다.

비록 수직적 커뮤니케이션이 조직 내에서 주요 커뮤니케이션으로 작용하지만 보다 효과적인 조직이 되기 위해서는 이 수평적 커뮤니케이션이 원활히 이루어져야 한다. 이는 정보의 공유에 직접 관련되기 때문이다.

대각선 커뮤니케이션

이 방법은 조직 내 커뮤니케이션 방법으로 사용되는 빈도는 많지 않지만 다른 방법이 효과적이지 못할 때 사용될 수 있으며, 조직구조상 집단을 달리하고 계층을 달리하는 사람들간의 커뮤니케이션을 말한다. 라인과 스탭간의 커뮤니케이션이 대표적인 예이다. 연말 결산시 자재팀이 결산을 할 때, 자재팀 팀원들이 마케팅팀의 팀원들과 정보를 교환하는 경우가 있고, 라인(Line)의 의사결정시에 참모(Staff)의 협조를 구하는 것이 예가 될 수 있다.

비공식적 커뮤니케이션

조직에서의 모든 커뮤니케이션이 공식적 경로만을 통해 이루어지는 것은 아니다. 비공식적인 경로를 통한 커뮤니케이션도 상당 부분을 차지하고 있다. 이에는 그레잎바인, 루머, 잡담 등이 포함된다. 이 중 가장 중요시되는 것이 그레잎바인이다.

그레잎바인(Grapevine)은 조직에서의 비공식 커뮤니케이션의 일종인데, 인사이동이 임박해서 발생하는 여러 가지 소문들, 회장의 행동에 관한 비밀스런 이야기들, 동료나 상사에 대한 입바른 평가나 불평 등은 모두 그레잎바인의 예에 속한다. 그레잎바인은 정확성이 떨어지기는 하지만, 조직변화의

표 8-2
그레잎바인의 특성

(1) 전달속도가 빠르다.
(2) 정보전달에 있어서 선택적이고 임의적이다.
(3) 공식 커뮤니케이션과 비공식 커뮤니케이션(그레잎바인)은 상호보완적이다.
(4) 조직구성원들을 포함한 모든 사람들이 불안하거나, 변화에 직면했을 때 사용한다.
(5) 약 75%의 정확성을 보인다.
(6) 조직원들의 약 50%는 그레잎바인을 통해서 직무에 관한 정보를 얻는다.

필요성에 대하여 경고를 해주고, 조직문화 창조에 매개역할을 하며, 집단 응집력을 높이는 역할을 할 뿐만 아니라 구성원들간에 아이디어 전달의 경로가 되기도 한다. 미국의 남북전쟁 당시 전선체계가 엉망이어서 정보의 전달과 수신상태에 문제가 발생한 데에서 유래한 그레잎바인은 조직 내에서 정보나 의사가 원래 뜻과는 다르게 전달되는 것을 뜻하지만 오늘날에는 모든 비공식적 커뮤니케이션을 지칭하는 의미로 사용된다. 특히 조직의 하부구조에서는 정보를 이 그레잎바인을 통해서 얻는 경우가 많다. 〈표 8-2〉와 같이, 그레잎바인의 특성을 여섯 가지로 들 수 있다.[18]

비공식 커뮤니케이션은 조직 내에서 필수 불가결한 요소이다. 경영자나 관리자로 하여금 조직원의 동태를 파악할 수 있게 하고, 조직원에게 정신적, 육체적 긴장감을 풀어줄 수 있는 계기를 마련할 수도 있으며, 나아가 조직의 활성화를 가져올 수 있는 중요한 요소라고 할 수 있다. 그러나 정보의 정확성에 한계가 있으므로 정보의 취사선택능력이 중요한 과제로 남게 된다.

양방향 커뮤니케이션

"사장은 지시하고 하급자들은 보고한다."

이것은 조직에서 가장 많이 발생하는 탑다운(Top-Down)의 일방적(one-way) 커뮤니케이션 현상을 상징하는 말이다. 한국 조직의 경우, 윗사람은 지시하는 데 익숙해 있고, 아랫사람들은 보고하는 것을 자신의 일이라고 알고 있는 경우가 많다.

그러나 효과적 커뮤니케이션은 탑다운(Top-Down)과 바텀업(Bottom-up)이 모두 다 잘 이루어지는 양방향(two-way) 커뮤니케이션이다. 물론 수평적으로도 의사소통이 잘 이루어져야 한다.

한국인의 문화는 체면(face-saving)을 중시한다. 그러다보니 윗사람의 말이 틀렸더라도 면전에서 반박하기 힘든 것이 현실이다. 토론보다는 일방적 지시가 더 흔하며, 문제점을 지적하는 사람보다는 말을 잘 듣는 조직원이 더 좋은 평가를 받는 경우가 많다. 이것은 한국 조직에서 효과적 커뮤니케이션을 저해하는 중요한 요인이다.

또한 아랫사람들은 윗사람에게 잘 보여야 승진하게 되기 때문에 나쁜 정보는 윗사람에게 숨기려 하고 좋은 정보는 매우 좋은 것으로 포장하려 한다.

사실 조직에서 가장 훌륭한 하급자는 윗사람에게 할 말 다 하면서도 밉게 보이지 않는 사람이다. 이것은 많은 노력과 훈련을 필요로 한다. '윗사람에게 영향력 행사하기(upward influence)'라는 주제가 모 기업의 훈련주제가 되었던 예는 우리의 실정을 잘 보여준다고 하겠다.

커뮤니케이션 방해요소

전달자의 의도가 정확하게 수신자에게 전달되지 못하게 하는 여러 가지 방해요인들이 있다. 여기에서는 이들 방해요인들 중 몇 가지를 택하여 살펴보도록 하겠다.

왜 곡

전달자나 수신자의 능력, 의도하는 바, 가치관, 그리고 생각하는 관점의 차이 때문에 전달자의 원래의 뜻이 제대로 전해지지 않고 왜곡되는 경우이다. 커뮤니케이션 왜곡현상이 일어나는 이유로는 다음과 같은 네 가지를 들 수 있다. 첫째, 전달자와 수신자가 서로 상이한 의식구조를 가지고 있는 경우, 둘째, 전달매체가 열악한 경우, 셋째, 의사(정보) 해석상에서 오류가 발생할 경우, 넷째, 전달내용이 너무 축약된 경우 등이다.

특히 조직에서의 커뮤니케이션에 있어, 상대적 불이익을 피하기 위하여, 또는 정치적인 이유 때문에 의도적으로 정보가 왜곡되는 경우가 있다. 앞서도 살펴보았지만 정보가 계층간 커뮤니케이션 경로를 따라 이동하다 보면 중간층이 자신의 의견을 덧붙이기도 하고 삭제하기도 하며 편리하게 해석하는 경우도 있기 때문에 왜곡 가능성은 더욱 커지게 된다.

누 락

수신자가 정확한 판단에 필요로 하는 모든 정보를 전달자가 제대로 전달하지 못할 때(또는 않을 때)를 의미한다. 능력이나 지식이 짧아서 정보를 누락시키는 경우도 있다. 또한 매체의 불완전성 때문에 전달과정에서 누락(Omission)되는 경우도 있다.

정보 과중

전달해야 하는 정보나 지식이 너무 많아서 합리적 의사결정이 손상을 입든가 전달의 효과가 기대한 대로 나타나지 않는 경우를 커뮤니케이션 과중이라고 표현한다. 조직경영을 담당하는 최고경영자의 경우 사소한 정보들을 모두 다루려고 하다가 정작 중요한 문제에 대해서는 별로 시간을 할애하지 못하여 손해를 보는 경우가 있다.

타이밍

커뮤니케이션의 생명은 타이밍이다. 정보가 아무리 중요하다고 하더라도 수신자가 필요로 하는 때에 전달되어야 의미가 있다. 특히 오늘날과 같이 제품수명이 짧아지고 경쟁이 점점 치열해지는 상황하에서는 누가 먼저 좀더 정확한 정보를 얻는가가 사업의 성패를 좌우할 만큼 중요한 과제로 부상하고 있다.

수용성

이상의 장애를 모두 적절히 극복했다 하더라도 궁극적으로 수신자가 정보를 수용하지 않으면 커뮤니케이션의 유효성을 기대할 수가 없다. 특히 정보원 또는 발신자를 수신자가 신뢰하고 있지 않은 경우에는 수용 가능성은 크게 저하될 수밖에 없다.

이외에 커뮤니케이션을 방해하는 장애요인들로는 준거틀(frame of reference)의 차이, 선택적 청취, 가치판단, 정보의 신뢰도, 어의상의 문제, 여과(filtering), 집단의 특수한 언어, 지위상의 차이 등이 있다.

커뮤니케이션의 개선방안

조직에 있어서 효율적인 커뮤니케이션을 이룰 수 있다는 것은 하나의 무형자원이다. 조직은 커뮤니케이션의 정확성, 적시성, 수용도를 향상시킬 수 있도록 다방면의 노력을 기울여야 한다. 여기에서는 조직에서의 커뮤니케이션의 유효성을 증진시킬 수 있는 방법들을 살펴보도록 한다.

대인간 커뮤니케이션의 개선방안

개인 입장에서 효과적인 커뮤니케이션을 위한 가장 기본적인 자세는 **적극적 경청**(active listening)이다. 자신의 입장을 말하기 전에 상대방의 말을 우선 주의 깊게 들을 줄 알아야 한다는 것이다. 적극적 경청은 단순히 상대의 말을 듣는 것(hearing)과 다르다. 메시지를 적극적으로 해독하고 해석하고 확인하며 듣는 것을 적극적 경청이라고 한다.

경청스타일은 사람에 따라 다르다. 대략 다음과 같이 다섯 가지 스타일로 구분된다.[19)]

① 감상(感想)형(appreciative style): 미술작품 감상하듯 듣는 사람. 들으면서 즐거움, 재미, 영감 등을 추구한다. 유머나 재미가 없으면 관심을

표 8-3
효과적 경청 10조

효과적 경청의 핵심	잘 듣는 사람의 행동(예)	들을 줄 모르는 사람의 행동(예)
(1) 생각속도를 따라간다.	• 화자에 집중하여 하는 말을 요약하고 의중을 파악하며 듣는다.	• 들으면서 딴 생각하는 성향
(2) 아이디어 위주로 듣는다.	• 전체 또는 핵심 아이디어 위주로 듣는다.	• 사실 위주로 듣는다.
(3) 관심영역을 찾는다.	• 유용한 정보를 찾으려 노력한다.	• 화자나 주제가 재미없으면 포기한다.
(4) 전달방식이 아니라 내용을 판단한다.	• 전체 내용을 듣고 나서 판단한다.	• 전달방식이 단조롭든가 흥미 없으면 돌아선다.
(5) 감정을 자제한다.	• 완전히 이해할 때까지 평가하지 않는다.	• 화자의 말을 감정적으로 받아들이고 논쟁하려 한다.
(6) 애써 듣는다.	• 화자에 몰입한다.	• 잘 듣기 위해 에너지를 소비하지 않으려 한다.
(7) 주의산만을 극복한다.	• 주의를 산만하게 하는 요인을 극복하고 화자에 집중한다.	• 쉽게 주의가 산만해진다.
(8) 주어지는 대로 듣는다.	• 좋건 나쁘건 일단 다 듣는다.	• 마음에 안 드는 정보는 무시하려 한다.
(9) 자신에 도전하다.	• 복잡한 내용도 끈기 있게 이해하려 한다.	• 어려운 내용이 나오면 들으려 하지 않는다.
(10) 유인물 등의 보조 자료를 잘 살핀다.	• 노트도 하고 보조 자료도 적극 활용하여 이해를 돕는다.	• 보조 자료를 무시하고 관심을 갖지 않는다.

다른 데로 돌린다.

② 공감형(empathetic style): 상대방의 말에 감정이입하는 스타일. 판단하려 하기보다는 상대방의 메시지에 담긴 감정과 정서에 공감하려고 애쓰며 듣는 사람이다.

③ 종합형(comprehensive style): 전달되는 정보를 종합적 틀을 가지고 판단하면서 듣는 사람. 주어지는 아이디어가 전체적 맥락에서 어떤 의미를 갖는가를 생각하면서 듣는다.

④ 식별형(discerning style): 요점중심으로 듣는 사람. 상대방의 말을 들으면서 핵심이 무엇인지를 파악하여 거기에 집중하는 스타일이다.

⑤ 평가형(evaluative style): 말끝마다 '맞다', '틀리다' 하며 토를 다는 사람. 말하는 것에 대해서 자신의 입장을 분명히 하고 때로는 도전적 자세를 갖는다. 질문이 많고 중간에 말을 자르며 분석적 자세를 견지한다.

우선 자신의 경청스타일을 잘 이해하는 것이 중요하다. 그리고 상황에 따라 유연하게 스타일을 바꿀 줄 아는 지혜도 경청의 효과를 높여준다. 잘 들을 줄 아는 사람과 들을 줄 모르는 사람의 차이를 〈표 8-3〉에 요약하였다.

하향식 커뮤니케이션의 개선방안

하향식 커뮤니케이션의 유효성은 직무의 명확성과 관련된다. 즉 하급자들이 직무수행의 방식을 정확히 이해하도록 지원해야 한다. 직무의 내용을 정확히 파악하고 있으면 상급자의 지시나 명령이 쉽고, 정확하게 전달될 수 있고 하급자의 수용도가 높아진다. 구체적으로 다음과 같은 방법을 활용하는 것이 바람직하다.

① 하급자에게 직무에 대해서 충분히 알려주어 직무가 요구하는 바를 명확히 해주어야 한다.

② 직무의 배경을 설명해 줌으로써 왜 그런 일을 해야 하는지를 이해시킨다.

③ 업적과 관련된 피드백을 계속적으로 제공해줌으로써 목표추구의 효과를 높여야 한다.

④ 커뮤니케이션 경로를 다양화한다.

⑤ 중요한 내용은 반복 전달한다.

⑥ 공식적인 경로를 이용하고, 수신자에게 직접 전달되도록 한다.

이런 방법들을 사용하여 하향식 커뮤니케이션 효과를 높일 수 있을 것이다. 그러나 전달일변도의 커뮤니케이션 방식을 탈피하는 것이 보다 중요하다.

상향식 커뮤니케이션의 개선방안

상향식 커뮤니케이션에서의 문제는 '정보의 과적현상'이다. 즉 하급자로부터의 전달내용이 너무 난잡하고 체계화되어 있지 않아, 단편적인 자료에 지나지 않는 경우가 많다는 것이다. 그래서 오히려 의사결정의 시간을 지연시키는 결과를 낳는 경우가 있다. 이 점을 보완하기 위해서 다음과 같은 방법들이 사용된다.

감별법(Screening)

일반적인 자료로부터 특별히 필요한 정보를 도출해 내고, 정보 내용의 중요성과 타당성을 구분하여 전달하는 것이다. 여기에는 아래의 세 가지가 있다.

예외에 의한 관리

일상적인 행동이나 의사결정은 일정한 규범을 정하여 이에 준하도록 유도하고, 예외적이거나 특별히 중요한 사항은 간추려서 전달한다. 즉 일상적으로 수행하는 의사결정사항에 대해서는 규범(규칙)에 따라 진행하도록 시스템화하고 예외적인 정보가 발생하는 경우에만 상급자에게 전달하는 것이다.

공급충족의 법칙

하급자에게서 상급자에게로 공급되는 정보의 양과 질을 조정한다는 것이다. 즉 전달되는 정보의 내용을 잘 간추려서(요약, 정리) 핵심만을 전한다든지, 전달에 소요되는 시간을 최소화한다든지 하여 공급되는 정보의 효율성을 높이는 것이다.

대기행렬 법칙

정보의 양이 많을 때 순서를 정하여 보고의 차례를 만드는 것으로, 정보의 '중요도'에 따라 순서적으로 전한다는 뜻에서 「대기행렬」이라고 이름지어졌다. 이때 중요한 것은 그때그때마다의 중요도가 변하게 되므로 상황에 맞게 순서를 재배열하여야 한다.

조직 내 분위기를 조정하는 방법

우선 하급자가 상급자에게 보고하는 자체에 대한 두려움을 없애는 노력이 필요하다. 그러기 위해서는 조직의 분위기를 보다 원만하고 부드럽게 유지해야 한다. 비공식적인 커뮤니케이션의 활성화가 공식적인 커뮤니케이션의 경직성을 보완해 줄 수 있으므로 이 방면에 대한 노력이 필요하다.

정보의 조직화

상급자에게 보고되는 정보의 내용은 조직화되어야 한다. 즉 내용이 산만하다거나 중구난방식이라면 정보의 질이 아무리 높다 하더라도 받아들이는 입장에서는 평가절하되기 마련이다. 그리고 이런 보고에 있어서는 사회적인 신분이나, 지위차이에서 오는 거리감을 배제할 수 있도록 노력해야 한다.

결론적으로 상사에게 보고하기 위해서 서류 작성에 너무 많은 시간과 열정을 낭비하는 것은 큰 문제다. 상사보고의 형태를 서면 보고에만 의존하는 것은 옳지 않다. 쉽게 다양한 방법으로 상향소통할 수 있는 조직문화를 만들어야 한다.

수평적 커뮤니케이션의 개선방안

조직의 목표를 달성하기 위해서는 수직적 커뮤니케이션의 유효성을 높이는 것도 중요하지만 동일계층에 있는 동료들간의 수평적 커뮤니케이션의 유효성 제고가 병행되어야 한다. 수평적 커뮤니케이션의 개선방법들은 다음의 네 가지로 요약 · 정리될 수 있다.

① 작업집단내에 상급자에 대한 신뢰가 있어야 한다.
② 단위조직간 형평의 원리가 적용되어야 한다.
③ 단위조직간 정보의 원활한 교환이 이루어져야 한다.
④ 조직구조의 변화가 신축성을 지녀야 한다. 즉 환경에 맞는 조직구조를 이룰 때 수평적 커뮤니케이션이 효과적일 수 있다.

특히 과정(process)중심의 조직재구성(예, 리엔지니어링)은 수평적 커뮤니케이션을 혁신적으로 개선해 보려는 노력이라고 보여진다.

제8장 문제 풀이

(1) 서면보고와 대면보고의 장단점을 적고 비교하시오.

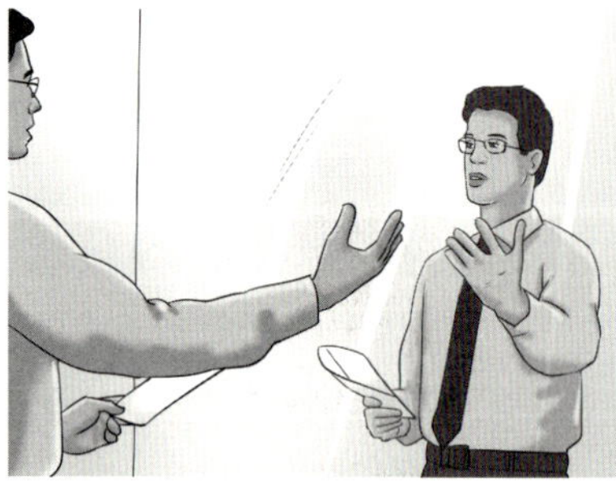

(2) 커뮤니케이션의 다양한 유형들 중에서 "토론"(discussion)이 매우 중요하다. 단순한 지시나 대화나 보고가 아니라 특정 주제를 놓고 다양한 생각들을 자유롭게 주고받는 토론을 통해서 사안의 장단점과 속성을 소상히 파악할 수 있어 의사결정에 큰 도움을 준다. 한국기업에서 토론이 제대로 안 되는 이유를 생각나는 대로 적으시오.

종합 사례 8

질문하라!

(1) 2010년 11월 13일 G20정상회담 뒤 오바마 당시 미국 대통령이 기자회견을 하면서 특별히 한국 가지들에게 질문을 해보라고 여러 번 요청했으나 한국 기자들은 한 마디 질문도 안 했다. 이 장면이 전 세계에 전송되었고 세계인들은 물론 한국인들도 왜 당시 현장에 있던 여러 명의 한국기자들이 질문을 안 했는지 의아해 했다. 어느 미국 주재 한국인 기자는 "침묵은 꼭 금이 아니다"라는 제목으로 한국인 기자들의 이상한 행동을 질타했다.[20)]

(2) 조직에서 상사에게 할 말을 못하는 현상이 발생하여 문제가 되곤 한다. 부하는 상사에게 고언(苦言: 쓴 소리)을 해야 한다고 주장하지만, 인사권을 갖고 있는 상사의 보복이 두렵고 불이익을 당할까봐 상사가 싫어하는 말을 전달하지 못하는 경우가 많다. 특히 한국인들은 PDI(Power Distance Index: 권력격차지수)가 높아 윗사람이나 어른의 잘못을 아랫사람이 지적하는 것에 약하다. (권력격차: 윗사람과 아랫사람 간의 심리적 거리; 권력격차를 나라별로 비교할 때 사용하는 지수가 PDI이다. 한국은 PDI가 전 세계적으로 높은 편에 속한다.)

[종합 문제 8] 위의 (1)과 (2)에 있어 질문을 못하는 다른 이유들을 정리해보자.

나의 조직행동 진단 8

적극적 경청설문

* 자신에게 해당되는 난에 표시하시오.	전혀 아니다	어느 정도 해당된다	대체로 해당된다	아주 많이 해당된다	점수
1. 나는 남의 이야기가 끝날 때까지 잘 듣는다.					
2. 다른 사람의 의견이 나와 일치하지 않을 경우 기분이 좋지 않다.					
3. 나는 그(녀)가 말한 것이 내 의견과 다를 때 내 의견을 고집한다.					
4. 사람들은 내가 집중하지 않을 때 종종 주의를 주곤 한다.					
5. 나는 타인의 말이 끝날 때까지 그 의견을 평가하지 않는다.					
6. 나는 타인이 오랜 시간동안 설명할 때 집중이 잘 안 된다.					
7. 나는 기다리기보다는 대화 도중 나의 의견제시를 먼저 하는 편이다.					
8. 나는 대화가 흥미로울 때에는 고개를 끄덕이며 제스처를 취한다.					
9. 나는 대개 타인의 말이 흥미가 없더라도 집중하는 편이다.					
10. 나는 대개 타인의 말을 정리하기보다는 나에게 요약해 주기를 기대한다.					

* 자신에게 해당되는 난에 표시하시오.	전혀 아니다	어느 정도 해당된다	대체로 해당된다	아주 많이 해당된다	점수
11. 나는 항상 경청하고 있다는 표시로 이런 말을 한다. "알았어요", "이해했어요"					
12. 나는 의견을 듣는 동안 집중하고, 정리를 하는 편이다.					
13. 나는 말하는 사람의 의견이 좋은지, 싫은지 듣는 즉시 결정한다.					
14. 나는 내가 이미 알고 있는 사항에 대해 타인이 설명할 때는 주의를 기울이지 않는다.					
15. 나는 타인의 의견을 확실히 이해하기 전까지는 나의 의견을 제시하지 않는다.					

[해 석]

〈1단계〉 아래 표에 따라 각 항목을 계산하시오.

# 3, 4, 6, 7, 10, 13	# 1, 2, 5, 8, 9, 11, 12, 14, 15
전혀 아니다 = 3점	전혀 아니다 = 0점
어느 정도 해당된다 = 2점	어느 정도 해당된다 = 1점
대체로 해당된다 = 1점	대체로 해당된다 = 2점
아주 많이 해당된다 = 0점	아주 많이 해당된다 = 3점

〈2단계〉 아래에 따라 유형별로 계산하시오.

• 말자르기 자제: Avoiding Interruption (AI): #3+7+15 = ___________

• 관심유지: Maintaining Interest (MI): #6+9+14 = ___________

• 평가유보: Postponing Evaluation (PE): #1+5+13 = ___________

• 정보정리: Organizing Information (OI): #2+10+12 = ___________

• 관심표명: Showing Interest (SI): #4+8+12 = ___________

• 총점: AI+MI+PE+OI+SI = ___________

〈3단계〉 각각의 유형별로 7점 이상의 점수가 나올 경우, 그 성향이 강하다고 할 수 있다.

• 말자르기 자제: 다른 사람의 말이 끝나기도 전에 의견을 제시하는 것을 자제한다.

• 관심유지: 대화의 화제가 지루하고 이미 알고 있다고 하더라도 끝까지 의견을 경청하고 집중하는 경향이 있다.

• 평가유보: 다른 사람의 의견을 잘 수렴하며 그(녀)의 의견을 다 들은 후에 평가하는 신중한 경향이 있다.

• 정보정리: 다른 사람 의견의 중요성을 파악하고 중요한 의견은 잘 정리하는 경향이 있다.

• 관심표명: 간단한 몸짓이나 말로써 자신이 대화에 집중하고 있다는 걸 나타내는 경향이 있다.

총점이 35점 이상일 경우 적극적 경청성향이 강하다고 할 수 있다.

제9장

권력과 정치

본 장의 요점

※ 권력과 정치의 이해는 조직에서 자신을 보호하고 조직성과를 증진시키는 데 도움을 준다.
※ 권력을 발생시키는 원천을 이해함으로써 권력획득의 방법을 터득케 한다.
※ 권력 획득, 행사, 반응프로세스를 관리하는 방법을 배운다.
※ 조직 내 정치행위의 부정적 측면과 긍정적 측면을 학습함으로써 현명한 처신의 기회를 제공한다.
※ 조직정의와 윤리를 이해함으로써 조직행동의 정도를 터득한다.

Let's Talk!

"권력을 가질수록 에고(ego)를 버려야 한다!"

많이 가진 자, 많이 아는 자, 높이 올라간 자, 힘이 센 자—이들은 권력을 가진 자들이다. 다른 사람들을 자신의 뜻대로 움직일 수 있는 수단을 가졌기 때문이다.

'갑질' 현상에서 보듯이, 권력을 가진 자들의 비상식적, 비합리적, 비인격적 행위는 권력을 함부로 쓰기 때문에 발생한다. 힘을 가질수록 자기(ego)를 버리고 항상 겸손하며 고개를 숙일 줄 알아야 한다. 아인슈타인은 이를 그림과 같은 공식으로 표현하고 있다.

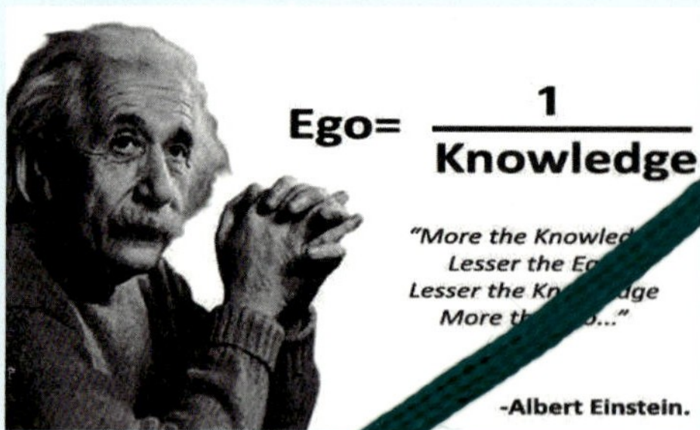

아인슈타인의 공식은 아래와 같이 일반화시킬 수 있을 것이다.

$$Ego = [1 \div Power]$$

즉, 권력이 커질수록 에고가 작아져야 많은 사람들의 존경을 받는다.

※ 〈토론 주제 9〉 가진 자, 아는 자, 높은 자, 힘 센 자 말고 다른 어떤 사람들이 권력을 가질 수 있는가?

권력이란 무엇인가

권력은 권한이나 영향력과 개념적으로 서로 밀접한 관련이 있다. 버나드(Barnard)는 권력을 '비공식적 권한'(informal authority)이라고 했는가 하면 그라임스(Grimes)는 권한을 '합법적인 권력'(legitimate power)이라고 정의하였다.[1] 그러나 권력, 권한, 영향력의 개념은 서로 관련성이 있다 하더라도 엄연히 다른 개념적 틀을 갖고 있다. 권력, 권한, 그리고 영향력간의 개념 차이를 구체적으로 살펴보자.

권 력

권력이란 사회적 관계 속에서 상대방(개인 또는 집단)의 의지와 관계없이 나의 의지와 뜻을 상대방에게 관철시킬 수 있는 잠재적/실제적 힘 또는 능력을 뜻한다. 따라서 권력(power)은 둘 이상의 사람들 또는 집단간의 관계(즉, 사회적 관계)를 전제로 한다. 또한 권력은 사회적 관계 속에 존재하는 실제적 능력뿐 아니라 잠재적인 능력까지를 포함한다. 권력이란 상대방의 의사와 관계없이 나의 의지대로 따르게 하는 힘이므로 지배력을 확보하는 것이라고도 볼 수 있다.

권 한

권한(authority)은 한 개인이 조직 내에서 차지하고 있는 위치로 인하여 갖게 되는 공식적인 힘을 말한다. 예를 들어 조직 내에서 상급자는 하급자에 대하여 합법적인 권력을 갖는다. 즉 권한은 권력의 한 요소라고 볼 수 있으며 합법성이 강조된다. 또한 권한은 한 개인이나 집단을 지배할 수 있는 권리(right)를 말한다. 권한은 일반적으로 볼 때 위에서 아래로의 하향적인 권한을 말하나, 하급자들이 상급자의 권한을 인정하고 받아들일 경우에 비로소 상급자의 권한이 효력을 발휘하므로 상향적인 영향력도 포함한다. 권한의 특

표 9-1
권한의 특징

권한의 4대 특징	• 권한은 합법적 권력이다. • 개인보다는 개인의 직위를 바탕으로 한다. • 하급자에 의해 받아들여지는 것이어야 한다. • 위에서 아래로의 수직적인 흐름을 말한다.

징을 요약하면 〈표 9-1〉과 같다.

영향력

영향력(influence)이란 한 사람(또는 집단)이 다른 사람(또는 집단)의 태도, 가치관, 지각, 행동 등에 변화를 가져오도록 만들 수 있는 힘의 총량을 뜻한다. 따라서 영향력은 권력과 동의어로 사용되기도 한다. 그러나 영향력은 권력의 상위개념이며 권력은 권한의 상위개념이다(즉, 영향력 > 권력 > 권한). 영향력은 리더십이라는 수단을 통하여 행사되는 경우가 많으므로 리더십과 관계가 깊다.

이상을 종합하여 권력, 권한, 영향력의 핵심적 개념을 표로 요약하면 〈표 9-2〉와 같다.

표 9-2
권력 · 권한 · 영향력의 정의

개 념	정 의
권 력	한 개인이나 집단이 다른 개인이나 집단에 대하여 지배력을 확보하는 것
권 한	한 개인이 조직 내에서 차지하고 있는 위치로 인하여 갖게 되는 공식적인 힘
영향력	한 개인(또는 집단)이 다른 개인(또는 집단)의 태도, 가치관, 지각, 행동 등에 변화를 가져오도록 만들 수 있는 힘의 총량

권력의 원천

앞에서 권력이란 무엇인가에 대해서 살펴보았다. 그렇다면 권력을 생성하는 원천은 무엇인가? 이에 관해서는 가장 대표적인 프렌치와 레이븐(French & Raven)의 권력원천 분류를 살펴보자.

보상적 권력

보상적 권력(Reward Power)이란 권력자가 다른 사람에게 그(녀)가 원하는 보상을 해 줄 수 있는 자원과 능력을 갖고 있을 때 발생한다. 예를 들어, 기업조직에서 관리자가 권력을 갖는 것은 그(녀)가 많은 잠재적 보상능력(호의적인 인사고과, 인정, 급여인상, 승진, 호의적인 업무할당 및 책임부여, 격려 등)을 갖고 있기 때문이다. 그러나 호의적인 업무할당이나 책임부여의 경우, 수임자가 그러한 무거운 책임감을 부담스러워 하든가 불안해 한다면 그것은 보상이라고 볼 수 없다.

강압적 권력

강압적 권력(Coercive Power)은 처벌이나 위협을 전제로 한다. 상급자가 하급자들을 해고시키거나 원치 않는 부서로 이동시키든지 승진에서 누락시키는 등의 불이익을 줄 수 있을 때 발생한다. 하급자들은 두려움 때문에 상급자의 의도대로 행동하게 된다. SNS의 발달로 비인격적인 강압적 권력행사의 사례가 급속히 확산되기도 한다. 강압적 권력은 가장 많이 쓰이고, 남용되는 경우도 많지만, 가장 통제하기 힘든 권력 원천이다.[2)]

합법적 권력

합법적 권력(Legitimate Power)은 권력행사에 대한 정당한 권리를 전제로 한다. 합법적 권력은 일반적으로 조직 내 지위와 관련된다. 합법적 권력은 특수한 문화적 가치나 인정된 사회구조로부터 파생되는 수도 있지만 많은 경우 집단에서 대표로 선출되든가 합법적으로 조직 내 직위에 임명됨으로써 발생한다.

준거적 권력

준거적 권력(Reference Power)은 자신보다 뛰어나다고 인식되는 사람을 존경하고 닮고자 할 때 발생한다. 기업 내에서 준거적 권력을 갖고 있는 상급자는 하급자들로부터 절대적인 존경을 받게 된다. 예를 들어 카리스마적인 인물은 자신의 특별한 지도력으로 인하여 추종자들이 존경하고 닮기를 원하게 되므로 준거적 권력을 행사할 수 있게 된다.

전문적 권력

전문적 권력(Expert Power)은 전문적인 기술이나 지식 또는 독점적 정보에 그 바탕을 둔다. 특수한 분야에 있어서 탁월한 능력이나 정보를 갖고 있는 사람은 전문적 권력을 갖게 된다. 예를 들면 특정 분야에 능통한 대학교수는 그 분야의 지식을 필요로 하는 사람들에 대하여 전문적 권력을 갖게 된다. 전문적 권력은 조직계층의 상하에 관계없이 발생할 수 있다는 점이다.

지금까지 권력의 원천에 대하여 살펴보았다. 프렌치와 레이븐의 원천들을 〔그림 9-1〕에서와 같이 크게 조직중심적 또는 공식적 원천과 개인중심적 원천으로 구분할 수도 있다.[3] 우선, 보상적, 강압적, 합법적 권력은 조직, 지위, 공식집단 등과 밀접한 관련을 갖는다. 예컨대 합법적 권력은 인물의 교체, 직무의 재구성, 또는 조직변화 등으로 인하여 변화될 수 있다. 즉, 조직 내·외의 변화에 따라 권력의 크기가 변한다는 관점에서 조직 중심적이다.

그림 9-1
조직중심 권력과
개인중심 권력

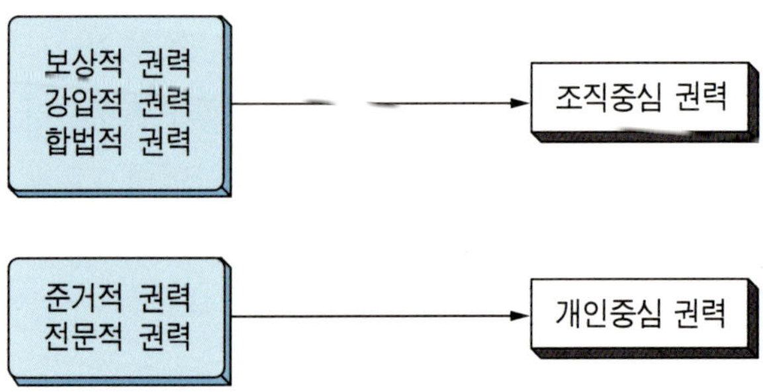

한편, 준거적, 전문적 권력은 개인중심적이다. 이 두 가지 권력의 원천은 개인의 독점적 정보, 전문능력, 그리고 스타일의 결과이다. 그만큼 개인중심적인 측면이 강하다.

권력의 소유와 행사는 다르다

권력을 소유하는 것과 행사하는 것간에는 차이가 있다. 권력을 가지고 있다고 해서 반드시 행사되는 것은 아니다. 또 어떤 권력이 행사되었다고 해서 원하는 결과가 항상 얻어지는 것도 아니다. 그러므로 조직구성원들은 자신의 권력원천의 속성을 정확히 파악하고 상황에 따라 적절히 사용할 줄 알아야 한다.

특히 오늘날의 조직에서 권력을 독점하려는 자세는 옳지 않다. 남에게 영향을 끼치고 항상 지배하려는 태도는 지양되어야 한다. 상사이기 때문에, 선배이기 때문에, 또는 사장이기 때문에 항상 복종을 받아야 한다는 논리는 오늘날의 경영환경에서 매우 위험한 발상이다. 이러한 자세는 조직과 개인의 성과에 부정적 영향을 미칠 수 있기 때문이다. 뒤에 기술된 임파워먼트 개념은 조직에서 권력의 독점이 아니라 권력의 공유가 중요하다는 점을 일깨워주고 있다.

실제로 권력의 원천들은 서로 밀접한 관계를 가지면서 행사되는 것이 일반적이다. 예컨대, 강압적 권력을 많이 사용하는 사람은 다른 사람들로부터 미움을 사게 되기 때문에 그(녀)의 준거적 권력이 약화될 수밖에 없다. 또한 조직에서 직위가 높아질수록 합법적 권력의 크기는 커지게 되고 합법적 권력이 커지면 보상권력과 강압적 권력의 수준도 높아지게 된다.

전문적 권력이 큰 사람이 그 전문성을 합법적으로 행사할 수 있도록 높은 직위(즉, 합법적 권력)를 요구하게 되는 것도 권력원천들간의 상호작용을 설명해 주는 또 하나의 예라고 볼 수 있다.[5)]

조직에서 한 사람의 권력행사는 피권력자의 반사권력(counter power)의 행사를 유발하는 경우가 많다. 상사의 합법적 권력행사에 실력 있는 부하직원들이 전문적 권력을 가지고 대항하는 것이 좋은 예라고 할 수 있다. 따라서 권력의 행사는 쌍방향 영향력 행사의 과정이라고 보는 것이 타당할 것이다.

물론, 하급자들이 상급자들에게 행사할 수 있는 권력의 원천은 전문적 권력이 가장 적합하겠지만 좀더 폭을 넓혀 생각해보면 상황에 따라 그 이외에 다른 원천도 있을 수 있다.

예를 들어, 상사가 간절히 필요로 하는 자원을 하급자가 공급할 수 있다든가 어려운 일을 성사키는 데 유용한 사회적 네트워크를 갖고 있는 경우를 들 수 있을 것이다. 다른 이유로 상급자가 하급자에게 의존할 수밖에 없는 경우에도 마찬가지다.

또한 상사의 비리를 하급자가 알고 있을 때에도 권력의 중심은 하급자에게로 이동할 수밖에 없다.

권력행사에 대한 반응

앞에서 우리는 권력의 원천과 행사에 대해서 살펴보았다. 여기에서는 권력행사에 따른 반응이 어떠한 모습으로 나타나는지를 알아보도록 하자. 일반적으로 상사가 권력을 사용했을 때 나타나는 하급자들의 반응은 복종(compliance), 동일화(identification), 내면화(internalization), 분열화(alienation) 등 네 가지로 구분할 수 있다.[6] 이를 요약 · 정리하면 〈표 9-3〉과 같다.

권력의 원천, 권력의 행사, 권력행사에 대한 반응의 과정을 그림으로 요약하면 〔그림 9-2〕와 같다.

일반적으로 상급자는 피권력자들이 권력행사의 뜻과 취지를 받아들여 깊이 이해하고 실천하게 되는 '내면화'를 가장 선호할 것이다. 복종이나 동일화의 반응도 상급자가 효율적인 경영관리를 하는 데 있어 도움을 줄 수는 있지만 자율성과 능동성이 결여되었다는 측면에서 내면화에는 못 미친다고 본다.

표 9-3
권력에 대한 반응유형

권력에 대한 반응	해 설
복 종	상급자의 보상이나 처벌에 대한 하급자들의 반응이다. 하급자들은 보상의 확대와 함께 처벌을 최소화하고자 한다. 예를 들어 주어진 업무를 마무리하도록 지시받은 하급자는 별도의 수당을 기대하거나, 일을 거부했을 때 뒤따르는 처벌을 두려워하기 때문에 상급자의 지시에 복종하게 된다.
동일화	하급자가 상급자를 존경하여 상급자의 요구에 따르는 경우이다. 하급자는 상급자의 요구를 수행함으로써 그와의 관계를 보다 발전시키고자 한다. 준거적 권력과 관계가 깊다.
내면화	상급자의 요구와 하급자의 가치가 일치하는 경우이다. 에찌오니(Etzioni)는 이를 도덕성(moral)이라 했다. 예를 들어 급한 업무가 있을 때 상급자의 요구에 자발적으로 따르는 것을 말한다. 전문적 권력이나 정보의 확보와 관계가 있다.
분열화	상급자가 권력의 사용시 신중히 고려해야 할 것은 하급자들간의 연합이다. 특히 상급자가 강압적 권력을 사용하고자 할 경우, 하급자들간의 연합을 주의해야 한다. 결국 하급자들의 반발적인 연합은 상급자와 하급자간의 관계불화나 분열화, 업무의 실패와 같은 대가를 치루게 한다.

그림 9-2
권력의 과정

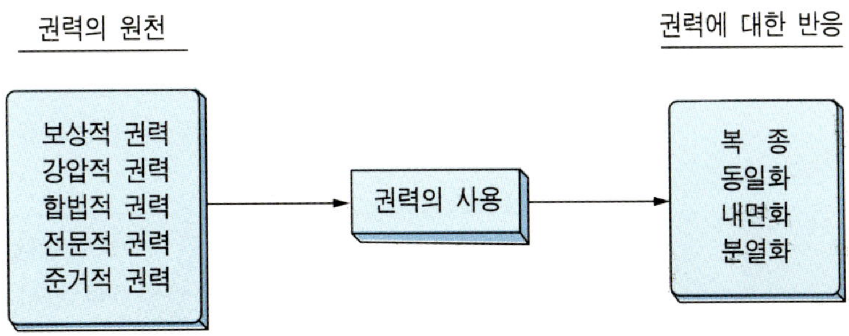

어떤 사람이 권력에 잘 복종하는가

상급자의 권력행사는 하급자(피권력자)의 잠재적 특성에 따라 그 효과가 달라진다. 예를 들어 의존적 성격을 갖는 하급자일수록 상급자의 권력행사를 더 잘 받아들인다. 〈표 9-4〉에 권력에 대한 복종성향을 피권력자의 특성에 따라 정리하였다.

표 9-4
피권력자의 잠재적 특성들과 권력의 영향

(1) 의존성	상대에 대한 의존성이 높을수록 상대의 권력행사에 영향을 받기가 쉽다. 예를 들어 A라는 인물이 B라는 인물에 대해 심리적으로 의존적이면 B는 A에 대하여 보다 큰 권력을 갖게 된다.
(2) 불안정	한 개인의 행동이 분명하지 못하거나 불안정할수록 권력의 영향을 받기가 쉽다.
(3) 성 격	성격에 따라 영향을 받는 정도가 달라진다는 것은 이미 많은 연구들에서 밝혀졌다. 예를 들어, 무엇이든 명확한 것을 좋아하거나(불확실성 회피성향) 급한 성격(Type A성격)의 소유자일수록 상대로부터 영향받기가 쉽다.
(4) 지적능력	지적능력과 영향력간의 관계는 단순하지가 않다. 지적능력이 높은 사람은 상대방의 주장에 주의깊은 관심을 보이지만 자기자신에 대한 자신감이 크기 때문에 상대방으로부터의 영향에 대한 저항 또한 강하다.
(5) 성 별	일반적으로 여성이 남성보다 영향을 더 쉽게 받는 것으로 알려져 있다. 그러나 여성의 역할에 대한 사회적인 관점과 여성 자신들의 시각이 변해가고 있기 때문에 영향력에 대한 성별 차이는 분명치 않다.
(6) 연 령	사회학자들에 따르면 보통 8-9세의 어린이일 때부터는 외부로부터의 영향을 쉽게 받다가 청년기에 가서는 그 비중이 줄어들며 그 이후에는 별 차이 없이 균등해진다고 한다.

자료: Reitz, H. J. 1987. 앞의 책, p.443에서 수정 인용.

상황조건에 따라 권력행사의 효과가 달라진다

권력의 효과는 그 권력이 행사되는 상황적 조건에 따라서도 달라질 수 있다. 예를 들어 직무의 성격에 따라 권력행사의 가능성이 차이가 날 수 있다. 직무수행의 절차가 거의 표준화되어 있는 경우에는 전문적 권력의 발휘가 힘들어질 것이고 연구개발에서와 같이 자유로운 가운데서 창의력을 발휘할 수 있도록 해야 하는 경우에는 강압적 권력이나 합법적 권력을 함부로 사용해서는 안된다.

또한 문화적 특성에 따라서도 권력의 효과가 달리 나타난다. 개인주의적이고 경쟁지향적인 조직문화에서는 권력의 영향력이 낮으나 집단주의적 문화에서는 권력이 보다 큰 영향을 미친다.

단위조직간의 권력관계

조직하부단위(부, 팀, 단위공장, 본부 등)간의 권력관계를 설명하는 모델이 있다. 〔그림 9-3〕에 제시된 상황모델에 따르면, 한 부서의 힘은 그 부서의 불확실성 대처능력, 중심성(centrality), 그리고 대체가능성 등에 따라 결정된다.

한 단위조직의 권력수준은 그 단위조직이 조직운영과정에서 발생하는 예기치 못했던 문제나 사건을 성공적으로 처리할 수 있는 능력을 얼마나 갖고

그림 9-3
단위조직간 권력관계 모델

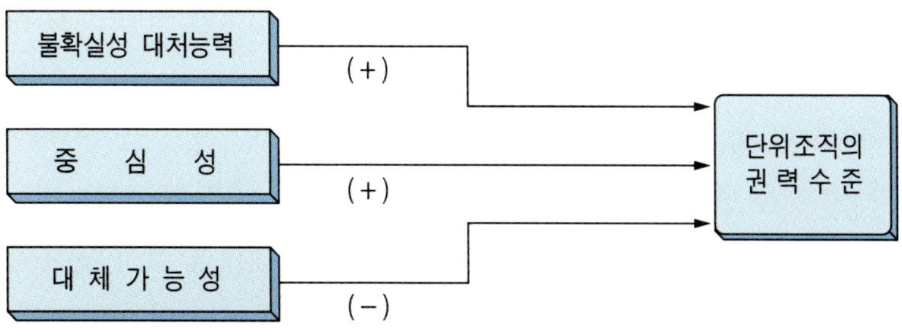

자료: Hickson, D. J. Hinnings, C. R. Lee C. A. Schneck, R. E., & Pennings J. M. 1971, A Strategic Contingency Theory of Intraorganizational Power. *Administrative Science Quarterly*, 216-229.

있는가에 따라 결정된다. 문제발생의 확률을 줄이든가(예방에 의한 대처), 결정적 정보를 적기에 수집 · 활용하든가(정보에 의한 대처), 아니면 문제가 발생했을 때 나서서 적절히 해결하든가(흡수에 의한 대처) 함으로써 불확실성 대처능력을 인정받을 수 있다.

또한 업무흐름상 보다 중심적 위치에 있는 부서나 단위조직들이 더 큰 권력을 갖게 된다. 한 부서의 직무수행이 다른 부서에 보다 즉각적인 영향을 미치는 경우에도 권력의 수준은 커진다. 결국 한 단위조직의 중심성이란 한 부서나 다른 단위조직의 직무 수행결과가 전체 조직의 최종산출물에 미치는 효과의 정도라고 정의된다.[7)]

대체가능성이란 다른 단위조직들이 특정 단위조직의 직무를 대신 해낼 수 있는 정도를 뜻한다. 어느 한 부서가 하는 일을 많은 부서가 똑같은 수준으로 해낼 수 있다면 그 부서는 대체가능성이 높은 부서이고 그에 따라 부서의 권력수준도 낮아진다. 한 부서가 독점적 능력을 가질수록 그 부서의 대체가능성은 낮아지고 권력은 커진다.

무력감에 빠지면 모든 게 싫어진다

무력감(Powerlessness)이란 조직원들이 느끼게 되는 권력의 결핍현상을 뜻한다. 무력감에 빠진 조직원들은 권위에 힘없이 무너지고 수동적으로 행동하며 의존적 성향을 띠게 된다.[8)] 뿐만 아니라 좌절감, 직무에 대한 몰입결여, 소외감 등을 경험하게 되며 조직에 대한 애착이 없어지고 때로는 상식을 벗어난 행동을 보일 때도 있다.[9)]

큰 권력을 갖는 경영자나 관리자들은 하급자들에게 분배할 수 있는 자원을 많이 갖게 되고 중요한 결정을 내릴 수 있는 권한도 가지며 고급정보를 접할 기회도 충분히 갖게 되지만, 권력을 갖지 못한 무력한 조직원들은 전혀 그렇지 못하다. 따라서 무력감에 빠진 조직원들은 많은 경우 일상적인 일처리에 안주하게 되며 변화의지나 도전의지를 상실하게 된다.

연구결과에 따르면, 경영자나 관리자들이 무력감에 빠지게 되면 진정한 리더십을 발휘하려 하기보다는 세세한 데까지 간섭을 하고 규칙만능주의에

표 9-5
무력감의 증상과 원인

직 위	증 상	원 인
일선감독자	• 너무 세세히 감독함 • 하급자 훈련을 하지 않음 • 관리자편에 서지 않음 • 독립적으로 일하려는 성향을 보임	• 틀에 박히고 규칙중심적 직무 • 커뮤니케이션 통로의 제한 • 자신과 하급자들의 승진기회가 제한된 경우
전문스탭	• 자기 영역을 만들어 스스로 전문가로 행세함 • 자신의 일을 다른 사람의 일과 구별할 때 전문적 기준을 사용함 • 변화에 저항하고 보수적이며 위험회피 성향을 띰	• 실제 라인업무에 종속된 일상화된 지원업무 • 경력증진기회가 상실된 경우 • 비일상적 업무를 외부전문가들에게 위탁해 버린 경우
최고경영자	• 단기적 안목 • 상의하달식 커뮤니케이션을 강조함 • 자신과 같은 생각을 하는 하급자들을 보상하고 듣기 싫은 말을 하면 배척함	• 정보과다로 통제 불능인 경우 • 하부관리층에 대한 정보유통경로가 제한되거나 막힘 • 합법성에 대한 도전 때문에 지지세력 감소

자료: Kanter, R. M. 1979, 앞의 책, p.73.

따라 엄격히 통제하며 독재적이고 억압적 성향을 띠게 된다고 한다.[10] 일선감독자, 전문스탭, 최고경영자들에게 나타나는 무력감의 증상과 그 원인을 요약하면 〈표 9-5〉와 같다.

임파워먼트는 구성원들이 힘을 느끼게 한다

임파워먼트의 개념

무력감에 사로잡힌 조직원들의 탈진한 모습에서와는 달리, 「임파워」된(empowered) 조직구성원들의 모습에서는 힘차고 당당한 면모를 느끼게 한다.

임파워먼트(Empowerment, **권능감**)란 조직원들에게 자신이 조직을 위해서 많은 주요한 일을 할 수 있는 권력, 힘, 능력 등을 갖고 있다는 확신을 심어주는 과정이다. 그러한 확신을 조직원들에게 심어주기 위해서는 능력과 의지를 키우는 일, 공식적 권력(권한)을 위임해 주는 일, 그리고 실제 의사결정과정에 깊이 참여시킴으로써 자신의 영향력을 체험토록 하는 일들이 전제되어야 한다. 임파워먼트의 개념은 조직 내 권력의 분배문제를 뛰어넘어 권력의 증대(또는 창조) 문제에 초점을 두고 있다. 즉, A와 B가 긍정적 상호작용을 통해서 양자 모두의 권력을 키워 나아갈 수 있도록 하자는 것이다. 상호작용을 통한 권력증대에 초점을 두기 때문에, 개인이 스스로 힘을 쌓아 가는 개인차원에서 뿐 아니라 집단과 조직차원에서도 임파워먼트가 중요시된다는 주장도 있다.[11)]

임파워먼트의 4차원

임파워먼트는 개념상 네 개의 차원으로 구성되어 있는 것으로 밝혀졌다.[12)] 임파워먼트의 네 차원은 **의미성**(meaning), **역량감**(competence), **자기결정력**(self-determination), 그리고 **영향력**(impact) 등을 의미한다. 의미성이란 일 자체에 대해서 느끼는 가치로움을 뜻한다. 자신이 하고 있는 일에 대해서 아무런 의미를 느끼지 못하는 사람은 권능감이 전혀 없는 상태라고 볼 수 있다. 일 자체가 주는 내적 동기, 이것은 임파워먼트의 "엔진"에 해당하며 개인이 심리적 힘을 느끼도록 하는 데 있어 가장 기본적인 조건이라고 볼 수 있다. 두번째 차원인 역량감은 자신의 일을 효과적으로 수행하는 데 소요되는 능력에 대한 개인적 믿음이라고 정의된다.

스프라이쩌(Spreitzer)와 동료들의 연구결과에 따르면, 역량감이 있던가 영향력이 크다고 느끼는 사람들은 자신의 일에 있어서 보다 큰 성과를 내는 것으로 나타났다. 또한, 일로부터 큰 의미를 느끼고 있는 사람들은 직무에 있어 그만큼 큰 만족감을 느끼게 되는 것으로 밝혀졌다.

아울러 자기결정력도 직무만족과 관계가 있다. 일의 방법과 시기를 스스로 결정할 수 있으면 주인의식을 갖게 된다. 영향력이란 최종성과에 얼마나 결정적인 기여를 할 수 있다고 믿는가를 뜻한다.

조직정치란 무엇인가

조직정치는 나쁜 것인가

조직정치(organizational politics)란, "조직 내에서 자신이나 집단의 이익을 극대화하기 위해서 다른 사람들에게 비공식적으로 영향을 미치는 과정"[13]이라고 정의된다. 조직정치는 일반적으로 나쁜 것, 피해야 하는 행동으로 인식되고 있으며, 학자들의 연구의 초점도 조직정치가 가져오는 부정적인 측면에 맞춰져 있다. 하지만 개인의 이익뿐 아니라 팀의 이익, 또는 조직의 이익을 가져오기 위한 조직정치도 있을 수 있다. 특히 조직변화를 이룩해야 하는 상황에서 새로운 경영기법의 도입을 상사가 승인하도록 하든가, 구성원들이 수용하도록 하기 위해서 정치적 행위를 발휘하는 것은 긍정적 결과를 가져올 수 있다.[14] 의견, 가치관, 해석, 목표가 다른 다양한 사람들이 모여 일하는 조직에서 정치적 행위는 피할 수 없는 현실이므로 부정적 측면을 극복하고 긍정적 측면을 활용하려는 노력이 필요하다. 또한 정치적 행위는 창의성을 유발하든가 건설적 논쟁을 촉발하기도 하므로 불가피할 뿐 아니라 필요하다는 견해도 존재한다.[15]

조직정치는 실제로 나타나는 정치적 행위와 더불어 '지각된 조직정치'(POP: Perceived Organizational Politics)도 중요시된다. 자신은 정치적 의도가 없이 행동했지만, 다른 사람들의 눈에는 정치적으로 비춰질 수 있다. 또한 구성원들이 조직이 정치적이라고 느끼게 되면, 경영층을 비롯한 다른 조직원들의 행위를 왜곡된 시선으로 바라보게 된다. 많은 학자들이 중요한 것은 실제가 아니라 지각된 조직정치라는 주장을 펴고 있다. 연구결과도 지각된 조직정치가 직무만족, 조직몰입, 스트레스, 직무소진(burnout), 냉소주의(cynicism), 이직의도, 생산성 등에 영향을 미치는 것으로 나타났다.[16]

조직 내 정치게임은 은밀히 진행되기 때문에 게임의 플레이어들이 누구인지 드러나지 않는 경우가 많고, 게임의 규칙도 분명치 않은 특징을 갖는다. 조직정치는 조직구성원들끼리, 또 때로는 구성원들과 조직 자체가 대립하게 하는데, 구성원 자신도 모르는 사이에 정치에 휘말리기도 한다.

조직원들은 왜 정치적 행동을 하는가

조직 내의 정치활동을 촉진하는 요인들로는 대략 자원의 희소성, 의사결정의 불확실성, 목표의 모호성, 기술과 외부환경의 다변성, 변화의 발생 등 다섯 가지를 든다. 이들 각각이 어떤 방향으로 조직정치행위에 영향을 미치는가를 〈표 9-6〉에 요약하였다.

표에서 보듯이 현대의 조직사회는 제한된 자원에 의존하고 있으며 조직환경과 기술 등이 복잡하고 동태적으로 변화해 가고 있다. 이러한 상황하에서 조직구성원들은 보다 정치적인 성향을 띠게 된다.

정치적 행위는 조직문화나 자원의 고갈 또는 목표나 상황의 불확실성 등의 영향을 받지만, 개인적 속성이 작용하기도 한다. 예를 들어, 마키아벨리즘 성향이 높은 사람은 정치적 행위를 할 가능성이 크다. 성격 자체가 조작적이고 이기적인 내용을 갖고 있기 때문이다. 아울러 지배성향, 5대 성격 중에서 개방성과 외향성 등이 정치적 행동에 관련되는 것으로 나타났다.[17)]

표 9-6
조직정치의 동기

자 원	조직정치는 자원의 필요성과 희소성의 정도에 따라 결정된다. 희소성이 높을수록 정치적 동기도 강해진다. 또한 새로운 자원에 대한 필요성도 조직정치를 발생시킨다.
의사결정	불확실한 상황에서의 의사결정 또는 명확하지 않고 애매한 결정을 내렸을 때 또 장기전략에 대한 결정일수록 조직정치가 발생할 가능성이 높다.
목 표	목표가 모호하고 불명확하거나 복잡할수록 조직정치가 발생할 확률이 높다.
기술과 외부환경	조직 내의 기술이 복잡해질수록, 그리고 외부환경이 불확실하고 동태적(dynamic)일수록 조직정치가 발생할 확률이 높아진다.
변 화	조직구조의 재조정이나 계획된 조직개발노력, 그리고 외부의 압력에 의해 변화가 일어날 때는 조직정치가 보다 크게 작용한다.[18)]

조직정치 과정에서 사용되는 정치적 술수와 전략

앞서 배운 권력의 원천을 개인적 이해증진을 위해서 사용하면 정치적 술수(political tactics)라고 하고 집단이나 조직, 또는 다른 사람들을 위해서 공익적으로 활용하면 정치적 전략(political strategy)이라고 한다.

조직에서 정치적 행위는 다양한 모습으로 나타난다. 경쟁관계에 있는 동료에 대하여 나쁜 소문을 퍼뜨리든가 별것도 아닌 일을 침소봉대하여 상사에게 고해바치는 행동은 정치적 술수에 해당한다. 일이 잘 되었을 때는 자신의 업적임을 은근히 내세우고, 실패했을 때는 상황이나 다른 사람 탓을 하는 것도 정치적 행위이다. 이처럼, 정치적 술수는 속임수, 조작, 거짓말, 과장과 축소 등 다양한 부정적인 방법들을 포함하며 공개적으로 또는 은밀히 사용된다.

반면에 정치적 전략은 자신의 이익을 위해서 남에게 해를 끼치는 행위가 아니라 팀이나 조직, 또는 다른 사람들의 이익을 위한 행동이다. 좋은 아이디어를 제시했을 때 믿고 승인해주도록 윗사람과 자주 만나고 친밀감을 형성하는 행위, 조직의 발전을 위해서 마음 맞는 조직원들과 연대하는 것, 도움이 필요한 순간을 위해서 평소에 주변 사람들과 신뢰감을 쌓아 두는 행위, 전문가로 인정받기 위해서 열심히 연구하는 모습을 보여주는 것 등은 자신뿐 아니라 조직에도 긍정적 결과를 가져오므로 정치적 전략이라고 할 수 있다.

하지만 같은 행위라고 하더라도 좋게 해석될 수도 있고 이기적 정치행위로 해석될 수도 있다는 점에 유의해야 한다. 학자들은 일반적으로 긍정적 또는 부정적으로 사용되는 조직 내 정치적 행위들을 여덟 가지로 정리하고 있다.[19)]

(1) 다른 사람들을 공격하고 비난하기
(2) 정보를 정치적 수단으로 활용하기
(3) 호의적인 인상을 형성하기 위해 노력하는 것
(4) 개인적인 지지기반을 개발해 두는 것
(5) 다른 사람들을 칭찬하고 감시표시(ingratiation)를 하는 행위
(6) 뜻이 같은 사람들(allies)과 연대(coalition)하기

(7) 권력자나 영향력 있는 사람들과 관계형성하기

(8) 상대방이 '나'에게 책무감을 느끼도록 만들기

조직정치의 결과

조직정치는 다양한 결과를 낳는다. 지금까지의 연구결과에 따르면, 부정적인 측면에서 조직정치는 직무만족과 조직몰입의 저하, 스트레스, 직무소진(burnout), 이직의도, 결근율의 증가, 그리고 성과, 생산성, 조직시민행동 등의 저하 등을 가져오는 것으로 나타났다. 개인 내적으로도 여러 가지 부정적인 결과를 예상할 수 있다. 정치적으로 불이익을 느끼는 구성원들은 복수와 보복을 불러오기도 한다.[20] 조직정치가 격화되든가 정치적 조직문화가 자리잡게 되면, 구성원들 관심이 일이나 생산성에 집중되기보다는 패거리를 형성하고 줄서기에 집중되기 때문에 조직경쟁력 약화를 가져오게 된다.

하지만 긍정적 측면의 결과도 있다. 비판과 반대 집단이 형성됨으로써 조직정치가 잘 관리된다면 건설적 결과를 기대할 수도 있다. 건전한 비판과 건설적 공격과 방어는 조직에 활력을 가져오고 의사결정에 있어 잘못될 수 있는 위험을 줄여준다. 조직정치가 창의성을 높이기도 한다는 연구결과는 이러한 입장을 지지하는 결과이다. 아울러, 정치행위는 자신의 아이디어나 생각을 조직에 도입하고 싶을 때 큰 도움이 될 수 있다.

이러한 다양한 결과들은 조직경영에 있어 조직정치를 잘 관리해야 한다는 점을 말해준다.

조직정치는 관리가 필요하다

조직정치란 적용범위에 따라 방법을 달리할 뿐이지 결코 사라지는 법이 없다. 따라서 이를 억제하려 하기보다는 효율적으로 관리해 가는 것이 중요하다. 개인차원의 조직정치관리는 '인상관리'(impression management)와 관련된다. 인상관리의 기본은 부정적 이미지를 제거하는 방어적 전략과 긍정적 이미지를 제고하는 공격적 전략으로 대별된다. 본서의 제3장에서 지각을 배

표 9-7
조직정치관리를 위한 방안들[21)]

(1) 제도의 불확실성을 줄인다.
① 평가의 원칙과 과정을 분명히 한다.
② 성과의 정도에 따라 차별적 보상을 한다.
③ 성과에 대한 보상은 신속하고 정확하게 집행한다.

(2) 결탁집단을 관리한다.
① 조직 내 역기능적인 역할을 하는 결탁세력을 제거 또는 분열시킨다.
② 개인적인 권력욕구보다는 조직의 목표에 전념할 수 있는 비정치적인 태도에 대한 평가를 승진을 결정하는 중요한 요인들 중 하나로 이용한다.

(3) 조직정의(organizational justice)를 구현한다.
① 분배정의, 절차정의, 교류정의를 잘 관리한다.

(4) 윤리기준을 강화한다.
① 윤리기준을 엄격히 하고 윤리교육을 강화해야 한다.

울 때 인상관리를 다뤘다. 한편 조직차원에서 효율적인 조직정치관리를 위한 대안들을 살펴보면 〈표 9-7〉과 같다. 표에 나타난 바와 같이 표준화된 평가기준으로 업무성과를 평가하고 명확한 보상체제를 통하여 불확실성을 줄이는 것이 중요하다.[21)]

특히 조직정의(organizational justice)와 윤리는 정치적 행동을 관리하는데 있어 매우 중요한 도구가 될 수 있다. 조직구성원들은 다음 세 가지 조건이 충족될 때 정의로운 조직이라고 느끼는 것으로 나타났다.[22)]

(1) 능력이나 실력에 합당한 직위를 부여받을 때
(2) 조직이 자신을 배려해 준다는 생각이 들 때
(3) 의사결정과정에서 책임자가 중립을 지킬 때

이러한 인식에 기초하여 형성되는 조직정의는 분배정의(distributional justice), 절차정의(procedural justice), 그리고 교류정의(interactional justice) 등 세 가지 유형으로 구분된다. 보상이나 벌, 직무 등을 구성원들에게 배분할 때 결과가 정의로워야 한다는 것이 분배정의이고, 분배의 기준과 절차가 명확하고 공정해야 한다는 것이 절차정의이며, 서로간에 교류를 할 때 인격적으로 대하고 존중해줘야 한다는 것이 교류정의이다.

이 세 가지 정의가 지켜지지 않으면, 정치적 행위가 활발해질 가능성이 높아진다. 연구결과에 따르면, 특히 절차정의와 교류정의가 정치적 행동과 관계가 깊은 것으로 나타나고 있다. 예를 들어, 절차가 불명확하든가 자주 바뀌면 구성원들은 그 절차에 개입하거나 영향을 미칠 수 있는 권력자를 찾게 된다. 이것이 정치행위의 시발점이 될 수 있다.

한편 윤리적 기준을 강화하고 윤리경영을 구현하는 것도 파괴적 조직정치를 극복할 수 있는 방법이다. 윤리경영은 투명성에 기초하므로 불확실성이 제거되어 정치적 행위가 발현할 수 있는 조건을 없애준다. 엄격한 윤리기준의 적용은 파괴적 정치행위가 가져올 비용을 높이기 때문에 정치적 행위를 자제시키는 결과를 가져온다.

제9장 문제 풀이

(1) '조직 내 정의(organizational justice)'가 사회적 문제가 되고 있다. 조직정의에는 분배정의, 절차정의, 교류정의 등 세 가지 유형이 있다는 것을 배웠다.

다음은 각각 어떤 정의에 해당하는 표현인가?
① CEO와 사원의 급여차이가 너무 크다
② 상사가 하급자에게 입에 담지 못할 욕설을 퍼붓는다
③ 저 사람이 어떻게 저 자리에 임명되었는지 모르겠다

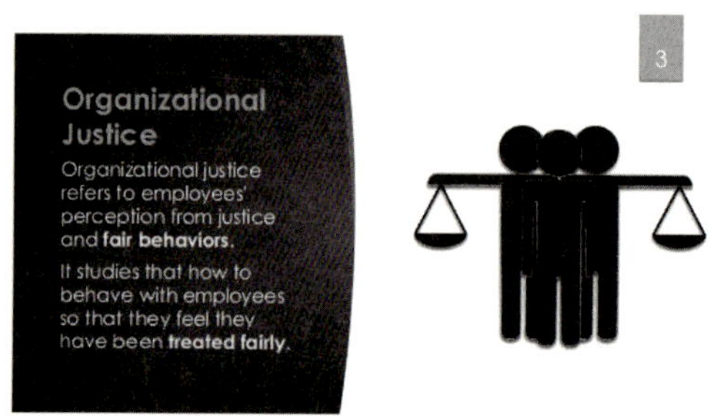

(2) 아래의 표는 영향력 행사의 9가지 전략이다. 이들 중 당신이 가장 잘 쓰는 전략은 무엇인가?

영향력 행사의 아홉 가지 전략	개 요
〔1〕 논리적 설득	• 논리, 사실, 이치를 따지며 합리적으로 설득함
〔2〕 영감어린 호소	• 비전과 가치를 감성적 열정으로 설명함
〔3〕 자문법(consultation)	• 계획, 의사결정, 변화추구 등에 다른 사람들을 참여시킴
〔4〕 감사표시	• 어떤 요청을 하기 전에 감사표시를 함으로써 분위기를 좋게 함
〔5〕 개인적 호소	• 친분이나 정을 바탕으로 요구함
〔6〕 거래약속	• 요청을 들어주면 다른 혜택을 주겠다고 약속함
〔7〕 연합전술	• 친한 사람에게 다른 사람을 설득해달라고 부탁함
〔8〕 압력행사	• 위협이나 협박을 통하여 동의를 구함
〔9〕 권한행사	• 공식적으로 주어진 권한이나 규칙을 사용하여 요청함

종합 사례 9

어떻게 임파워먼트시킬까?

우리 사회에는 장애인, 탈북자, 빈곤층, 실직자, 미취업자 등 임파워먼트를 필요로 하는 계층이 많다. 모두가 한 시대를 함께 살아가야 하는 계층이다. 좌절하고 무력감에 빠진 사람들이 희망을 갖고 힘차게 살아갈 수 있도록 다양한 노력을 기울여야 한다.

조직 내 직원들 중에서도 무력감에 빠진 구성원들이 많다. 능력부족을 느끼는 구성원들, 상사의 신임을 못 받고 있다고 느끼는 구성원들, 불가능한 목표를 달성하라는 압박을 받고 있는 구성원들, 정말로 출근하고 싶지 않은데 그래도 먹고 살아야 해서 이른 아침 집을 나서야 하는 구성원들, 자기보다 똑똑한 하급자를 상대해야 하는 팀장, ……

[종합 문제 9] 이들을 임파워먼트시킬 수 있는 방법은 무엇인가?

나의 조직행동 진단 9

권력원천 측정설문

▣ 아래의 응답양식을 사용하여 질문에 답한 후 주어진 기준에 따라 권력원천 수준을 평가해보시오. ○표 해 주세요.

〈응답양식〉

1	2	3	4	5
전혀 동의하지 않는다.	동의하지 않는다.	약간 동의한다.	동의한다.	강력히 동의한다.

권력원천	질 문	1	2	3	4	5
보상권력	1. 나는 하급자(또는 친구)들에게 보상을 해 줄 수 있다.					
	2. 나의 하급자(또는 친구)들에 대한 평가가 그들이 받는 보상에 영향을 준다.					
	3. 내 결정에 따라 하위직급 구성원(또는 친구)들이 보너스(또는 보상)를 받을 수 있다.					
강압적 권력	4. 나는 하위직급자(또는 친구)들을 벌할 수 있다.					
	5. 나의 일은 하위직급자(또는 친구)들을 체크하는 것이다.					
	6. 나의 노력에 따라 실수가 줄어든다.					
합법적 권력	7. 내 직위는 나에게 큰 권한을 준다.					
	8. 내 직급에서 내리는 결정은 결정적으로 중요하다.					
	9. 구성원들은 나의 지휘를 기대한다.					
전문적 권력	10. 나는 하는 일에 있어 전문가이다.					
	11. 맡은 일에 대한 나의 능력은 나의 장점이다.					
	12. 시간만 주어지면 내가 하는 일을 개선할 수 있다.					

권력원천	질 문	1	2	3	4	5
준거적 권력	13. 나는 다른 조직원(또는 친구, 후배)들에게 좋은 모델이 되기 위해서 노력한다.					
	14. 성격상으로 보더라도 나는 내가 지금 하고 있는 일을 잘할 수 있다.					
	15. 동료(또는 친구)들은 나를 비공식 리더로 간주한다.					

[해 석] 각 권력원천에 대하여 자신의 권력원천 점수를 적고 아래 채점표에 따라 당신의 권력을 평가해보자.

채점표

권력원천	약 함 (3점~6점까지)	보 통 (7점~11점까지)	강 함 (12점~15점까지)
보상적 권력 (#1~3의 합)			
강압적 권력 (#4~6의 합)			
합법적 권력 (#7~9의 합)			
전문적 권력 (#10~12의 합)			
준거적 권력 (#13~15의 합)			

제 10 장

리더십 I

본 장의 요점

※ 리더십의 개념을 이해하고 다양한 이론들을 분류하는 체계를 배운다.

※ 리더는 타고나는가(nature), 육성되는가(nurture)의 논쟁을 특성론과 행위론을 대비시켜 이해한다.

※ "과업"과 "관계"를 두 축으로 하는 여러 행위론들을 학습한다.

※ 행위론과 상황론의 차이를 이해한다.

※ 다양한 상황에 적합한 행동들을 여러 상황이론들이 제시하는 바를 통하여 습득한다.

Let's Talk!

"세계적 리더십의 위기!"

세계적으로 리더십의 위기라는 인식이 강하게 자리잡고 있다. 한 서베이에서 86%가 리더십이 위기라고 응답했다. 정치의 리더, 기업의 리더 등 인류 사회에는 다양한 리더들이 존재하는데 이들에 대한 불신이 매우 크다.

"세계적으로 리더십의 위기가 있습니까?" — 86%가 "그렇다 또는 매우 그렇다"

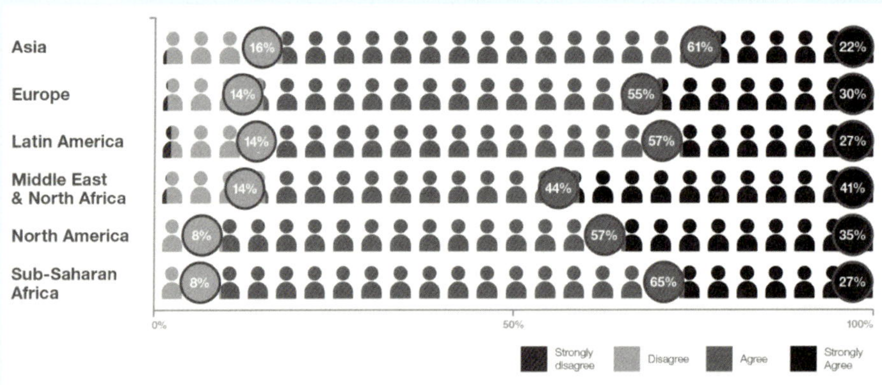

(Source: Survey on the Global Agenda 2014. http://reports.weforum.org/)

한국의 경우에도 크게 다르지 않을 것으로 추론된다.

✠ 〈토론 주제 10〉 리더에 대한 불신의 이유는 무엇일까?

리더십이란 무엇인가

리더와 리더십의 필요성은 사람들이 사회를 이루어 살기 시작했던 태고 시대부터 사람들 마음속에 존재했던 것 같다. 하지만 리더(Leader)라는 말이 처음 사용되기 시작한 것은 서기 1300년경이며 리더십(Leadership)이란 단어가 처음 사용된 것은 서기 1800년 전반인 것으로 나타나고 있다.[1)]

리드(Lead)의 어원은 고대영어의 leden 또는 Loedan이다. 본래의 뜻은 "안내하다"(to guide: to show the way)였다. 나아가 leden과 Loedan의 라틴어 어원은 "ducere"로서 "끌다"(to draw)라는 뜻이다. "ducere"라는 말이 서기 800년경에 출간된 기독교서적에서 이미 쓰이고 있는 것으로 봐서 리더십의 개념은 말보다 먼저 존재했음을 알 수 있다.

한편 한국어에서도 리더십과 유사한 개념인 통솔(統率)이란 말이 1300년대에 이미 쓰이고 있어 한국에서도 리더십 개념이 오래전부터 존재했음을 추론할 수 있게 한다.

리드의 어원을 정리하면 〔그림 10-1〕과 같다.

그림 10-1
리드(Lead) 어원도

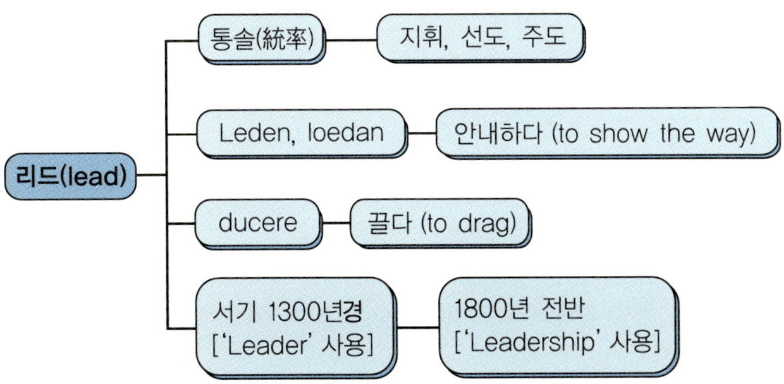

자료: 백기복 · 신제구 · 김정훈. 2016. *리더십의 이해*. 창민사, p.36.

리더십의 정의는 보는 관점에 따라 매우 다양하게 제시되고 있다. 또한 시대별로 리더십의 정의는 다양하게 변화해왔다.

여기에서는 리더십을 로스트(Rost)의 정의에 기초하여 다음과 같이 정의한다.[2)]

"리더와 추종자들이 관심사를 매개로 특정한 목적을 효과적으로 달성하기 위하여 서로 영향을 주고받으면서 성장하는 과정이다."

한편 리더와 관리자는 구분된다. 베니스와 나누스(Bennis & Nanus)는 관리자들은 주어진 일을 옳게(즉 보다 효율적인 방법으로) 하려는(do things right) 사람들이고 리더는 옳은 일을 하려는(do the right thing) 사람들이라고 정의한 바 있다.[3)] 베니스는 리더와 관리자의 차이를 〈표 10-1〉과 같이 요약하였다. 하지만 '리더는 좋은 사람, 관리자는 나쁜 사람'하는 식으로 보는 것은 잘못이다. 관리자의 역할과 리더의 역할은 둘다 조직경영에 중요하다.

표 10-1
리더와 관리자의 개념 구분

관리자 특성	리더 특성
책임수행	혁신주도
모방	창조
유지	개발
시스템과 구조에 초점	인간에 초점
통제위주	신뢰에 기초
단기적	장기적
언제, 어떻게 관심	무엇을, 왜에 관심
수직적 관점	수평적 관점
현상태 수용	현상태에 도전
전통적인 충복	독자적 인간
일을 옳게 함('How' 중심)	옳은 일을 함('What' 중심)

자료: Bennis, W. & Goldsmith, J. 1994. *Learning to lead*, NY: Addison-Wesley Publishing Co.

특성, 행위, 관계중심의 리더십이론들

특성이론

리더의 특성은 사람 일반이 갖는 신체적, 성격적, 사회적(대인관계적), 그리고 능력상의 특성들(이들을 1차적 특성변수라고 한다)로부터 추출된 효과적인 리더가 갖춰야 하는 특성들의 집합(따라서 리더의 특성을 2차적 특성변수라 칭한다)을 뜻한다. 지금까지의 연구결과를 중심으로 리더 특성들을 요약하면 〈표 10-2〉와 같다.

리더십행위 이론들

행위중심의 리더십 개념을 탐구한 연구팀들 중 하나는 1947년 리커트(Rensis Likert)를 필두로 한 미국의 **미시간 대학**(University of Michigan)**연구팀**이었다. 이들은 리더십 스타일을 **직무중심형**과 **조직원중심형**으로 나누고 어느 스타일이 더 효과적인가를 밝히려고 시도하였으나, 커다란 성과를 거두지는 못하였다. 중요한 것은 미시간대학 연구에서는 직무중심형과 조직원중심

표 10-2
리더 특성

구 분	내 용
신체적, 골격적 특성	활동성, 정력, 외모, 차림새, 몸무게 등
능력 또는 기술특성	행정능력, 지능, 판단력, 지식, 기술적 능력, 어휘 구사력
성격적 특성	성취동기, 야망, 적응력, 공격성, 민첩성, 반(反)권위주의적 성격, 지배성향, 자기제어, 열정, 외향성, 독립성, 주도적, 직관력, 성실성, 객관성, 창의성, 일관성, 인내력, 책임감, 자신감, 유머감각, 스트레스 저항력 등
사회적 특성	협동성, 대인관계 기술, 민감성, 명예나 인기중시 성향, 사회성, 사회경제적 지위, 다변성, 재치 등

자료: Jago, A. G. 1982, Leadership: Perspectives in theory and research. *Management Science*, 28(3): p.317에서 인용.

형을 동일차원의 양극단으로 보고 있다는 점이다. 즉, 어떤 리더가 직무중심 스타일을 갖고 있으면 그가 동시에 조직원중심의 스타일을 보여줄 수는 없다는 관점이다.

1950년대 들어오면서, 리더십 연구를 위한 대형 프로그램들이 시도되었는데, 그중에 가장 큰 공헌을 한 것은 스톡딜(Ralph Stogdill)과 플라이쉬만(Edwin A. Fleishman)이 이끌었던 **오하이오 주립대학**(Ohio State University: OSU)의 리더십 연구 프로그램이었다.[4)]

이 연구팀은 리더십 스타일을 **구조주도**(Initiating Structure)와 **배려**(Consideration)라고 하는 두 개의 독립된 차원으로 보았다. 즉, 미시간대학 연구에서와는 달리, 리더는 구조주도와 배려행위를 동시에 보일 수 있다는 관점이다.

리더의 **구조주도 행위**란 집단구성원들간의 직위와 역할을 규정하든가 조직화하고 공식적 의사소통 채널을 설정하며 집단의 과업을 달성하는 방법을 제시하는 등과 관련된 리더의 행위를 뜻한다.

반면에 **배려행위**란 리더가 추종자들에게 보여 주는 쌍방의사소통, 의견수렴, 상호신뢰, 존중, 따뜻함 등의 범주에 속하는 리더의 행위를 의미한다.

이들을 측정하는 설문의 예를 살펴보면 개념이 좀더 분명해 질 것이다(〈표

표 10-3
LBDQ의 예

(1) '구조주도' 측정 설문의 예	• 그는(리더는) 하급자들에게 분명한 직무를 정해준다. • 그는 수행할 일에 대한 스케줄을 짜준다. • 그는 집단구성원들이 정해진 규칙과 규정을 따르도록 요구한다. • 그는 데드라인을 중시한다.
(2) '배려' 측정 설문의 예	• 그와 이야기를 나누다보면 편안함을 느끼게 된다. • 그는 친구처럼 대해주며 언제든 만날 수 있게 해 준다. • 그는 집단구성원들 각자의 개인적인 형편에까지도 신경을 써준다. • 그는 제안을 받으면 그것을 실행에 옮긴다.

10-3〉 참조). 설문의 예에서 보듯이, 구조주도는 과업중심적 행위이고 배려는 리더-추종자간의 관계중심적 행위라고 말할 수 있다.

그렇다면 과연 구조주도와 배려행위 중 어느 것이 더 효과적일까? 군조직, 교육 및 기업 조직들에게 많은 연구가 이루어졌는데, 리더의 구조주도 및 배려행위와 하급자 만족도, 하급자의 성과, 리더의 성과에 대한 하급자, 동료, 상급자들로부터의 평가 등과의 관계를 테스트한다. 그 결과 가장 효과적인 리더는 높은 구조주도행위와 높은 배려행위를 동시에 보이는 리더인 것으로 나타났다.[5)]

이것을 그림으로 요약하면 〔그림 10-2〕와 같다.

OSU 리더십 연구를 종합해 볼 때, 두 가지 중요한 점을 발견할 수 있다. 첫째는 많은 연구에서 구조주도와 배려의 유효성이 상황에 따라 달라진다는 사실을 발견하였다는 점이다. 둘째는 특성이론이 리더를 확보함에 있어 선발에 의존할 수밖에 없었던 반면에 행위중심이론에서는 리더십을 교육 · 훈련을 통하여 개발할 수 있게 됨으로써 수많은 리더십 훈련 프로그램들이 등장하게 되었다는 점이다.

유효성에 대한 많은 논란을 일으키면서 상당 기간 동안 리더십 훈련 프로그램으로서 실무자들 사이에 인기를 누려온 프로그램이 블레이크(Blake)와 무튼(Mouton)의 **관리격자**(Managerial Grid)프로그램이다.[6)]

이 프로그램은 구조주도와 배려 대신에 **'생산에 대한 관심'**(concern for

그림 10-2
구조주도, 배려와 효과적 리더십

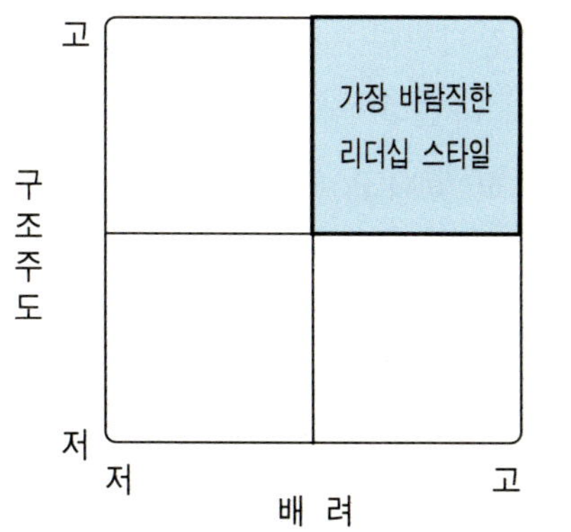

*OSU 연구에서는 가장 바람직한 리더십 스타일은 고(高) 구조주도, 고(高) 배려 스타일인 것으로 나타났다.

pro-duction)과 **'인간에 대한 관심'**(concern for people)이라는 용어를 사용하면서 각 차원을 9등분하여 주요 좌표 다섯 지점에 수강자들이 알아듣기 쉽도록 독특한 명칭을 붙였다.

물론 이 프로그램에서는, 무관심형, 과업형, 컨트리클럽형, 중간형, 팀형 등 다섯 가지 스타일들 중에 팀형, 즉 9.9형 리더를 가장 바람직한 모델로 보고 그것을 개발의 목표로 한다.

구조주도와 배려는 미국에서 일본으로 전해지면서 일본학자들에 의해서 나름대로 각색되어 **'성과지향'**(Performance Orientation: P)과 **'유지(관계)지향'**(Maintenance Orientation: M) 등의 용어로 불리우게 된다. 미수미의 주장에 따르면, 성과지향(P)은 효과적 리더십에 필수적이지만 같은 강도의 유지(관계)지향 성향(M)이 동반되지 않으면 리더의 성과지향적 행위를 집단구성원들이 압력 또는 통제로 해석하게 된다는 것이다. 반면에, 성과에 대한 강조와 함께 유지노력이 주어지면(즉, PM형) 추종자들은 리더의 성과지향적 행동을 지시나 압력으로 해석하기보다는 계획수립을 도와주고 뭔가 전수해 주기 위한 행동으로 평가한다는 것이다.[7)]

관계중심의 리더십이론

ALS와 VDL

수직짝관계이론(VDL: Vertical Dyadic Linkage theory)은 리더는 구성원들 각자와 각기 다른 관계를 발전시킨다고 전제하고 그 관계의 특성을 결정하는 원인과 결과 등을 규명하려 하였다. 예를 들어, 리더인 강 팀장이 A, B, C, D의 네 팀원(하급자)들을 맡고 있다고 하자. 이때, 기존의 다른 이론들에서는 강 팀장이 팀원들 누구와도 더(또는 덜) 친밀함이 없이 똑같은 관계를 보이는 것을 전제로 하고 있다(이러한 리더십 스타일을 '평균리더십 스타일'-Average Leadership Style〔ALS〕-이라고 한다). 또한 평균리더십 스타일은 A, B, C, D의 네 부하들이 리더의 행동을 지각하고 해석하여 반응을 보이는 데 있어 모두 동일하다고 가정한다(〔그림 10-3〕의 〔가〕).

그림 10-3
ALS와 VDL

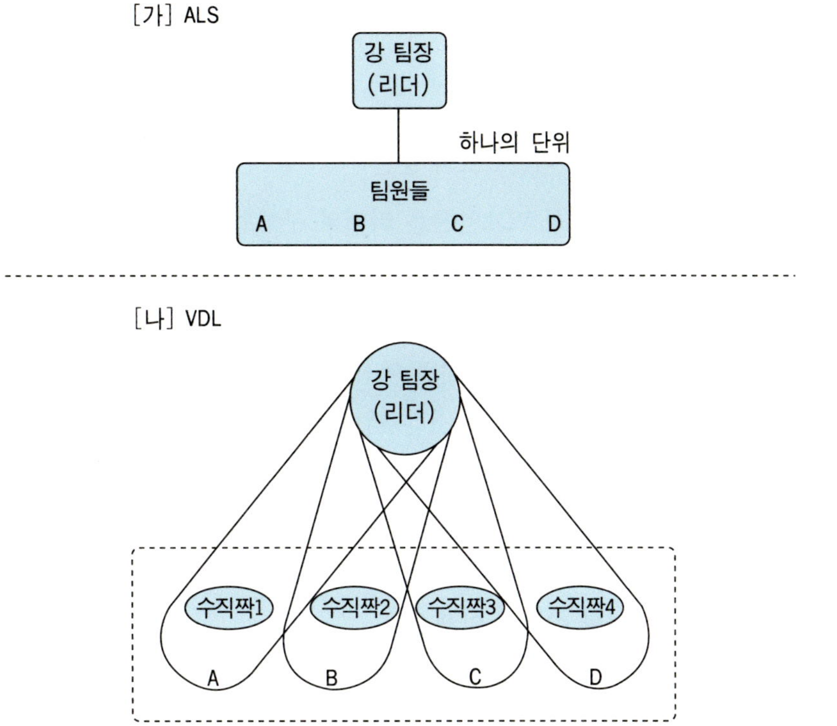

반면에 VDL이론은 〔강 팀장과 A〕, 〔강 팀장과 B〕, 〔강 팀장과 C〕, 〔강 팀장과 D〕 각각을 "**수직짝**(vertical dyad)"이라고 칭하고 이들 수직짝들의 특성(즉, 관계의 특성)을 분석의 대상으로 삼았다.[8)] 첫번째 수직짝인 〔강 팀장과 A〕가 보여주는 상호작용의 특성은 〔강 팀장과 D〕의 특성과 아주 다를 수 있다. 이들을 그림으로 나타내면 〔그림 10-3〕의 〔나〕와 같다.

VDL이론에서는 수직짝의 종류를 「**내집단**(內集團) **짝**(In-group)」과 「**외집단**(外集團) **짝**(Out-group)」으로 나눈다('내집단'과 '외집단'으로 약칭함).[9)]

리더와 하급자의 관계가 내집단 관계일 때는 상호간에 동업자와 같은 신뢰, 존경과 호의, 공동운명의식 등을 나누어 갖게 되고 계약 외적인 행동교환이 발생함으로써 리더와 하급자가 서로 보다 큰 영향을 주고받게 된다.

반면에 외집단 관계에 해당하는 하급자에 대해서는 리더가 감독자

(supervisor)의 행동을 보이게 되며, 일방적이고 하향적인 영향력의 행사, 공식적 역할범위 내의 관계유지 등의 행동을 보인다. 그리고 상호 운명적 결속력이 희박하다.

LMX 이론으로의 발전

이러한 VDL이론은 리더와 구성원 각자의 관계의 질을 보다 깊이 있게 다루는 LMX(Leader-Member Exchange) 이론으로 발전하게 된다.

LMX 이론은 리더와 구성원간의 관계발전 과정을 세 단계로 나누어 설명하고 있다. 각 단계별 핵심 내용을 〔그림 10-4〕에 요약, 제시하였다.[10)]

이방인 단계에서는 리더와 해당 하급자간의 교류가 정해진 규정이나 공식적인 필요의 한계를 넘지 않는다. 하급자는 계약관계나 규칙으로 정해진 일만을 수행하면 되고 직계상의 리더에 대해서 조직에서의 일반 상급자의 대우만 해주면 된다. 이 단계에서 하급자는 집단보다는 자신을 먼저 생각하고 자신의 이익을 앞세운다.

면식단계에서는, 리더와 하급자간에 더 많은 자원과 직무나 개인적 정보가 공유되어 양자가 보다 친숙한 관계를 형성하게 된다. 이 단계는 리더와 하급자간에 서로가 서로를 실험하는 단계이다. 하급자가 더 많은 역할과 더 중요한 책무를 담당할 의지가 있는지, 또는 리더가 그러한 역할과 권한을 위임해 줄 의사가 있는지를 서로간에 검증하게 된다. 상호간의 테스트 결과가

그림 10-4
LMX 발전단계

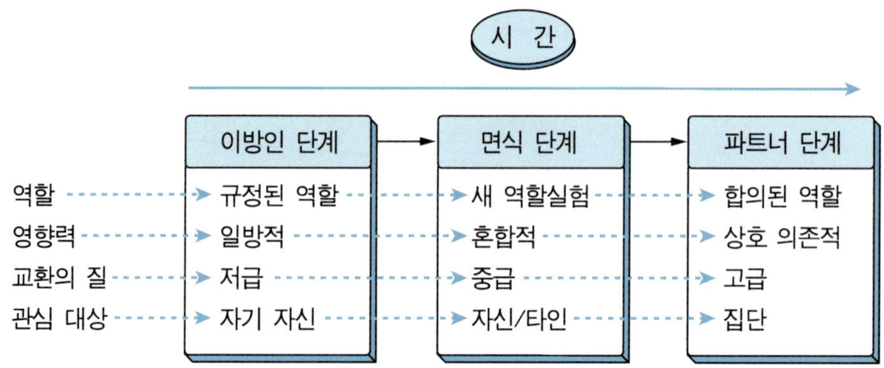

긍정적이면, 신뢰와 상호 존중의 관계가 정착하게 되는 것이다. 이들은 이제 '나'만이 아니라 팀이나 집단의 문제에 대해서도 주의를 기울이게 된다.

세 번째 단계는 성숙한 파트너십의 단계이다. 이제 리더와 하급자는 상호 남다른 신뢰와 존경, 그리고 의무감을 갖게 된다. 서로 광범위한 측면에서 영향을 주고받는 관계이다. 이들은 조직과 자신 모두에게 긍정적인 결과를 산출해 낼 수 있는 매우 효과적인 관계를 갖게 된 것이며 이제 자기 자신보다는 집단의 이해를 더 중요시하는 경지에 이르렀다고 할 수 있다.

리더가 특정 구성원과 좋은 관계를 발전시키는 데는 적어도 세 가지 요건이 충족되어야 한다.: ① 상대방의 능력에 대한 상호 존중, ② 서로간의 신뢰가 더욱 깊어 질 것이라는 기대, ③ 장차 서로의 경력발전에 도움이 되리라는 믿음 등 세 요건이다. 리더-구성원의 질 좋은 관계는 하급자의 직무성과, 만족도, 조직몰입, 조직시민행동을 높이고 이직의도를 낮추는 것으로 나타났다. 뿐만 아니라, 리더와 좋은 관계를 형성하게 된 하급자는 그렇지 못한 하급자에 비해 리더가 보다 공정하다는 인식을 하게 되며, 보다 확실한 사회적 정체성(social identity)을 갖는 것으로 보고되고 있다. 또한 리더-구성원관계의 질과 조직시민행동, 조직정의 인식, 직무만족, 이직의도, 리더에 대한 신뢰 등과의 상관관계는 동양과 같이 수직적, 집단주의적 문화권에서보다 서구와 같이 수평적이고 개인주의적 문화권에서 더 강한 것으로 나타났다.[11)]

상황적 리더십이론들

여기에서는 1960년대 후반부터 나타나기 시작한 상황적합적 리더십이론들 중에서 많이 인용되는 피들러(Fiedler)의 리더십 상황모델(Contingency Model of Leadership), 하우스(House)의 경로-목표이론(Path-Goal Theory of Leadership), 허시와 블랜차드(Hersey & Blanchard)의 상황적 리더십이론, 그리고 브룸/예튼/제이고(Vroom/Yetton/Jago)의 리더십 의사결정이론 등에 대해서 살펴보기로 한다.

이들 상황적합 이론들의 특징은 일중심(구조주도) 스타일이나 관계중심(배려) 스타일 중 어느 하나가 더 효과적이라고 주장하는 것이 아니라 각각의 유효성이 상황조건에 따라 다르다고 주장한다. 상황을 어떻게 정의하는가 하는 점과 어떤 상황에서 일중심 스타일이 유효하며 또 어떤 상황에서는 관계중심 스타일이 더 유효한가를 상황적합 이론들에서는 구체적으로 밝히고 있다.

피들러의 리더십 상황모델

피들러(Fiedler)의 **리더십 상황모델은**[12] 최초의 상황이론으로 알려져 있다. 그는 집단의 성과는 과업동기 또는 관계동기라고 불리우는 리더의 성격적 특성과 리더십 상황의 "호의성(好意性, favorableness)"간의 **적합화**(match) 정도에 달려 있다고 주장했다.[13]

이 모델에서 리더의 성격특성은 LPC(Least Preferred Co-Worker) 설문에 의해서 측정된다. LPC 설문은 본 장의 끝에 제시된 설문에서 보듯이 18개 항목들로 이루어지며 이들 항목에 대한 응답을 합한 수치가 높을수록 "관계지

표 10-4
피들러 이론의 상황변수들

변수名	정 의
리더-구성원 관계	집단의 구성원들이 리더를 신뢰하고 좋아하며 그(녀)의 말(guidance)을 기꺼이 따르려는 정도를 뜻하며, 가장 중요한 상황변수이다.
과업구조	① 과업의 요구조건들(requirements)이 얼마나 명백히 정해져 있는가 하는 것(즉, 목표명료성). ② 어떤 과업을 수행하는 데 사용될 수 있는 과업수행 방법의 수(경로-목표의 다양성) ③ 과업을 수행하고 나서 그 결과를 알 수 있는 정도(검증가능성) ④ 과업에 대한 최적의 해답이나 결과가 존재하는 정도(구체성)
직위권력	리더가 갖고 있는 직위에 집단구성원들을 지도하고 평가하고 상과 벌을 줄 수 있는 권한이 주어진 정도.

그림 10-5
피들러의
리더십 상황모형

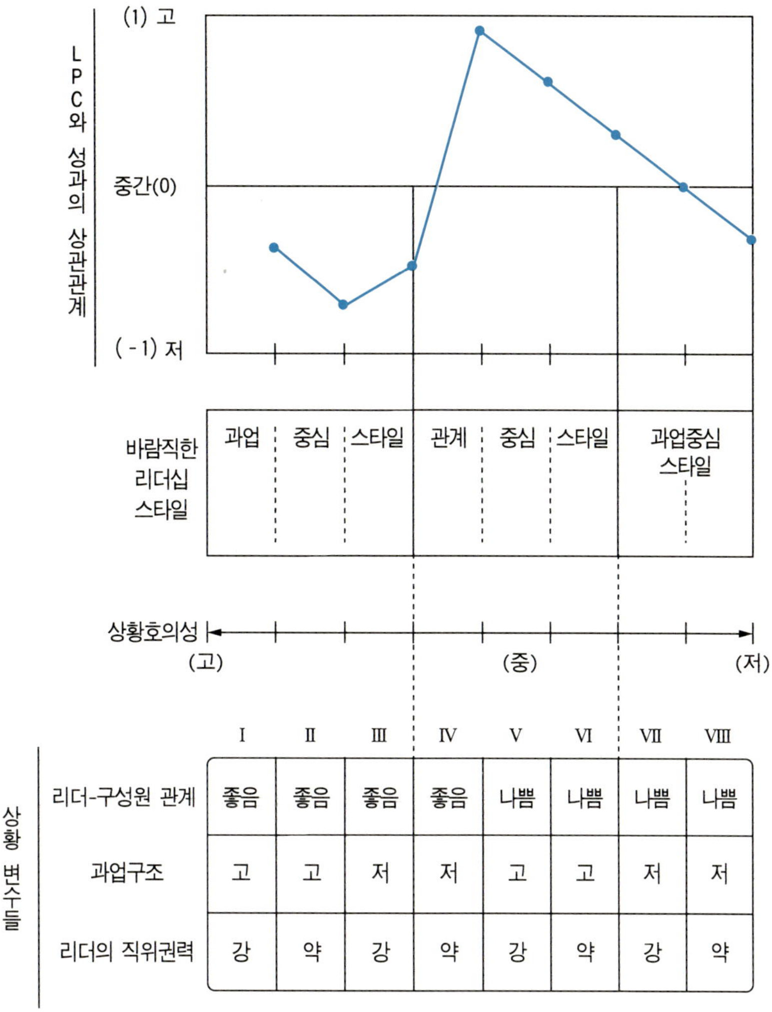

자료: Fiedler, F. 1971. *Leadership*. General Learning Press에서 수정 인용.

향적 리더십"에 해당하고 낮을수록 "과업지향적 리더십"에 해당한다.

피들러는 상황변수를 세 가지로 구체화하고 있다. 즉, **리더-구성원간의 관계**(leader-member relations), **과업구조**(task structure), 그리고 **직위권력**(position power) 등이 그들이다. 이들의 정의를 〈표 10-4〉에 요약하였다.

피들러는 이들 세 가지 상황변수들을 2등분한 후 조합하여 여덟 가지 상황(피들러는 이들을 '옥탄트(octant)'라고 부르고 있다)으로 나누고(2×2×2), 각각의 상황이 리더에게 얼마나 호의적인가를 '상황의 호의성'(favorableness of the situation)이라는 이름하에 제시하였다. 그리고 그는 리더십 상황(옥탄트) Ⅰ~Ⅷ에 대하여 적합한 리더십 스타일을 〔그림 10-5〕와 같이 제시하고 있다.

피들러에 따르면, 상황호의성이 중간정도일 때에는(Ⅳ, Ⅴ, Ⅵ상황들) 보다 관용적이고 관계지향적인 리더십 스타일이 최적이라고 한다. 즉, 하급자들이 리더를 보통 정도 호의적으로 대해 주고 리더가 어느 정도의 권력을 갖고 있으며 하위자들이 수행하는 과업이 약간 애매한 상황에서는 관계중심적 리더십이 최선의 결과를 낳는다는 것이다. 반대로, 상황이 아주 호의적이든가(상황 Ⅰ, Ⅱ, Ⅲ) 또는 비호의적일 때(상황 Ⅶ, Ⅷ)에는 과업중심적 리더십 스타일이 최선의 성과를 가져다준다고 한다.

하우스의 경로-목표이론

하우스(Robert House) 교수는 세 편의 논문을 통하여 경로-목표이론을 제시하였다.[14] **경로-목표이론**은 동기이론 중 하나인 기대이론(expectancy theory)에 기초하여 제시되었다.

하우스에 따르면, 리더의 행위가 추종자들의 동기를 유발할 수 있으려면, 추종자들의 목표성취에 방해가 되는 요소들을 제거해 줘야 하고 그들이 필요로 하는 지원과 도움을 줄 수 있어야 하며, 목표성취와 그에 따른 유의한 보상을 연결시켜 줘야 한다고 주장한다. 즉, 목표와 보상에 이르는 경로를 다루고 있다고 하여 '경로-목표이론'이라고 작명(作名)하였다.

하우스가 제시한 리더십 스타일은 지시적, 후원적, 참여적, 성취자향적 리더십 등 네 가지이다.

하우스는 이들 네 리더십 스타일들이 환경적 요인과 하급자의 특성에 따라 다른 결과를 낳는다고 주장하였다. 하우스 이론을 그림으로 요약하면 〔그림 10-6〕과 같다.

그림 10-6
하우스의 경로-목표이론

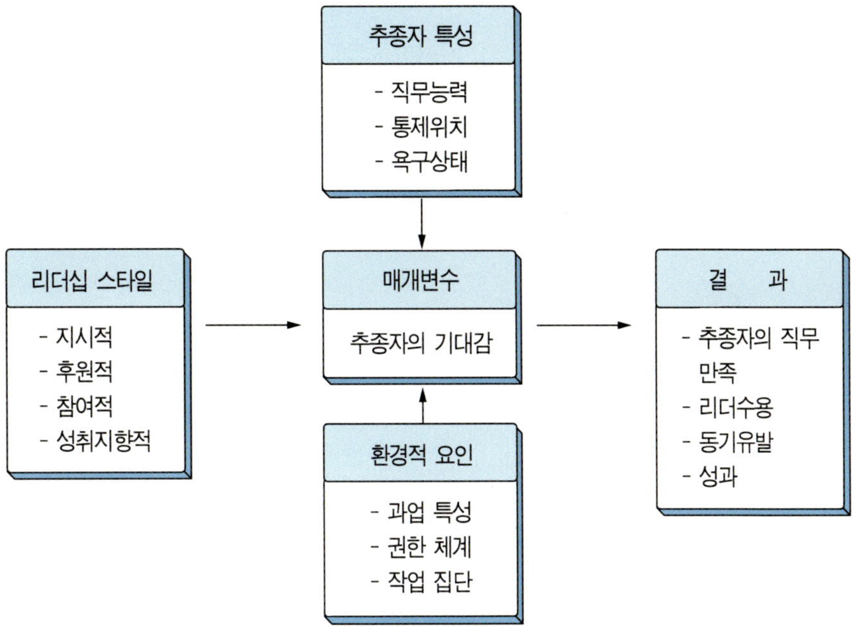

지금까지 밝혀진 연구결과들을 종합해 볼 때 대략 〈표 10-5〉와 같은 예측을 가능케 해준다. 〈표 10-5〉에 나타난 각 리더십 스타일의 상황에 따른 효과들을 요약하면, 과업구조가 불분명하면 지시적 리더십이 효과적이고 과업구조가 분명한 상황에서는 후원적 리더십이 보다 좋은 결과를 낳는다고 볼 수 있으며, 참여적 또는 성취지향적 리더십은 과업구조가 불분명(애매)하고 반복적이지 않다는 것을 전제로 하고 있다.

허시와 블랜차드의 상황적 리더십이론

본 이론은 리더의 행위를 OSU 연구에 기초하여 **과업행위**(즉, 구조주도)와 **관계행위**(즉, 배려)로 설정하고 각 축을 고, 저로 나누어 네 가지 리더십 스타일을 산출하였다. 그리고 상황변수로는 하급자들의 **'성숙도'**(readiness)를 들었다.[15] 즉 하급자들의 성숙도에 따라 리더십 스타일의 유효성이 달라진다

표 10-5
경로-목표이론의 연구 결과

리더십 스타일	상황에 따른 효과
지시적 리더십	① 지시적 리더십을 사용할 경우, 외재적 통제위치를 갖거나 과업능력이 낮은 하급자들에게 긍정적으로 작용하여 만족도를 높여준다. ② 명확한 과업을 수행하는 하급자들의 경우에는 부정적으로 작용하여 만족도와 동기를 저하시킨다.
후원적 리더십	① 스트레스나 좌절감, 또는 욕구불만을 느끼게 하는 과업을 수행하는 하급자들에게 후원적 리더십은 긍정적으로 작용하여 만족도를 높여준다. ② 과업이 어렵고 하급자가 자신감이 없거나 실패할 것을 크게 두려워하는 경우, 후원적 리더십은 하급자의 불안감을 덜어주고 자신감과 결의를 북돋워줄 수 있다.
참여적 리더십	① 통제위치에 있어 내재론자에 속하는 하급자들에 대해서 참여적 리더십을 사용하면 긍정적으로 작용하여 만족도를 높여줄 수 있다. ② 하급자들이 높은 자율욕구나 성취욕구를 갖고 있는 경우, 참여적 리더십은 하급자들의 만족도와 동기를 높여준다.
성취지향적 리더십	① 애매하고 반복적이지 않은 과업을 수행하는 하급자들에게 성취지향적 리더십을 사용하면 그들의 자신감과 동기를 높여준다.

자료: Yukl, G. A. 1998. *Leadership in organizations*. Englewood Cliffs, NJ: Prentice-Hall에서 정리 인용.

는 주장이다. 성숙도란 하급자들의 일에 대한 능력과 의지를 뜻한다.[16)]

허시와 블랜차드 이론의 요점을 〔그림 10-7〕에 표현하였다. 그림에서 밑에 있는 R1~R4는 성숙도의 정도를 나타낸다. 하급자들의 성숙수준이 R1일 때의 상황을 그림에서 S1사분면으로 보고 그에 맞는 리더십 스타일을 과업행위 고(高), 관계행위 저(低)인 '지시형'이라고 제시하고 있다. 하급자들이 능력도 없고 의지나 자신감도 부족한 상황에서는 지시와 감독에 의한 방법이

그림 10-7
허시와 블랜차드의 상황적 리더십이론

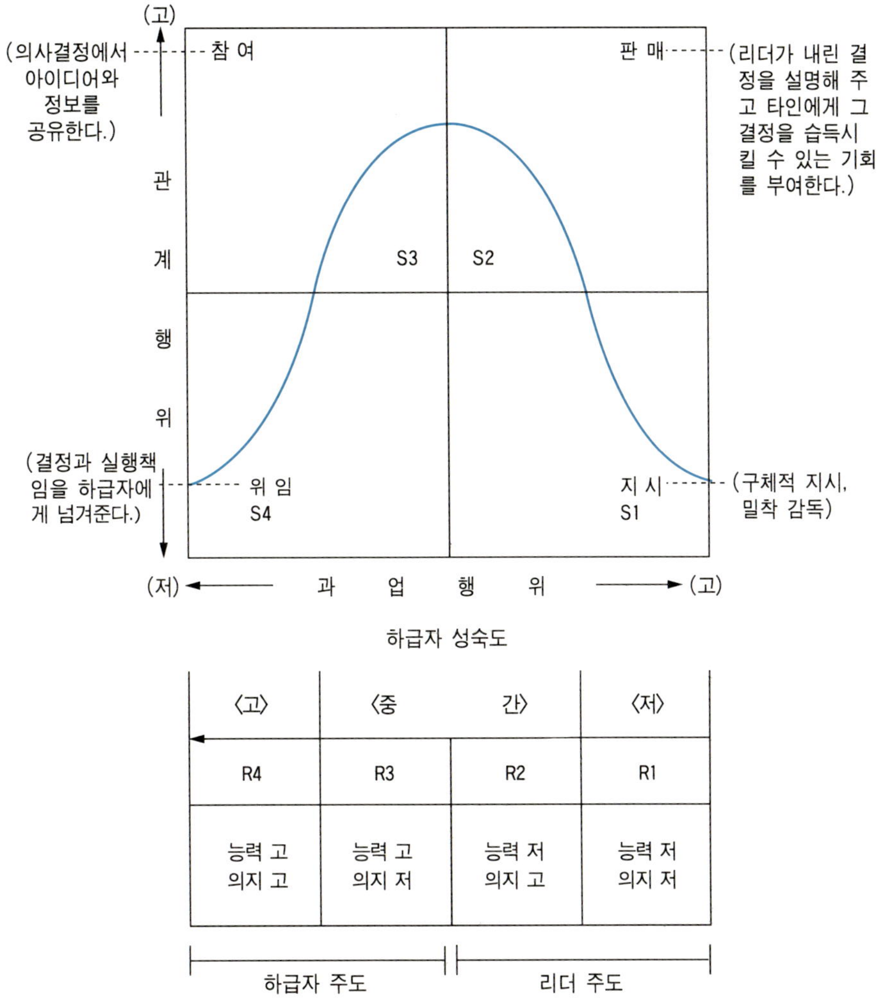

자료: Hersey, P. & Blanchard, K. H. 1988. *Management of organizational behavior*, 5th, ed. Prentice-Hall, p.171에서 수정 인용. "지도형", "지원형" 등의 용어는 Blanchard, K. H., Zigami, P., & Zigami, D. 1985, *Leadership and the one minute manager*. New York: William Morrow and Co., pp.50-68에서 사용됨.

가장 적합하다는 뜻이다.

하급자들이 리더의 능력개발 덕택에 능력은 아직 모자라지만 의지와 어느 정도의 자신감을 갖게 되면 R2의 성숙수준에 이르게 되는데 이를 사분면에서 S2로 표시하고 이때의 최적 리더십을 과업행위 고, 관계행위 고인 '판매형'(또는 지도형-코칭형)이라고 본다. 이 단계는 계획된 참여 또는 구조화된 참여의 단계라고 볼 수 있다.

R3단계는 하급자들이 능력은 갖추었으나 의지가 낮은 단계이다. 이 상황(S3)에서 리더는 될 수 있으면 하급자들을 의사결정에 참여시키고 지원해줌으로써 하급자들의 과업의지를 북돋우어야 한다. 즉, 리더의 과업행위보다는 관계행위가 더 유효한 단계이다.

또한 하급자들이 능력과 의지 차원에서 완전히 성숙한 R4단계에서는(S4 상황) 과업행위든 관계행위든간에 리더의 간섭을 될 수 있으면 배제할 수 있도록 '위임형' 스타일을 사용하라고 허시와 블랜차드는 추천하고 있다.

리더십 대체이론

리더십 대체이론은 1978년 커와 저미어(Kerr & Jermier)에 의해서 제시되었다.[17] 이들은 하급자, 과업, 또는 조직의 어떤 특성들은 구조주도나 배려와 같은 리더십의 기능을 대체할 수 있다고 주장한다. 예를 들어, 리더가 구조주도 행위를 발휘한다는 것은 하급자들에게 역할과 임무를 명백히 해주고 바람직하지 않은 행동에 대해서는 벌을 내리는 행위를 뜻한다. 그런데 조직 내에는 리더십의 도움 없이도 역할과 임무의 명확화, 행동통제 등의 효과를 가져올 수 있는 다른 방법들이 존재한다. 가령 과업수행의 규칙과 결과를 매우 구체적으로 명시하고 있는 경우에는 리더가 따로 설명해 줄 필요가 없기 때문에 구조주도 행위를 발휘할 수 있는 여지가 거의 없게 된다. 또한 리더의 배려행위를 대체하게 되는 경우도 있다. 하급자가 이미 직무 자체에 내재적 흥미를 갖고 있다거나 과업집단이 매우 응집력이 강하여 집단의 규범을 쉽게 벗어날 수 없는 경우, 또는 리더가 보상력을 잃었을 경우에는 리더의 배려행위가 영향을 미칠 수 없게 된다. 이렇게 리더의 구조주도와 배려를 대체시키는 하급자, 과업, 또는 조직관련 요인들을 커와 저미어는 〈표 10-6〉과 같이

표 10-6
리더십 대체 요인들

	대체요인들	관계지향적, 지원적 리더십, 또는 배려행위가 대체되는 경우	과업지향적, 수단적 리더십, 또는 구조주도 행위가 대체되는 경우
하급자요인들	1. 능력, 경험, 훈련, 지식		○
	2. 독립요구	○	○
	3. "전문가" 지향 성향	○	○
	4. 조직의 보상에 무관심	○	○
과업요인들	5. 명확하고 반복적임		○
	6. 방법에 따른 차이 없음		○
	7. 완성도에 대한 피드백 제공		○
	8. 내재적으로 만족을 줌	○	
조직요인들	9. 공식화(계획, 목표, 책임소재의 명확화)		○
	10. 경직성(규칙, 절차가 엄격히 지켜짐)		○
	11. 매우 구체적이고 적극적인 자문 및 스탭 기능의 존재		○
	12. 매우 유대가 깊고 응집력이 강한 작업집단	○	○
	13. 조직의 보상이 리더의 통제 밖에 존재	○	○
	14. 상 · 하급자간의 공간적 거리	○	○

요약하고 있다.

과업현장에 리더십 대체요인들이 많이 존재하면 할수록 하급자들의 태도나 성과에 대한 리더십의 영향은 그만큼 줄어들게 된다. 이것을 뒤집어 보면, 좋은 리더십이란 기존의 조직구조나 보상체계를 보완해 줄 수 있는 리더십이라는 논리가 성립된다.

또한 우리는 〈표 10-6〉에 표시된 대체요인들 중 구조주도와 배려행위 모두, 즉 리더십 자체를 마비시키는 요인들에 주목해야 한다(이들을 중화요인들〔neutralizer〕이라고 부른다). 이러한 중화요인들이 조직현장에 많이 존재하게 되면 어떤 리더십행위도 효과를 발휘할 수 없게 된다.

조직에는 리더십 발휘를 촉진시키거나 보완해 주는 요인들의 존재를 부정할 수 없다. 리더십 촉진요인(enhancers)이란 특정의 리더행위가 가져올 수 있는 효과를 상승시켜 주는 리더십 외적요인들을 일컫는다.[18] 예를 들어 최고경영층과의 두터운 친분관계로 말미암아 김 팀장의 지원적 리더십(supportive Leadership) 발휘가 팀원들의 성과에 보다 큰 영향을 미쳤다면 우리는 김 팀장의 그러한 친분관계를 촉진요인이라고 말할 수 있을 것이다. 사실 〈표 10-6〉에 나타난 요인들은 중화요인이면서 또 경우에 따라서는 촉진요인으로 작용할 수도 있다(예, '응집력이 강한 작업집단').

리더십 보완요인(leadership supplement)이란 하급자들의 성과에 영향을 미치기는 하지만 리더행위의 효과를 직접적으로 마비시키든가 상승시키지는 않는 요인들이다. 여기에 해당하는 요인으로는 DSS(Decision Support System)의 활용을 들 수 있다. DSS는 사전에 프로그램된 문제들에 대해서 리더의 판단을 도와준다. 그러나 DSS가 리더의 역할을 대체할 수는 없다.[19] 이 이외에 동료들과의 훌륭한 관계도 보완요인이 될 수 있다.

브룸/예튼/제이고의 리더십 규범이론

이 이론은 브룸과 예튼(Vroom & Yetton)이 1973년 의사결정자로서의 리더의 역할에 초점을 맞춰 개발한 규범적 상황이론으로서 1988년에 그동안의 연구결과를 종합하여 브룸과 제이고(Vroom & Jago)가 수정 · 보완하였다.

참여의 정도

이 이론에서 말하는 **참여의 정도**(degree of participation)란 리더가 의사결정을 함에 있어 하급자를 참여시키는 정도를 구분해 놓은 것이다. 브룸/예튼/제이고는 〈표 10-7〉과 같이 참여의 정도를 다섯 가지로 나누고 '의사결정과

표 10-7
리더가 선택할 수 있는 의사결정방법

AI[순수독단형]	리더가 현재 가지고 있는 정보를 이용하여 리더가 스스로 문제를 풀고 의사결정을 내리는 경우.
AII[참고적 독단형]	리더가 하급자들로부터 단순 정보를 얻되, 더 이상의 하급자 참여 없이 리더 스스로 결정을 내리는 경우.
CI[개별참여형]	리더는 관련된 하급자들과 각각 개별적으로 문제를 공유하며 그들로부터 해결책에 대한 아이디어나 제안을 얻되, 최종 의사결정은 리더가 내린다.
CII[집단참여형]	리더가 직면한 문제를 하급자들과 '그룹미팅'을 통하여 공유한다. 이 그룹미팅에서 하급자들의 아이디어나 제안들을 얻지만 최종 결정은 리더가 내린다.
GII[위임형]	하급자 그룹에게 결정권한을 위임하는 경우. 리더는 직면한 문제를 하급자들과 그룹으로 공유하며 그들 스스로 대안들을 생각해내고, 평가하여 모종의 해결책에 의견일치를 보도록 한다.

* A=Autocratic; C=Consultative; G=Group의 약자.
자료: Vroom, V. H., & Yetton, P. W. 1973. *Leadership & decision making*. The University of Pittsburgh Press에서 수정 인용.

정 또는 방법(Decision Processes or Methods)'이라고 칭하고 있다.

요컨대, A와 C는 리더가 최종 결정을 내린다는 점에서 유사하다. 그러나 둘간의 핵심적 차이점은 리더가 하급자와 문제를 공유하는가의 여부에 달려 있다. AII의 경우는 리더가 하급자들로부터 문제해결에 필요한 단편적인 정보는 얻되 하급자들과 문제를 공유하지는 않기 때문에 독단형으로 분류된다. 또한 C와 G의 유사점은 둘 다 하급자들을 의사결정에 집단으로 참여시킨다는 점이다. 그러나 C의 경우 리더가 하급자들에게 의견은 묻되 결정은 리더가 내리지만 G의 경우는 결정권까지도 하급자들에게 넘겨주는 것이다. 아울러 CI과 CII는 하급자들을 참여시킨다는 점에서 유사하지만 CII는 집단토의의 이점을 활용한다는 측면에서 CI과 구별된다. CII와 GII는 공히 집단토의의 이점을 활용한다는 측면에서 유사하지만 CII는 집단토의는 하되 결정권

표 10-8
브룸/예튼/제이고 이론의 상황 속성들

관련성	상황속성들	질문형식[나=리더]	응답형식
의사결정의 질과 관련된 속성들	속성 A: 의사결정의 질의 중요성	의사결정의 질이 중요한 사안인가?	예 또는 아니오
	속성 B: 문제와 관련된 리더의 정보수준	내가 혼자 의사결정을 내리기에 충분한 정보나 지식을 갖고 있는가?	예 또는 아니오
	속성 C: 문제의 구조화 여부	문제가 구조화되어 있는가?	예 또는 아니오
의사결정의 수용도와 관련된 속성들	속성 D: 하급자 수용의 중요성	결정사항의 효과적 실천을 위해서 하급자들의 결정사항 수용이 중요한가?	예 또는 아니오
	속성 E: 리더의 독단적 결정의 수용가능성	나의 독단적 결정을 하급자들이 수용할 가능성이 있는가?	예 또는 아니오
	속성 F: 하급자들의 조직목표 공유 여부	하급자들이 조직의 목표를 공유하는가?	예 또는 아니오
	속성 G: 하급들간에 갈등 존재 여부	제시된 대안들에 대하여 하급자들간에 갈등이나 의견의 불일치가 존재하는가?	예 또는 아니오

은 리더가 갖는 반면, GII는 결정권을 하급자들이 갖는다.

상황속성들

다음에는 의사결정 상황이 갖는 속성(Situational Attributes)을 구체적으로 분류할 필요가 있다. 브룸/예튼/제이고는 〈표 10-8〉에서처럼 상황을 일곱 가지 속성들로 구분하고 있다.[20] 특히 일곱 가지 상황속성 각각에 대한 응답을 '예/아니오'로 이분하고 있다. 〈표 10-8〉과 같이 상황속성을 질문형식으로 표현하고 현안에 대하여 '예/아니오'를 가지고 응답케 함으로써 리더가 처한 구체적인 의사결정 상황을 분석할 수 있도록 하고 있다. 이들 일곱 가지 상황속성들 중 속성 A, B, C는 '의사결정의 질'(Quality of Decisions)에 관련된 속성들이고 D, E, F, G는 '결정된 사항의 하급자 수용'(Acceptance of Decisions)과 관련된다.

의사결정나무(Decision Tree)와 처방

의사결정의 방식을 다섯 가지로 정의하였고 일곱 가지 상황변수를 제시하였으므로 남은 문제는 이들 상황변수들을 조합하여 각각의 상황에 대해서 가장 적합한 의사결정방식이 무엇인지를 처방하는 일이다.

브룸/예튼/제이고는 〈표 10-9〉에 나타난 규칙들을 적용하여 〔그림 10-8〕과 같이 소위 '의사결정 수(樹)'로 알아보기 쉽게 표현하고 있다. 아울러 일곱 가지 규칙을 적용함으로써 13가지 조합된 상황 각각에 대한 최적 의사결정방법 처방이 도출되었으며 이 처방 내용이 〔그림 10-8〕의 의사결정나무의 맨 오른쪽 가지 끝에 제시되어 있다.

리더는 〈표 10-9〉를 습득하는 것이 중요하다. 문제가 주어졌을 때 어느 규칙(등)이 적용되는지만 알면 최적 의사결정 방법을 찾을 수 있다.

표 10-9
최적의 의사결정방법(과정) 선택을 위한 규칙들

규 칙	집합적 표현*	내 용
규칙 1 〔리더정보의 규칙〕	$[A \cap \overline{B}] \rightarrow \overline{AI}$	의사결정의 질이 중요하고, 문제를 해결하는 데 필요한 정보나 전문지식을 리더가 갖고 있지 않을 때는 AI방식 배제
규칙 2 〔목적합치의 규칙〕	$[A \cap \overline{F}] \rightarrow \overline{GII}$	의사결정의 질이 중요하고, 하급자들이 자신의 이익에 앞서 조직의 목표를 달성하기 위해 노력하지 않으리라 생각될 때는 GII방식 배제
규칙 3 〔구조부재의 규칙〕	$[A \cap \overline{B} \cap \overline{C}] \rightarrow$ $\overline{AI}$, $\overline{AII}$, $\overline{CI}$	의사결정의 질이 중요하고 리더가 문제해결에 대한 충분한 정보를 갖고 있지 못하며, 상정된 문제 자체도 구조화되어 있지 않을 경우는 AI, AII, CI방식 배제
규칙 4 〔수용의 규칙〕	$[D \cap \overline{E}] \rightarrow \overline{AI}$, $\overline{AII}$	결정사항에 대한 하급자들의 수용이 효과적 실천을 위해 필요하고, 리더의 독단적 결정을 하급자들이 수용할지가 확실치 않을 때는 AI과 AII방식 배제
규칙 5 〔갈등의 규칙〕	$[D \cap \overline{E} \cap G] \rightarrow$ $\overline{AI}$, $\overline{AII}$, $\overline{CI}$	결정사항에 대한 하급자들의 수용 여부가 매우 중요하고, 독단적 결정을 수용할지가 불확실하며 해결책에 대해 하급자들간에 갈등이나 의견의 불일치가 있을 가능성이 있으면 AI, AII, CI방식은 배제
규칙 6 〔공평성의 규칙〕	$[\overline{A} \cap D \cap \overline{E}] \rightarrow$ $\overline{AI}$, $\overline{AII}$, $\overline{CI}$, $\overline{CII}$	의사결정의 질은 중요하지 않으나, 하급자들의 결정사항에 대한 수용은 중요하며 독단적 결정을 했을 때 수용할 가능성이 낮을 경우에는 AI, AII, CI, CII방식 배제
규칙 7 〔수용우선의 규칙〕	$[D \cap \overline{E} \cap F] \rightarrow$ $\overline{AI}$, $\overline{AII}$, $\overline{CI}$, $\overline{CII}$	결정사항에 대한 하급자 수용이 매우 중요하고, 독단적 결정이 수용될 가망이 없으나 하급자들은 조직의 목표를 자신의 목표로 공유하고 있는 경우, AI, AII, CI, CII방식 배제

*→ 표 좌측 〔 〕안의 A~G는 문제의 속성을 나타내며 오른쪽의 AI, AII 등은 의사결정과정(방법)을 뜻한다.

그림 10-8
의사결정나무와 처방(Feasible Set)

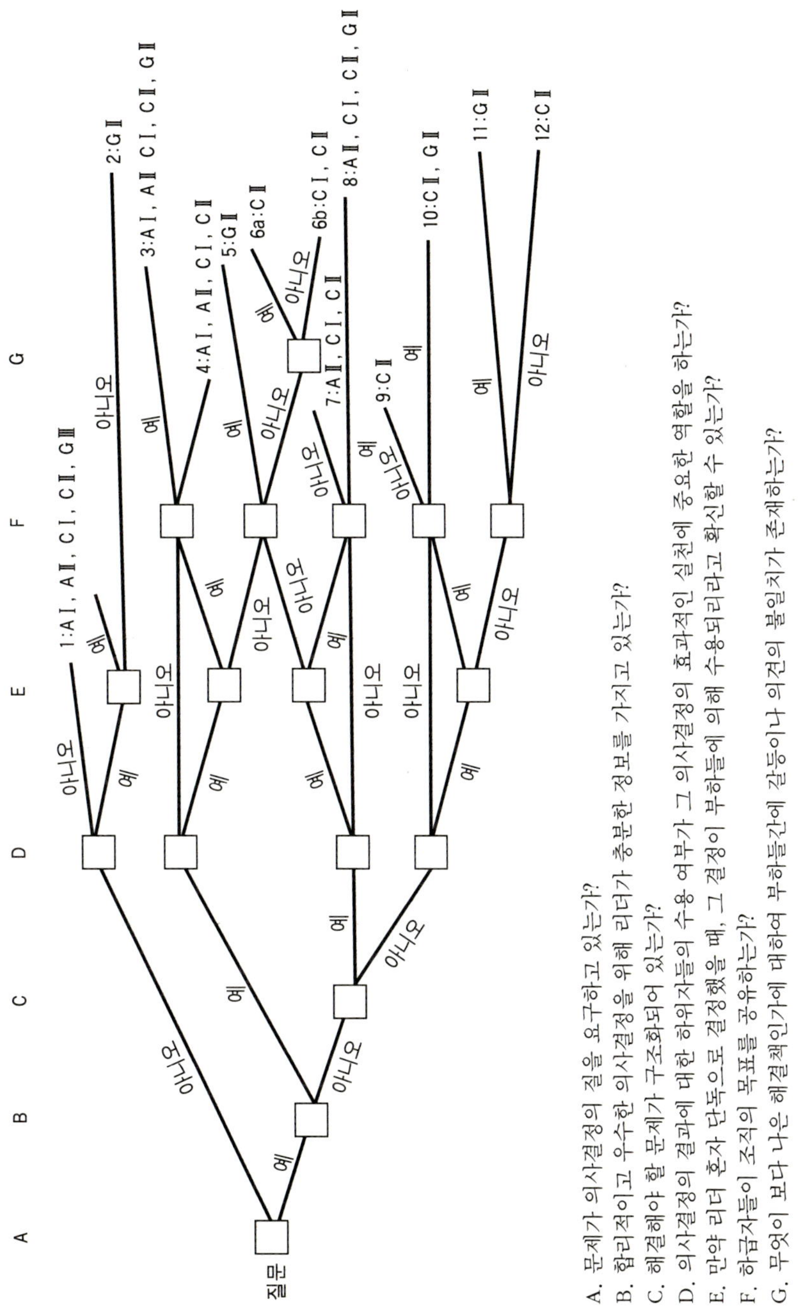

자료: 김남현 & 백기복 공역. 1994. [Vroom & Jago저, 1988], 앞의 책, p.136.

제10장 문제 풀이

(1) 한국의 리더들은 배려보다는 구조주도행위에 익숙해 있다. 리더들이 하급자들에 보이는 "배려행위"(considerate behavior)의 예를 들어보자.

(2) 상황이론은 리더십과 상황이 적합해야 한다고 주장한다. 현실적으로 상황은 너무나 다양하다. 하급자들이 일이 너무 많아 힘들어 하는 상황에서 리더는 어떤 행동을 하는 것이 적합할까?

(3) 브룸/예튼/제이고의 규범적 상황이론에 입각하여 아래의 사례를 풀어보자. 당신이 팀장이라면 AI~GII 중 어떤 방법을 사용하겠는가?

당신은 K사의 팀장인데 밑에 팀원이 5명 있다. 모두 자가용으로 출퇴근을 하는데 금번 귀 팀에 단지 차량 4대에 대한 지정 주차권만 배정되었다. 모두가 자기 차를 지정된 주차공간에 세우고 싶어한다. 왜냐하면 그것은 하나의 특전으로 받아 들여지기 때문이다. 어떤 방법으로 빠질 사람을 결정하겠는가?

AI　　AII　　CI　　CII　　GII

이 사례에 적용되는 규칙(들)은 어떤 것(들)인가? (〈표 10-10〉 참조)[21]

종합 사례 10

내집단 vs. 외집단

내집단과 외집단(In-group vs. Out-group)은 조직에서 항상 문제가 된다. 어느 조직이든 내집단과 외집단은 생겨나기 마련이다.

1968년, 제인 엘리엇(Jane Elliot)의 7살짜리 초등학생들 대상의 연구에 따르면, 눈 색깔에 따라 내집단과 외집단을 구분하여 간단한 자극을 줘 상대방에게 적대감을 갖도록 하는데 불과 몇 분(within minutes) 밖에 안 걸린다고 한다.[22)]

이처럼 내집단은 정서적으로 똘똘 뭉쳐 자기 집단에 속하지 않은 구성원들을 철저히 배척할 뿐 아니라 적대감까지 보인다.

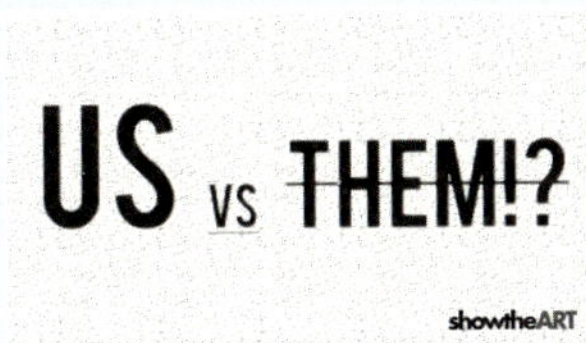

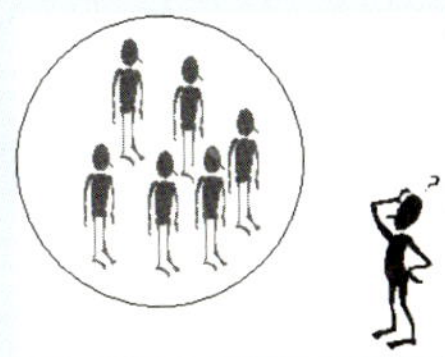

내집단은 미국의 KKK단처럼 인종을 기준으로 형성되기도 하지만, 한국에서는 지연, 학연, 혈연 등을 중심으로 형성되는 수도 많다.

한국영화 "내부자들"(2015년)은 권력, 언론, 재계의 실력자들이 내집단을 만들어 엄청난 부정부패를 저지르는 내용을 그리고 있다.

조직 내에서도 같은 대학선후배끼리 가깝게 지내면서 밀어주고 끌어주는 예가 많다. 같은 지역출신들이 내집단을 형성하여 도와주고 밀어주는 경우도 많다.

[종합 문제 10] 조직에서 내집단이 가져올 수 있는 문제점들을 말해보자.

나의 조직행동 진단 10

LPC설문

▣ 당신이 지금까지 함께 일했던 사람들 중에서 가장 같이 일하고 싶지 않은 사람을 한사람 생각해 내고 그(녀)에 대해서 아래에 평가하시오.

			점수
쾌활한 사람	87654321	쾌활하지 못한 사람	____
친절하고 다정한 사람	87654321	불친절하고 다정하지 않은 사람	____
거절을 잘하는 사람	12345678	수용적인 사람	____
긴장하고 있는 사람	12345678	긴장을 풀고 여유 있는 사람	____
거리를 두는 사람	12345678	친근한 사람	____
냉담한 사람	12345678	다정한 사람	____
지원적인 사람	87654321	적대적인 사람	____
따분한 사람	12345678	흥미를 잘 느끼는 사람	____
싸우기 좋아하는 사람	12345678	화목하고 잘 조화하는 사람	____
우울한 사람	12345678	늘 즐거워하는 사람	____
서슴치 않고 개방적인 사람	87654321	주저하고 폐쇄적인 사람	____
험담을 잘하는 사람	12345678	너그럽고 관대한 사람	____
신뢰할 수 없는 사람	12345678	신뢰할 만한 사람	____
사려깊은 사람	87654321	사려깊지 못한 사람	____
심술궂고 비열한 사람	12345678	점잖고 신사적인 사람	____
마음에 맞는 사람	87654321	마음에 맞지 않는 사람	____
성실하지 않은 사람	12345678	성실한 사람	____
친절한 사람	87654321	불친절한 사람	____
			총점____

▣ 총점 64점 이상이면 관계지향적 스타일, 57점 이하이면 과업지향적 스타일.

제 11 장

리더십 II

본 장의 요점

※ 변화론(카리스마리더십, 변혁적리더십)을 통하여 리더십에서 비전(Vision)이 갖는 중요성을 이해한다.
※ 셀프리더십과 셀프리더를 육성하는 수퍼리더십을 학습한다.
※ 세상의 대부분은 추종자라는 관점에서 개발된 폴로워십의 유형을 배운다.
※ 서번트리더십과 진성리더십이 제시하는 리더십의 새로운 관점을 학습한다.

Let's Talk!

"리더는 타고나는가 육성되는가?"

리더는 선천적으로 타고나는가 아니면 후천적으로 육성되는가? 이 질문은 리더십에 있어 고전적 질문이다. 영어로 간단히 표현하면, 타고나는 것을 "nature"라고 하고 육성되는 것을 "nurture"라고 한다. "Nature" vs. "Nurture" 논쟁은 오랫동안 있어 왔다.

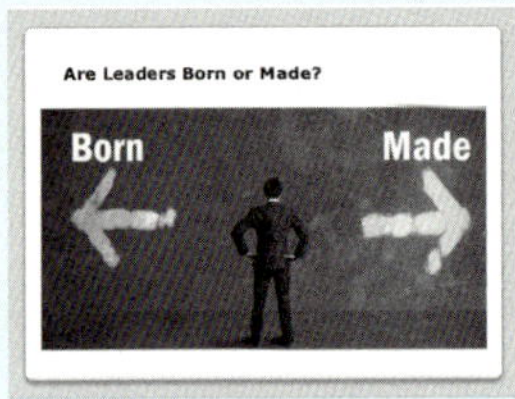

19세기의 역사가 토마스 칼라일(Thomas Carlyle)은 인간의 역사란 다름 아닌 몇몇 "위대한 리더들"(the great men)의 자서전에 지나지 않는다고 주장하면서 리더는 만들어지는 것이 아니라 타고난다(Leaders are born, not made)는 주장을 하였다.

위대한 리더는 리더에게 필요한 특성을 가지고 태어나며, 그러한 특성을 지닌 리더들이 시대의 부름이 있을 때 위대한 리더로 등장하게 된다는 것이 소위 "위대한 리더 이론"(the great man theory)이다.

하지만 대부분의 리더십이론들은 리더가 타고나기보다는 후천적으로 육성된다는 가정에 기초하고 있다.

✜ 〈토론 주제 11〉 "Nature" vs. "Nurture"에 대한 당신의 생각은 어떤가?

변화지향적 리더십이론들

1980년대 중반에 들어서면서 경영학계의 화두는 변화였다. 이러한 일반적 추세는 리더십 분야에도 그대로 이어져 변화와 관련된 여러 이론들이 등장하게 되었다. 여기에서 다루어질 변화 또는 변화 관련 이론들은 카리스마리더십이론, 변혁적 리더십이론, 그리고 전략적 리더십이론 등이다.

카리스마리더십이론

카리스마라는 어휘는 원래 1920년대 막스 베버(Max Weber)에 의해서 제시되었다. 그가 합법적 권위의 세 가지 형태를 전통적 권위, 법적 권위, 그리고 카리스마적 권위로 분류하면서 추종자들의 절대적 존경에 기초한 카리스마적 권위를 강조한 이래 지금까지 여러 사회과학 분야에서 연구되어 왔다.

그러나 조직행동 분야에서 카리스마리더십이 본격적으로 연구의 대상이 되기 시작한 것은 로버트 하우스(Robert House)가 1977년 카리스마리더십모델을 발표하고 난 후부터였다.[1)] "charisma"라는 말은 "endowed gift(신이 주신 재능)"을 뜻하며 그리스어에 어원을 두고 있다. 논리적 방법으로는 그 뜻을 명확히 설명할 수 없는 힘을 카리스마라고 한다. 또한 카리스마란 신이나 초월적 존재에 대한 진지한 믿음에 의해서만 가능하다고 보아 카리스마리더십을 종교적 리더십으로 해석하는 사람도 있으며 마술적, 종교적 세계관에서 벗어나지 못한 옛날이나 세계의 외진 지역에서나 사용할 수 있는 개념이지 오늘날과 같은 산업화 시대에는 적용되지 않는다는 주장을 하는 사람들도 있다.[2)]

베버[3)]는 카리스마리더십을 하급자의 리더에 대한 지각의 결과로 보고 리더가 남들이 갖고 있지 못한 천부적인 특성을 갖고 있다고 하급자들이 느끼게 될 때 리더는 카리스마리더십을 발휘할 수 있게 된다고 하였다. 리더가 갖은 어떤 특성을 실제보다 큰 것처럼 느끼게 됨으로써 추종자들은 리더를 믿고 따르게 된다는 것이다. 뿐만 아니라, 리더를 초인적 영웅, 영적인 지도자 등으로 우상화하고 숭배하게 되는 현상까지 나타나게 된다.[4)] 이것이 카리스마리더십을 이야기할 때, 앞서 논의했던 리더십의 귀인이론이 꼭 등장하게 되는 이유이다.

표 11-1
카리스마 vs. 비카리스마 리더의 행위구분

행위요소	카리스마리더	비카리스마리더
현상에 대한 태도	현상태에 근본적으로 불만족하며 변화시키려고 노력함.	근본적으로 현 상태에 만족하고 그것을 유지하려 함.
미래의 목표	현상태를 크게 뛰어넘는 이상적 비전을 제시	현상태에서 크게 차이가 나지 않는 목표 중시
존경	관점과 비전을 공유케 됨으로써 하급자들이 존경하고 동일시 또는 모방하려 함.	관점을 공유하므로 하급자들이 존경케 됨.
전문성	기존의 질서를 뒤엎을 수 있는 혁신적 수단을 사용하는 데 있어 전문가로 인정받음.	현 질서하에서 목표를 달성하는 데 필요한 수단을 사용함에 있어 전문가임.
환경에 대한 민감성	현상태를 변혁시키는 데 크게 필요한 환경에 대한 민감성 갖춤.	현상태 유지가 목적이므로 환경적 민감성의 필요성이 낮음.
명확성	미래의 비전과 리더십 동기에 있어 매우 명확함.	목표도 리더십 동기도 명확하지 않음.
힘의 원천	전문성, 존경, 특출한 영웅에 대한 하급자들의 칭송에 기초한 개인적 힘에 의지함.	직위권한과 개인적 힘(보상, 전문성, 친분)에 기초함.
리더-추종자의 관계	• 엘리트, 사업가, 행동 모델 • 사람들을 변화시켜 급진적 변화를 수용토록 함.	• 평범, 합의 추구, 또는 지시적 • 자신의 관점을 공유하도록 하급자들을 몰아부치거나 지시함.

자료: Conger, J. A., & Kanungo, R. 1987. Toward a behavioral theory of charismatic leadership in organizational settings. *Academy of Management Review*, 12(4): 637-647.

카리스마리더십을 행위론적 관점에서 심도 있게 분석한 학자들은 콩거와 카눙고(Conger & Kanungo)였다.[5)] 이들은 카리스마리더십으로 분류될 수 있는 리더의 행위들을, 그렇지 않은 경우와 비교하여 〈표 11-1〉과 같이 정리하고 있다.

카리스마리더십이론은 다섯 가지 행동요인들로 구성된다.[6)] 첫째는 환경민감성(sensitivity to environment)으로 카리스마리더는 현상태에 대해서 불만을 제기하고 조직이 획기적으로 성장/발전하는 데 필요한 변화의 필요성을 역설한다. 둘째는 욕구민감성(sensitivity to members' needs)으로 구성원들이 갖고 있는 욕구를 면밀히 파악하여 정확히 이해하는 것이다. 셋째는 전략적 비전정형화(strategic vision articulation)라고 하며, 구성원들에게 비전을 제시하고 감동적으로 전파하는 일련의 행위를 말한다. 넷째는 개인위험감수(personal risk)로 리더는 비전달성의 자신감을 보이고 미래 성과에 대한 믿음을 주며, 자기희생적 모범을 보여줌으로써 구성원들의 신뢰와 몰입을 이끌어내야 한다는 것이며, 끝으로 다섯째는 비정형행동(unconventional behavior)으로 규범과 전통에 얽매이지 않은 자유로운 행동을 할 수 있다는 것을 보여주는 것이다. 이들을 〈표 11-2〉에 요약하여 제시하였다.

요컨대, 행동차원의 카리스마리더는 현상에 대해서 강한 불만을 토로하고 대안으로서 구성원들에게 미래 비전을 제시하며 자신감과 희생으로 몰입을 이끌어내어 남다른 성과를 내는 리더라고 요약할 수 있을 것이다. 특히 비전(vision)은 카리스마리더십에서 핵심 키워드라고 할 수 있다.

표 11-2
카리스마리더십 5요인

요 인	의 미
환경민감성	현상 불만, 획기적 변화의 필요성 역설
욕구민감성	구성원들의 불평, 불만, 고민을 면밀히 분석
전략적 비전정형화	구성원들이 원대한 희망을 갖게 하는 비전제시 및 전파
개인위험감수	비전달성의 자신감, 미래 성과에 대한 믿음, 자기희생 행동
비정형적 행동	규범에 얽매이지 않은 자유로운 모습 보여줌

샤미어(Shamir) 등[7)]은 카리스마의 **자아개념**(self-concept)이론을 제시하였다. 이 이론은 카리스마리더가 어떻게 추종자들을 변화시켜 기대 이상의 성과를 내고 충성하게 되는지를, 추종자들의 심리적 변화에 초점을 두어 설명하고 있다. 히틀러는 어떻게 그 많은 독일인들을 전쟁의 소용돌이 속으로 끌어들일 수 있었는가? 사이비교주들은 또 어떻게 많은 신도들을 죽음으로 몰아넣을 수 있었을까? 샤미어는 이러한 과정을 추종자들의 자아개념 변화를 가지고 설명하고 있다.

카리스마리더와 관련하여 추종자들의 자아개념은 네 가지 형태로 변화되어 나아간다(〔그림 11-1〕 참조). 즉, 개인적 동일화, 사회적 동일화, 내면화, 그리고 집단효능감 등이 그들이다. 첫째, 개인적 동일화란 추종자가 리더의 행동을 모방하고 그(녀)의 태도를 본받아 리더처럼 되려는 것을 의미한다. 이때 추종자는 리더와 긴밀한 관계를 맺고 신임을 얻음으로써 리더와 모든 영광을 나눠 갖는 동일체라는 자부심을 느끼게 된다. 그러나 개인적 동일화는 추종자 개인과 리더의 관계로 국한된 현상이다.

둘째, 사회적 동일화란 리더와 집단 전체가 같은 태도, 같은 가치관, 같은 행동을 보여주게 되는 현상을 의미한다. 여기서의 집단이란 소집단일 수도

그림 11-1
추종자 자아 개념 변화단계

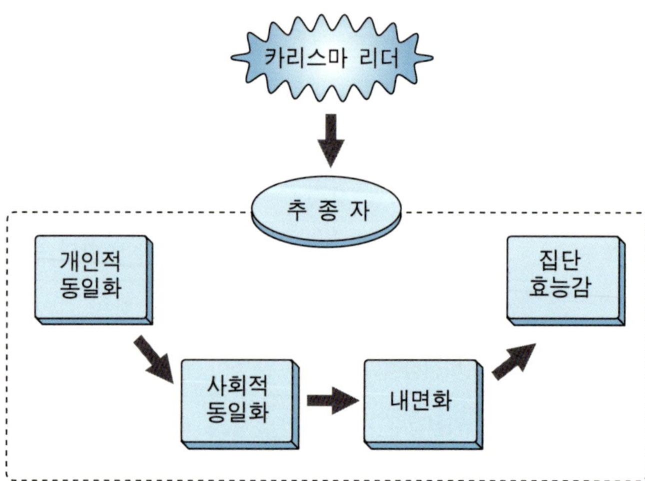

있고 조직 전체나 국가일 수도 있다. 삼성의 직원임을 자랑스럽게 여기고 어디에서도 삼성인으로서 행동하려는 모습을 보이는 것은 사회적 동일화의 결과라고 볼 수 있다. 이 상태에 이르면, 개인은 조직을 위해서 기꺼이 자신을 희생할 준비가 되어 있으며 개인의 목표보다 조직의 목표로 앞세우게 된다. 카리스마리더는, 이 과정에서, 조직이라는 상징체를 내세워 구성원들의 일체감을 강화시켜 나아간다. 조직이나 국가의 영광을 지상의 목표로 내걸고 그를 위해 개인의 기여와 희생을 요구하게 된다. 조직의 상징성을 강화하기 위해서 리더는 로고, 유니폼, 슬로건, 비전문, 결의대회와 같은 수단들을 수시로 사용한다.

셋째, 내면화란 리더의 가치와 이념을 추종자들이 자신의 것으로 받아들이는 것을 뜻한다. 리더의 비전이 자신의 비전이며 추종자들은 이제 리더의 가치관과 이념을 가지고 아무런 부담없이 판단하고 행동하게 된다. 리더와 추종자가 유사한 상황에서 유사한 판단을 내리게 되며 추종자 개인의 판단기준은 거의 소거된 상태이다. 히틀러의 주변에는 그와 똑같이 생각하고 판단하려는 작은 히틀러들이 많았다.

넷째, 자기효능감은 앞의 '개인차'에서도 자세히 설명된 개념으로, 개인이 자신의 일에 대해서 갖는 할 수 있다는 믿음을 뜻한다. 나아가 집단효능감(collective efficacy)이란 집단이 특정 과업에 대해서 갖는 집단능력에 대한 믿음을 뜻한다. 카리스마리더는 추종자 개인의 자기효능감뿐 아니라 집단 전체의 집단적 효능감도 높여준다. '뭉치면 살고 흩어지면 죽는다'는 식의 인식을 끊임없이 추종자들에게 심어준다.[8)]

이상과 같이, 카리스마리더는 추종자들에게 개인적, 사회적 동일화 개념을 심어주고 가치와 욕구를 내면화시키며, 집단효능감을 제고함으로써 그들의 성과를 기대 이상으로 높여준다. 그러나 리더는 꼭 자신의 가치와 이념을 추종자들에게 심어줌으로써만 카리스마를 갖게 되는 것은 아니다. 많은 경우 추종자들의 욕구나 불만이나 잠재적 가치를 리더가 받아들여 해소시켜 줌으로써 카리스마를 형성하게 되기도 한다.

이상에서 우리는 카리스마리더십의 몇 가지 관점을 살펴보았다. 지금까지의 연구결과에 따르면, 카리스마리더십이 성과에 미치는 영향은 매우 큰 것으로 나타나고 있다.[9] 또한 카리스마리더십의 효과는 리더가 제시하는 비전의 속성과 내용, 그리고 비전커뮤니케이션에 따라 달라지는 것으로 나타났다.[10]

변혁적 리더십이론

변혁적 리더십이론(Transformational Leadership Theory)은 1978년 번즈(Burns)에 의해서 처음 제시되었으며 그 후 1985년 베스(Bass)가 조직상황에 맞춰 구체화함으로써 널리 알려지게 되었다.

변혁적 리더십은 본서의 제4장에서 배운 매슬로우의 욕구 5단계설에서 출발한다. 매슬로우는 생리적 욕구, 안전욕구를 저차원 욕구라고 하고 소속욕구, 자존욕구, 자아실현욕구를 고차원 욕구라고 정의하였다. 변혁적 리더는 저차원 욕구에 얽매어 살아가는 사람들이 고차원 욕구를 추구하도록 마음 속 가치체계를 변혁(transform)시키는 리더이다.[11]

추종자들이 고차원 욕구를 갖도록 만들기 위해서 리더는 영감적 동기부여(inspirational motivation), 이상적 역할모델(idealized influence), 지적 자극(intellectual stimulation), 개별적 배려(individualized consideration) 등의 행동을 보여야 한다.[12] 영감적 동기부여란 리더가 구성원들에게 비전을 제시하고 이를 긍정과 열정을 가지고 소통하는 것이며, 이상적 역할모델은 추종자들이 리더에 대해서 존경, 자부심, 일체감을 갖도록 개인보다 집단이익을 강조하고 엄격한 윤리규범을 보여주며 이상적 리더로서 모범적 행동을 보이는 것이다. 지적 자극이란 기존의 관행에 대해서 추종자들이 의문을 갖고 현상을 새로운 관점에서 바라보도록 외적으로 자극하는 리더의 행동을 뜻하며, 개별적 배려는 추종자 개인의 욕구와 감정과 능력을 파악하여 코칭, 지원, 자극을 통해서 임파워먼트시켜 주는 행동이다. 변혁적 리더십이론에서는 영감적 동기부여와 이상적 역할모델을 합하여 카리스마라고 정의한다.[13] 이처럼 비전과 그에 관련된 리더의 행동을 강조하고 있다는 점이 변혁적 리더십이 앞서 배운 카리스마리더십과 유사하다고 평가받는 이유이다.

아울러 변혁적 리더십이론은 리더와 구성원들의 교환관계에 기초한 리더십인 거래적 리더십과 대조를 이룬다. 거래적 리더십은 조건적 보상(contingent reward), 능동적 예외관리(active management-by-exception), 수동적 예외관리(passive management-by-exception) 등 세 가지 요인들로 구성된다. 리더의 조건적 보상행위는 구성원들에게 과업과 임무를 명확히 해주고 만족스런 수준을 달성했을 때 보상을 제공하는 것을 말한다. 리더의 능동적 예외관리행동은 구성원의 직무수행과정에 적극 개입하여 지속적으로 과정을 살피며 잘못이 있을 경우 그때그때 수정해주는 행동을 뜻하며, 수동적 예외관리행동은 문제가 발생했을 때만 개입하여 수정해주는 스타일을 말한다. 이상에서 정리한 변혁적 리더십과 거래적 리더십의 요인들을 정리하면 〈표 11-3〉과 같다.

베스(Bass)는 변혁적 리더십과 거래적 리더십은 양립할 수 있으나 변혁적 리더십의 효과가 거래적 리더십 효과보다 더 크다고 주장하였다.[14] 즉 리더는 변혁적 리더십행위와 거래적 리더십행위를 둘 다 보여줄 수 있다. 그러나

표 11-3
변혁적 리더십과 거래적 리더십 요인들

리더십유형	요인 이름		의 미
변혁적 리더십	카리스마	영감적 동기부여	비전 제시, 긍정과 열정의 비전과 높은 기대 전파
		이상적 역할모델	집단이익 강조, 엄격한 윤리규범, 모범행동
	지적 자극		현상에 대해서 새로운 관점을 갖도록 자극
	개별적 배려		구성원 욕구파악, 임파워먼트, 역량개발
거래적 리더십	조건적 보상		임무의 만족스런 수행에 보상제공
	예외관리	능동적 예외관리	과업명시, 과정관찰, 수시 개입
		수동적 예외관리	과업명시, 문제발생시 개입

효과측면에서는 변혁적 리더십이 성과에 미치는 영향이 거래적 리더십의 성과에 대한 영향력보다 크다는 것이다.

변혁적 리더십의 타당성에 대한 실증연구는 비교적 많이 이루어져 있다. 베스는 변혁적 리더십과 거래적 리더십을 측정하는 설문지인 MLQ (Multifactor Leadership Questionnaire)를 개발하였다.

지금까지의 연구결과들을 종합해 볼 때, 다음과 같은 몇 가지 중요한 점들을 지적할 수 있다.

첫째, 변혁적 리더십은 구성원들의 소속감, 응집력, 몰입, 효능감 (potency), 직무만족, 조직시민행동, 추가노력, 성과, 리더에 대한 신뢰 등을 높이는 것으로 나타났다.[15] 전세계적으로 수많은 연구들이 변혁적 리더십의 성과에 미치는 영향을 입증하였다. 오늘날 비전과 감성적 동기유발에 기초한 리더의 행동이 기대 이상의 성과를 낸다는 사실에 대해서 이의를 다는 학자들은 별로 없다.

둘째, 변혁적 리더십은 거래적 리더십보다 성과에 미치는 영향이 크며, 거래적 리더십을 뛰어넘어 독자적인 설명력을 갖는다. 이것은 곧 개인적 이해관계에 기초한 거래적 리더십만을 발휘해서는 리더십효과를 극대화할 수 없다는 것을 말해준다. 비전, 지적 자극, 배려 등의 행동은 거래적 리더십으로 대신할 수 없는 다른 축이다.[16]

셋째, 변혁적 리더십과 거래적 리더십은 양립할 수 있다. 즉 리더는 이 두 가지 리더십을 다 발휘할 수 있다. 미래의 비전을 위해서 오늘 고생하고 희생하도록 구성원들을 동기부여시킬 수 있으나 조건적 보상과 같은 현실적 이해관계도 중요하다는 것을 말해준다. 이것은 많은 연구에서 조건적 보상이 성과에 미치는 영향이 기대 이상으로 크게 나타나고 있는 것에서도 유추할 수 있다.

넷째, 변혁적 리더십을 측정하는 설문도구인 MLQ가 이론이 제시하는 것을 제대로 측정하지 못하는 경우가 많다. 변혁적 리더십이론에서는 영감적 동기부여, 이상적 역할모델, 지적 자극, 개별적 배려 등 네 요인을 제시하였으나, MLQ를 사용하여 설문조사한 데이터를 분석해 보면 연구에 따라 1요

인, 2요인, 5요인, 6요인 등으로 나타나 MLQ설문의 타당성에 의문을 갖게 한다.[17)]

다섯째, 변혁적 리더십은 개인, 짝, 집단 등 다양한 수준에서 성립하는 것으로 나타났다.[18)] 예를 들어, 개인차원에서는 리더의 변혁적 행동이 구성원들로 하여금 리더와 일체감을 형성하도록 하여 성과를 높이지만, 집단차원에서는 리더가 집단정체성을 강조하고 집단의 비전을 전파하며, 팀 빌딩 등의 행동을 보여줌으로써 집단 정체성을 높여 궁극적으로 집단성과향상에 기여하게 된다는 것이다. 또한 개별적 배려 등은 개념적으로 리더와 개별구성원간의 짝 수준의 역동성을 설명하는 변수이다.

끝으로, 변혁적 리더십에 대해서 다양한 비판이 가해지고 있다. 예컨대, 유클(Yukl)은, 변혁적 리더십이론은 지나치게 짝 수준에 치우쳐 구성되었으며, 리더의 변혁적 행동과 거래적 행동이 개념적으로 모호한 상태로 남아있고, 자문, 위임, 민감한 정보의 공유와 같은 중요한 리더십 행동들이 반영되지 않았다고 비판하고 있다. 아울러, 변혁적 리더십이 성립하는 상황변수들을 제시하고 있지 않으며, 구성원들을 장기간 정서적 몰입을 통해서 이끌어갈 경우 "소진"(burnout)과 스트레스를 유발할 수 있다고 주장한다. 또한 조직 내 다른 리더가 다른 비전을 제시할 경우 역할갈등이나 역할모호성을 유발할 수 있으며, 비전경쟁으로 협력적 분위기를 해칠 우려가 있고, 지나치게 변혁적 리더의 "영웅적 행동"에 치중하여 똑같이 유효할 수 있는, 구성원들이 함께 집단을 이끌어 가는 공유된 리더십(shared leadership)이 개입할 여지를 남겨놓지 않고 있다고 비판하였다.[19)]

전략적 리더십이론

1980년대 들어서면서 조직의 전략을 책임지는 최고경영층(또는 전략층)에 대한 학자들의 관심이 높아지기 시작하였다. 조직운영에 있어, CEO, 최고경영자팀(TMT: Top Management Team), 그리고 이사회(BOD: Board of Directors) 등은 조직하부의 관리자들과는 비교할 수 없을 만큼 큰 역할을 수행하고 있는 것이 사실이다. 이들 최고경영층은 조직 전체의 성과에 대하여

그림 11-2
전략적 리더십의 4유형

도전추구 \ 통제욕구	낮음	높음
높음	참여적 혁신형 (PI:Participative Innovator)	통제적 혁신형 (HCI:High Control Innovator)
낮음	과정관리형 (PM:Process Manager)	현상수호성 (SQG:Status-Quo Guardian)

자료: Nahavandi, 1997, 앞의 책, p.232.

책임을 지며 조직 내외의 여러 요인들의 변화에 대응해야 하고 다양한 이해관계 집단들을 관리해야 한다. 결국, 이들의 결정과 행동은 조직의 성과뿐 아니라 운명에까지도 커다란 영향을 미칠 수 있으므로 리더로서의 최고경영층의 행동과 역할을 이해하는 것은 매우 중요한 의미를 갖는다.

나하반디(Nahavandi)는 CEO의 전략적 리더십 스타일을 〔그림 11-2〕와 같이 네 가지 유형으로 제시하고 있다.

과정관리형(PM)은 조직운영과정에서 구성원들을 많이 참여는 시키지만 전략적 선택에 있어서는 매우 보수적이어서 위험이 따르는 전략을 멀리하는 스타일을 의미한다. IBM의 전 CEO, 루 거스트너(Lou Gerstner)가 이러한 스타일에 속한다.

현상수호형(SQG)도, PM과 같이, 안정을 추구하여 위험도가 높은 전략을 회피하려는 성향이 있으나 내부관리에 있어서는 매우 엄격한 통제력을 발휘하려는 특성을 갖는다. 한마디로 과거의 성공을 유지하고 지키려는 스타일을 의미한다. 투씨롤사(社)(Tootsie Rolls Industries)의 고든(Gordon) 전임 회장이 이러한 스타일로 수성(守城)에 성공하고 있다.

참여적 혁신형(PI)은 SQG와 정반대의 스타일로서 외적으로는 도전적이고 혁신적인 전략을 추구하나 조직 내적으로는 참여적이고 개방적인 문화를 유지하는 유형을 의미한다. 리바이스(Levi's)의 로버트 하스(Robert Haas) 전임 회장이 이런 스타일이다.

끝으로, **통제적 혁신형**(HCI)은 내적으로는 강한 문화와 통제를 위한 제도를 중시하나 외적으로는 도전적 전략을 추구하는 스타일이다. 새로운 시장에 진출하고 미개척분야에 도전하며 비관련 산업에 대해서도 사업기회를 노리는 혁신적 스타일이다. 그러나 조직운영이나 관리에 있어서는 보수적이어서 최고경영자가 모든 권한을 가지고 통제하려는 속성을 갖는다. 마이크로소프트의 전 CEO 빌 게이츠(Bill Gates)가 대표적인 HCI스타일에 속한다.

자아와 추종자 관련 리더십이론들

셀프리더십과 수퍼리더십이론

수퍼리더십이론(Superleadership Theory)은 추종자들이 자기 자신을 리드할 수 있는 역량과 기술을 갖도록 하는 것을 리더의 역할로 규정하고 있다.[20] 즉, 수퍼리더란 "추종자들이 스스로를 리드해 나아갈 수 있도록 리드하는 사람"(p.5)이라고 정의한다. 또한 스스로를 리드하는 데 필요한 행동이나 사고에 관련된 일단의 전략을 '**셀프리더십**(Self-leadership)'이라고 규정하고 있다.

수퍼리더십이론을 제시하면서 만쯔와 심스(Manz & Sims)는 〔그림 11-3〕과 같은 모델을 가지고 이론의 전체적 윤곽을 요약하고 있다. 이 모델은 수퍼리더에 이르는 일곱 단계를 제시하고 있다.

이러한 종합적 체계하에서 셀프리더십이 무르익게 되면 어떤 결과가 얻어지는가? 우선 하급자의 조직몰입, 동기유발, 역량의 증대 등이 기대되며 그로 인하여 성과가 높아지고 혁신을 이룩할 수 있게 된다. 셀프리더가 다시 수퍼리더가 될 수 있는 잠재력도 그만큼 커지게 된다.

수퍼리더십이론은 하급자의 자아관리 역량에 초점을 맞추고 있다는 특징이 있다. 그러나 고성장 욕구(high growth need)를 갖고 있지 않은 사람에게도 셀프리더가 되고자 하는 동기를 불어 넣을 수 있는가 하는 문제와 셀프리더들로 구성된 집단의 조정문제에 대한 연구가 이루어져야 할 것이다.[21]

그림 11-3
수퍼리더십 모델

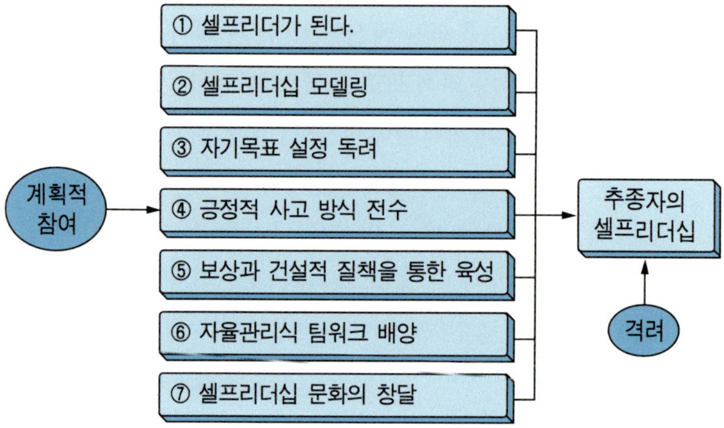

자료: Manz & Sims. 1991. 앞의 논문, p.33.

폴로어십

폴로어십(followership)을 꾸준히 연구해오고 있는 학자는 켈리(Robert E. Kelley)이다. 켈리는 '조직의 성공에 리더가 기여하는 바는 10%~20%에 불과하고 나머지 80%~90%는 폴로어십이 결정한다'라는 가정하에 폴로어십에

그림 11-4
폴로어십의 유형

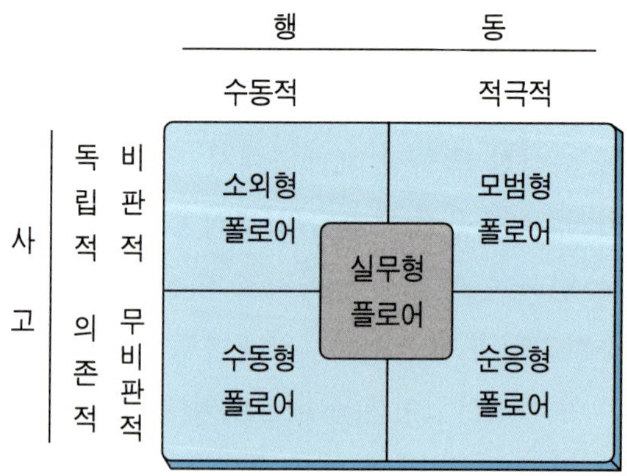

자료: Kelley, R. E. 1994. *The power of followership*. New York: Doubleday Publishing에서 수정 인용.

대한 인식을 바꿔야 한다고 주장하고 있다.

이러한 관점에서 켈리는 폴로어십의 유형을 〔그림 11-4〕와 같이 다섯 가지로 분류하고 있다.

학계에서 폴로어십에 대한 연구는 별로 되어 있지 않다. 그러나 지금까지 간과해 온 폴로어들의 중요성을 일깨웠다는 측면에서 매우 의미있는 발상이라고 여겨진다.

서번트리더십

그린리프(Robert K. Greenleaf)가 자신의 AT&T 근무경험을 바탕으로 서번트리더십을 제시한 뒤, 헤르만 헷세(Her an Hesse)의 "the Journey to the East"의 주인공 레오(Leo)를 모델로 서번트리더십(servant leadership)이란 책을 발간하면서 유명해진 이론이다. 예수님이 제자들의 발을 씻겨줬듯이 리더는 다른 사람들을 섬기는 사람이라는 개념이다. "다른 사람들을 섬기는 리더십"에서, 다른 사람이란 하급자뿐 아니라, 지역사회나 가족 또는 사회일반을 포함한다.

서번트리더십은 다양한 요인들로 구성되어 있다. 지금까지의 연구결과들을 종합할 때 서번트리더십은 〈표 11-4〉와 같은 요인들을 갖는다.

서번트리더십은 다른 리더십이론들과는 달리 리더의 역할범위를 지역사

표 11-4
서번트리더십의 구성요인들[22)]

관리자의 서번트리더십 7요인	최고경영자의 서번트리더십 5요인
• 개념적 역량(다른 사람들을 돕는데 필요한 지식과 기술) • 임파워먼트 • 구성원 성장과 성공 돕기 • 구성원 우선시 • 윤리적 행동 • 정서적 힐링 제공 • 지역사회를 위한 가치창출	• 대인간 지원 • 지역사회 건설 • 이타주의 • 평등주의 • 도덕적 품성

회까지 포함하여 폭넓게 해석하고 있다. 또한 조직에서 주어지는 직무의 범위를 넘어 힐링, 성장, 평등, 이타, 돕기(helping) 등 리더에게 필요한 행동의 영역도 크게 확장하였다. 더불어 윤리적, 도덕적 행동을 강조하고 있는 것도 특징이다.

조직 내에서 다른 사람을 섬긴다는 것은 리더가 구성원 개인이 최고 잠재력을 발휘할 수 있도록 각자의 역량과 특성 등을 잘 파악하여 개인의 포부와 욕구를 충족시키기 위해서 노력하는 것을 말한다.

최근 서번트리더십에 대한 연구결과가 많이 발표되고 있다. 서번트리더십은 구성원들의 직무만족, 조직몰입, 성과, 신뢰를 높이며 협동심과 창의성도 높이는 것으로 나타났다. 윤리적 조직문화정착에도 도움을 준다.

진성리더십

진성리더십(authentic leadership)은 사회의 리더들의 비윤리적 행동에 해법을 찾으려는 노력의 일환으로 발표된 이론이다.[23] 여론조사기관 갤럽(Gallup)은 2004년 미국의 네브라스카대학에서 학자와 실무자들을 모아 리더의 윤리적 행동을 강화할 수 있는 방법을 모색하는 컨퍼런스를 열었는데 여기에서 진성리더십이론이 발표되었다.[24]

진성리더십은 네 개의 요인들로 이뤄진다. 〈표 11-5〉에 이들을 제시하였다.

진성리더십은 리더들의 비윤리적 행동의 원인을 리더의 내면에 둔다. 지금까지 연구된 바에 따르면, 진성리더십은 성과, 조직몰입, 직무만족 등에 긍정적인 영향을 미치는 것으로 나타났다. 또한 리더가 진정성 있는 리더십을 발휘하면 구성원들이 리더와 일체감을 느끼게 되어 성과를 높여준다는 연구결과도 발표되었다.

진성리더십이 주문하는 것처럼, 리더가 굳은 도덕적 신념에 기초하여(내면화된 도덕적 신념) 끊임없이 자신을 성찰하고(자아인식), 모든 문제를 개관적으로 분석하여 판단하며(균형잡힌 정보처리) 사람들과의 관계에 있어 자신을 솔직히 드러내 보이면(관계투명성) 구성원들이 존경하지 않을 수 없을 것이다. 다른 리더십행동에 바탕이 되는 리더십이론이라고 보는 것이 바람직할 것이다.[25]

표 11-5
진성리더십의 4요인

요 인	개 념
자아인식	자신이 어떻게 세상에 대한 의미를 구축하는가에 대한 이해; 자신의 강/약점과 다면적 자아를 이해하는 것.
관계투명성	진정한 자신의 모습을 상대방에게 내보이는 행위; 자신의 진실된 생각과 느낌을 표현하는 것.
균형잡힌 정보처리	결론을 내리기 전, 모든 정보를 객관적으로 분석하려는 자세; 자신의 오래된 신념에 대한 도전 수용.
내면화된 도덕적 신념	내면화되고 통합된 자기규제; 내면의 도덕적 기준과 가치관에 따른 자기통제, 내면가치와 일치하는 의사결정과 행동.

제11장 문제 풀이

(1) 리더십은 좋은 성과를 창출하기도 하지만, 부정적인 결과를 낳기도 한다. 이것을 '리더십은 가치중립적(value-free)이다'라고 표현한다. 특히 카리스마리더십이나 변혁적 리더십의 부정적 측면이 연구된 바 있다. 이 두 리더십의 부정적 측면, 즉 '어두운 면'(the dark side)에 어떤 것들이 있을 수 있는지 찾아 적으시오.

(2) 전략적 리더십은 조직 상층부의 경영자들의 리더십을 다룬다. 그렇다면 조직 상층부 경영자들과 중간관리자들의 리더십은 무엇이 다른가?

한국형리더십이란 무엇인가?

한국형리더십 8요소

1 자기긍정	2 성취열정	3 솔선수범
하면 된다	압축성장, 일등주의	청렴, 자기희생
4 상향적응	5 수평조화	6 하향온정
상사 모시기와 봐주기	모나지 않게 둥글게	끌어주고 밀어주기
7 미래비전	8 환경변화	
선진국 진입, 글로벌 기업 만들기	최신 유행에 민감하게 대처	

한국형리더십연구회가 2009년 6월 12일 제2회 한국형리더십 콘퍼런스를 열고 한국형리더십의 DNA를 소개했다. 이에 따르면 한국형 리더들은 할 수 있다는 자기긍정과 해야 한다는 성취의식이 강하고 솔선수범의 자세를 갖는 것으로 나타났다. 한국형리더십연구회는 국내 기업 관리자와 임원 2,000여 명을 대상으로 조사한 결과 한국형리더십의 요소를 자기긍정, 성취열정, 솔선수범, 상향적응, 수평조화, 하향온정, 미래비전, 환경변화 등 8가지로 추출했다. 이들의 평균점수를 비교해 본 결과 한국형 리더들이 가장 잘 보여주는 행동은 성취지향으로 나타났다. 그 다음은 상향적응, 환경변화, 자기긍정 등의 순이었다. 반면 하급자들이 가장 원하는 리더십의 요소는 솔선수범, 하향온정, 미래비전으로 나타났다. 이것은 곧 리더가 잘 보여주는 행동(성취지향, 상향적응, 환경변화)과 하급자들이 리더에게 바라고 기대하는 행동(솔선수범, 하향온정, 미래비전)이 다르다는 것을 뜻한다.

즉 한국형 리더들은 목표달성과 윗사람과의 관계를 잘하고 변화 대응에 능하지만 부하를 위해 주고 보호해 주는 행동과 미래 비전을 제시해 이끌어 가는 기술은 상대적으로 취약하다는 것이다. 백기복 국민대 경영학과 교수는 이를 한국형리더십의 패러독스로 정의했다. 백 교수는 "이상적 한국형 리더는 이러한 리더행동(현재, 상향 강조)와 하급자욕구(미래, 하향 강조)의 패러독스를 효과적으로 해결할 줄 아는 사람"이라며 "이를 해결하기 위해서는 리더십 훈련을 강화해야 하며 인사시스템 등의 하드웨어를 상향과 하향에 맞게 변환해야 한다"고 지적했다.

(박종욱 기자, 매일경제, 2009. 6. 12에서 수정 인용)

[사례 문제 11] 위에 제시된 한국형리더십의 8요인들을 개인차원요인들, 관계요인들, 그리고 조직요인들로 구분하여 보자.

나의 조직행동 진단 11

나의 리더십성향: 비전중심 vs. 실천중심

▣ 아래의 설문은 당신이 비전중심의 리더십성향을 보이는가, 아니면 현실의 문제해결과 실행중심의 리더십성향을 보이는가를 측정하는 것이다. 각 문항에 제시된 a와 b 중에서 당신에게 적합한 항목 하나에 O표하고 해석방법에 따라 자신의 성향을 평가해보자.

1. 나는 뭔가를 기록할 때는, ……
   a. 매우 조심스럽게 한다.
   b. 대충 알아볼 수 있을 정도로 한다.

2. 어떤 집단이나 프로젝트를 운영할 때, 나는 ……
   a. 일반적인 아이디어만 주고 다른 사람들에게 어떻게 추진할지를 생각하게 한다.
   b. 구체적인 목표, 시간스케줄, 그리고 기대효과를 구체적으로 계획한다.

3. 나의 사고방식은 다음 중 ……에 더 가깝다.
   a. 순서대로 생각하는 직선적 사고
   b. 메뚜기처럼 이 생각, 저 생각 날아다니는 곡선적 사고

4. 내 사무실이나 내 방에는 물건들이,
   a. 여기저기 널려져 있다.
   b. 순서대로 잘 정돈되어 있다.

5. 내가 자랑스럽게 생각하는 것은,
   a. 장애를 극복하고 문제의 해법을 찾아낸 것이다.
   b. 문제의 원인에 대한 새로운 가설을 찾아낸 것이다.

6. 내가 할 수 있는 최상의 행동은,
   a. 폭넓은 가정과 아이디어가 활짝 열려있도록 하는 것이다.
   b. 새로운 아이디어를 실행할 때 철저함을 유지하는 것이다.

7. 나의 강점 중 하나는,
  a. 일의 실행에 몰두하는 것이다.
  b. 미래의 꿈에 몰입하는 것이다.

8. 내가 일에서 최선을 다하기 위해서는,
  a. 자율성이 중요하다.
  b. 명료한 절차가 중요하다.

9. 내가 제일 잘하는 것은,
  a. 일을 계획하는 것이다.
  b. 예기치 않은 상황에 순발력 있게 대처하는 것이다.

10. 내가 가장 효과적일 때는,
  a. 독창적 해법 창안에 집중할 때이다.
  b. 실무적인 개선책을 찾기 위해 노력할 때이다.

[해 석]

〔1〕 항목 2, 4, 6, 8, 10의 응답 중에서 'a'로 응답한 항목 수는? 〔　　　〕

〔2〕 항목 1, 3, 5, 7, 9의 응답 중에서 'b'로 응답한 항목 수는? 〔　　　〕

* 비전중심 스타일 점수 = 〔1〕 + 〔2〕 = 〔　　　〕

---

〔3〕 항목 2, 4, 6, 8, 10의 응답 중에서 'b'로 응답한 항목 수는? 〔　　　〕

〔4〕 항목 1, 3, 5, 7, 9의 응답 중에서 'a'로 응답한 항목 수는? 〔　　　〕

* 실천중심 스타일 점수 = 〔3〕 + 〔4〕 = 〔　　　〕

---

〔5〕 최종판단: 비전점수와 실천점수의 차이가 중요하다.

〈1〉 이 점수 차이가 2 또는 그 이하이면 양수겸장형이다. 즉 비전제시와 실천행동을 다 잘 보여주는 스타일이다.

〈2〉 이 점수 차이가 4~6 사이이면, 점수가 큰 쪽이 강한 스타일이다.

가령, 비전점수가 〔8〕이고 실천점수가 〔3〕이면, 차이가 5가 되어 강한 비전중심 스타일이 된다. 물론 그 반대의 경우에는 강한 실천중심 스타일이 된다.

〈3〉 이 점수 차이가 8~10 사이이면, 큰 쪽이 매우 강한 스타일이 된다. 이 경우 약한 쪽의 행동을 필요로 하는 역할이 주어지면 실패의 가능성이 매우 높다.

자료: Daft, R. L. 2005. *The leadership experience*. Thomson South-Western, 536-537.

제 12 장

의사결정

본 장의 요점

- ❖ 조직생활에서 의사결정의 중요성과 범용성을 인식한다.
- ❖ 의사결정과정을 이해함으로써 분석의 기반을 형성한다.
- ❖ 조직 내 개인, 집단, 조직 수준의 의사결정이 어떻게 다른지를 학습한다.
- ❖ 의사결정이 잘못되는 이유들을 체계적으로 배워 효과적 의사결정의 계기를 마련한다.
- ❖ 집단의사결정의 효과를 높이기 위해서 개발된 다양한 기법들을 터득한다.
- ❖ 윤리적 의사결정에 이르는 원칙들을 학습함으로써 윤리적 조직원의 기초를 다진다.

Let's Talk!

"왜 나는 따라하는가?"

의사결정을 할 때 다른 사람들을 따라 선택하는 현상을 동조현상(conformity)이라고 한다. 중국식당에 가서 남들이 다 짜장면 시키니까 나도 덩달아 짜장면 시키는 것은 동조현상의 예다.

중요한 의사결정을 할 때 다른 사람 하는 대로 따라 하면 생각의 수고를 덜어주고 심리적으로 안정감을 주지만, 개성이 말살되고 집단에도 피해를 끼칠 수 있다.

투표할 때 무조건 앞서는 쪽을 찍는다든가, 친구 따라 이유도 없이 강남가는 것, 좋은 게 좋은 거, 식당에 가서 아무거나 달라는 것 등은 다른 사람에게 자신을 무턱대고 맡기는 무책임한 행동이다.

"동조행위"를 아주 나쁜 것으로 여기는 나라도 많다. "위험: 동조조심", "동조는 서서히 자살하는 것", "동조는 창의성을 죽인다" 등의 구호에도 동조의 폐해가 잘 나타난다.

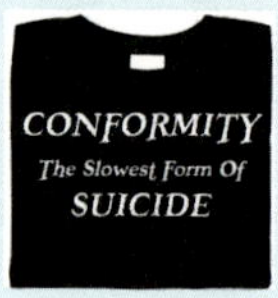

미국의 존 에프 케네디 대통령은 "동조는 자유의 간수(jailor)요, 성장(growth)의 적이다"라고 말했다. 아무 생각 없는 동조는 자존심을 버리는 것이고 개인의 존엄을 포기하는 행위이다. 스스로 생각하여 결정하고 표현할 줄 아는 것이 나와 조직에 기여하는 의사결정의 바람직한 태도이다.

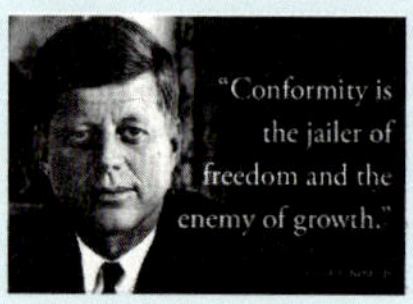

✠ 〈토론 주제 12〉 나는 왜 다른 사람에 동조하는가? 서로 자신의 경험을 말해보자.

의사결정의 기초

의사결정은 어떤 과정을 밟아 이뤄지는가

의사결정이란 '문제를 인식하여 진단하고 해결에 필요한 대안들을 찾아 평가한 후 최적의 대안을 선택하는 일련의 과정'이라고 할 수 있다.[1] 이 과정을 요약하면 〔그림 12-1〕과 같다. 그림에서 보듯이, 의사결정의 과정은 대안의 선택/평가까지를 말하나, 문제해결의 과정은 대안이 집행(적용)되고 유지/조정(사후관리)되는 단계까지를 포함한다.

의사결정과 문제해결은 혼용되는 경우가 많으므로 여기에서는 전체를 의사결정과정으로 보기로 한다. 각 단계에 대하여 좀더 구체적으로 살펴보도록 한다.

문제인식 및 진단

문제란 자신의 현재 상태와 기대하는 상태가 차이가 날 때 발생한다. 문제인식단계에서 중요한 것은 조기인식이다. 개인에게 있어서 뿐만 아니라 집단이나 조직의 입장에서도 문제의 정확한 조기인식은 매우 중요하다. 조직성

그림 12-1
의사결정과정

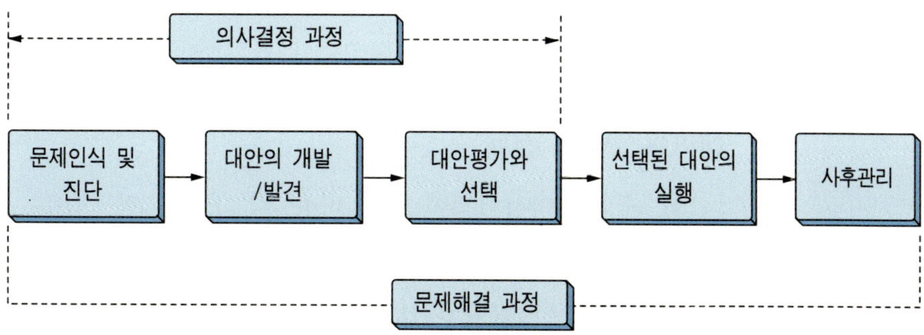

자료: Huber, G. P. 1980. *Managerial Decision Making*. Glenview, Ⅲ.: Scott, Foresman에서 인용.

공의 열쇠가 문제의 조기인식에 달려 있는 경우가 많다. 특히 최고경영자는 기업에 닥쳐올 문제를 조기에 정확히 인식하는 것이 중요하다.

문제인식단계에서 또 한가지 중요한 것은 의사결정자와 결정관련자들간의 '인식의 차이(Perceptual difference)'이다. 의사결정자의 판단은 지각, 인지, 성격 등에 따라 영향을 받는다. 같은 현상에 대해서도 혹자는 문제로 인식하지만 다른 사람은 전혀 문제로 인식하지 않는 경우도 있을 수 있다. 인식의 차이는 문제의 공론화 과정에 큰 영향을 미친다.

한편 문제를 인식하는 과정에 오류가 개입될 수 있다. 이 과정에서 발생하는 오류들을 일반적으로 정보오류(Informational Bias)와 지각오류(Perceptual Bias)로 나눈다.[2)] **정보오류**란 여러 정보가 의사결정자에게 도달되는 과정에서 왜곡되거나 생략 또는 첨가되었을 때 발생하는 오류이며, **지각오류**란 의사결정자의 지각 능력의 한계로 말미암아 생겨나는 오류를 뜻한다.

정보오류는 조직과정에서의 과정손실 때문에 발생하나 지각오류는 개인의 지각적 한계 때문에 발생하므로 정보오류가 보다 인위적이라고 볼 수 있다. 결국 이 두 가지 오류는 의사결정의 질을 떨어뜨리는 결과를 가져오게 된다.

대안의 발견/개발

조직에서 해결해야 할 문제가 무엇인지를 올바로 파악한 경영자(또는 관리자)는 문제해결을 위한 대안들을 찾아내야 한다. 이를 정보의 수집 및 조직화 단계라 부르기도 한다. 이 단계는 조직이나 개인의 정보력을 시험할 수 있는 단계이며, 다양한 정보원천의 확보가 매우 중요하다.

대안의 평가와 선택

이 단계는 의사결정에 드는 비용, 각 대안의 장 · 단점, 그리고 해결책 실천의 문제를 생각하는 단계이다. 즉 각종 정보를 통해서 의사결정자가 여러 가지 대안들을 개발하였다면 각 대안에 대한 평가가 이루어져야 하며, 그 결과에 따라서 하나 또는 그 이상의 대안이 선택될 것이다. 다음은 개인의 대안 선택 과정을 설명하는 모델들이다.

경제적 합리성모델

이 모델은 인간은 경제적이며 **합리적**(economic and rational man)이라고 가정한다. 이는 최소의 비용으로 최대의 효과를 얻으려는 경제성모델에 근거한 모델로서 가능한 대안들을 모두 발견하고 평가하여 경제적으로 최적의 대안을 선택한다는 이론이다. 그러나 이 모델은 전제하고 있는 가정들이 비현실적이라는 비판을 받아왔다. 이 모델의 가정들은 아래와 같다.

① 인간은 경제적으로 판단하고 행동한다(최소비용, 최대만족).

② 의사결정자가 모든 대안에 대한 완벽한 정보를 가지고 있다.

③ 선택된 대안의 실행 결과에 대해서 완벽하게 알 수 있다.

④ 의사결정자는 선택된 대안의 결과와 다른 대안의 결과를 비교할 수 있는 능력을 가지고 있다.

이처럼 경제적 합리성모델은 문제에 대한 모든 대안을 갖고 있고 모든 정보를 알고 있으며 모든 능력을 갖춘 완벽한 인간을 전제로 한다. 이 모델을 이상주의적 모델이라고 부르는 것은 이 때문이다.

경제학이나 경영학의 일부 영역에서는 의사결정 주체로서의 인간을 이렇게 가정해왔다. 예컨대, 소비자들이 물건을 고르는 행위를 설명할 때나 기업의 구매담당자가 원자재 공급업체를 선정하는 과정을 기술할 때, 경제적 합리성이론가들은 소비자나 구매자가 모든 정보를 가지고 모든 내안들을 전지전능한 능력으로 분석한 후 최선의 대안을 선택하는 것으로 가정해왔다.

그러나 인간의 행동은 그렇게 완벽할 수 없으며 그렇게 합리적일 수도 없다. 모든 정보를 고려한다는 것은 현실적으로 불가능하며 그처럼 많은 정보를 다 처리할 수 있는 인지적 능력도 갖고 있지 못하다. 이와 같이 보다 현실적 관점에서 의사결정 행동을 이해하려고 했던 학자가 허버트 사이먼(Herbert Simon, 1978년 노벨 경제학상 수상)이었다.

사이먼의 제한적 합리주의모델

이 모델은 모든 의사결정자들은 최적의 대안을 찾으려 노력은 하지만 시간의 부족, 정보의 부정확성, 개인의 능력한계 등의 이유로 최적 대안의 선택이 사실상 불가능하다는 관점이다. 즉, 인간은 문제해결에 처하여 제한된 정보와 제한된 대안을 가지고 주어진 시간과 비용을 감안하여 합리적 선택을 하려고 노력한다는 것이다.[3)]

문제해결에 있어 객관적으로 최선책을 발견하는 것은 불가능하므로 주어진 정보와 능력 안에서 소정의 기준을 세워 이를 통과하는 첫번째 대안을 선택하게 된다고 제안한다. 따라서 **"제한적" 합리주의 모델**(bounded rationality)이라고 한다.

이 모델은, 의사결정을 함에 있어 사람들은, 첫째 객관적으로 최적의 대안을 선택하는 것이 아니라 개인적으로 만족스러운(satisficing) 수준의 대안을 선택하게 되며, 둘째 대안이나 해결책 모색에 있어 매우 제한적이고, 셋째 결과에 영향을 미치는 요소들을 통제할 수 없는 상황에서 충분한 정보도 없이 결정을 내리게 된다는 점을 강조한다.

물론, 만족스런 수준이라는 선택의 기준은 사람(또는 집단이나 조직)에 따라 다르며 의사결정에 대한 지원정도에 따라서도 달라질 수 있다. 사이먼은 이에 대해서 다음과 같이 언급하고 있다.[4)]

'만족스런 선택수준은 개인의 결심에 따라서, 개인이나 조직의 목표를 높임으로써, 또는 보다 정교해진 관리기법이나 컴퓨터 프로그램들을 활용함으로써 높일 수 있다.'

앞서의 경제적 합리성모델이 규범적 모델이라면 제한적 합리주의모델은 서술적 모형이라고 볼 수 있을 것이다. 즉, 전자가 '이렇게 해야 한다'라는 이상적 방법을 처방해주는 입장이라면, 후자는 '실제는 이렇게 하더라'라고 현실을 묘사하는 입장이다.

정치적 선택모델

이 모델은 자신이나 자기편의 이익만을 충족시키려는 입장에서 대안을 선택하는 경우로 권력이 강한 내 · 외부 이해관계자들의 목적을 추구하기 위해 사용된다.

이 모델에 따르면, 개인은 자신의 이익을 만족시켜 주는 대안을 의사결정과정의 초기에 결정하며 새로운 정보가 얻어지더라도 그것을 바꾸지 않는다. 사실, 대안의 발견이나 평가는 자신이 이미 결심한 대안을 강화시킬 목적으로 이루어진다. 따라서 자신이 선호하는 대안에 경쟁이 될 수 있는 대안들의 결점을 찾아내어 부각시키는 데 개인의 노력이 모아진다. 이 과정에서 정보의 왜곡이나 속임수 등 비윤리적인 방법이 쓰여지는 경우도 있다.[5)] 즉, 대안이 미리 정해져 있어 새로운 정보가 들어와도 대안을 바꾸지 않고 정해진 대안을 고수하기 위해 새로운 정보를 왜곡하거나 축소시키게 된다.

우리는 이 세 가지 방법들을 사용하여 대안의 평가에 임하게 되는데 이때 각 대안의 비용, 실현가능성, 정치적 이해 등이 선택과 판단에 영향을 미칠 수 있다. 상황에 따라 다르겠지만 경제성 모델은 현실적인 제약 때문에 본래의 기준이 완화되는 수가 많다. 대안의 평가와 선택단계는 합리적 대안을 선택한다는 측면에서도 중요하지만 선택된 대안을 실행담당자들(실무자)이 수용하도록 함으로써 성공가능성을 높여야 한다는 측면에서도 중요한 단계이다.

대안에 대한 평가를 거쳐 선택된 대안은 다음 단계에서 실행으로 옮겨지게 된다.

선택된 대안의 실행

선택된 대안은 실행되어야 한다. 실행되지 않은 결정은 아무런 쓸모가 없다. 이 단계에서는 실행담당자들의 실행의지(동기)가 무엇보다도 중요하다. 특히 성공확률이 낮은 대안이 선택된 경우, 성공가능성을 높일 수 있는 유일한 단계가 실행단계이다. 즉 선택된 대안에 문제가 있다고 하더라도 실행에 옮기는 단계에서 이를 조정하고 실행담당자가 최고의 실력을 발휘한다면 의사결정결과가 효과적으로 나타날 가능성이 커진다.

반대로 아무리 안전하고 훌륭한 대안을 선택했더라도 실행을 나태하게 하면 성공적으로 실행할 수 없게 된다. 물론 실행단계에서 아무리 조정을 잘

한다하더라도 일정한 범위를 크게 벗어나지 못할 수도 있다. 그러므로 우선 적절한 대안이 선택되어야 한다는 데에는 재론의 여지가 없다. 대안의 선택이 적절히 이루어지고 또한 선택된 대안의 핵심이 실행단계에서 충실히 실현되었을 때 효과적인 문제해결이 가능해진다.

사후관리

이 단계는 실행결과를 정리, 평가, 조정하는 단계이다. 실적에 따라 보상과 벌이 가해지고 미진한 부분을 보완하게 된다. 또한 실행과정에서 학습한 사항들을 정리하고 재실행을 준비하는 단계이기도 하다.

의사결정자는 어떤 문제에 대한 성공적 의사결정방법을 기억이나 잠재의식 속에 쌓아두게 되고(유지), 이후 유사한 문제발생시 저장된 의사결정방법을 활용하여 문제를 해결하게 된다. 기억이나 잠재의식 속에 저장된 방법들은 사고의 틀을 형성하는 데 사용된다. 즉 문제해결에 대한 자기 나름대로의 방법의 틀을 형성하게 되는 것이다.

그런데 이러한 사고의 틀은 시간의 흐름에 따라 새로운 정보의 첨가, 상황의 변화로 말미암아 조정되고 변화되어 간다. 즉 기존의 사고의 틀 속에서 당면문제에 대한 해결책을 찾지 못할 경우 의사결정과정을 처음부터 다시 더듬어 가야 한다. 이 새로운 과정은 기존의 틀에 수정을 가하게 되며 그럼으로써 사고의 틀은 현상을 반영하면서 변화해 가게 되는 것이다. 따라서 의사결정의 과정은 개인이나 집단에게 하나의 '학습과정'이다. 학습에 의하여 사고의 틀이 형성되고, 형성된 하나의 개념이 집단구성원들 사이에 공유되면 재실행하는 데 있어 커다란 영향을 미치게 된다.

의사결정 후의 갈등

이번에는 의사결정 후의 갈등(Post-decisional conflict)에 대해서 알아보기로 하자. 의사결정이 아무리 정확하게 이루어졌다고 할지라도 항상 후회나 갈등이 따르게 마련이다. 의사결정에 있어서 한 가지를 선택하게 되면 나머지는 잃게 되기 때문이다. 이러한 갈등은 페스틴저(Festinger)가 제시한 인지부조화에 의한 갈등과 유사하다.[6] 인지부조화에 의한 갈등은 사전적(Predecisional)인 데 반해 이것은 결정 후의 갈등을 의미한다는 점만이 다르다.

결정 후 갈등에 대해서 의사결정자들은 어떠한 반응을 보이는가? 이에 대해서 제니스와 만(Janis & Mann)은 다음과 같이 세 가지 반응을 제시하고 있다.

결정의 철회

의사결정자는 자신이 내린 결정에 대해 갈등이 발생하였을 때 이를 철회하고 새로운 방안을 찾아 나서는 경우가 있다. 즉 자신의 판단에 잘못이 있었음을 인정하고 새로운 길(대안)을 모색하게 되는 것이다. 이 방법은 의사결정의 과정을 아예 처음부터 다시 시작한다는 점에서 아래의 다른 방법들과 차이가 난다. 이 방법에서는 결정의 철회와 동시에 또 다른 대안모색의 과정을 밟게 되는 것이 일반적이다.

실행의 축소

또 하나의 결정 후 갈등처리방법은 실행규모를 축소하든가 지연하는 것이다. 그러나 합의에 의한 집단의사결정의 경우에는 문제가 될 수 있는 방법이다.

결정의 재확인

이 방법은 결정 후의 갈등을 해소하는 가장 보수적인 방법이라고 할 수 있다. 즉 자신이 내린 결정에 대하여 갈등이 생겼다할지라도 그 결정에 대해 긍정적인 면을 더욱 강조함으로써 자신의 결정이 잘된 것이라는 확신을 가지려는 방법이다. 갈등의 원인을 다른 곳에서 찾으려 하기보다는 자기 자신에게서 찾으려 한다는 점에서 위의 다른 방법들과 차이가 난다. 또한 갈등이 존재함에도 긍정적인 면을 강조한다는 점에서 다른 방법들과 다르다고 할 수 있다.

몰입상승현상

몰입상승(Escalation of commitment)이란 분명히 잘못된 결정이나 실패할 것이 확실한 일에 고집스럽게 집착하는 심리를 말한다. 예컨대, 평생을 받쳐 일궈온 중소기업의 사장이 업의 쇠퇴로 망할 것을 뻔히 알면서도 그동안 들인 노력과 열정, 그리고 인생이 아까워서 포기하지 못하고 계속 자원을 쏟아부어 결국 큰 실패를 하게 되는 경우를 들 수 있다. 몰입상승은 또한 영국정부가 사업성이 전혀 없다는 것이 명백한 초음속 여객기 콩코드기의 운영을 쉽게 포기하지 못하고 계속 매달리다가 결국 큰 손해를 보고 운행정지를 했던 예를 비유하여 "콩코드 오류"(Concorde fallacy)라고 부르기도 한다.

몰입상승이 발생하는 원인으로는 의사결정자의 자기합리화, 도박꾼의 착각, 지각결함, 그리고 함몰비용(sunk cost)에 대한 미련 등을 들 수 있다. 사람은 누구나 성공하고 싶지 실패하고 싶어 하지 않는다. 그러다 보니 자신의 능력을 과신하게 되고 체면을 먼저 생각하게 되며 잘못되는 것에 대해서는 자기합리화하려는 성향을 보이게 된다. 도박꾼들은 실패보다는 성공(대박)에 대한 기대가 훨씬 높다고 한다.

이처럼 부풀려진 기대 또는 착각 때문에 계속 몰입하게 되는 것이다. 또한 사람은 부정적 정보를 과소평가하고 심각한 문제가 발생했는데도 그 심각성을 축소해석하려는 지각의 결함을 갖고 있다. 물론 가장 몰입상승에 크게 기여하는 요인은 함몰비용(즉, 지금까지 들어간 돈이나 자원, 시간, 노력 등)일 것이다. 이미 들어간, 회수할 수 없는 비용이 클수록 포기하기가 힘들어진다.

개인의사결정과 집단의사결정

조직에서의 의사결정은 개인이 혼자서 전체 과정을 담당하는 경우보다는 여러 명이 집단으로 또는 조직차원에서 선택을 하고 실행을 하는 경우가 더 많다. 개인의사결정의 경우와 집단이나 조직차원의 의사결정의 경우는 여러 측면에서 차이가 난다. 물론 집단이나 조직수준의 의사결정에 있어서도 개인의 의사결정에서와 마찬가지로 구성원 개인의 판단, 선택, 정보수집 등이 포함된다. 그러나 혼자가 아닌 다수에 의한 결정의 경우에는 개인의 선택과 판단이 다른 구성원들의 그것과 조정되고 융합되어 동의나 합의를 이끌어내야 하는 경우가 많다. 집단의사결정에 있어, 구성원들간의 교류를 통하여 문제에 대한 해결책이나 합의를 이끌어 내는 과정이 효과적일수록 의사결정의 질은 높아질 것이다.

따라서 본 절에서는 의사결정의 수준을 개인수준, 집단수준, 그리고 조직수준으로 나누어 각각에 대하여 보다 구체적으로 살펴보도록 한다.

개인의사결정

개인의사결정은 개인이 혼자서 판단, 선택, 결정하는 과정을 말한다. 물론 사안에 따라서는 타인에게 정보를 얻기 위해서 질문을 한다든가 의견을 묻는 것까지를 개인의사결정의 범주에 포함시킬 수 있을 것이다.

많은 경우 의사결정자가 스스로 결정을 할 것인가 아니면 집단(예, 하급자들)을 구성하여 결정하도록 할 것인가는 결정자의 선택이다. 혼자서 독단적으로 권한의 범위 안에서 판단을 하여 선택을 할 수도 있고, 타인들을 제한적 범위 안에서 결정에 참여시키는 경우도 있을 수 있으며 아예 결정권 자체를 집단에 위임해줄 수도 있다. 물론 사람이 모여서 문제를 해결하는 경우에도 구성원 각자의 판단이나 선택을 포함하지 않을 수 없다. 아래에서는 이런 개인의사결정에 영향을 주는 요소들을 살펴보고, 개인의사결정시에 발생할 수 있는 오류들을 정리하여 보다 효과적인 의사결정을 하는 데 극복해야 할 사항들은 어떤 것들인지를 알아 보도록 한다.

개인의사결정에 영향을 주는 요인들로는 스키마, 창의력, 정보처리능력, 휴리스틱스, 개인의 속성 등 개인의 성품과 성향에 관계된 요소들이다.

스키마

스키마(Schema)란 과거의 경험에 의해서 형성된 개인의 인지구조로 정의될 수 있다.

스키마는 개인이 어떤 문제에 대하여 개념화하고 판단하여 선택하는 데 영향을 미치게 된다. 즉, 스키마란 어떤 사람, 사물 또는 사건에 대해서 각 개인이 머릿속에 과거로부터 형성해 놓은 의미체계이므로 특별하지 않은 일상적 현상에 직면한 경우에는 그에 대한 심도 있는 분석의 과정을 생략한 채 자동적, 습관적으로 스키마가 제공하는 대안을 선택하게 된다. 그러나 현상이 제공하는 정보가, 또는 해결해야 할 문제가 비일상적일 때에는 그에 대한 스키마가 형성되어 있지 않기 때문에 주어진 정보와 갖고 있는 정보를 융합, 분석하여 보다 의식적인 판단과 선택을 하게 된다.

우리가 조직생활에 익숙하지 않은 초기에는 스키마가 별로 형성되어 있지 않기 때문에 모든 것이 신비롭고 하나하나 조심하여 판단을 하게 되지만 조직이나 일에 익숙해지면서 스키마가 형성되어 습관적으로 선택이나 결정을 하게 된다.

창의성

창의성이란 비범한 대안을 찾아낼 수 있는 능력을 말한다. 즉 과거의 방식이나 상식적 대안과 비교하여 보다 많은 혜택을 주는 대안을 찾아내든가 그것을 보다 효율적으로 현실화시킬 수 있는 능력인 것이다. 따라서 창의성은 개인의사결정에 있어 대안발견 및 평가에 지대한 영향을 미친다.

정보처리능력

개인의 판단과 선택에 영향을 미치는 또 다른 요소는 개인이 갖고 있는 정보처리능력이다. 오늘날과 같이 무수히 많은 정보들이 쏟아져 나오는 상황에서는 낱낱의 정보에 똑같은 비중을 두고 주의를 기울이기가 힘들다. 보다 정확한 상황진단과 문제정의를 위해서는 정보의 중요성을 정확히 평가하여 신속히 처리할 수 있는 능력이 요구된다.

휴리스틱스

정보처리과정과 관련된 의사결정모델로서 휴리스틱스(Heuristics)[7]가 있

표 12-1
정보처리 과정의 오류유형

오류의 유형	해 설
가용성 오류 (Availability)	• 자주 접하여 기억되기 쉬운 사건이 판단에 영향을 미친다. 자주 보도되는 사건은 과대평가되고 그렇지 않은 사건은 과소평가되는 경향이 있다. • 판단현장에서 존재하는 특정한 정보나 단서(cues)가 판단에 영향을 미칠 수 있다.
대표성 오류 (Representativeness)	• 어떤 사건이나 사람이 특정 집단의 속성을 갖고 있다고 하여 진실을 확인하지 않고 그 집단의 일원으로 판별하는 성향. 예를 들어 A라는 사람이 법관티가 난다고 하여 그를 판사나 검사로 상상해 버리는 경우
기준점과 조정 오류 (Anchoring & Adjustment)	• 특정 값이나 수치를 근거로 미래의 값을 예측하고 난 후, 현재의 상황을 고려하여 예측치에 약간의 수정을 가하는 방법. 최초에 선택되는 기준점 값에 따라 선택되는 결과에 큰 차이를 보이므로 오류의 소지가 크다. 내년도 매출 예측을 하면서 올해 매출을 앵커로 잡고 내년의 경제상황을 고려하여 +5% 정도로 잡는 경우가 예가 될 수 있다.

자료: Hogarth, R. M. 1980, 앞의 책, pp.166-170.

다. 이 모델은 카한만(Kahneman)과 트버스키(Tversky)에 의해 제시된 것으로서, 의사결정을 하는 데 있어 "어림짐작"에 의존하는 것을 뜻한다. 의사결정자가 결정이나 판단을 함에 있어 시간/정보가 부족하든가 사소한 문제인 경우 단순사고와 주먹구구식(rule of thumb) 편법에 의한다는 것이다.

〈표 12-1〉은 카한만과 트버스키가 제시한 오류의 유형 중에서 중요한 세 가지를 정리한 것이다.

개인의 속성

스키마, 창의력, 정보처리능력, 휴리스틱스뿐만 아니라 개인이 갖고 있는 성격이나 가치관 등의 속성들도 개인의사결정에 영향을 미칠 수 있다.

먼저, **가치관**이란 개인이 판단이나 선택을 함에 있어 사용하는 옳고 그름에 대한 판단기준이다. 가치관은 의사결정의 전과정에 영향을 미칠 수 있다. 문제의 정의에 있어서 가치관에 따라 문제의 심각성 인식에 차이가 생길 수 있으며, 대안선택에 있어서도 보수 또는 진보적 가치관에 따라 선택의 내용이 달라질 수 있다. 또한 행동중심적 가치관을 갖고 있는 개인의 경우에는 그렇지 않은 사람보다 실행의 강도에 있어서 차이를 보일 것이다. 유지 및 조정단계에서도 가치관에 따라 학습내용이 차이가 날 수 있다.

둘째, **성격**도 개인의사결정에 영향을 미친다. 지금까지 개인의 성격이 판단과 선택에 미치는 영향에 관련된 연구들은 그리 많지 않다. 그러나 적어도 개인의 성격적 특성에 따라 하급자 참여의 정도가 달라진다는 연구결과는 발표된 바 있다. 또한 앞의 개인차 장에서 우리는 융의 인지스타일 분류에 따라 문제접근방식이 차이가 남을 살펴보았다. 권위주의적 성격의 소유자는 대안선택에 있어 보다 제한적일 수 있으며 자율적, 독립적 성향이 강한 사람도 대안의 선택이나 실행에 있어 커다란 차이를 보일 수 있다. 특히 위험감수성향에 따라 대안선택이 크게 달라질 수 있다. 즉, 위험감수형의 경우는 위험회피형의 경우보다 실패의 위험이 큰 대안을 선택할 가능성이 높다.

집단의사결정

집단의사결정은 개인의사결정과 비교해 볼 때, 집단의 특수성(공동목표, 연대감, 상호작용)으로 인한 여러 가지 특성을 갖는다. 개인수준의 의사결정과는 달리, 집단합의에 의한 의사결정이 중요시되며 다수결, 독단, 참여, 설득 등의 방법들도 동원될 수 있다. 즉 개인의사결정에 영향을 미치는 요소들이 개인적 성품과 지적(인지적) 능력이었다면 집단의사결정에서는 이런 개인적 요소들보다는 집단역학적 요소가 더 많이 작용하게 된다.

개인/집단간 의사결정의 차이

개인과 집단의사결정의 차이점 중 하나는 의사결정의 최종단계에 있어 개인의사결정은 선택을 하는 것이고, 집단의사결정은 「집단합의」에 이르는 것이라고 볼 수 있다. 집단의사결정의 특징을 요약하면 〈표 12-2〉와 같다.

표 12-2
집단의사결정의 특징

(1) 집단의사결정은 문제해결에 이르는 시간은 길지만 정확도가 높다.
(2) 어려운 문제해결시 집단 내 구성원이 가지고 있는 모든 자원을 활용할 수 있다.
(3) 집단 내 구성원의 능력이 상당히 우수한 경우에 이들은 서로 자원을 공유하려 하지않는 경향이 있다.
(4) 고능력을 가진 개인의 의사결정이 보통의 능력집단의 집단적 의사결정보다 나은 결과를 가져온다.

〈표 12-2〉와 같이 개인의사결정은 의사결정의 시간을 단축할 수 있다는 장점을 가진 반면, 집단의사결정은 의사결정의 정확도와 의사결정에 필요한 정보의 풍부함을 장점으로 한다. 〈표 12-3〉과 같이 집단의사결정의 이익과 손실을 구분할 수 있다.[8)]

집단사고

집단의사결정시에 나타날 수 있는 좋지 않은 현상 중에 하나가 집단사고(集團思考: Groupthink) 현상이다. 이것은 1971년 제니스(Janis)가, 대실패로 끝난 케네디 대통령의 쿠바 피그(Pigs)만 침공사건 등 몇 가지 사례의 의사결정과정을 분석하여 밝혀낸 집단의사결정에서의 집단착각 현상이다. 집단사

표 12-3
집단의사결정의 이익과 손실

구분	내용
이 익	① 구성원으로부터 다양한 정보를 얻을 수 있다. ② 다각도로 문제에 접근할 수 있다. ③ 구성원의 합의에 의한 것이므로 수용도와 응집력이 높아진다. ④ 의사결정에 참여한 구성원들의 교육효과가 높게 나타난다.
손 실	① 집단 내 정치적 힘이 작용한다. ② 의사결정 시간이 지연된다. ③ 서로의 의견에 비판없이 동의하는 경향이 있다. ④ 차선책을 채택하는 오류를 범한다. ⑤ 집단사고의 함정에 빠질 수 있다.

고에 희생된 구성원들은 대안에 대한 충분한 분석과 토론 없이 쉽게 합의한 대안이 최선이라고 믿으며 적을 과소평가하려는 경향이 있고 범법을 하면서도 자신들은 도덕적이라고 합리화하려는 성향이 있다. 집단사고의 모델을 제시하면 〔그림 12-2〕와 같다.

집단사고란 집단구성원들간의 잘못된 의견일치 추구성향을 말한다. 집단사고에 빠진 구성원들은 자신이 속한 집단이 최고라는 착각에 빠지게 되며 다른 집단에 대해 배타적 아집을 가지고 자기 집단 내부적으로는 구성원들간에 의견이 일치되어 있다는 착각을 보이게 된다. 즉, 자기가 속한 집단의 역량을 과도하게 높이 평가하려는 성향을 가지고 타집난에 대해서 폐쇄적 아집을 보이며 반대의 의견이 있더라도 스스로 자제하는 등의 획일성 추구성향을 보이게 된다. 그 결과, 집단의사결정이 역기능적 결과를 낳게 된다. 예를 들어 대안을 불완전하게 탐색한다든가, 유리한 정보만을 선택하여 편협한 결정을 내리게 될 수가 있다. 결국 최적의 대안이 선택될 수 없게 되고 성공적 성과창출의 가능성이 저하되는 결과를 가져오게 된다. 집단사고가 나타나게 되는 전제조건들은 세 가지로 요약될 수 있다. 첫째, 집단의 응집력이 높은 경우이며, 둘째는 집단이 외부로부터 고립되어 있든가 충분한 토의가 이루어질 수 없는 등의 구조적 결함을 갖고 있는 경우이고, 그리고 셋째로는 외부로부터의 위험이 임박하여 구성원들간에 스트레스가 고조되어 있는 경우 등이다.

집단사고에 빠지게 되면 의사결정에 있어 문제해결이 처음 제시된 범위에서 벗어나지 못하게 제한되며 새로운 정보나 변화에 민감하게 반응하지 못한다. 또한 전문가의 조언이나 자문을 무시하며 문제인식에 소극적이고, 따라서 상황적응능력이 떨어지게 된다. 극복방안으로는 자유로운 토론분위기를 만들든가 카리스마리더가 있어 집단사고의 원인이 될 수 있는 경우에는 리더 없는 집단토론 방식을 채택하는 것도 좋은 방법이 될 수 있다. 또한 본 장 후반에 제시한 효과적인 의사결정 방안들을 활용하면 집단사고의 위험을 어느 정도 극복할 수 있다. 본 장의 말미에 제시된 케네디 대통령의 피그(Pigs)만 침공사례와 '10월의 미사일'사건은 집단사고의 현상과 극복사례를 정리해 놓은 것이다.

그림 12-2
집단사고의 모델

집단사고의 전제조건들

집단응집력 + **구조적 결함** + **촉진적 상황요건**

구조적 결함
1. 외부로부터의 고립
2. 비민주적 리더십
3. 토의절차상의 방법부재
4. 구성원간의 사회적 배경 및 이념적 동질성

촉진적 상황요건
1. 외부 위험에 의한 스트레스 급증
2. 일시적으로 유발된 자존감 저하

↓

의견일치추구(집단사고)경향

↓

집단사고의 증상

유형 1. 집단역량의 과대평가
- 1. 자기 집단은 취약성이 없다는 착각
- 2. 자기 집단의 도덕성에 대한 신념

유형 2. 폐쇄적인 아집
- 3. 우리가 항상 옳다는 식의 집단적 합리화
- 4. 타집단에 대한 부정적 고정관념

유형 3. 획일성 추구 압력
- 5. 반대 의견을 스스로 자제하려는 자기검열(self-censorship)심리
- 6. 구성원들간에 만장일치가 이루어져 있다는 착각
- 7. 반대자에 대한 직접적 압력
- 8. 구성원들이 반대의견을 제시하지 못하도록 하기 위해서 자체 설정한 규제

↓

역기능적 의사결정 증상

1. 불완전한 대안 모색
2. 선호하는 대안의 잠재적 위험성 간과
3. 초기에 기각된 대안에 대한 재평가가 이루어지지 않음
4. 빈약한 정보탐색
5. 유리한 정보만을 편파적으로 받아들임
6. 상황대응계획(Contingency plan)의 부재

↓

성공적인 결과창출의 확률 저하

자료: Janis, I. L. 1972, *Victims of groupthink, Boston*: Houghton-Mifflin; 박원우. 1992. 8. 집단의사결정상의 문제점과 그 개선책에 관련된 용어, 인재개발, 12호, 인화원, pp.78-85.

애쉬효과

이것은 1950년대 애쉬(Asch) 교수의 실험에서 유래된 말로서, 사람들이 심리적으로 다른 사람의 의견을 따라가는 성향을 나타내는 말이다. 애쉬 교수의 실험을 살펴 보고 애쉬효과의 의미를 추론해 보는 것이 좋을 것이다.

애쉬는 실험에 자진 참가한 대학생들을 7~9명의 소집단으로 묶었다. 그리고는 이들 각자에게 아래 〔그림 12-3〕과 같이 기준선카드 하나와 비교선카드 하나가 한쌍을 이루도록 하여 총 12쌍의 카드를 제공했다. 문제는 이들 12쌍에 대하여 기준선카드의 선과 길이가 같은 선을 비교선카드의 선들 중에서 찾아내는 것이었다. 각자는 자신이 선택한 선을 다른 구성원들 앞에서 공표하도록 되어 있으며 12쌍의 카드가 주어졌으므로 각자 12회 선택할 수 있는 기회를 갖게 된다. 같은 집단의 구성원들에게는 똑같은 카드가 주어졌다.

그러나, 각 실험집단의 구성원들(7~9명) 중, 한 사람을 뺀 나머지 참가자들은 12회 중 일곱 번은 의도적으로 틀린 답을 하고 나머지 5회에 대해서는 옳은 답을 하도록 사전에 조작되어 있었다. 12쌍 모두에 대하여 〔그림 12-3〕의 예에서 보듯이 누가 봐도 카드에 나타난 답은 명백하였다. 각 실험집단에서 조작되지 않은 나머지 한 사람이 실험대상자이며 그(녀)가 매회 제일 마지막에 선택(답)을 하도록 순서를 정해 놓았다.

그림 12-3
애쉬(Asch) 실험

지각테스트: 오른쪽의 비교카드에 제시된 세 선들 중 왼쪽 카드의 기준선과 길이가 같은 선은 어느 것인가?

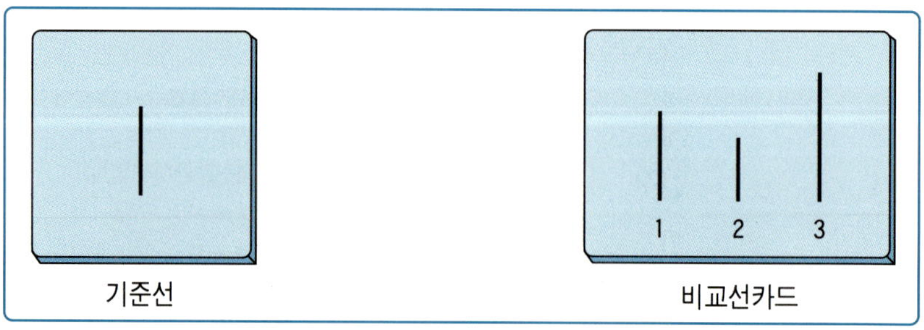

자료: Asch, S. 1955. Studies of independence and comformity: A minority of one against a unanimous majority. *Psychological Monographs*, 20, Whole No.416.

애쉬 실험의 초점은 정답을 분명히 알고 있음에도 불구하고 실험대상자가 얼마나 대다수 구성원들이 선택한, 명백히 틀린 답을 쫓아가는가를 알아보려는 것이었다. 이 실험의 결과에 따르면, 31명의 실험대상자들 〔즉, 31개 집단〕 중에서 한번도 흔들리지 않고 정답을 말한 사람들은 전체의 20%에 불과하였고, 나머지 80%는 적어도 한 번 집단의견(압력)에 굴복하여 틀린 답을 선택하였다. 또한 두 번 이상 틀린 답을 선택한 사람들도 58%나 되었다. 즉, 다수가 공유하는 틀린 생각 때문에 개인의 옳은 판단이 영향을 받게 되는 현상을 「**애쉬효과**」라고 한다.[9)]

효과적인 집단의사결정 기법

이상에서 우리는 개인, 집단, 그리고 조직 차원의 의사결정에 대해서 살펴보았다. 여기에서는 조직에서 많이 사용되고 있는 집단의사결정 기법들을 소개하려 한다. 브레인스토밍과 같이 전통적으로 많이 알려진 기법도 있지만 지명반론자법이나 변증법적 문의법처럼 비교적 최근에 많이 연구되고 있는 기법들도 있다. 이 기법들은 언제든지 실무에서 쓰일 수 있는 기법들이므로 각자가 실습을 통해서 터득해두는 것이 바람직할 것이다.

브레인스토밍

효과적인 집단의사결정 기법의 첫번째로 브레인스토밍(Brainstorming)[10)] 방법을 들 수 있다. 이 기법은 여러 명이 한 가지의 문제를 놓고 아이디어를 무작위로 개진하여 그 중에서 최선책을 찾아내는 방법이다. 이 방법의 규칙에는 〈표 12-4〉와 같은 것들이 있다.

표의 규칙들을 활용하여 문제해결에 이르기까지 일련의 과정을 반복하는 기법이다. 그러나 이 방법에서의 문제점은 중구난방식의 아이디어 제시로 급기야는 문제와 전혀 연관성이 없는 아이디어들을 나열하는 결과를 초래할 수

표 12-4
브레인스토밍 규칙들

(1) 타인의 아이디어에 대해서 비판을 할 수 없다.
(2) 자유로이 아이디어를 개진할 수 있다.
(3) 가능한 한 많은 아이디어를 개진하는 것이 좋다.
(4) 개진한 아이디어를 통합하고 발전시켜 나가야 한다.

도 있다는 것이다. 또한 아이디어의 개진에만 초점을 맞추다보면 현실성을 결여하여 단지 아이디어로만 끝나는 수도 있다. 대안을 발견하는 데는 유효하나 대안을 평가, 선택하는 단계에 이르러서는 다른 기법들과 병용하는 것이 바람직할 것이다.

명목집단법

약자로 NGT(Nominal Group Technique)[11)]법이라고 하는데 〔그림 12-4〕와 같이 진행순서를 요약할 수 있다. 이 방법의 주된 특징은 참석자들로 하여금 서로 대화에 의한 의사소통을 못하도록 하는 데 있다. 그럼으로써, 집단의 각 구성원들이 진실로 마음 속에 생각하고 있는 바를 끄집어 내려는 것이다. 이 방법을 사용할 때의 지침을 요약하면 〈표 12-4〉와 같다.

이 방법에 의하면, 의사결정에 참여한 모든 구성원들은 각자 타인의 영향을 받지 않고 자신의 의사를 개진할 수 있기 때문에 의사결정을 방해하는 타인의 영향력을 줄일 수 있다는 장점을 가지고 있다. 이 방법이 효과적으로 사용되는 때는 새로운 사실의 발견과 아이디어를 얻고자 할 때, 정보의 종합이 필요할 때, 최종 결정을 내릴 때 등이다.

그림 12-4
NGT법 진행순서

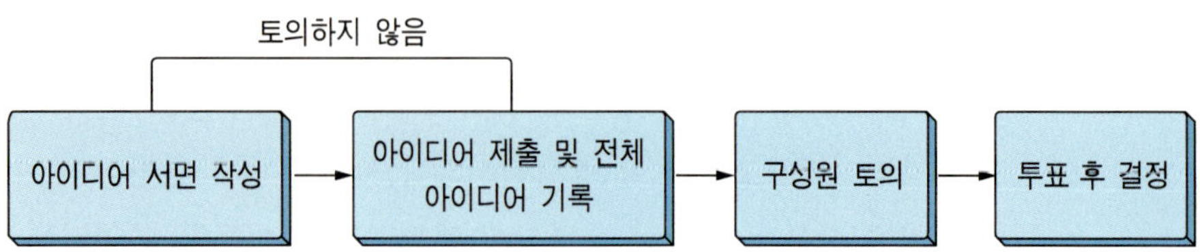

표 12-5
명목집단법
운용의
가이드라인

(1) 소집단 구성원들이 테이블에 둘러앉되 서로 말을 하지 않는다.
(2) 각 구성원들은 문제에 대해 생각하는 바를 백지에 적는다.
(3) 다음은 한 사람씩 돌아가면서 자신의 아이디어를 발표하고 서기나 사회자는 구성원 모두가 한눈에 볼 수 있도록 제시되는 아이디어를 칠판이나 큰 차트(Chart)에 적는다. 각 아이디어에 대한 토의는 하지 않는다.
(4) 이 결과로 아이디어 목록이 얻어진다. 그러고 난 다음, 각각의 아이디어에 대하여 구두로 보조설명이나 지지 이유에 대한 설명을 하도록 한다.
(5) 끝으로, 각 참석자들은 제시된 아이디어에 대한 우선순위를 묻는 비밀투표를 실시한다. 최고의 표를 얻은 안이 채택된다.

델파이법

델파이(Delphi)법은 구성원이 모인 자리에서 토론을 거쳐 결정을 하는 것이 아니라 전문적인 의견을 설문을 통해서 전하고 다른 사람들의 의견을 보고나서 다시 수정한 의견을 제시하는 일련의 절차를 거쳐 최종 결정을 내리는 방법이다.[12)]

이 방법은 NGT와는 달리 의사결정의 참석자들이 서로 얼굴을 볼 수 없도록 떨어져 있는 상태에서 시행한다. 또한 이 방법에 참여하는 사람들은 NGT에서와는 달리 사안에 대한 전문가들이다. 이 방법의 가이드라인을 〈표 12-6〉과 같이 나타낼 수 있다.

델파이법은 지극히 불확실한 미래의 현상을 예측하는 도구로 많이 사용되어 왔다. 예를 들어, 지금까지 시판된 적이 없는 신상품에 대한 수요예측을

표 12-6
델파이법
가이드라인

(1) 문제 설정
(2) 첫번째 설문지 시행, 응답 종합
(3) 종합된 응답결과를 참여자들에게 제공
(4) 종합 · 요약된 다른 사람들의 응답을 본 뒤 두번째 설문에 각자의 수정된 의견 제시, 정리 및 재송부
(5) 2~4의 과정을 적절한 해결책이 얻어질 때까지 계속함

함에 있어 그 신상품에 관련 있는 전문가들을 여러 명 초빙하여 델파이법을 사용할 수 있다.

지명반론자법

지명반론자법 또는 악마의 옹호자법(Devil's Advocate Method)[13]은 집단을 둘로 나누어 한 집단이 제시한 의견에 대해서 반론자로 지명된 집단의 반론을 듣고 토론을 벌여 본래의 안을 수정하고 보완하는 일련의 과정을 거친 후 최종 대안을 도출하는 방법이다. 이 방법의 일반적 과정을 기술하면 〈표 12-7〉과 같다.

지명반론자는 꼭 집단일 필요는 없고 집단 내 2~3명 정도가 반론자의 역할을 담당해도 된다. 중요한 것은 반론자들이 의무적으로 본래 안의 단점과 약점들을 지적해야 한다는 것이다. 이러한 과정을 거쳐 선택된 안은 생각할 수 있는 여러 상황에 대한 대응방안까지를 포함하고 약점을 보완하게 되어 보다 강력하고 현실적용성이 높아진다.[14]

이 방법은 원래 천주교 성인(sainthood) 추대심사에서 추천된 후보의 성인 추대 불가이유를 자료를 통해 주장하도록 공식적으로 역할을 부여받은 사람을 악마(devil)라고 부른 데서 기인한다.[15]

특히 지명반론자법은 전략적 의사결정을 함에 있어 손쉽게 사용할 수 있고 그 효과가 뛰어나다는 측면에서 많이 쓰일 수 있다.

표 12-7
지명반론자법 절차

(1) 의사결정에 참여한 집단을 둘로 나누든가 집단구성원 중 몇 명을 택하여 지명반론자에 임명한다.
(2) 한 집단이 먼저 문제해결에 대한 수렴된 의견을 제시한다.
(3) 수렴된 의견을 지명반론집단 또는 지명반론자에게 설명을 한다.
(4) 반론자는 이에 대한 반론을 제시한다.
(5) 제시된 의견을 바탕으로 최선의 해결책을 찾을 수 있도록 계속 토론을 한다.
(6) 이와 같은 절차는 최종안이 나올 때까지 계속된다.

의사결정의 윤리성

의사결정과 윤리는 불가분의 관계에 있다. 비윤리적 의사결정으로 감옥에 가는 경영자들의 기사가 거의 매일 매체에 등장한다. 이것은 인류사회의 보편적 현상이다. 비윤리적 의사결정의 원인은 개인의 비윤리성에 국한되지 않는다. 비윤리적 결정은 사회적, 환경적, 법적, 조직문화적 요인들과 불완전한 관리시스템에 의해서도 영향을 받는다.[16] 예를 들어, 비윤리적 결정의 사회적 영향은 소위 "썩은 사과이론"(bad apple theory)에 잘 나타난다.[17] 하나의 썩은 사과가 바구니에 든 사과 모두를 썩게 하듯이, 팀이나 조직 내의 비윤리적인 한 사람이 다른 윤리적 구성원들도 비윤리적으로 타락하게 만든다는 이론이다.

윤리적 의사결정은 윤리적 기준을 명확히 하고 윤리성을 확보하려는 노력에 의해서 어느 정도 성취될 수 있다. 세계적인 투자가 워런 버핏(Warren Buffet)은 "뉴스페이퍼 테스트"(newspaper test)를 통해서 윤리적 의사결정을 하려고 노력한다고 한다.[18] 즉 "내가 내린 결정, 내가 한 행동"이 그대로 아침신문에 기사화되었을 때 가장 사랑하는 사람과 같이 그 기사를 읽을 수 있는지를 윤리판단의 기준으로 삼는다는 말이다. 의사결정을 할 때마다 이 원칙에 비춰보아 부끄럽다고 판단되면 비윤리적이라고 판단한다.

윤리적 의사결정, 어떻게 할 것인가

비윤리적 행동이 발생하는 이유에는 여러 가지가 있다. 첫째, 기업의 의사결정자들이 '내 맘대로 한다'는 식의 방종형 기준을 적용하기 때문이다. 남의 권리, 소비자, 공익 등에 대해서는 아랑곳하지 않고 자신의 욕구만을 충족시키려 할 때 윤리문제가 발생하게 된다. 둘째, '힘 있는 자가 항상 옳다'는 태도 때문에 윤리적 한계를 넘게 되기도 한다. 독점기업이나 거대재벌 또는 소유주 등이 개인의 권리를 침해하는 경우가 이에 해당한다. 셋째는 '불법을 하더라도 걸리지만 않으면 된다'는 옳지 못한 가치관이 또 하나의 원인을 제공한다. 부정부패를 근절하기 위해서 건설현장의 감리를 외국인에게 맡기고 은행의 대출책임자를 또 외국인으로 앉힐 수밖에 없는 한국의 윤리현실을 깊이 반성해봐야 할 것이다. 넷째는 법의 허점을 최대한 이용하여 자신의 이익을 극대화하려는 경우이다. 소유주들이 법망을 피해가면서 교묘한 방법으로 부를 상속시켜온 예가 여기에 해당한다.[19]

조직의 의사결정자들은 다음과 같은 윤리성 확보의 원칙들을 적용할 필요가 있다.[20]

① 공개의 원칙: 의사결정의 기준이 공개되더라도 떳떳할 수 있는가?
② 분배정의의 원칙: 개인에 대한 평가나 보상의 기준이 임의적이지 않은가?
③ 불가피성의 원칙: 같은 상황에서 누가 결정을 하더라도 똑같은 선택을 할 수밖에 없는가?
④ 역지사지의 원칙: 자신의 결정에 영향을 받는 사람들의 입장에서 받아들일 수 있는 선택인가?

내부자 고발행위

조직에서 불법적 또는 비윤리적 사건이 일어나고 있을 때 내부의 조직원들이 그것을 시정할 수 있는 사람이나 당국에 비리를 고발하는 것을 내부자 고발행위(whistle-blowing)라고 한다.[21]

내부자고발은 은밀히 진행되는 부조리와 불법, 탈법 또는 비윤리적 사건들을 공개하여 잘못을 시정하는 결과를 가져온다. 하지만 내부고발에 대한 인식에 있어서는 문화적 차이가 크다. 서구에서는 내부고발자를 정의로운 일을 한 사람으로 일반적으로 좋게 받아들여지지만 한국에서는 배신자나 의리가 없는 사람으로 낙인찍히는 경우도 많다. 미국에서는 1778년 7월 30일 내부고발자보호법을 통과시켜 불법적 행위를 인지한 내부조직원이 고발했을 경우 그 신분을 보호해주고 있다. 우리나라도 2001년 부패방지법을 제정하여 내부고발자 보호에 노력하고 있으나 실효성에 의문이 제기되고 있다.

제12장 문제 풀이

(1) 어떤 문제를 해결하기 위해서 명목집단법(NGT법)을 사용하여 의사결정을 해야 하는데 대안 A, 대안 B, 대안 C의 세 대안이 있다고 하자. 아래의 표와 같이 홍길동, 조자룡, 유성룡, 김유신 등 네 명이 의사결정을 한다고 할 때, 각자가 A, B, C에 대해서 선호하는 순서대로 순위를 매겨 투표하게 하고 합산하여 점수가 제일 적은 대안이 선택된다(점수는 순위이기 때문에 낮을수록 우선순위가 높음).

Example:	대안 A	대안 B	대안 C
홍길동	2	1	3
조자룡	2	3	1
유성룡	1	3	2
김유신	1	2	3
Total:	6	9	9

반면에, 델파이법(Delphi)은, 아래의 그림이 말해주듯이, 투표를 한 번 하는 것이 아니라 의사결정 참여자 각자가 처음 의견을 제시한 후 합의가 이뤄질 때까지 여러 회(Rounds)의 조정을 거친다.

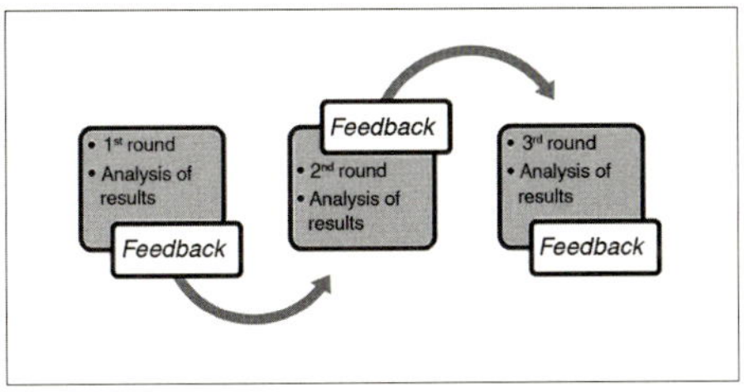

그렇다면, 의견제시의 횟수 이외에 NGT법과 Delphi법의 가장 큰 차이점은 무엇인가?

(2) 본문에서 우리는 '휴리스틱스(heuristics)', 즉 "어림짐작식 의사결정"이 갖는 오류에는 가용성, 대표성, 기준점과 조정 등이 있다고 배웠다. 실제로 당신이 경험한 가용성의 오류의 예를 제시하시오.

종합 사례 12-1

존 에프 케네디의 피그만(The Bay of Pigs) 침공승인 의사결정

▣ 다음의 사례는 저자가 사례에 관련된 여러 자료들을 모아 각색한 것이다.
(주자료원: Janis, I. L. 1972. *Victims of groupthink: A psychological study of foreign-policy decisions and fiascos,* Boston: Houghton Mifflin.)

1. 등장인물

이 름	직 책
존 에프 케네디(John F. Kennedy)	미 대통령
딘 러스크(Dean Rusk)	국무장관
로버트 맥나마라(Robert McNamara)	국방장관
로버트 케네디(Robert Kennedy)	법무장관
멕죠리 번디(McGeorge Bundy)	대통령안보담당 특별보좌관(장관급)
아서 슐레신져(Arthur Schlesinger, Jr.)	Harvard대 역사학 교수
리차드 굿윈(Richard Goodwin)	(Harvard대 교수: 직접 회의에 참석하지는 않았으나 멤버들과 사안에 대해 많은 토론을 하여 영향을 미침)
합참의장단원 3명	
알렌 덜러스(Allen Dulles)	CIA 국장(자문역)
리차드 비셀(Richard Bissel)	CIA 부국장(자문역)
토마스 만(Thomas Mann)	국무성 미주담당(자문역)
아돌프 벌(Adolph Berle)	남미팀장(자문역)
폴 니체(Paul Nitze)	국방차관(자문역)

2. 승인과정

케네디 행정부가 승인한 '피그만(Bay of Pigs)'(쿠바)침공 결정은 CIA의 충성파 그룹에 의해서 입안된 것으로, 계획의 요점은 쿠바에서 미국으로 망명한 사람들로 일개 여단을 구성하여 쿠바의 피그만(灣)에 비밀리에 진주시켜 카스트로 정권을 전복케 한다는 것이었다.

위의 출연진에서 볼 수 있듯이 본 계획에 대해 최종승인결정을 내린 그룹은 케네디 대통령을 포함하여 쟁쟁한 사람들로 구성되어 있었다.

사실, 쿠바 침공계획은 리차드 닉슨(Richard Nixon)이 아이젠하워 행정부에서 부통령으로 있을 때 처음 제안한 것이었다. 1960년 3월 아이젠하워 대통령은 닉슨의 제안을 받아들여 CIA로 하여금 쿠바로부터의 망명자들을 조직화하여 반카스트로 세력을 키우고 원한다면 군사훈련을 받도록 허락하여 쿠바에 게릴라 활동을 지원하도록 지시했었다.

이에 따라 CIA는 많은 요원들을 투입하여 실행계획 수립에 들어갔다. 그러나 CIA는 아이젠하워 대통령의 '쿠바 내 게릴라 활동의 지원'명령을 '훈련된 군대에 의한 쿠바 전면침공'으로 확대해석하기에 이른다.

1961년 1월 – 케네디가 대통령으로 취임한 이틀 뒤, 케네디 대통령과 그의 각료 몇 명은 덜러스 CIA국장과 렘쩌(Lemtzer) 합참의장으로부터 쿠바침공에 대한 계획을 보고 받는다.

CIA의 보고서는 아주 상세하게 되어 있었다. 특히 본안은 전임 아이젠하워 대통령의 지시에 따라 마련되었으며, 막강한 CIA의 조직에 의해 정보가 수집되고 작성되었으므로 공신력 측면에서 크게 의심할 바가 없다는 것이 통념으로 받아들여졌다.

사실, 미국 영토로부터 90마일밖에 떨어져 있지 않은 쿠바에 공산정권이 들어선다는 것은 어느모로 보나 미국에게는 큰 부담이었으며 미 행정부는 공식적으로 쿠바 인민들에게 자유를 회복시켜 주겠다는 것을 선언하고 있었다. 그러나 이러한 선언에 대해 구체적으로 가능한 대안들을 심각하게 고려해 본 적은 없었다.

그러던 차에 제시된 CIA의 보고서는 그 당시 상황에서는 케네디가 싸인만 하면 그 다음날 실행에 옮길 수 있을 만큼 구체적인 대안이었고, 어떻게 보면 '아주 기발한' 아이디어로 받아들여졌다. 이제 케네디와 그의 핵심참모들 앞에 놓인 대안은 명확했다.

'CIA의 안을 승인할 것인가, 아니면 거절할 것인가?'

1961년 4월 초. 케네디 대통령과 그의 핵심참모들은 CIA안에 대한 승인 여부를 결정키 위해 함께 모였다. 출범한 지 얼마 안된 케네디의 새 각료들은 해보겠다는 높은 의지와 엘리트 의식은 갖고 있었으나 자유롭게 솔직한 의견을 서로 교환하고 비판할 수 있는 분위기는 조성되어 있지 않았다. 케네디 대통령도 새 각료 개개인의 장 · 단점을 확실히 파악치 못하고 있었으며 군이나 전문가들은 보통 사람들이 갖고 있지 않은 모종의 특출한 능력을 갖고 있다고 믿고 있었다.

3. 실행 및 결과

1961년 4월 17일. 과테말라에서 미군에 의해 훈련받은 약 1,700명의 쿠바 망명자여단은 미공군과 해군, 그리고 CIA의 지원을 받으며 쿠바의 피그만 해변에 상륙작전을 개시했다. 그러나 무엇하나 계획대로 되어지지 않았다.

작전개시 첫날. 탄약과 보급물자를 실은 네 척의 보급선 중 하나도 목표지점에 나타나지 않았다. 두 척은 쿠바 공군기들의 습격에 의해 침몰되었고, 나머지 두 척은 그것을 보고 즉각 도주해 버렸다. 작전개시 제2일. 1,700명의 상륙여단은 중무장한 카스트로 2만 대군에 의해 완전포위되었다.

제3일. 상륙여단병력 중 약 1,200명(사실상 죽지 않고 살아 남은 병사 거의 전원)이 체포되어 포로 수용소로 보내어졌다.

작전은 너무나 어처구니없이 순식간에 대실패로 끝났다. 이 소식을 접한 케네디 대통령은 아연실색했다. 그 후 3일 동안 사태는 점점 더 악화되어만 갔고 케네디의 마음은 분노에 떨고 있었다. "내가 생각했던 그게 아니었어! 내가 어떻게 그런 바보같은 짓을 승인했단 말인가?" 케네디는 믿어지지 않는 듯이 자문하고 있었다. 사실 그의 보좌관들, 아니 전세계가 같은 질문을 던지고 있었던 것이다.

4. 사후의 평가: 여섯 가지 오판

> 제1가정 : 누구도 미국이 쿠바침공에 책임이 있다는 것을 모를 것이다. CIA가 거짓 사실을 유포하면 그대로 믿을 것이다. 의심하는 사람들을 쉽게 설득할 수 있을 것이다. 침공초기의 쿠바에 대한 공습 가맹은 2차대전 때 사용한 B-26기를 사용함으로써 쿠바 공군 내의 반란군에 의한 것이라고 우기면 믿을 것이다.

⇨사실, 미국이 쿠바 망명자들을 모아 '과테말라'에서 훈련을 시키고 있으며 이들을 통해 쿠바를 침공하려 한다는 작전의 상세한 일정계획까지 사전에 미

국 언론에 의해 일반에 보도되고 있었다. 카스트로가 미국 신문만 읽고도 침공계획의 상세한 부분까지 알 수 있을 정도였다. 이러한 보도 사실을 접한 케네디와 참모들은 비록 작전기밀이 카스트로에게 누설되었다고 하더라도 작전 수행에 별로 중요한 영향을 못 미친다고 오판한다.

> 제2가정 : Cuba의 공군력은 정말 보잘것없으므로 침공이 시작되기 전에 완전 소멸이 가능하다.

⇨ 그러나 출격한 B-26기들은 너무 낡아 많은 수가 엔진 고장을 일으켜 되돌아 왔고 첫 공습에 참여한 비행기들 중 반정도는 쿠바 전투기와의 공중전에서 피격되어 버렸다. 또한 재차공습을 감행할 경우 미국에 의한 쿠바 침공이라는 사실이 너무나 적나라하게 들어나게 된다는 점을 의식한 케네디가 2차 공습을 취소시켜 버림으로써 쿠바 공군이 제공권을 완전 장악하게 된다.

> 제3가정 : 1,700명의 쿠바 망명군여단은 사기가 충전해 있어 미지상군으로부터의 아무런 지원없이도 임무를 완수할 수 있다.

⇨ 거사 한달 전. 훈련중이던 망명자 군인 30여명이 진급과 처우에 불만을 품고 반란을 일으켰다. 그들 대부분은 체포되어 감옥에 보내어졌다. CIA는 실제 작전에 투입되는 군인의 숫자나 미군의 지원에 대해 훈련생들에게 새빨간 거짓 정보를 주고 있었다.

> 제4가정 : 쿠바군은 아주 약하여 소규모 상륙여단으로도 임무를 완수할 수 있다.

⇨ CIA는 쿠바 지상군이 아주 취약하다고 주장했으나, 미국무성이나 영국 정보기관이 제공하는 정보는 정반대로 쿠바군이 잘 훈련되어 있고, 최신 병기를 가지고 있다는 것이었다. 케네디와 그의 참모들은 진상 파악없이 CIA의 정보를 맹신했다. 일이 실패로 끝난 뒤에 케네디는 침투병력의 10배는 있어야 상륙거점 확보가 가능하다는 것을 알게 되었다.

제5가정 : 일단 망명자여단이 침공에 성공하면 쿠바 내의 지하조직과 군 내부의 반란 그룹이 들고일어나 반카스트로 전투에 가세할 것이므로 카스트로 정권의 전복은 쉽게 이루어질 수 있다.

⇨ 그러나 CIA를 비롯한 누구도 이에 대한 증거자료를 전혀 갖고 있지 않았다. CIA 자체도 아무 근거없이 이러한 가정을 사실인 양 보고하고 있었다.

제6가정 : 만약 망명자여단이 군사적 목적을 달성할 수 없는 경우에는 Escambray산악지대로 퇴각하여 기존의 게릴라 부대와 협동작전을 전개함으로써 적어도 쿠바 내 반카스트로 활동을 강화할 수 있다.

⇨ 그러나 사실은 CIA를 비롯한 어느 작전책임자도 침공이 실패했을 경우의 퇴각에 대한 계획을 갖고 있지 않았다. 또한 피그만에서 에스캄브레이까지는 80마일쯤 되는데 거의가 늪과 정글지대여서 실제 에스캄브레이로의 퇴각은 불가능했다. 이러한 사실은 쿠바의 지도만 눈여겨 보았어도 알아볼 수 있는 너무나 명백한 사실이었다.

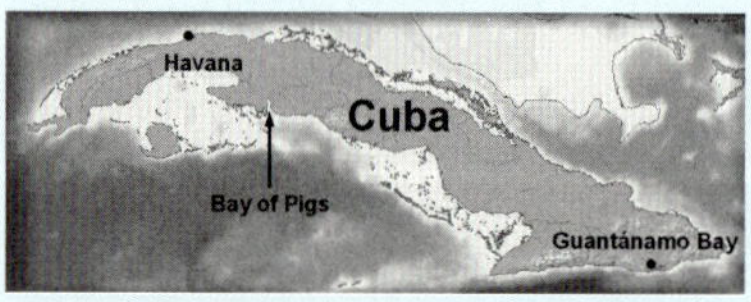

[종합 문제 12-1] 케네디가 이 결정에서 "집단사고"(groupthink)의 함정에 빠지게 된 이유는 무엇이라고 생각하는가?

종합 사례 12-2

10월의 미사일사건

▣ (이 사건은 "D-13"이란 제목의 영화로 만들어졌다.: 캐빈 코스트너 주연)

1. 사건개요

〈쿠바 미사일위기 일지〉

1962년 10월 달력

일	월	화	수	목	금	토
	1	2	3	4	5	6
7	8	9	10	11	12	13
14	15	16	17	18	19	20
21	22	23	24	25	26	27
28	29	30	31			

위의 달력에서 보듯이 16일~28일까지 13일간(D-13)에 걸쳐 세계는 쿠바 미사일 위기라는 전례 없는 긴장의 순간을 맞이하였다. 앞서 살펴본 피그만 사건이 있은 지 18개월이 지난 후, 쿠바의 카스트로는 소련 공산당 서기장 후르시초프의 지원을 받아 쿠바 영토 내에 핵탄두 미사일기지 건설에 들어갔다. 1962년 10월 14일 미국의 정찰기 U2기는 쿠바에 소련의 중거리 핵탄두 미사일 기지가 건설되고 있다는 것을 확인하였다. 케네디는 Ex Comm(국가안보회의 집행위원회: Executive Committee of the National Security Council)의 보좌관들과 며칠동안 회의를 갖고 쿠바에 대한 침공이나 미사일기지의 폭격으로부터 정규적인 외교채널의 사용에서 아무 것도 하지 않는 것에 이르기까지 선택가능한 모든 사항들을 검토하였다. 결국 미사일의 제거를 위한 협상이나 직접적인 폭격 방법을 배제하고, 쿠바 해안을 봉쇄하여 쿠바의 격리를 시도하기로 했다. 그리하여 그는 10월 22일 텔레비전 방송을 통해서 쿠바 내의 소련 미사일의 존재를 밝히고 쿠바 해안의 봉쇄를 발표했다. 약 180척의 미국 함정들이 카리브 해의 봉쇄에 동원되었고, 10월 24일 미사일기지 건설에 사용될 자재를 실은 소련의 운송선들이 봉쇄선에 다가왔으나 미군함들의 경고에 퇴각한다. 국제연합 사무총장 우 탄트(U Thant)는 대화를 제의했고, 후루시초프

는 정상회담을 요청했다. 그러나 케네디는 미사일이 먼저 제거되어야 한다면서 거절하였다.

소련의 지도자들은 당연히 케네디의 요구에 공개적으로 굴복하는 것을 원하지 않았으며, 미국이 터키에 이미 갖고 있던 핵탄두 미사일기지를 철수한다면 소련도 쿠바로부터 미사일을 철거하겠다고 제의했다. 이에 대해 케네디는 자신의 명예와 나토 동맹국들과의 관계를 고려하여 그러한 거래를 거부했다. 이제 미국과 소련 양국간의 군사적 대치는 극한 상황에 처하여 핵전쟁 발발의 초읽기에 들어갔다. 10월 27일 그의 동생 로버트 케네디가 주미 소련 대사 도브리닌을 만나 미국은 이 위기가 끝난 후 빠른 시일 내에 터키와 이탈리아로부터 구형의 미사일을 철거할 것이라고 말했다. 마침내 10월 28일 소련은 이러한 사적인 언질과 미국이 쿠바의 영토 보전을 공개적으로 보장한다는 조건으로 체면치레를 하고 쿠바의 미사일 철거에 동의했다. 이로써 전세계를 3차대전의 소용돌이로 몰아넣을 뻔 했던 쿠바 미사일위기는 케네디의 승리로 끝났다.

2. 케네디행정부의 의사결정과정

케네디는 10월의 미사일사건에서는 앞서의 피그만 사건 때와는 전혀 다른 의사결정방식을 사용한다. 양자를 대비시켜 살펴보면 바람직한 의사결정방식과 그렇지 않은 방식의 차이를 선명하게 이해할 수 있을 것이다. 이 사건해결에 참여한 미국측 등장인물들을 보면 〈표 A〉와 같다.

〈표 A〉 10월의 미사일사건의 등장인물들

존 F. 케네디	미국 대통령
로버트 케네디	법무장관
딘 러스크	국무장관
로버트 S. 맥나마라	국방장관
더글러스 딜론	재무장관
맥스웰 D. 테일러	합동참보본부 의장
존 A. 맥콘	CIA 국장
앤더슨	해군 제독

딘 애치슨	대통령특별고문(전 국무장관)
유웰린 톰슨	소련담당고문(전 소련주재 대사)
테드 소렌슨	대통령 특별고문
케니 오도넬	대통령 특별보좌관
맥죠지 번디	국가안전보장 보좌관
피에르 샐리져	신문담당 비서관
아들라이 스티븐스	주 UN 대사
W.E. 녹스	웨스팅 하우스 사장
존 스캘리	ABC 기자
러셀	상원 의원

*밑줄친 사람들은 피그만사건 때도 참여했던 사람들.

〈표 A〉에서 보듯이 핵심 인물들은 피그만 사건 때와 동일한 인물들이다. 케네디는 피그만 사건 때의 '완전한 실패'(Perfect Failure)로부터 교훈을 얻어 이번에는 의사결정 스타일을 완전히 바꾼다. 10월의 미사일 사건에서 보여진 의사결정의 특징은 아래와 같이 요약할 수 있을 것이다.

첫째, 존 에프 케네디가 직접 회의를 주재하지 않고 자신의 동생인 로버트 케네디(법무장관)에게 의장직을 위임한다(리더 없는 회의: leaderless discussion). 대통령 앞에서는 허심탄회한 의견을 표출하지 않으려 한다는 점을 간파한 것이다.

둘째, 피그만 사건 때와는 달리 가능한 대안들을 아주 폭넓게 도출하고 각각의 장단점들을 토론을 통하여 점검하였다. 즉, 직접 공격, 외교적 방법, 해상봉쇄 등의 대안들을 난상토론을 통하여 집중조명한 뒤 해상봉쇄의 대안을 선택한다.

셋째, 시시각각으로 들어오는 새로운 정보를 놓치지 않고 활용하였으며, 전문가의 의견을 존중하였다. 13일 동안은 긴박한 변화의 연속이었고 후르시초프의 새로운 제안과 예기치 않은 사건(U-2기 피격사건)과 봉쇄과정에서의 긴박한 대치국면 등에 관한 정보가 시각을 다투어 전달되었으며 케네디는 이들의 신뢰성을 확인하면서 순간순간의 판단에 활용해나간다.

넷째, 문제해결의 원칙과 목표를 분명히 하였으며, 실행과정을 면밀히 점검하였다. 해상봉쇄에 동의하지 않던 해군제독이 직책상 봉쇄의 과업을 맡게 되었을 때, 국방장관을 직접 지휘함대에 보내어 소련의 운송함이 봉쇄를 뚫으려 하더라도 "대통령의 명령 없이는 발포하지 말라"는 명령이 제대로 실행되도록 견제하였다.

다섯째, 전과정을 통하여 자유로운 토론분위기를 정착시켰다. 참가자들의 역할을 자신의 직책에만 충실한 "specialist"의 역할에서 직책에 관계없이 누구나 어떤 사안에 대해서든 간여할 수 있는 "generalist"역할로 재정립하였으며, 지명반론자 역할을 수행할 수도 있도록 하였다. 또한 소집단을 활용하여 자유로운 분위기 속에서, 다각도에서 문제를 바라볼 수 있는 기회를 제공하였다.

3. 결 론

10월의 미사일 사건은 결국 케네디의 승리로 끝났다. 이 여파로 소련의 실권자였던 후르시초프는 권좌에서 물러난다. 하지만 케네디는 승리 후 후르시초프를 치켜세우며 적의 명예와 자존심을 세워주려는 노력을 보인다. 이는 미국정부의 공식발표문에 잘 나타나 있다.

> "후르시초프는 자국의 이해관계뿐 아니라 온세계 인류의 이해를 충족시키려는 거물정치인다운 역할을 훌륭히 수행해냈다. 우리는 그를 존경한다."

[종합 문제 12-2] 케네디가 10월의 미사일 사건에서 '집단사고'의 함정을 피해갈 수 있었던 원인들은 무엇인가?

제 13 장

갈등과 협상

본 장의 요점

※ 갈등에 대한 부정적 이미지를 극복하여 균형 있는 이해가 가능하도록 한다.
※ 협상에 대한 두려움을 제거해줄 수 있도록 협상체계를 학습한다.
※ 갈등의 유형을 이해하여 과학적으로 접근할 수 있는 길을 연다.
※ 갈등관리 방법의 상황별 적합성을 배워 유연하게 갈등상황에 대처할 수 있게 한다.
※ 집단간 갈등의 원인과 결과를 학습하여 조직관리 역량을 키운다.
※ 협상 프로세스의 각 단계별 노하우를 체득하여 협상가의 자질을 향상시킨다.

Let's Talk!

"BATNA를 아시나요?"

다른 사람과 협상할 때 꼭 가지고 협상장에 들어가야 하는 것이 BATNA다. BATNA는 "Best Alternative To Negotiated Agreement"의 약자.

BATNA란, "협상결렬 시, 내가 택할 수 있는 대안"이다. 협상에 목매기보다는 협상이 결렬되도 내게는 대안이 있어야 한다. 내가 가지고 있는 BATNA가 강력할수록 협상력이 커진다.

[예 1] 20년 탄 중고차를 팔려고 하는데, 아는 사람이 300만원을 주겠다는 제안을 했다고 가정하자. 이것이 나의 BATNA가 된다. 이 BATNA를 가지고 중고차 거래상에 접촉하여 협상을 할 때, BATNA를 내세워 더 좋은 값을 달라고 할 수 있다.

[예 2] 2002년 서울시가 청계천복원공사를 할 때, 당시 청계천 주변에서 가게를 하고 있던 공구상들과 협상을 했다. 당시 "서울시는 청계천 공사 중에 송파구 장지동에서 영업을 계속할 수 있도록 청계천 상인들에게 제안을 했는데, 청계천 상인들은 복원공사를 철회 또는 큰 보상금을 달라고 요청했다." 초기 협상은 결렬되었다. 이때 서울시는, "청계천 복원공사를 하지 않으면, 안전문제 때문에 3년에 걸쳐 청계고가 전면보수공사를 해야 하는데 공사기간 동안 영업이 크게 지장을 받을 것이다"라는 BATNA를 제안했다. 3년 동안 생업에 지장을 받는 것보다 서울시의 제안을 받는 것이 더 났다고 생각한 공구상들이 서울시의 안을 받아들여 협상이 극적인 타결을 보게 된다.[1)]

그러므로, 협상할 때 더 좋은 BATNA를 개발하는 것이 중요하다. 또한 상대방의 BATNA를 알아내어 약화시키는 것도 중요하다. 나의 BATNA보다 더 좋은 대안을 상대방이 제시하면 받아들이고 그렇지 않으면 BATNA를 선택하면 된다.

✠ 〈토론 주제 13〉 당신이 협상할 때 사용했던 BATNA의 예를 말해보자.

갈등이란 무엇인가

갈등은 주체에 따라 개인 내(intra-personal) 갈등, 개인간(inter-personal) 갈등, 집단 내 갈등, 집단간 갈등, 조직 내 갈등, 그리고 조직간 갈등 등으로 구분할 수 있다.

심리학에서는 개인 내 갈등에 초점을 맞춘다. 개인의 내적 갈등은 마음속에 존재하는 두 개 또는 그 이상의 동인(動因: motive)이 모순되어 충돌할 때 발생한다. 개인 내적 갈등에는 다양한 형태가 존재한다. 예컨대, 두 개의 좋은 대안 중에서 선택을 해야 하는 경우(+/+형)가 있는데 여성이 결혼과 직장 중 선택을 해야 하는 예가 이에 해당한다. 그런가 하면 나쁜 것들 중 덜 나쁜 것을 선택해야 하는 (−/−)형은 뒤에는 호랑이가 쫓아오고 앞에는 절벽인 상황에서처럼 어떤 대안을 선택해도 문제가 있는 경우를 뜻한다. 한편 (+/−)형은 시험에는 합격하고 싶은데 공부는 하기 싫은 경우에서와 같이 반대되는 대안 중 선택하는 것을 의미한다.

그러나 조직경영과 관련하여 중요한 유형의 갈등은 개인간 갈등과 집단간 갈등으로 대표되는 조직 내 갈등이다. 조직원들끼리 또는 팀들간에 업무를 수행하고 목표를 달성하는 과정에서 발생하는 갈등은 자칫 성과를 떨어뜨리는 결과를 가져올 수 있기 때문이다. 따라서 아래에서는 개인간 갈등과 집단간 갈등에 초점을 맞춰 설명하도록 한다.

리터러(J. Litterer)에 따르면[2], 갈등이란 "어떤 개인이나 집단이 다른 사람이나 집단과의 상호작용이나 활동으로 상대적 손실을 지각한 결과, 대립 · 다툼 · 적대감이 발생하는 행동의 한 형태"로 정의된다. 갈등의 강도와 결과와의 관계는 〔그림 13-1〕과 같다.

갈등이 별로 없는 조직은 구성원들간에 무관심, 창의력의 결핍, 우유부단, 그리고 업무에 대한 긴장감 결여 등의 문제들을 안고 있는 경우가 많다. 무사안일이 만연하고 환경변화에 적절히 대응하지 못하며 매너리즘에 빠져 혁

그림 13-1
갈등의 강도와 결과

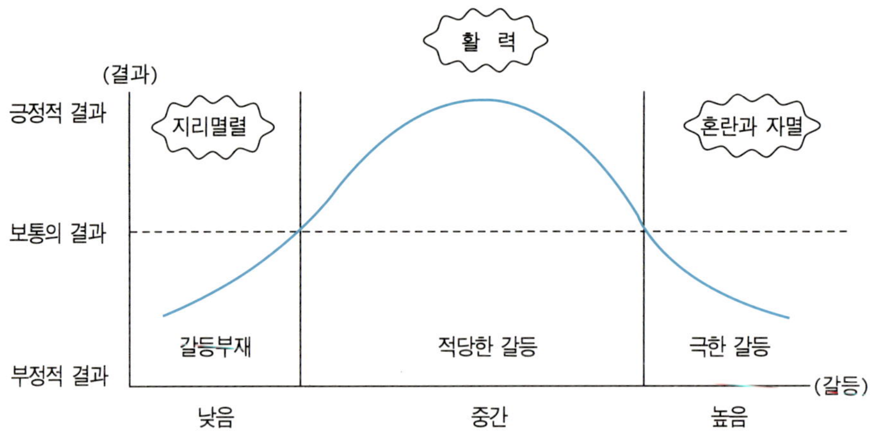

자료: Brown, L. D. 1986. *Managing conflict at organizational interfaces*. Reading, MA.: Addison-Wesley Publishing Co., Inc.

신하지 못함으로써 생존이 위협받게 되는 것이다. 특히 과거에 별 어려움 없이 성장발전하여 온 조직의 경우 환경변화에 대응하지 못하고 과거의 성공에 도취되어 어려움을 겪는 경우를 흔히 본다. 이러한 조직에서는 갈등이란 곧 기존의 질서에 대한 도전을 의미하므로 건설적인 갈등조차도 용납하지 않는 문화를 갖는다. 반면에 지나치게 심한 갈등을 겪고 있는 조직은 조직 내의 권력의 획득을 목적으로 한 정치적인 분쟁, 불만족, 팀워크의 상실, 그리고 이직 등을 유발하여 조직의 성과를 떨어뜨리게 된다. 따라서 갈등의 성격이 중요하다.

기능적 갈등과 역기능적 갈등

기능적 갈등이란 조직의 목표달성에 도움이 되고 조직성과를 높이는 데 큰 기여를 하는 건설적인 갈등 형태이며, 반면에 역기능적 갈등은 조직의 성과를 저해하는 불필요한 갈등의 형태이다. 역기능적 갈등은 언제나 문제를

유발시키므로 관리자들은 이를 근절시킬 수 있는 방안을 강구해야 한다고 주장하였다.[3)]

관리자나 경영자는 건설적인 갈등 또는 발전적인 대결이라고 일컬어지고 있는 기능적 갈등을 활용할 줄 알아야 한다. 갈등에 대한 올바른 인식과 활용은 조직경영에 있어 매우 중요한 의미를 갖는다.

기능적 갈등은 C-type갈등(cognitive conflict; 인지적 갈등)이라고 하고 역기능적 갈등은 A-type갈등(affective conflict; 감정적 갈등)이라고 부른다.[4)] C-type갈등은 특정 사안과 관련된 관점의 차이 또는 의견차를 위미하지만, A-type갈등은 마찰, 긴장, 적대감 등의 부정적 감정을 포함한다. 연구결과에 따르면, C-type갈등은 의사결정의 질을 높이지만, A-type갈등은 집단응집력을 저하시켜 이직의 원인이 되는 것으로 나타났다.[5)]

우리는 흔히 건설적 비판이라는 말을 많이 쓴다. 그 개념이 무엇인지를

표 13-1
건설적 비판과 파괴적 비판

건설적 비판	파괴적 비판
(A) 상대방의 자존심을 보호해 가면서 사려깊게 비판함.	(a) 빈정거리면서 신랄하고 가혹하게 비판함.
(B) 위협적 요소가 없음.	(b) 위협적 요소를 포함함.
(C) 비판받을 일이 발생한 후 가능하면 빠른 시간 내에 비판이 가해짐.	(c) 이유도 없이 한참 뒤에 비판이 시작됨.
(D) 잘못을 내적 요인에 귀인하지 않음.	(d) 잘못을 상대방의 내적원인으로 돌림.
(E) 구체적으로 잘못된 부분에 대해서만 비판함.	(e) 모든 것을 싸잡아 비판함.
(F) 사람 자체가 아니라 그의 행동에 초점.	(f) 사람 자체에 대한 비판.
(G) 상대방이 개선할 수 있도록 돕는 것이 목적.	(g) 상대방에 대한 지배와 복수심리를 충족시킬 목적.
(H) 개선을 위한 구체적 제안을 함.	(h) 개선을 위한 제안이 없음.

자료: Greenberg & Baron. 1998. 앞의 책, p.384.

간략히 알아보도록 하자. 파괴적 비판과 대비시켜 살펴보는 것이 개념정리에 도움이 될 것이다. 건설적 비판은 순기능적 갈등을 낳고 파괴적인 비판은 역기능적 갈등을 가져오게 된다. 〈표 13-1〉에 양자를 대비시켜 제시하였다.

개인간의 갈등

개인간 갈등은 왜 발생하는가

조직 내에 존재하는 개인간 갈등원인들은 다양하다. 지금까지 갈등연구들에서 연구된 **개인간 갈등의 원인**들을 요약하면 〔그림 13-2〕와 같다.[6)]

〔그림 13-2〕는 개인간 갈등의 원인들을 개인적 요인, 업무상의 요인, 그리고 조직차원의 요인 등 세 가지로 나누어 제시하고 있다.

가치관 차이나 지나친 기대감, 그리고 해묵은 원한 같은 요인들이 사람과 사람간에 갈등을 야기하는 경우가 많다. 아버지와 아들, 사장과 조직원간에 가치관 차이로 말미암은 긴장된 관계를 우리는 어렵지 않게 찾아볼 수 있다. 상사로부터 많은 혜택과 배려가 있으리라는 커다란 기대를 갖고 있던 직원이 그러한 보상을 못받게 되었을 때에도 갈등은 발생하게 된다. 그런가 하면 셰익스피어의 작품에서처럼 구원(舊怨)이 갈등의 골을 깊게 하기도 한다. 그러나 무엇보다도 흔한 갈등의 원인은 상대방의 말과 행동일 것이다. 자존심이나 명예에 누를 끼치는 상대방의 언행이나 태도는 심리적 갈등의 중요한 원인이 된다.

업무차원에서는 애매하고 불명확한 업무처리의 기준이 갈등의 중요한 원인이 된다. 여럿이 공동으로 사업을 하기가 대단히 힘들다는 말이 있다. 이 경우 역할과 한계를 분명히 해두지 않으면 갈등은 발생할 수밖에 없다.

조직차원에서 살펴보면, 가장 중요한 원인은 제한된 자원일 것이다. 정해진 자원을 차지하기 위해서 조직원들간에 경쟁을 하게 되고 경쟁의 결과로 누군가는 피해를 볼 수밖에 없다. 커뮤니케이션 실패나 정책/원칙/규범의 부재, 조령모개식의 산만한 의사결정, 그리고 만장일치의 전원합의를 도출해야

그림 13-2
개인간 갈등의 원인들

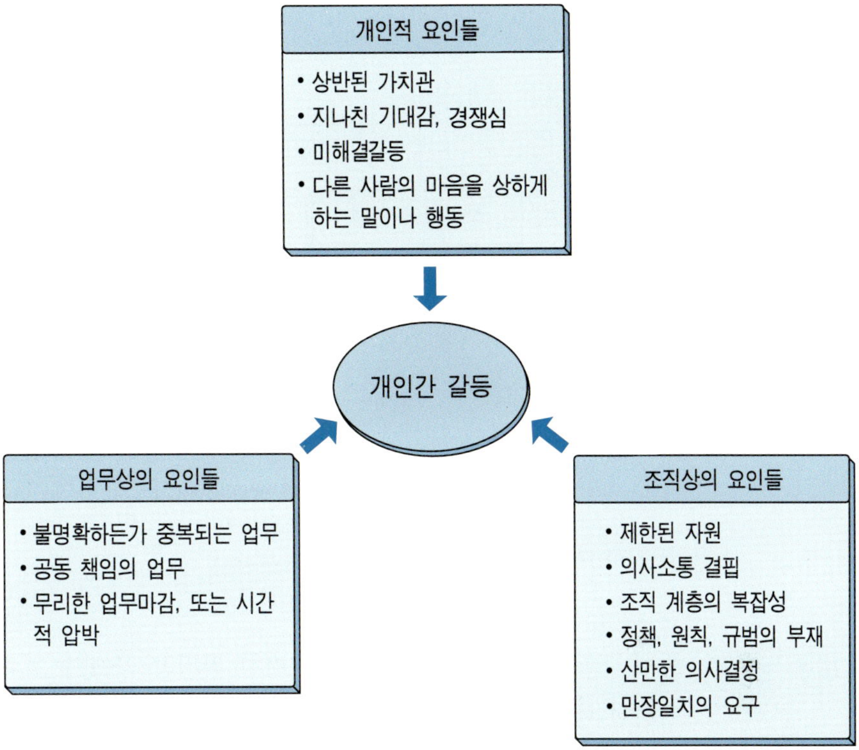

한다는 상사의 강압적 요구 등도 개인간에 오해를 불러일으켜 갈등을 야기할 수 있다.

개인간 갈등의 과정

여기에서는 갈등이 어떠한 과정을 통하여 표출되는지를 알아보자. 우선 갈등의 시작은 갈등인지이다. **갈등인지**는 상대방 때문에 자신의 이익이 타격을 받거나 어떠한 안건이나 사건에 대하여 커다란 의견의 차이를 갖고 있다고 인식될 때 발생한다. 이러한 위협에 대한 인식은 갈등심리를 자극한다. 즉 갈등상황과 관련하여 개인은 자신의 정당성을 확신하며 이에 대하여 대처 방안을 궁리하기 시작한다. 갈등을 인식하고 갈등심리를 자극받은 개인은 갈

그림 13-3
갈등의 진행과정

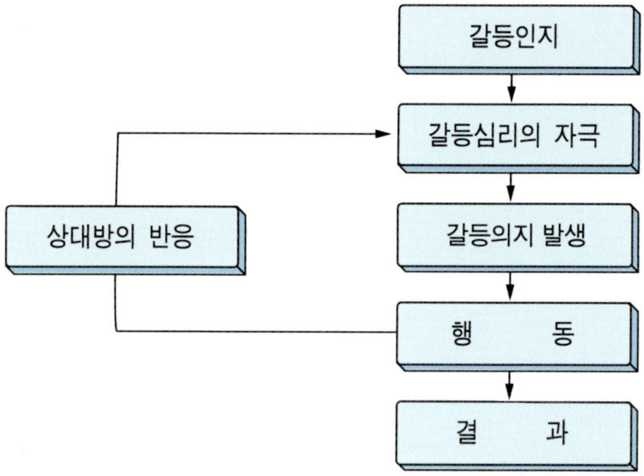

자료: Thomas, K. W. 1992. "Conflict and negotiation processes in organizations," In M. D. Dunnette & L. M. Hough(eds.), *Handbook of Industrial and Organizational Psychology*, 3, 658에서 수정 인용.

등에 대처할 의지를 갖게 된다. 이러한 의지는 곧 행동으로 이어지고 개인의 이러한 행동에 대해 상대방은 어떠한 방법으로든지 반응을 보일 것이다. 상대방의 반응은 개인의 갈등심리에 다시 영향을 미치게 된다. 이러한 갈등대립의 사이클이 반복되면서 다양한 결과를 낳게 된다. 물론 결과는 갈등에 대한 새로운 인식을 갖게 하기도 한다. 〔그림 13-3〕에 이상의 과정을 요약하였다.

개인간 갈등관리의 유형

여기에서는 갈등관리의 유형을 연구한 라힘(Rahim)의 구분을 중심으로 살펴보자. 그는 갈등관리의 유형을 다섯 가지로 구분하고 있다. 〔그림 13-4〕는 갈등관리의 다섯 가지 유형을 '자신에 대한 관심'(concern for self)의 정도와 '타인에 대한 관심'(concern for other)의 정도에 따라 구분하고 있다. 갈등관리의 다섯 가지 유형은 **종합형**, **배려형**, **지배형**, **회피형**, 그리고 **타협형**으로 나누어진다. 이들 중 최선의 방법이란 존재하지 않으며, 각 유형은 나름대로

그림 13-4
갈등관리의 다섯 가지 유형

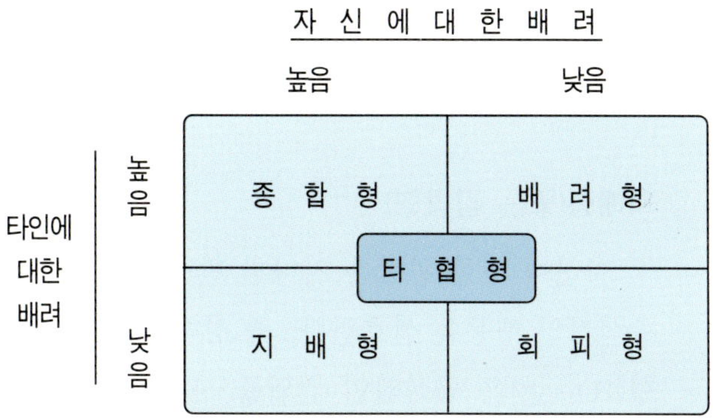

자료: Rahim, M. A. 1985. A Strategy for managing conflict in complex organizations. *Human Relations*, p.84.

의 장점과 단점을 갖는다.

종합형(또는 협력형)

종합형(Collaborating)에서는 자신과 상대방(타인)의 관심과 이해관계를 정확히 파악하여 문제해결을 위한 통합적 대안을 도출해낸다. 문제의 취지가 불명확하거나 복잡할 경우에는 종합형이 매우 적절하다. 그러나 상반된 가치관으로 인해 발생되는 갈등에 대한 관리방편으로서는 부적합하다. 종합형의 큰 장점은 단편적 측면에서 문제들을 다루기보다는 총체적으로 문제들을 다루기 때문에 장기적인 안목에서 효력이 발생한다는 것이다. 반면에 단점으로는 시간이 매우 오래 걸린다는 것이다. 이 방법은 갈등을 빚는 자신과 타인이 모두 이득을 보게 되는, 소위 윈-윈(Win-Win, 相生 또는 쌍방승리)의 경우에 해당한다.

배려형(또는 수용형)

배려형(Accomodating)인 사람은 타인의 관심부분(이해, 이익)을 충족시켜주기 위해서 자신의 관심부분을 양보(또는 포기)한다. 배려형은 보통 수용형 또는 온화형이라고도 불린다. 배려를 해준 후 무엇인가를 보답받을 수 있을 때에는 매우 적절하다. 그러나 복잡하거나 악화된 문제에 있어서는 부적합하다. 배려형의 장점은 협동을 가능케 해준다는 점이다. 약점으로는 중요한 문제를 소홀히 다룰 가능성이 있기 때문에 일시적인 대안이라 할 수 있다.

지배형(또는 강압형)

자신에 대한 관심은 지나친 반면에 타인에 대해서 무관심한 사람은 자기중심적인 행동을 선호한다. 즉 상대방의 입장은 전혀 고려하지 않는다. **지배형**(Forcing)은 공식적인 권위를 사용하여 복종을 유도하기 때문에 **강압형**이라고 불리워진다. 지배형은 받아들이기 싫은 해결책이 제시될 때 주로 쓰인다. 그러나 공개적이고 참여적인 분위기에서는 부적합하다. 지배형의 장점은 신속성이다. 약점으로는 종종 상대방의 분노와 원망을 초래한다는 것이다. 이것은 윈-루즈(Win-Lose, 일방승리)의 경우이다.

회피형

회피형(Avoiding)은 직면한 문제들을 피하고자 하는 것을 말한다. 문제가 사소한 것이거나 피하는 것이 오히려 이익이 될 경우에 적합한 대안이나 회피는 어려운 문제를 접했을 때 일어나는 자연스러운 반응이지만 매우 중요한 문제마저 회피해버릴 가능성도 있다.

타협형

타협형(Compromising)은 자신과 타인의 공통된 관심분야를 서로 주고받는 것이다. 서로의 입장을 양보하고 외부나 제3자의 개입, 협상 또는 표결의 방법을 동원한다. 타협이란 쌍방이 다른 목표를 갖고 있거나 비슷한 힘을 갖고 있을 때 가능하다. 그러나 잦은 타협은 오히려 우유부단하다는 평가를 낳기도 한다. 타협은 민주적인 방법이라 할 수 있지만 때로는 문제해결의 창조적인 방안을 도출하는 데 방해가 된다.

표 13-2
갈등의 속성

(1) 갈등이란 피할 수 없는 것이며 여러 가지 징표에 의하여 갈등의 발생가능성을 알 수가 있다.
(2) 갈등의 부재는 갈등의 심화만큼이나 비생산적인 것이다.
(3) 갈등을 해결하기 위한 최선의 방법이란 있을 수 없다. 상황에 따라 적합한 방법이 다르다.

바람직한 갈등관리 유형은 상황에 따라 다르다

갈등에 관한 앞의 내용들을 살펴볼 때 갈등에 대한 세 가지의 속성을 〈표 13-2〉와 같이 요약할 수 있다.

〈표 13-2〉에 나타난 것처럼, 갈등해결을 위한 최선의 방법이 있는 것이 아니라 상황과의 적합성이 중요하다는 관점에서 갈등 연구가들은 갈등관리를 위한 상황이론적인 입장을 견지하여 왔다. 서로에 대한 무관심이나 창조력의 결핍 등과 같은 무기력한 상황에서는 적절한 갈등의 창조가 필요하다. 또한 집단 내에서 너무 쉽게 합의에 도달하는 경향이 있을 때나 변화를 시도하려 할 경우에도 갈등의 주입이 필요하다.

반면에 역기능적인 갈등의 상황에서는 적절한 갈등극복 방안이 요구된다. 조직의 목표보다는 내부 목표를 우선시하든가 갈등 때문에 시간과 노력의 낭비가 우려되는 상황에서는 갈등관리를 위한 적절한 대안들을 강구해야만 한다. 관리자들은 갈등관계 속에 너무 깊게 관련되어서는 안되며 효과적인 갈등관리를 위해서 〈표 13-3〉과 같은 방안들을 명심해야 한다.

〈표 13-4〉는 다섯 가지 갈등관리방법이 각각 어떤 상황에서 바람직한지

표 13-3
개인간 갈등관리를 위한 방안

(1) 도전적이고 명확한 목표를 설정한다.
(2) 건설적이고 합리적인 방법으로 반대의사를 표명한다.
(3) 반대의사에 대해 지나치게 민감한 반응을 보여 오히려 더욱 심한 갈등을 초래하는 상황은 피해야 한다.

표 13-4
갈등관리 제 방법이 적합한 상황

갈등관리기법	적합한 상황
(1) 지배형	① 단호한 행동이 결정적으로 필요할 때(예, 위급상황) ② 중요하지만 인기 없는 조치를 시행할 필요가 있을 때(예, 비용감축, 상대방 단련의 목적, 규율의 엄수) ③ 조직을 위해서 '내'가 분명히 옳다는 것을 알고 있을 때 ④ 상대방이 지배형을 사용하지 않을 때
(2) 종합형	① 양자의 견해가 다 중요하여 타협할 수 없을 때 ② 학습이 주 목적인 상황에서 ③ 양자의 몰입을 필요로 할 때 ④ 감정이 개입되어 서로의 관계를 해칠 것 같을 때
(3) 타협형	① 상대방을 이김으로써 얻는 대가가 낮을 때 ② 양자가 서로 융합될 수 없는 목표를 추구하고 있을 때 ③ 복잡한 문제에 대하여 일시적 해결을 추구할 때 ④ 시간압박으로 일단 해결점에 도달해야 하는 경우 ⑤ 지배형이나 종합형이 실패했을 때
(4) 회피형	① 사소한 문제이거나 더 중요한 문제가 산적해 있을 때 ② '나'의 이익을 충족시킬 여지가 없다고 판단되는 경우 ③ 해결을 위해 소요되는 비용이 결과의 혜택보다 클 때 ④ 상대방이 화를 식히고 다시 생각할 기회를 주기 위해서 ⑤ 바른 결정을 하기에 앞서 정보수집이 더 필요할 때 ⑥ '나' 아닌 다른 사람이 더 효과적으로 해결할 수 있다고 느낄 때 ⑦ 현재의 문제가 다른 문제들과 연관되어 있을 때
(5) 배려형	① 스스로 틀렸다는 것을 알게 되었을 때. 상대방을 수용함으로써 합리적이란 인상을 줄 수 있을 때 ② 문제가 '나'에게보다 상대방에게 더 중요한 경우. 배려를 통하여 협력관계 유지 가능 ③ 나중을 위해서 점수를 따두려는 경우 ④ 싸웠을 때 모든 것을 잃게 되는 상황을 방지하기 위해서. 손실 최소화 목적으로 ⑤ 조화와 안정이 무엇보다도 중요한 상황에서 ⑥ 상대방이 실수를 통해 스스로 배울 수 있는 기회를 주기 위해서

를 정리한 것이다. 개인입장에서는 어느 한 가지 방법을 줄곧 사용하기보다는 다양한 방법을 익혀뒀다가 상황을 판단하여 그에 맞는 적절한 기법을 활용할 수 있어야 한다.

집단간 갈등

조직에서는 개인간에서 뿐만 아니라 팀과 같은 단위조직간에도 갈등은 야기될 수 있다. 특히 조직 내 팀이나 집단은 상호의존 협력관계로 발전하기도 하지만 갈등을 빚는 경우도 많다. 예를 들어, 기업에서 생산부서와 판매부서는 전통적으로 갈등의 뿌리가 깊은 두 집단으로 널리 알려져 있다. 여기에서는 집단간에 존재하는 갈등의 원인과 결과에 대하여 알아보고 집단간의 갈등을 효과적으로 관리하기 위한 다양한 기법들에 관하여 살펴보자.

집단간 갈등은 왜 발생하는가

모든 집단은 상호관련을 맺고 있는 다른 집단과 적어도 부분적으로는 갈등을 겪게 마련이다. 집단간의 갈등을 유발하는 원인으로는 집단이해의 차이와 인식의 차이를 들 수 있다. 이들에 대한 구체적인 내용은 다음과 같다.

집단간의 이해관계 차이

조직 내 하위집단들은 각기 다른 이해관계를 갖게 된다. 조직의 자원은 제한되어 있고 집단은 각기 자기측의 이해를 먼저 실현시키고 싶어하므로 갈등이 발생하게 된다. 조직 내 집단들의 이해관계가 상충되게 되는 원인을 살펴보면 〈표 13-5〉와 같다.

인식의 차이

집단구성원들의 인식 차이(differences in perceptions)도 집단간 갈등의 원인이 된다. 조직 내 집단들이 현실에 대한 인식을 달리하게 되는 요인들은

표 13-5
집단간 이해 차이의 원인

(1) 제한된 자원	자원이 제한적일수록 집단간의 의존성은 높아지고 경쟁이 심화된다. 자금, 공간, 노동력, 그리고 자재 등이 무제한으로 공급될 수 있다면 조직 내 모든 집단은 아무런 갈등없이 각 집단의 목표에 따라 순조롭게 업무의 처리가 이루어질 것이다.
(2) 보상제도	조직 내 보상제도가 전체 조직차원에서보다는 각 집단별로 이루어질 때 집단간의 갈등이 발생할 수 있다. 집단보상제도를 실시하게 되면 경쟁이 발생하기 때문에 경쟁으로 인한 역기능적인 갈등이 초래될 우려가 있다.

많다. 주요 요인들로는 목표의 차이, 시간 인식의 차이, 지위의 차이, 그리고 부정확한 지각 등을 들 수 있다(〈표 13-6〉 참조).

표 13-6
인식차이의 원인

(1) 목표의 차이	목표가 다르면 인식의 방향과 내용도 달라진다. 예를 들어 판매부서는 생산부서에 싸고 질 좋은 상품의 생산을 요구하지만 생산부서로서는 질을 높이면서 동시에 비용을 줄인다는 것은 보통 어려운 일이 아니다. 생산부서의 입장은 조금 비싸고 질이 떨어지더라도 판매부서가 소위 영업력을 발휘하여 판매실적을 올려주기를 바라게 된다.
(2) 시간인식의 차이	시간인식의 차이는 집단이 현실을 인식하는 데 영향을 미친다. 예를 들어, 조직 내 연구개발 부서는 몇 년간의 시간적인 여유를 갖고서 일을 하지만 현장에서 근무하는 조직원의 경우에는 정해진 시간 내에 할당된 생산량을 채워야 한다.
(3) 지위의 차이	집단간에 존재하는 지위의 차이는 언제나 갈등의 대상이 된다. 인사부서와 현장부서간의 갈등이 예가 될 수 있을 것이다. 지위갈등은 종종 업무상의 관계 때문에도 발생한다.
(4) 부정확한 지각	부정확한 지각은 때때로 한 집단으로 하여금 다른 집단에 대한 편견을 갖게 한다. 각 집단은 서로의 차이를 과장하는 경향이 있다. 집단간의 차이가 강조될수록 편견은 커지고 집단간의 관계는 악화되며 갈등의 정도 또한 심해진다.

집단갈등의 결과

개인간 갈등처럼 집단간의 갈등 또한 역기능적인 측면과 순기능적인 측면을 동시에 갖고 있다. 역기능적 갈등은 조직 전반에 걸쳐 부정적인 결과를 초래한다. 이러한 역기능적 갈등은 조직 내에 여러 가지 변화를 야기하기도 한다. 조직변화에 대한 자세한 내용은 뒤의 조직변화에서 다루기로 하고 여기에서는 역기능적 갈등으로 인하여 일어나는 집단 내의 변화, 집단간의 변화, 그리고 집단갈등의 기능적 결과에 대하여 살펴보기로 한다.

집단갈등의 역기능적 결과

집단 내의 변화

집단간에 발생하는 경쟁이나 갈등, 그리고 위협은 집단 내에서 개인간의 차이를 인정하거나 계급을 구분하기보다는 집단에 대한 충성심을 자극하며 응집력 증가를 낳는다.

외적 원인에 의해서 발생한 갈등의 경우에는 독재적인 리더를 출현시키는 경우가 많다. 즉 외부로부터의 위협을 막기 위해 집단의 구성원들은 보다 강인한 리더를 원한다. 그렇기 때문에 리더의 독재적 성향이 더욱 강화되는 결과를 낳는다.

갈등을 겪고 있는 집단은 보다 적극적으로 행동하고자 하기 때문에 과업중심적인 활동력증가를 낳는다. 집단의 이익을 위해서 개인의 손해를 기꺼이 받아들인다. 또한 집단의 업무에 전념하면서 타 집단에 대한 경계심을 고취한다.

또한, 갈등의 상황에서는 집단규범이 강조된다. 집단목표는 개인의 목표보다 우위에 서며 타 집단과 관계를 맺는 것은 규범을 위반하는 것으로 받아들여진다.

집단간의 변화

갈등의 상황에서 집단의 구성원들은 지나친 집단의식으로 인하여 왜곡된 인식을 갖게 된다. 타 집단에 대하여 근거없는 우월감을 갖게 되며 집단구성

표 13-7
집단갈등에 따른 변화

집단 내 변화	집단간 변화
응집력 증가 독재자의 출현 활동력의 증가 충성심의 증가	집단의식 고조 부정적인 편견 커뮤니케이션 단절

원들에게 집단의 중요성을 지나치게 강조하게 된다. 이처럼 갈등은 집단의 '우리'의식을 지나치게 강조하게 되어 집단간의 협동을 저해한다.

갈등이 고조되고 집단의식이 강조될수록 타 집단에 대한 부정적인 편견은 커진다. 예를 들어 1993년 여름부터 불기 시작한 약사와 한약사간의 한약 제조권 다툼은 서로의 입장만을 강조하고 상대에 대한 불신과 부정적인 편견을 갖는 데서 증폭된 것이라고 볼 수 있다. 부정적인 편견이 강해지면 구성원들이 자기 집단의 문제에 대해서는 관대하고 타 집단에 대해서는 매우 부정적인 태도를 취하게 되는 경향이 있다. 또는 심각한 적대감이 유발되어 파국을 맞는 경우도 있다.

집단간의 갈등이 심해질수록 집단간 커뮤니케이션의 기회는 점점 줄어들게 된다. 커뮤니케이션의 기회가 줄어들수록 집단간에 발생하는 오해나 문제점은 더욱 늘어나게 된다.

지금까지 집단간 갈등의 역기능적인 결과에 대하여 살펴보았다. 이들을 표로 정리하면 〈표 13-7〉과 같다.

집단갈등의 기능적 결과

한 집단의 구성원들은 집단간의 갈등이 발생했을 때 자신이 속해 있는 집단의 문제점에 대하여 보다 정확히, 그리고 새롭게 인식할 수 있는 기회를 갖게 된다.

또한, 집단갈등이 발생하게 되면 집단 내 응집력의 증가로 집단 내 협조적인 분위기가 조성되어 자신의 집단이 겪고 있는 문제를 해결하기 위한 방안을 모색하는 데 보다 적극적이 된다.

표 13-8
집단갈등의 기능적 결과

(1) 문제에 대한 새로운 인식
(2) 해결방안의 모색
(3) 긍정적인 변화
(4) 효과적인 대안의 선택

집단간 갈등과정을 통하여 한 집단이 내적으로 갖고 있는 모순과 문제점에 대해 수정을 가하고 보다 효율적인 집단관리를 위한 긍정적 변화가 일어날 수 있다.

한편, 집단간의 갈등을 극복하고자 하는 의지는 집단 내 협조체제를 가능케 하여 당면한 문제점에 대해 효과적인 대안을 선택하게 한다.

이러한 집단갈등의 기능적 결과는 〈표 13-8〉과 같다.

집단갈등과 조직성과간의 관계

집단갈등은 원인과 관리방법에 따라 조직성과에 긍정적 또는 부정적인 영향을 미친다. 앞에서 갈등의 성격 부분에서도 밝혔지만 갈등의 정도가 너무 낮은 경우에 높은 수준의 조직성과란 기대하기 어렵다. 오히려 조직의 생존 자체가 위협받기도 한다. 또한 갈등의 정도가 너무 심한 경우에도 조직 내 혼란이 야기될 수 있기 때문에 이 역시 조직에 부정적 결과를 가져온다.

〔그림 13-5〕는 집단갈등과 조직성과간의 이러한 관계를 그림으로 나타낸 것이다.

집단갈등, 어떻게 관리할 것인가

집단갈등은 개인간의 갈등처럼 조직 내에서 필연적으로 발생하는 현상이다. 관리자들은 이러한 집단간의 갈등을 회피하기보다는 적극적인 자세로 해결방안을 찾고자 노력해야 한다. 집단갈등을 해결하는 방안에 대한 연구는 지금까지 많은 학자들에 의해서 수행되었다. 이들을 요약하면 아래와 같다.

그림 13-5
집단갈등과 조직성과간의 관계

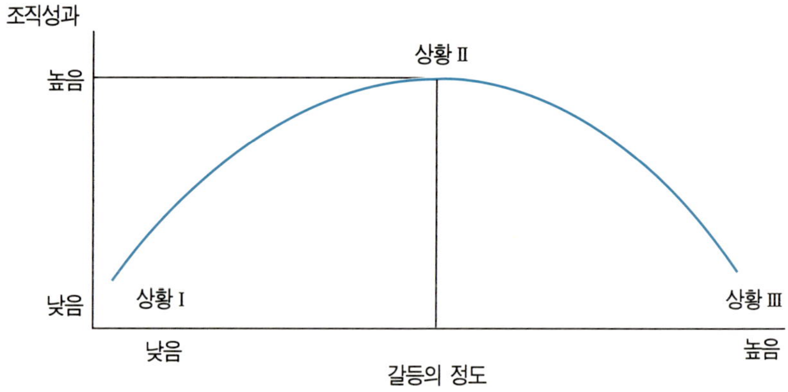

상황	갈등의 정도	갈등의 기능	조직의 특성	조직성과
상황 I	낮거나 없음	역기능적	① 환경변화에 대한 느린 적응 ② 변화의 부재 ③ 창의적인 아이디어 결핍 ④ 무관심 ⑤ 지지부진	낮음
상황 II	이상적	기능적	① 목표를 향한 적극적인 도약 ② 혁신과 변화 ③ 문제해결 탐색 ④ 창의력 ⑤ 환경변화에 대한 신속한 적응	높음
상황 III	높음	역기능적	① 혼란 ② 지나친 간섭	낮음

직접 대면

갈등을 겪고 있는 집단을 직접적으로 대면시킴으로써 서로의 입장을 밝히고 갈등의 원인을 규명하여 갈등을 해소하고자 하는 것이다. 서로 관련된 정보를 교환하고 의견차이의 폭을 줄인다. 모든 문제를 터놓고 논의할 수 있도록 해야 하며 상호만족할 만한 해결책을 찾도록 해야 한다. 직무나 책임분할을 재구성해야 할 때도 있다. 그러나 매우 복잡한 문제에 대한 해결책으로는 부족한 면이 있다. 예를 들어 갈등을 겪고 있는 집단간의 가치관이 크게 다를 경우에는 직접적인 대면은 오히려 갈등의 골을 깊게 할 수도 있다.

공동목표설정(초월적 목표)

집단간의 갈등을 해소하기 위한 또 다른 방안으로는 갈등을 겪고 있는 집단간에 공동의 목표 또는 초월적 목표(Superordinate goals)를 설정하여 주는 것이다. 단독적인 집단목표보다는 집단간에 주어진 공동목표가 보다 중요한 경우, 집단간에 갈등이 있다 하더라도 공동의 초월적 목표를 위해 서로 의논하고 교류하게 됨으로써 갈등이 해소되는 수가 있다.[7)]

자원의 확충

앞에서도 언급했듯이 많은 경우 갈등은 자원의 부족 때문에 발생한다. 조직의 자원에는 지위, 공간, 보상, 인력 등 다양한 요소들이 포함될 수 있다. 조직 내에서 한 집단에 대한 자원분배는 다른 집단의 손실의 대가로 이루어지기 때문에 갈등이 빚어진다. 이러한 경우 자원 자체의 규모를 늘림으로써 갈등을 해결할 수 있게 된다.

갈등의 회피

때로는 단기적인 갈등해소의 전략으로서 갈등을 회피하는 방법도 효과적이다. 물론 갈등을 회피하는 것은 갈등을 해소해 주거나 갈등의 정도를 크게 줄여주는 것은 아니다. 그러나 상황에 따라서는 일시적이나마 갈등을 회피하는 것이 서로간의 적대감을 식히고 갈등의 심화를 피하는 방안이 되기도 한다.

공동 관심사의 강조

갈등을 겪고 있는 집단간의 차이점은 무시하고 공동 관심사를 강조함으로써 공동의 목표를 함께 달성할 수 있는 계기를 만든다. 중국인들은 이것을 구동존이(求同存異)라고 한다. '차이는 남겨두고 공통점을 추구'하다보면 갈등해결의 길이 보인다는 것이다.

협 상

이 방법 하에서는 우선 어떤 문제를 어떤 절차로 협상할 것인지를 쌍방간에 명백히 해야 한다. 각 측의 대표들은 정해진 절차 안에서 타협을 시도하게 된다. 이 방법은 쌍방이 비슷한 수준의 힘을 갖고 있는 경우 바람직하다.[8] 뒤에 나오는 협상부문을 참조하기 바란다.

권력을 이용한 갈등해결

상급자가 권한을 사용하여 집단갈등을 해결하는 방법은 가장 오래 되고 흔히 쓰이는 방법이다. 보통 하위집단들은 갈등해소를 목적으로 하는 위로부터의 힘의 사용에 복종한다. 그러나 힘에 의한 갈등해소 방법은 앞의 다른 갈등해소 방법과 달리 갈등의 원인에 대해서가 아니라 갈등의 결과에 초점을 두기 때문에 집단간 갈등의 여지는 남아 있게 되며 갈등의 재발 가능성 또한 높다.

행동변화유도

집단구성원들의 행위나 태도에 변화를 줌으로써 갈등을 해소하고자 하는 방법이다. 집단구성원들의 행동변화를 유도하는 방법은 우선적으로 갈등의 원인을 규명해야 하고 그에 따른 집단구성원들의 태도를 직시해야 한다. 행동변화유도의 방법은 다른 갈등관리 방법들보다 전개되는 속도는 매우 느리지만 장기적인 안목에서 볼 때에는 가장 확실한 갈등관리 방안이다.

조직구조 개편

조직구조란 조직을 구성하고 있는 관련집단들간의 공식적 관계를 의미한다. 조직 내 집단갈등을 관리하기 위한 조직구조의 변화방법은 집단간의 갈등을 관리할 조정자(coordinator)를 둔다거나 집단구성원들간의 자리 이동을 통하여 지나친 집단의 응집력을 방지하는 등의 방법을 포함한다.

공동의 적 만들기

집단간의 갈등이 존재할지라도 그 집단들이 속해 있는 조직이 아닌 타 조직으로부터의 간섭이나 압력 등의 위협에 대해 공통된 경계심 또는 적개심을 가지게 되는 경우가 있다. 즉, 공동의 적을 만들어 주면 갈등이 해결될 가능성이 높아진다. 예를 들어, 금융감독원으로부터 감사가 나왔을 때, 갈등관계에 있던 시중은행 내의 부서들이 감사과정에서 헛점을 보이지 않기 위해 서로 협동함으로써 서로간의 갈등이 해소가 되는 경우가 있다.

앞서 밝혔던 것처럼 갈등에는 역기능적인 측면 외에 조직의 성과를 높여주는 기능적인 갈등도 있다. 아래에서는 조직의 성과를 높이기 위해 기능적 갈등을 유도하는 것과 같은 의도적인 자극에 대하여 살펴보자.

우선 외부인력의 영입방법이 있다. 조직 밖의 인력을 조직 내로 영입함으로써 비능률적인 조직의 분위기를 자극하는 방법이다. 즉 조직 내의 구성원들과는 다른 배경 속에서 생활을 했거나 다른 가치관, 다른 태도를 가진 외부인력을 고용하거나 불러들임으로써 기존의 조직구성원들에게 자극을 주는 것이다. 전혀 새로운 인력을 끌어들인다는 것은 때로는 부정적인 결과를 낳기도 하지만 느슨해진 조직 내 분위기를 새롭게 하여 모두가 새로운 자세로 업무에 임하도록 하는 결과를 가져올 수 있다.

또한 조직구조의 변화도 기능적 갈등을 유도한다. 이것은 집단간의 역기능적 갈등을 해소하는 방법이기도 하지만 집단간의 기능적인 갈등을 유발하는 계기가 되기도 한다. 예를 들어 기업의 여러 부서들 중에서 몇몇 부서를 통합한다고 할 때 이를 계기로 부서간의 갈등을 해소할 수도 있지만 통합된 부서 내의 구성원들은 서로 경쟁적인 자세를 보이게 된다.

끝으로 의도적 자극을 통하여 조직 내 경쟁을 유발하는 것도 기능적 갈등이다. 예를 들어, 성과에 따라 보상을 해준다면 개인간에는 보다 많은 보상을 받기 위한 경쟁이 발생하게 된다. 이러한 경쟁의 출현은 기능적인 갈등을 만들어내어 조직 전반에 걸쳐 성과의 수준을 한층 높여줄 수 있다. 그러나 경쟁이 가져올 수 있는 부정적 효과에 대해서도 주의를 기울여야 한다.

협상의 이해

협상이란 무엇인가

협상이란 이해관계가 있는 사람들간에 상호 교류를 통하여 서로의 이해를 충족시켜 가는 과정이라고 정의할 수 있다. 협상의 결과로 원하는 것을 얻든가 갈등이 해결되기도 하고 서로를 알 수 있는 기회를 갖게 되기도 한다. 물론 협상의 결과로 얻을 수 있는 것은 명예, 자유, 돈, 정의, 지위, 사랑, 안전, 인정 등 다양하다. 세상에서는 뛰어난 능력을 가진 사람들이 성공하지만, 뛰어난 협상력을 가진 사람들이 성공하는 경우도 많다.

협상은 인간관계의 긴장(Tension)을 해소하는 방법이기도 하다. 긴장해소를 목적으로 다른 사람들의 행동에 영향을 미치기 위해서 정보나 권력을 사용하는 것이다.

협상의 과정

일반적으로 협상은 다섯 단계를 거쳐 이루어진다. 다섯 단계는 ① 사전준비, ② 절차합의, ③ 조건제시 및 설명, ④ 해결교섭, ⑤ 합의와 실행 등이다. 〔그림 13-6〕에 이 과정을 그림으로 제시하였다.

제1단계 사전준비에서는 협상의 목적과 목표를 명확히 하고 전략을 수립한다. 상대방의 입장과 생각을 추론하여 대안을 마련하는 것도 중요하다. 상대방을 꼼짝 못하게 하는 방안을 찾는 것도 방법일 수 있지만, 서로 체면을 살리고 이득을 얻을 수 있는 상생의 전략을 수립하는 것이 바람직하다.

그림 13-6
협상과정

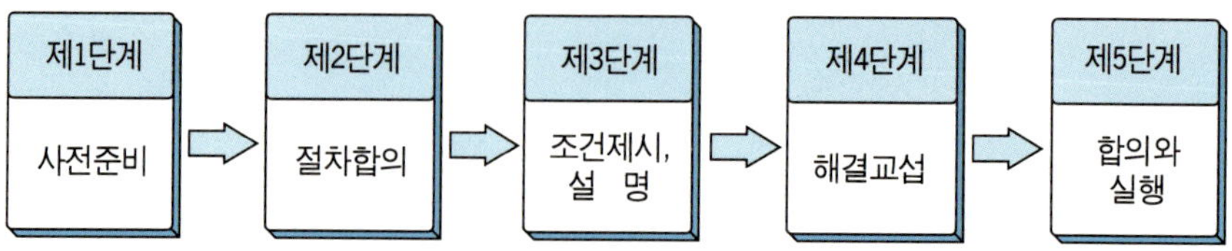

협상준비는 'BATNA'를 결정함으로써 완성된다. 13장 모두의 "Let's talk"에서 보았듯이, BATNA란 'Best Alternative to a Negotiated Agreement'의 첫자를 딴 조어로서, 협상에서의 최소수용조건 또는 차선책을 의미한다. 협상 당사자들은 자기 측의 BATNA 이상의 성과를 얻으려고 노력한다.

제2단계에서는 협상의 관련 당사자들이 절차와 규칙을 합의하는 단계이다. 누가 협상에 참여하여 언제까지 어떻게 합의에 이를 것인가를 결정한다. 이 단계에서 서로의 초기 요구조건을 교환할 수도 있다.

제3단계에서는 서로 원하는 조건을 제시하고 그 배경과 이유, 그리고 타당성을 구체적으로 설명한다. 서로 자신의 요구가 타당하다는 것을 자료나 근거를 곁들여 주장하게 된다.

제4단계 해결교섭은 그야말로 주고받는 바게닝(Bargaining)이 일어나는 단계이다. 양보하기도 하고, 상대방의 양보를 요구하기도 하면서 합의를 위해 노력해 나간다. 순발력, 재치, 지혜, 언변, 호소력, 힘의 행사 등 모든 역량이 총동원된다.

제5단계의 합의와 실행은 제4단계에서 합의한 사항을 문서화하고 그의 실행을 위한 구체적 사항들을 결정하는 단계이다. 실무자들의 참여와 노력이 필요하다.

협상의 전술

협상의 전술에는 언어적 전술, 비언어적 전술, 그리고 비신사적 술수 등이 포함된다. 우리가 어떤 의미를 전달하려 했을 때 말이 그 의미를 전달하는 비율은 7%에 불과하며 표현의 어조가 38%를, 그리고 얼굴의 표정이 의미의 25%를 전달한다는 연구결과가 있었다.[9]

언어적 **협상전술**에 포함되는 구체적인 행동들은 약속, 위협, 권고, 경고, 보상, 처벌, 규범적 호소, 공약, 자기 폭로, 질문, 명령 등이다. 한 연구에 따르면, 노련한 협상자는 자극적 용어, 반대제안, 그리고 방어나 공격적 대응을 적게 사용하고 지나친 주장을 삼가는 성향이 있는 것으로 나타났다.[10] 반면에 예시적 언어구사, 적극적 경청, 질문 및 감정표현에 보다 많이 의존하는 것으로 조사되었다. 여기에서 예시적 언어구사란 "질문 좀 해도 되겠습니까"와 같이 앞으로의 자신의 행동에 대하여 사전 경고를 하는 것을 의미한다.

그레이함(John Graham)은 일본, 미국, 브라질인들을 대상으로 30분의 협상 중에 이용되는 전술의 평균치를 연구하여 발표한 바 있다. 〈표 13-9〉에서 보듯이 이들 세 나라가 협상문화에 있어 크게 차이가 남을 볼 수 있다. 특히 브라질의 경우 30분당 '아니오'를 80번 이상 사용하고 있는 반면 일본인의 경우는 여섯 번이 채 안되고 있다.

표 13-9
언어적 협상전술에서의 문화적 차이점

행위(전술)	30분의 협상 중 이용된 전술의 평균치		
	일 본	미 국	브라질
약 속	7	8	3
위 협	4	4	2
권 고	7	4	5
경 고	2	41	1
보 상	1	2	2
처 벌	1	3	3
규범적 호소	4	2	1
공 약	15	13	8
자기폭로	34	36	39
질 문	20	20	22
명 령	8	6	14
"아니오"(30분당)	5.7	9.0	83.4
첫 제안의 이익수준(최대 80)	61.5	57.3	75.2
초기양보	6.5	7.1	9.4

자료: Graham, J. 1985. The influence of culture on business negotiations. *Journal of International Business Studies*, 14(1): 81-96.

비언어적 전술에 해당하는 행위로는 침묵, 대화의 중복, 안면의 직시, 신체적 접촉 등이 포함된다. 비신사적 술수에는 계획적인 속임수, 심리전, 상황적 압력 등이 포함될 수 있다. 앞서 그레이함의 연구 결과에 따르면, 30분당 침묵횟수는 일본인들이 제일 많았고 대화의 중복은 브라질인들이 2배 이상 많이 사용했으며 악수 이외의 신체적 접촉에 있어서도 일본이나 미국인들은 전혀 사용하지 않은 반면 브라질인들은 5회 가까이 사용한 것으로 나타났다.

제13장 문제 풀이

(1) 옆의 그림은 갈등관리유형 다섯 가지(종합형, 배려형, 지배형, 회피형, 타협형) 중에서 어느 유형을 설명하는 그림인가?

(2) 대인간 갈등의 원인들 중 가장 빈번한 것은 서로간의 오해(misunderstanding)다. 아래의 그림에서 두 사람이 각각 자신의 입장에서 말하다 보니 오해가 생긴다. 오른쪽 사람은 막대기가 세 개로 보이고 왼쪽 사람은 네 개로 보인다. 당연히 오해와 갈등이 생길 수 밖에 없다. 서로가 상대방의 입장을 이해하려고 노력할 때만이 오해와 갈등이 풀릴 수 있다.

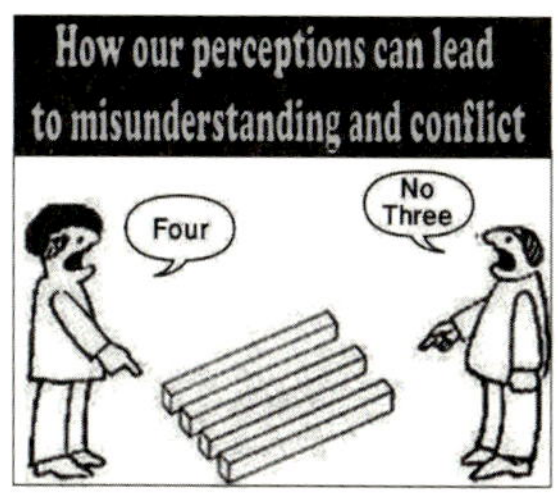

당신이 경험한 오해와 갈등의 사례를 적고 어떻게 해결했는지 서로 간에 이야기해 보자.

종합 사례 13

조직 내 "골치 아픈 사람"(trouble makers in organizations)

직장에 다니다 보면, 골치 아픈 사람들을 만나게 된다. 영어로 "trouble maker" 또는 "difficult people"이라고 할 수 있을 것이다. 일반적으로 "갈등유발자"라고 알려져 있다. 조직 내 평화를 해치는 사람들이다.

이들을 보는 시각은 두 가지로 나뉜다. 하나는 부정적 시각이고 다른 하나는 긍정적 시각이다. 긍정적 시각에서 "trouble maker"를 바라보면 다음과 같이 정의된다.: 조직 내 trouble maker는……[11)]

① 쉽게 현상에 만족하지 않는 사람들이다.
② 문제를 해결하려는 사람들이다(problem solvers).
③ 타고난 리더들이다(natural leaders).
④ 자신의 직무를 진지하게 생각하는 사람들이다.
⑤ 용감한 사람들이다.

[종합 문제 13] 본 장에서 배운 갈등의 개념을 가지고 trouble maker에 대한 긍정적 시각을 해석하시오.

나의 조직행동 진단 13

나의 갈등관리 유형은?

▣ 아래의 항목들은 당신의 갈등관리 유형을 알아보기 위한 것이다. 다음의 15개의 질문에 대하여 평소에 당신이 생각하는 대로 물음에 답하여 주기 바란다. 각 질문에 응답을 한 후에는 아래의 갈등관리 유형별 점수의 합계를 낸다. 갈등관리 유형 중 점수가 제일 높은 것이 당신의 갈등관리 유형을 대표한다고 할 수 있다. 아래의 〈응답양식〉을 참고하여 당신이 동의하는 곳에 ◯표 하시오.

〈응답양식〉

1	2	3	4	5
전혀 동의하지 않는다	동의하지 않는다	보통이다	동의한다	매우 동의한다

질　　문	1	2	3	4	5
1. 나는 내 주장의 장점을 설명하기 위해 동료들과 논쟁한다.					
2. 나는 타협을 이루기 위해서 동료들과 협상한다.					
3. 나는 동료들의 기대에 부응하고자 노력한다.					
4. 나는 주어진 문제에 대해 모두가 찬성할만한 해결책을 찾기 위해 동료들과 함께 노력하곤 한다.					
5. 나는 내 주장을 관철시키기 위해 강력한 자세를 취한다.					
6. 나는 갈등으로 물의를 빚고 싶지 않기 때문에 동료들에 대해 느끼는 갈등을 혼자서 삭인다.					
7. 나는 나의 해결방안을 관철시키기 위해서 끝까지 노력한다.					
8. 나는 타협을 위해서 서로 '주고받는(give and take)' 전략을 사용한다.					
9. 나는 동료들과 문제를 함께 해결하기 위해 정확한 정보를 교환한다.					

질　　문	1	2	3	4	5
10. 나는 동료들과 다른 의견을 갖고 있다 해도 이를 공개 토의하지 않는다.					
11. 나는 동료들의 의견을 적극 수용한다.					
12. 문제해결의 최선책을 찾기 위해서 나는 모든 문제들을 털어놓고 얘기하는 성향이다.					
13. 나는 문제해결에 진전이 없을 때 중간자적 대안을 제시한다.					
14. 나는 동료들의 의견을 따르려는 성향이 있다.					
15. 나는 동료와의 의견대립을 피하기 위해서 속으로 동료들의 의견에 반대하더라도 이를 그냥 묻어둔다.					

[해 석]

▣ 당신의 유형을 확인하고 다른 사람과 논의하여 보시오. 총점이 가장 큰 것이 당신의 스타일이다. 하나 이상의 스타일을 가질 수도 있다.

[갈등관리유형]

	종합형	배려형	지배형	회피형	타협형
항목 및 점수	4. ______ 9. ______ 12. ______	3. ______ 11. ______ 14. ______	1. ______ 5. ______ 7. ______	6. ______ 10. ______ 15. ______	2. ______ 8. ______ 13. ______
총점					

자료: Rahim, M. A. 1983. A aeasure of styles of handling interpersonal conflict. *Academy of Management Journal*, 358-76.

제 IV 부

조직차원 연구

제 14 장

조직문화

본 장의 요점

※ 조직문화를 이해함으로써 조직을 바라보는 새로운 관점을 개발한다.
※ 조직문화 모델을 통하여 개인, 집단, 조직을 꿰뚫는 가치관, 믿음, 가정의 다양한 변신을 학습한다.
※ 조직문화가 형성되는 과정을 이해함으로써 조직문화 관리의 가능성을 확인시킨다.
※ 시간의 흐름에 따라 조직문화가 어떻게 변화해 가는지를 이해한다.
※ 국가간 문화 차이가 조직경영에 주는 의미를 추론한다.

Let's Talk!

"구글의 조직문화는 무엇이 특별한가?"

구글(Google)의 조직문화는 독특한 것으로 정평이 나있다. 사진에 나온 것 같이 사무실 건물에는 놀이터를 방불케 하는 시설들이 들어서 있다.

구글의 조직문화 특징을 몇 가지로 요약할 수 있을 것이다.:

(1) 자유로운 근무환경
(2) 구성원들은 집에서 기르는 애완동물을 데리고 출근할 수 있다.
(3) 레크리에이션 시설이 다양하게 구비되어 있다.
(4) 롤러스케이트 하키게임으로 팀워크를 다진다.
(5) 자신이 선정한 프로젝트에 근무시간의 20%를 마음대로 사용할 수 있다.
(6) 구성원이 해외여행 중 아프면 본사가 여행지 주변의 의사를 찾아 예약을 해준다.
(7) 팀장을 뽑을 때 구성원 투표로 결정한다.
(8) 근무 중 얻은 좋은 아이디어를 가지고 퇴사하여 창업하는 것을 도와준다.
(9) 최고경영자가 주 1회 정도 회사경영에 대해서 구성원들에게 설명해준다.
(10) 구성원들은 자존심을 걸고 자발적으로 치열하게 경쟁한다.

✤ 〈토론 주제 14〉 위의 항목들로 판단할 때 구글의 조직문화를 한 마디로 정의하면 어떻게 정의할 수 있는가?

조직문화란 무엇인가

조직문화의 개념

조직문화는 연구의 목적이나 이론적 근거에 따라 다양하게 정의된다. 가장 일반적으로 받아들여지고 있는 정의는 **샤인**(Schein)의 정의이다.[1)]

"**조직문화**란 일정한 패턴을 갖는 (조직활동의) 기본가정(또는 전제, 믿음)이다. 이들은 특정 집단이 외부 환경에 적응하고 내적으로 통합해 나가는 과정에서 고안, 발견 또는 개발된 것들이다. 이러한 가정들은 오랜 기간 동안 조직구성원들이 타당한 것으로 여겨왔기 때문에 당연한 것으로 받아들여지며 새로운 구성원들에게도 조직의 문제를 해결하는 올바른 방법으로 학습되어진다."(p.9) 그러나 어떤 연구에서는 조직구성원 개인의 인지적 특성인 지각, 믿음, 판단, 행위 등이 강조되는가 하면, 또 다른 연구에서는 구성원들 소(小)사회가 갖는 행동특성과 그러한 특성의 환경적합성에 보다 더 초점이 주어진다. 뿐만 아니라 상징적 해석론자들(symbolic-interpretivists)은 조직의 상징물이나 상징적 행동에 초점을 맞추고 이들의 의미를 해석함으로써 조직문화를 이해하려 한다. 또한 조직하위구조의 문화(하위문화 또는 細文化; Subcultures)를 연구하는 학자들은 문화의 통일성을 중시하기보다는 다양성, 동태성에 초점을 둔다. 즉, 조직은 일의 특성, 환경, 제품, 지역 등에 있어 차이를 보이기 때문에 그에 적절히 적응해 나아가는 과정에서 다양한 하위문화가 발현된다는 주장이다.[2)]

이상을 종합하여 볼 때 우리는 조직문화에 대한 몇 가지 개념적 특성을 다음과 같이 요약해 볼 수 있을 것이다.

첫째, 조직문화는 구성원들 상호간의 학습과정을 통하여 공유되는(Shared) 가치관, **상징물**, 그리고 이상(ideals)이다.[3)] 따라서 조직문화는 구성원들을 인지적 또는 사회적으로 결집시키는 힘을 갖는다. 조직문화는 매일매

일의 비공식적 교류를 통해서(즉, 관찰이나 모델링을 통해서) 습득된다.

둘째, 구성원들간의 결집의 정도에 따라 강한 문화와 약한 문화로 나눌 수 있다. 응집력이 강하고, 가치관이 통일되어 있으며 집단목표에 대한 구성원들의 몰입이 강한 경우에는 강한 문화가 발생하며 그렇지 않을 경우에는 약한 문화가 나타날 수 있다. 그러나 강한 문화가 반드시 더 좋다고 볼 수는 없다. 강한 문화의 경우 조직변화 시도에 대하여 그만큼 강력히 저항하는 힘으로 작용할 수도 있기 때문이다.[4)]

셋째, 한 조직의 문화는 공통성과 상이성(相異性)을 동시에 갖는다. 즉, 조직 전체차원에서 구성원들간의 공통적 가치관, 신념, 행동거지 등을 발견할 수 있지만 동시에 부서나 본부와 같은 하부조직들도 나름대로의 문화적 특성을 가질 수 있다.

넷째, 어느 한 시점에서 특정 조직의 문화는 그 조직이 변화해온 과거의 역사, 현재의 문제를 해결하면서 겪고 있는 고민, 그리고 조직구성원들의 미래에 대한 희망이나 기대가 혼합적으로 존재하게 된다. 미래에 대한 희망과 도전의지로 충만한 조직이 과거의 영광에 안주하고 있는 조직보다 더 발전하리라는 사실은 자명한 이치일 것이다.

다섯째, 한 조직의 문화적 특성은 구성원들의 가치관, 믿음 등을 직접 조사하여 밝힐 수도 있지만 그들이 공유하는 사물들, 공통의 용어(또는 어휘, 언어, 보편화된 행동이나 감정) 등을 분석함으로써 도출할 수도 있다. 보다 구체적으로는 의례, 의식, 신화, 무용담, 전설, 일화, 민담, 상징, 언어, 제스처, 물리적 환경, 인조물 등을 분석함으로써 얻어질 수 있다.[5)] 또한 조직의 영웅(전설적 인물)을 살펴보는 것도 한가지 방법이다.

여섯째, 문화가 없는 조직은 없다. 어느 조직이든 모종의 조직문화를 갖는다. 문제는 한 시점에서 특정 조직이 갖는 문화적 특성이 그 조직이 처한 상황에 비추어 바람직한가를 가늠하여 보다 바람직한 방향으로 변화시켜 나아가야 한다는 것이다.

조직문화는 왜 중요한가

조직문화가 왜 중요하며 그에 대하여 왜 관심을 가져야 하는가의 문제에 대해서는 여러 측면에서 설명이 가능하다.

우선 조직문화는 조직의 공식적, 비공식적 운영과정에 광범위하게 영향을 미칠 수 있기 때문에 중요시된다. 일을 처리하는 일상적 과정 속에서도 관행과 같은 문화적 요소가 배어 있으며 상호간의 교류 속에, 갈등의 와중에, 그리고 무엇보다도 결정과 선택의 순간순간에 옳고 그름에 대한 조직원들의 가정과 믿음이 작용하게 된다. 따라서 조직문화에 대한 올바른 이해는 효율적 관리나 경영의 가능성을 높여 준다.

또한 조직문화는 조직의 전략과정에 영향을 미치기 때문에 중요시된다. 전략의 방향을 선택할 때에도 조직문화는 이념의 형태로 그 과정에 작용할 수 있으며 전략을 수립하고 추진하는 과정에서도, 때로는 전략담당자들의 관점을 제한함으로써, 또 어떤 때는 전략실행에 있어 하나의 저항세력으로 작용할 수 있다. 조직의 문화가 전략적 특성과 부합될 때 큰 효과를 거둘 수 있으므로 조직문화와 전략수립 양자간의 적합화에 관심을 기울여야 한다.[6)]

조직문화는 경쟁력의 원천(또는 경쟁자원)이 될 수 있다. 조직 또는 기업의 경쟁력에는 자금이나 자산과 같이 가시적인 것만 포함되는 것이 아니라 현상이나 정보를 정확히 이해하여 개념화하고 적기에 결정을 내려줄 수 있는 무형의 인지적 과정까지도 포함된다. 특히 조직문화는 가시적 자산과 같이 한 순간에 처분을 해버리든가 다른 것으로 바꿔 놓을 수 있는 것이 아니라, 비교적 장기간에 걸쳐 서서히 바꾸어 나아갈 수 있을 따름이다. 따라서 그릇된 문화를 갖고 있는 조직은 오랜 기간 동안 그 폐해에 시달리게 되어 장기적인 경쟁력 상실을 겪게 된다. 반면에 올바른 문화를 갖고 있는 조직은 장기간에 걸쳐 경쟁우위를 점할 수 있다. 조직문화는 사고팔 수 없는 고유한 무형의 경쟁자원이다.[7)]

아울러 조직문화는 조직의 성과와도 관련이 있는 것으로 보인다. 신유근 교수는 한국 기업들을 비교한 연구에서 가치관(합의성, 상징성, 명확성, 수용성)

으로 대표되는 조직문화의 특성에 따라 만족도, 동조성, 그리고 애사심과 같은 성과가 차이가 남을 발견했다.[8] 하버드대학 연구팀이 200개 기업의 조직문화를 연구한 결과, 강한 문화가 성공하려면 외부 조직환경에 적절히 적응해야 한다는 결과를 얻었다. 적응하지 못하는 강한 문화는 약한 문화보다 성과가 낮았다.[9]

끝으로 우리는 조직문화(특히 기업문화)의 중요성을 역사적 차원에서 살펴볼 수 있다. 조직은 어느 한 시대 그 조직이 속한 사회의 가치관과 믿음과 행동양식 등을 조직문화라는 이름으로 응축하여 유지하고 다음 세대에 보전하며 발전시키는 역할을 한다. 서구에서는 중세의 수도원이나 근세의 대학들이 그러한 역할을 수행하였으며 한국의 경우, 한때 군조직이나 정부조직 또는 대학이 당시대 한국사회의 문화적 전수자로서의 역할을 감당하였다고 본다. 그러나 보다 최근에 와서는 기업이 한국사회의 문화전수자의 역할을 담당하기 시작한 것 같다. 기업의 광고문안 속에, 조직원에 대한 정책 속에, 노·사간의 갈등 속에 오늘날의 한국사회의 가치가 내재해 있는 것이다.

조직문화의 기능

이와 같은 개념적 특성을 갖는 조직문화는 조직에서 어떠한 기능을 할까? 조직문화는 대략 다음의 네 가지 기능을 수행하는 것으로 알려져 있다.[10]

첫째, 조직문화는 조직구성원들에게 소속 조직원으로서의 정체성(organizational identity)을 제공한다. 우리는 흔히 '삼성맨'이니 '현대맨'이니 하는 말을 쓴다. 조직원들이 일반적으로 공유하는 행동적, 심리적 또는 지식이나 사고에 있어서의 독특한 동질성을 뜻하는 말이다. 또한 한 사람의 행동이나 태도를 잘 관찰해보면 그 사람의 소속집단이나 직업을 추측할 수 있는 경우도 있다. 이것은 문화적 동질화의 결과이다.

둘째, 조직문화는 집단적 몰입을 가져온다. 조직문화는 가치관, 믿음, 행동의 통일을 가져옴으로써 조직구성원들의 집단에 대한 몰입의 결과를 낳는다. 일종의 집단학습 효과라고 볼 수도 있다.

셋째, 조직체계의 안정성을 높이는 결과를 가져온다. 따라서 많은 경우, 문화적 동질성을 강화하기 위한 규범과 통제가 증가하게 되며 한계를 벗어난 행동에 대해서는 제재가 가하여진다. 그리고 조직구성원들은 이같은 강한 통제에 대하여 일종의 감정적 애착을 갖게 된다.

넷째, 조직문화는 구성원들로 하여금 조직의 이모저모에 대하여 학습토록 함으로써 구성원들의 행동을 원하는 방향으로 조각해 나간다. 즉, 조직문화는 일종의 학습도구로서의 기능을 수행한다. 사회화(Socialization)의 과정을 통하여 조직에서의 관행과 의미체계에 대한 구성원들의 **인지적 스키마**를 다듬어 나아가는 과정인 것이다.

물론 조직에 따라 이들 중 어떤 기능은 더 발달해 있고 다른 기능은 덜 발달해 있을 수도 있다. 아마도 그것은 상황적 필요성에 따라 결정되리라고 사료된다. 사실 특정 조직의 문화가 갖는 기능발달의 패턴 자체도 하나의 문화적 요소일 수 있다.

조직문화의 모델

조직문화를 설명하는 여러 가지 이론과 관점들이 존재하듯이 조직문화의 모델에 있어서도 다양한 형태들이 존재한다. 본 절에서는 몇몇 학자들이 제시한 조직문화의 모델들을 가지고 조직문화의 과정을 좀더 자세히 살펴보기로 한다.

샤인(Schein)의 모델

앞서의 조직문화의 정의에서와 같이 샤인의 **조직문화모델**은 가장 많이 쓰이는 모델이라고 할 수 있을 것이다. 모델을 그림으로 요약하면 〔그림 14-1〕와 같다.

샤인의 조직문화모델은 잠재적 단계에 속하는 조직활동에 대한 기본적인 가정들과 그에서 파생되는 가치관, 그리고 가치관이 표출되어 나타나는 가시

그림 14-1
샤인의 조직 문화모델

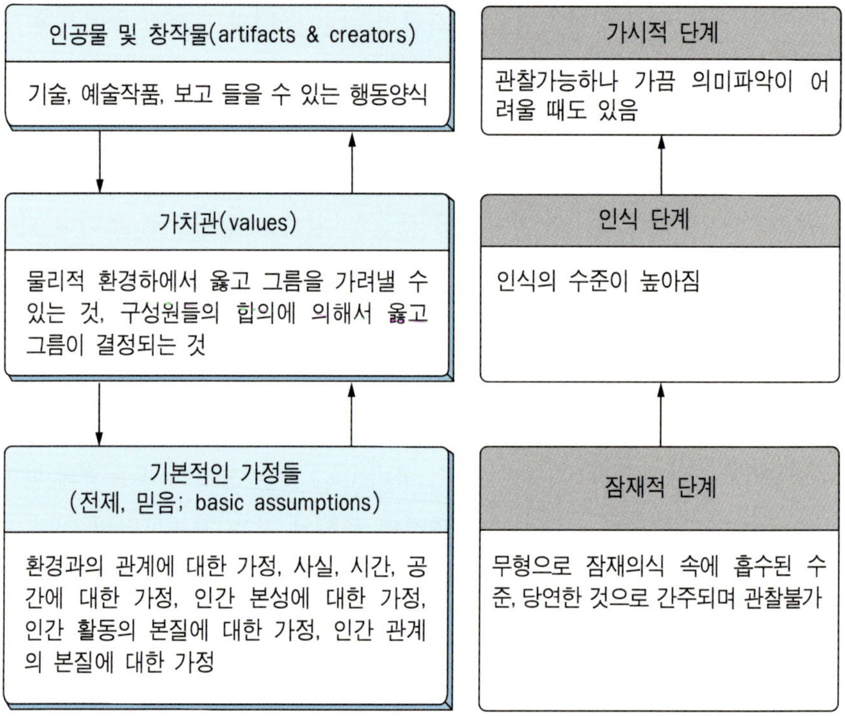

자료: Schein. 1985. 앞의 책.

적인 인공물이나 창작물 등 세 가지로 이루어진다. 역으로 한 조직의 인공물이나 창작물들을 분석해보면 거기에서 그 조직구성원들이 공유하는 가치관을 유출해낼 수 있고 또 그로부터 인간에 대한 기본적인 가정(믿음)을 도출할 수도 있다. 따라서 샤인에 따르면 조직문화란 개인의 마음속 깊은 데 존재하는 무의식적이고 무형적인 요소에서부터 우리가 보고 만질 수 있는 조직의 상징물에 이르기까지 다양한 요소들로 이루어진 총괄적 개념인 것이다.

적응적 조직문화와 부적응 조직문화

기업이 생존하고 성장하기 위해서 외부 환경변화에 효과적으로 적응해야 한다는 것은 재론의 여지가 없다. 많은 기업들이 외부 환경변화에 적응하지

표 14-1
적응적 조직문화와 부적응 조직문화의 특징

	적응적 조직문화	부적응 조직문화
가시적 행위	• 조직원과 리더들이 고객과 같은 외부 환경요인들에 긴밀히 주의를 기울이고 다소 위험이 따르더라도 변화를 제안한다.	• 조직원과 리더들이 이기적, 정치적, 관료적으로 행동하며 환경변화에 적응하기 위하여 행동을 바꾸든가 제안하지 않는다.
가치관	• 조직원과 리더들이 고객, 주주, 조직원들에게 대하여 깊은 애정을 갖는다. 효과적 변화를 창조하는 데 관련된 인적, 물적, 제도적 요인들에 큰 가치를 둔다.	• 조직원/리더들이 자기 자신과 자신의 팀, 또 자기에게 주어진 일에만 관심을 둔다. 관행을 중시하고 위험을 감수하려 하지 않는다.
가 정	• 조직 전체에 기여, 사람에 대한 신뢰	• 나의 욕구충족, 사람에 대한 불신

자료: Kotter & Haskett. 1992. 앞의 책에서 수정 인용.

못하여 쇠퇴하였다. 소비자들의 욕구나 기호 변화에 민감하게 적응해야 하며 기술이나 정부정책의 변화, 또는 세계경제와 환율의 변화를 미리 예측하여 효과적으로 적응하지 못하면 기업의 생존이 위태로워진다.

외부 환경에 얼마나 효과적으로 적응할 준비가 되어있는가는 적응잠재력의 문제이며, 이는 적응적 조직문화(Adaptive organizational culture)와 부적응 조직문화의 개념으로 설명할 수 있다.

〈표 14-1〉에 따르면, 적응적 조직문화를 갖는 조직에서는 조직원들이 고객을 우선으로 생각하며 변화를 가져올 수 있는 인적, 물적, 또는 제도나 과정 등의 내적 요소들에 많은 관심을 보인다.

반면에, 부적응 조직문화에서는 조직원들이 고객보다는 자기 자신의 이익을 우선 생각하고 위험을 감수하려 하지 않으며 변화를 싫어한다.

조직원들, 특히 조직의 리더들이 변화에 대하여 개방적 태도를 갖는 적응적 조직문화를 만들어 가는 것이 중요하다.

트롬피나르스의 조직문화유형

트롬피나르스(Trompenaars)는 47개 국가 15,000명을 서베이하여 조직문화의 유형을 조사하였다.[11] 이 서베이에서는 우선 두 개의 조직문화 축(dimension)이 도출되었다. 첫째 축은 수평주의-계층주의(egalitarian, hierarchical)이고, 둘째 축은 인간지향-과업지향(person-orientation, task-orientation)이다. 이들 두 개의 축을 교차시켜 네 개의 조직문화의 유형을 제시하였다. 즉, 인큐베이터, 미사일, 가족, 에펠탑 조직문화유형이 그들이다. 이들을 〔그림 14-2〕에 제시하였다.

인큐베이터 조직문화란 수평주의를 지향하면서 개인욕구충족에 초점을 두는 조직문화이다. 신생 벤처기업들이 이런 조직문화를 갖는 수가 많다. 사장이나 신입사원이나 수평적 관계를 유지하되 조직원 각자는 업계 최고의 실력파로 인정받기 위해서 일한다. 전문성과 능력이 중시되며 자율성을 존중한다.

미사일 조직문화는 수평적, 과업중심의 조직문화이다. 과업목표달성과 성

그림 14-2
트롬피나르스의 조직문화유형

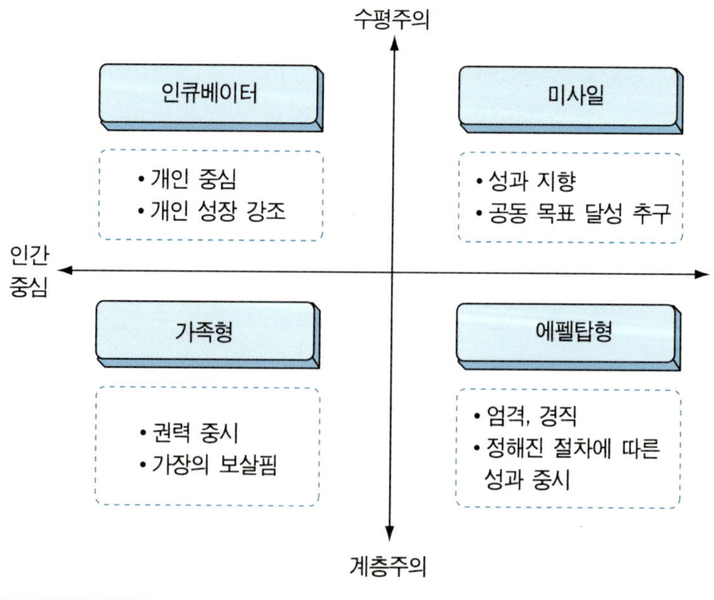

자료: Nahavandi, A. 2000. *The art and science of leadership*. Prentice Hall, p.10에서 수정 인용.

과창출을 중시한다. 전문가들이 팀을 이루어 목표달성을 위해서 노력한다. 개인의 욕구보다는 조직의 성과를 먼저 내새운다. 미국의 나사(NASA)가 이런 조직문화를 갖고 있다.

가족형 조직문화란 말 그대로 인간중심적이면서 계층적인 조직문화이다. 가장이 모든 구성원들을 책임지고 보살피는 형태이다. 흔히 가부장적 문화로 불리기도 한다. 위와 아래가 분명히 구분되지만 아랫사람들은 윗사람을 존경하고 윗사람은 아랫사람들을 보살피고 돌봐준다.

한편, 에펠탑형 조직문화는 과업중심적, 계층적 조직문화이다. 엄격하고 질서가 꽉 잡힌 특징을 가지며 명령, 지시, 복종을 통해서 조직이 운영된다.

퀸의 패러독스모델[12)]

퀸(Quinn)은 조직문화를 '유연-안정'과 '내부지향-외부지향'의 두 축을 가지고 이해하려 했다. 또한 그는 이들을 사용하여 4분면으로 나누어 혁신지향, 과업지향, 관계지향, 위계지향의 조직문화유형들을 제시한 뒤, 각 문화 내에서 분면 내 역할차이에 따라 2개씩 나누어 총 8가지 역할유형을 제시하였다. 〔그림 14-3〕에 이들을 제시하였다.

그림 14-3
퀸의 패러독스 모델

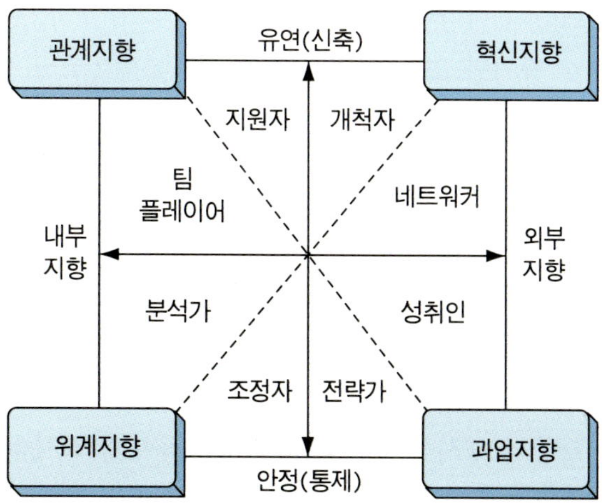

퀸의 모델을 패러독스모델 또는 경쟁가치모델이라고 부른다. 여기에서 개척자(Pioneers)란 새롭고 혁신적인 역할을 강조하는 유형이며, 네트워커(Networkers)는 인적 네트워크의 구축과 유지를 중시하는 역할을 의미한다. 또한 성취인(Achievers)은 프로듀서와 같이 자원을 엮어 성과를 창출하는 역할을 하며, 전략가(Strategists)는 장기적이고 미래지향적 계획을 세우는 사람들이다. 조정자(Anchors)들은 조직원들을 통제하고 구체적 결정사항들을 해결하는 조직의 안살림을 맡은 사람이며, 분석가는 문제를 분석하여 객관적, 합리적으로 대안들을 분석하여 해법을 찾는 역할을 한다. 한편, 팀 플레이어는 화합과 조화를 이루고 갈등을 해결하는 역할을 수행하며 지원자들은 구성원 각자에 대해 멘토 역할을 수행하고 마음관리를 책임진다.

조직은 혁신지향, 과업지향, 관계지향, 위계지향 중 한 가지 유형만 갖는 것은 아니다.

조직문화는 어떻게 구축되는가

조직문화는 사람들이 함께 조직생활하면서 형성된다. 외부의 위협이나 자극에 대응하고 내적 교류와 갈등, 통합을 경험하면서 공동의 인식과 행동패턴이 나타나게 되는 것이다.

하지만 조직의 경영자들이 의도적으로 원하는 성격의 조직문화를 구축해 나갈 수도 있다. 이를 위한 수단으로는 의식(rite)과 축제, 스토리나 상징물의 활용, 특정 어휘의 사용 등을 들 수 있다. 물론 이 과정에서 조직을 이끌어가는 리더들의 역할이 무엇보다 중요하다.

의식과 축제

의식이나 축제는 회사의 가치를 상징하는 이벤트나 기념할 일이 있을 때 각종의 행사들을 통해서 조직원들에게 회사의 의미체계를 전달하는 것이다. 체육대회, 등반대회, 축제 등이 여기에 해당한다. 체육대회도 하는 방식이 조직문화에 따라 다르게 나타난다.

스토리

스토리는 대개 난관을 극복했던 전설적 이야기들을 조직원들에게 공유시킴으로써 회사의 정신과 철학을 전파하는 것이다. 나이키(Nike)는 최고 스토리임원(Chief Story Officer)을 공식적으로 둘 정도로 스토리텔링을 통한 조직문화구축을 추구해왔다.

상징물

상징물은 조직의 가치를 가시화하여 제시함으로써 조직원들이 이미지를 통하여 의미를 전달받도록 하는 것이다. 포스코는 창업 초기의 '무'(無)에서 '유'(有)를 창조했던 정신을 상징하기 위해서 회사 박물관에 '롬멜 하우스'라고 불리는 당시 공사현장의 막사를 보관하고 있다. 회사의 뱃지나 유니폼 등도 중요한 상징물들이다.

특수어휘

특수어휘(Specialized Language)는 슬로건이나 속담 또는 조직원들간에만 통용되는 조어(祖語) 등을 통한 조직가치 전달을 뜻한다. 예를 들어 코오롱의 "One & Only"와 같은 표현은 회사가 추구하는 가치를 대변하는 것이고 조직원들의 생각을 슬로건에 맞춰 나가기 위한 방편이다.

선발과 사회화

선발과 사회화 과정도 조직문화 형성에 큰 영향을 미친다. 어떤 가치를 갖은 조직원들을 받아들이는가에 따라, 그리고 새로운 조직원들이 조직에 들어와 어떤 행동을 보이는가에 따라 조직문화는 다르게 형성된다. 하지만, 이 모든 과정에서 최고경영자나 리더들의 이념과 행동이 조직문화 구축에 가장 큰 영향을 미친다.

조직문화는 어떻게 변화해 가는가

조직성장 단계에 따른 조직문화 변화

조직문화는 조직 외부의 환경적 특성의 변화 때문에 또는 조직 내부적 이유 때문에 변화하게 된다. 그 중에서도 특히 조직의 성장단계에 따라 조직문화의 기능이 달라지게 되므로 각 단계별로 조직변화의 효과적인 메카니즘을 이해하는 것은 커다란 도움을 줄 수 있다. 여기에서는 샤인의 모델을 중심으로 설명하려 한다.[13)]

샤인은 조직성장의 단계를 크게 세 가지로 나누고 있다. 즉, 창립 및 초기 성장단계, 조직의 중년기, 그리고 조직의 성숙단계가 그들이다. 창립 및 초기 성장단계는 또다시 창업자/가족 지배단계와 승계단계로 나뉘며, 성숙단계는 변혁기와 파괴기로 구성된다.

창립 및 초기 성장단계는 처음 조직이 세워지고 난 후 수년 간을 뜻하며 이때는 일반적으로 창업자 또는 그 가족들이 하나의 가족사업이라는 인식하에 헌신하게 되고 또 그만큼 경영이나 관리의 모든 면에 관여하고 간섭함으로써 조직이 창업자 또는 그 가족들의 지배하에 놓이게 되는 단계이다.

이처럼 창업자나 그 가족의 지배하에 놓여 있는 조직에 있어서의 조직문화는 어떠한 기능을 하는가? 이때 조직문화는 구성원들에게 일체감을 심어주고 그들을 통합시켜 주는 접착제의 역할을 한다. 뿐만 아니라 자신들의 문화가 다른 조직과는 달리 독특하다는 점을 강조하게 됨으로써 내적인 동질화와 외적인 차별화를 추구하게 된다. 구성원이나 창업자의 내적인 가정과 가치가 가시화되어 문화적 명료성이 증가하게 된다.

그 다음 이어지는 단계는 승계의 단계이다. 승계단계에서 문화는 보수와 급진파간의 투쟁의 무대가 된다. 창업의 정신을 유지하려는 보수파와 조직에 새로운 바람을 일으키려는 급진파들간에 갈등이 발생하고 그것을 해결해 가는 시기이다. 2세대 경영자는 자신의 스타일을 도입하려는 시도에서 구성원들의 심리적 이유를 목적으로 갈등에 편승할 수도 있다. 이와 같은 문화적 기능을 갖는 창업 및 초기 성장단계에서의 조직문화변화 메카니즘은 무엇인가? 〈표 14-2〉에 나타난 대로, 초기단계에서는 자연적 변화의 흐름에 맡겨두는 방법이 있을 수 있고 아니면 보다 의도적으로 조직적 치료요법을 활용하여 통제시스템을 발전시킬 수도 있다. 또는 혼합을 통한 발전이나 외부자에 의한 '혁신' 방법들을 사용할 수도 있다.

조직이 중년기에 들어오면 취급하는 제품과 시장규모가 커지고, 수직적인 통합과 지역적 확장을 거듭하게 된다. 뿐만 아니라 타기업을 인수 또는 합병하는 활동도 활발해진다. 이 시기의 조직문화는 기업활동이 활발해지는 것만큼 색다른 면모를 보이게 된다.

중년기에서 조직의 규모가 커지면서 종전과 같은 일사분란한 소규모기업형 문화는 서서히 자취를 감춰가게 되고 대신에 부문, 분야 또는 부서별 소단위 하위문화가 보다 강력히 자리잡게 된다. 또한 조직 전체차원에서의 목표나 가치관, 가정 등은 제도화되어 조직의 공식적 요소로 흡수되면서 차별적 성격은 쇠퇴하고 하나의 일상적 관행으로 인식되게 된다. 따라서 조직은 정

표 14-2
조직 성장단계와 조직문화의 변화

조직 성장단계	조직문화 특징	조직문화 변화 메카니즘
창립/초기 성장기	• 창업자의 가정/가치 가시화 • 내적 동질화/외적 차별화 • 조직문화가 명료해짐 • 승계 시, 보수/혁신의 갈등	(1) 자연적 발전 (2) 조직적 치료요법을 통한 자기 통제발전 (3) 혼합을 통한 관리된 문화변신 (4) 외부자에 의한 관리된 '혁신'
중년기	• 소단위 하위문화 발전 • 공식적 조직문화 정착	(5) 계획된 변화와 조직개발 (6) 신기술 도입으로 조직문화 변화 (7) 스캔들이나 신화의 공개를 통한 변화 (8) 점진주의적 변화
성숙기	• 보존적 조직문화 • 변화 저항적 조직문화	(9) 강압적 설득 (10) 방향전환 (11) 재조직화, 파괴, 재탄생

체성의 위기를 맞게 되며 새로운 가정, 새로운 가치관, 그리고 새로운 목표의 정립을 위한 기회를 노리게 된다.

이러한 상태에 놓인 중년기 조직이 취할 수 있는 조직문화 변화의 메카니즘으로는 우선 계획과 조직개발을 들 수 있다. 즉, 하위문화들간의 갈등이 빚어지는 상황을 극복하기 위해서 하위문화의 가정과 가치관 등을 면밀히 분석하여 변화를 계획하고 조직개발기법들을 활용하여 그러한 계획을 실천해 나아간다는 것이다. 둘째는 기술적 유인이다. 조직이 갖고 있는 기술수준을 기술혁신을 통하여 조직 내에 확산시킴으로써, 또는 새로운 기술을 외부로부터 도입해 들여옴으로써 조직에 참신성을 더하게 되고 조직문화 변화의 기회를 제공할 수 있다는 것이다. 셋째는 스캔들이나 신화를 공개하는 방식이다. 관리자들의 편의를 위해서 유지해왔던 수치스런 관행이나 모순, 문화적 가정들을 공개함으로써 변화를 유도할 수 있다. 넷째는 구성원들이 변화를 인식하지 못할 정도로 점진적으로 조직 내부의 여러 요소들을 변화시켜 나아가는 것이다. 즉, 큰 조직은 관성을 갖는다. 이것은 변화를 위해 극복되어져야 하는 것인데 변화의도가 구성원들에게 알려지는 순간 이러한 관성이 역작용을 하기 시작하므로 점진적으로 장기적인 변화를 추구해야 한다는 것이다. 그러나 샤인의 방법은 앞의 조직변화에서 학습했듯이 급진적 변화론자들의 비판을 받아왔다.

조직이 성숙단계에 접어들면, 시장 자체가 포화상태에서 오히려 줄어드는 단계로 접어들게 되며 조직 내적으로는 대단히 안정적이어서 변화에 대한 저항이 크게 작용하게 된다. 앞서 얘기했던 보존적 문화의 양상을 따르게 되며 조직은 일대 변혁을 통하여 재생하든가 아니면 도산, 인수, 합병을 통하여 재조직되는 파괴의 길을 걷게 된다.

이 단계에서 요구되는 변화의 메카니즘은 대략 강압적 설득, 방향전환, 그리고 재조직, 파괴, 재탄생의 세 부류라고 볼 수 있다. 강압적 설득이란 다른 선택이 없는 막다른 위기국면으로 조직구성원들을 몰고 가서 스스로 새로운 가정, 새로운 문화를 선택하도록 하는 것이다.

방향전환이란 지금까지 언급된 모든 변화메카니즘을 활용하여 경영자가 의도적으로 조직문화의 변화를 추진해 나아가는 것이다. 이 방법을 사용하기에 앞서 조직의 문화 자체가 해빙(unfreezing)되어야 하며 몇 가지 조건들을 충족시킬 때 방향전환 기법은 성공적으로 조직문화의 변화를 이끌어낼 수 있다. 즉, 방향전환관리자나 관리팀이 있어야 하고, 조직이 지향하는 방향에 대한 명확한 인식이 이루어져야 하며, 목표성취에 대한 문화 변화의 모델이 있어야 한다. 또한 그 모델을 실천할 수 있는 힘이 있어야 한다. 이 네 가지 조건이 모두 충족되어야 성공할 수 있다.[14] 끝으로 재조직과 재탄생의 방법은 문화뿐 아니라 조직 자체를 파괴시키고 새로운 문화를 구축하는 것이므로 최후의 방안이며 문화적 연속성을 상실하게 되는 방법이다.

M&A 후의 조직문화 통합

조직문화는 조직이 성장하고 쇠퇴하는 자연적 과정 속에서만 변화하는 것은 아니다. 조직의 최고경영자나 주인이 바뀌었을 때, 구성원들 대다수가 새로운 사람들로 대체되었을 때, 그리고 조직간에 인수 · 합병 등을 통하여 통합되었을 때 어쩔 수 없이 조직문화의 변화는 발생하게 된다.

문화적 통합이 제대로 이루어지지 않으면 내부적 갈등이 심화될 수 있고 장기적으로는 기대되는 성과를 내기가 힘들어진다. 예컨대, 지난 20년 가까이 한국 은행업계는 지각변동이라 할 만큼 많은 인수 · 합병이 이루어졌다. 하지만 아직도 '한 지붕 두 가족'이니 '점령군 vs 피점령군' 등의 은어가 말해주듯이 직원들간의 문화적 통합이 제대로 이루어지지 않고 있다.

다른 회사나 조직을 인수했을 때 사용할 수 있는 문화정책에는 몇 가지 대안이 있다. 첫째는 자발적 동화(assimilation)이고, 둘째는 일방적 강요(deculturation)의 방법이며, 셋째는 상호통합(integration)이고, 넷째는 기존문화 유지법(separation)이 그들이다. 인수 · 합병을 당한 조직의 문화가 상대적으로 약하고 구성원들이 자발적으로 인수한 기업의 문화를 수용하려 할 때 동화정책이 실효를 거둘 수 있다. 하지만 피인수조직의 문화가 문제가 많은데도 불구하고 구성원들이 인수조직의 문화를 수용하려 하지 않으면 강요의 방법을 쓰게 되는 경우도 있다. 심리적으로 부담이 되는 방법이기는 하지만 인수 · 합병이 발생한 경우, 현실적으로 어느 정도는 강요적 요소가 항상 개입되는 것이 사실이다. 예컨대, 인사제도나 평가제도, 또 인사이동 등의 수단을 활용하여 피인수조직 구성원들의 행동을, 그 조직의 기존 문화가치나 관행에 관계없이, 규제하게 되는 것이 일반적이다. 또한 대등한 조직끼리의 통합인 경우 문화적으로도 좋은 점만을 유지 · 발전시키든가 더 나은 제3의 문화를 채택하는 상호통합의 방법을 사용한다. 한편, 피인수조직의 문화나 경영이 여러 가지 측면에서 효과적이라고 판단되든가, 해외기업을 인수한 경우처럼 특수한 경우에는 피인수조직의 기존 문화를 유지하도록 하는 전략을 쓰게 된다.

문화통합의 구체적 방법으로는 각종의 인사제도 통합정비, 교육 · 훈련을 통한 문화가치의 통합, 공동의 의례나 의식강조, 최고경영자의 통합의지 수시전달, 조직 외부에 공동의 적이나 공동의 목표설정, 서로 친해질 수 있는 공동경험의 장(場) 마련 등을 활용할 수 있다.

국가간 문화는 어떻게 다른가

고배경문화와 저배경문화

여기서 말하는 배경(Context)이란 사람들간의 교류와 소통이 이루어지는 환경이나 상황을 말한다. 어떤 국가에서는 사람들이 소통을 하든가 세상을 이해할 때 주변 상황이나 처지 또는 비언어적 단서를 중시하는 성향을 보이는데 이런 문화를 '고배경문화'라 하고 한다. 반면에 소통을 할 때 명확하고, 구체적인 언어나 문서 메시지 자체를 중요시하는 국가들은 '저배경문화'에 속한다.

대한민국은 이태리, 프랑스, 중국, 베트남, 사우디아라비아 등과 함께 고배경문화권에 속한다. 고배경문화에 속하는 사람들은 타이틀이나 지위를 중시하고 구체적이고 명확한 표현보다는 두리뭉실 넘어가는 것을 서로간의 신뢰의 징표로 여긴다. 소통할 때 상대방이 보여주는 제스처나 목소리 등에 대해서는 미묘한 반응을 보인다.

미국은 독일, 영국, 케나다, 스위스 등과 함께 저배경문화권에 속한다. 저배경문화의 사람들은 말한 것과 쓰여진 정보를 주변 정보보다 더 중시한다. 다른 사람들과 소통할 때 말이나 글로 명확하고 구체적으로 표현하는 것을 당연하게 여긴다. 상사가 하급자에게 지시할 때도 저배경문화에서는 구체적이고 자세하게 지시하지만 고배경문화에서는 "알아서 하라"는 식으로 애매하게 지시한다.

홉스테드의 문화에 따른 국가분류[15)]

우리가 외국인들을 만나게 되든가 해외여행을 해보면 문화적 차이에서 오는 괴리감을 느끼게 된다. 조직과 관련해서도 국가간에 많은 문화적 차이가 있다는 사실이 홉스테드(Hofstede)를 비롯한 많은 학자들에 의해 실증적으로 밝혀졌다. 여기에서는 홉스테드의 연구결과를 중심으로 살펴보도록 하겠다.

홉스테드는 우선 국가간 문화차이를 비교함에 있어 네 개의 차원을 사용하였다.

즉, ① 개인주의 대 집단주의(individualism vs. collectivism), ② 권력격차(power distance), ③ 불확실성 회피성향(uncertainty avoidance), 그리고 ④ 남성적 성향 대 여성적 성향(masculinity vs. femininity) 등이 그들이다.

개인주의란 개인이 자기 자신이나 자신의 직계가족의 이해를 우선적으로 생각하는 성향을 뜻한다. 개인주의적 사회에서는 개인간의 유대관계가 약하고 각 개인에게 주어진 도덕적 자유의 몫이 매우 크다. 이에 반대되는 집단주의란 구성원들이 내집단과 타집단을 구분하도록 하는 강력한 사회적 인식을 뜻하며 집단구성원들의 이익을 최우선으로 생각하는 성향이 있다.

권력격차는 사회에 존재하는 힘(권력)의 불균형에 대해서 구성원들이 받아들이는 정도를 뜻한다. 즉, 권력을 갖지 못한 사람들이 권력을 갖고 있는 사람들의 지위를 인정하는 정도를 뜻한다. 육체적, 지적 능력, 부의 축적, 출신 배경 등 여러 가지 이유 때문에 사회에는 권력의 격차가 생겨나게 된다. 그러나 그러한 격차를 용납하는 정도에 있어서는 사회마다 그 정도가 달리 나타난다. 권력격차는 조직경영에 커다란 의미를 준다. 즉, 조직 내에서 권력격차는 권한의 상부집중화나 독단적 리더십의 사용가능 수준을 결정해 주기 때문이다.

불확실성 회피성향은 사람들이 불확실한 상황에 대하여 불안을 느낀다든가 그러한 상황을 탈피하고 싶어하는 정도를 뜻한다. 불확실성을 회피하려는 성향이 강한 경우에는 미래의 불예측성 또는 불확실성을 스스로의 노력과 의지를 가지고 극복하려는 성향을 보인다. 따라서 강한 불확실성 회피성향을 갖는 한국이나 일본 같은 경우, 보다 큰 감성적 성향과 공격적 성향을 보이게 되며 안정적 관행을 창출하기 위해 노력하게 된다.

남성적 성향 대 여성적 성향이란 한 사회의 가치가 무엇에 의해서 지배되는가에 기초하는 개념으로 남성적 성향의 사회에서는 사회의 지배가치가 결단성(assertiveness)이나 돈 또는 다른 물질적 수단이 된다. 여성적 성향의 사회는 사람들간의 관계, 다른 사람들에 대한 배려, 삶의 질에 대한 관심이 보다 중요시되는 사회이다.

홉스테드는 전세계 70개 국가에 퍼져있는 IBM지사의 현지 직원들 116,000명을 대상으로 대대적인 설문조사를 수행하여 각 차원에 따르는 국가별 위상을 밝혀냈다. 〔그림 14-4〕, 〔그림 14-5〕, 그리고 〔그림 14-6〕은 앞서 설명한 네 가지 문화적 차원들을 두 개씩 대비시켜 국가별 위상을 정리한 것이다.

여기에 제시된 세 편의 그림들을 실제는 보다 복잡하고 더 많은 국가들이 군집을 이루는 것으로 제시되었으나 본 절에서는 독자들이 이해를 쉽게 할 수 있도록 그림과 같이 단순화시켜 표현하였다.[16] 그림에서의 점선은 각 4분면 안에서의 위상차이를 나타내기 위해서 저자가 편의상 그려 넣은 것이다.

국가별로 어떤 문화적 차이를 갖는지 그림들을 종합적으로 살펴보고 분석해보기 바란다. 예를 들어 일본의 경우, 불확실성 회피성향이 강하고 특히 남성적 성향에 있어서는 독보적인 것으로 나타나고 있다. 또한 권력격차에

그림 14-4
권력격차 ×
개인주의

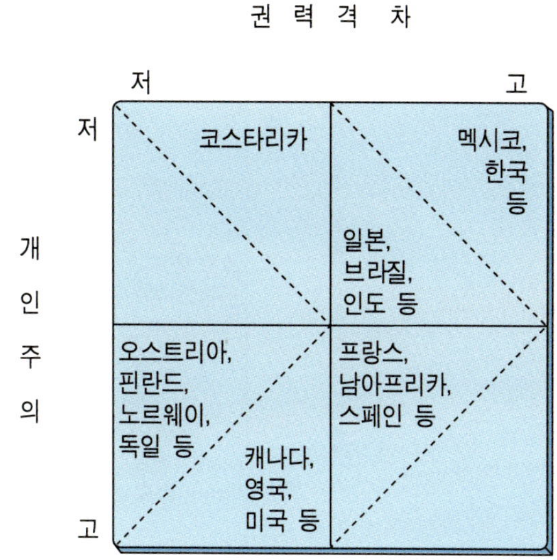

그림 14-5
권력격차 ×
불확실성 회피

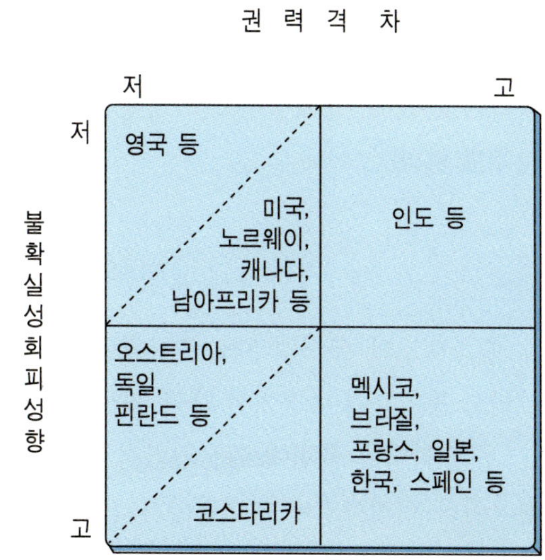

그림 14-6
남성적 성향 ×
불확실성 회피
성향

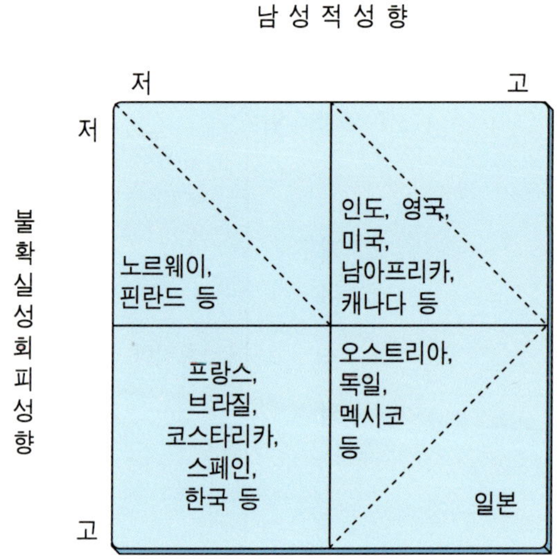

있어서도 비교적 강한 것으로 나타났다. 코스타리카의 경우는 개인주의 성향과 권력격차가 특히 낮고 불확실성 회피성향에 있어서는 매우 높은 것으로 나타나고 있다. 불확실성 회피성향과 권력격차에 있어 특히 낮은 점수를 보여주고 있다.

홉스테드의 조사결과가 조직행동에 주는 의미[17)]

홉스테드의 조사결과가 조직행동에 주는 의미는 리더십, 조직경영방식, 그리고 동기부여 측면에서 분석가능하다.

우선 리더십 측면에서는 권력격차와 개인주의 성향이 큰 의미를 갖는다. 한국이나 멕시코같이 권력격차가 큰 사회에서는 하급자들이 리더의 독단을 당연한 것으로 받아들이는 성향이 크다. 오스트리아나 독일에서와는 달리 참여적 리더십이 하나의 규칙으로 받아들여지지 않는다. 즉, 한국, 멕시코 등의 조직사회에서는 리더의 독단적 판단과 결정을 하급자들이 기대하며 요구하게 된다는 것이다.

개인주의적 성향이 약하고 집단주의적 성향이 강한 한국이나 일본의 경우에는 구성원 개인의 욕구충족보다는 집단의 심리적 결집과 이해를 위해서 리더가 존재한다.

조직경영차원에 관련되는 차원들은 권력격차와 불확실성 회피성향이다. 조직은 권력을 배분하고 불확실성을 극복하는 도구로 볼 수도 있다. 권력격차와 불확실성 회피성향이 큰 프랑스나 한국의 경우, 조직에서 해결할 수 없는 문제가 발생했을 때 조직계층의 상급자에게 판단을 의뢰하든가, 아니면 규칙을 제정하여 문제해결에 임하게 될 것이다. 반면에 영국인들이라면 低권력차, 低불확실성 회피성향을 보이기 때문에 관련된 구성원들끼리 커뮤니케이션이나 교육 · 훈련과정을 통하여 문제해결에 접근해 갈 것이다.

동기부여 차원에서는 개인주의 또는 집단주의성향이 많은 시사점을 준다. 미국과 같이 개인주의적 성향이 강한 사회에서는 자기존중(self-respect)이나 자아실현(self-actualization) 등과 같은 개인의 욕구충족을 중시하는 동기부여방식이 우선될 수 있지만 코스타리카, 한국, 일본 등 집단주의성향이 강한 사회에는 집단 내 다른 구성원들과의 관계, 형평성, 그리고 "체면"(face) 등을 개인적 욕구보다 앞세우게 된다.

하지만 홉스테드의 연구가 1980년 이전에 이뤄진 것이라는 점을 감안할 때, 30여년이 지난 오늘날에는 문화가 달라졌을 수도 있다. 예컨대, 30년 전에 한국은 여성적 문화였지만 오늘날은 남성적 성향이 강해졌다."

제14장 문제 풀이

(1) 본문에서 우리는 샤인의 '가정'→'가치'→'가시적 인공물'로 이어지는 조직문화의 체계를 배웠다. 조직원 마음속 가정이 가치를 낳고 가치가 인공물(행동, 로고 등)을 낳는다.

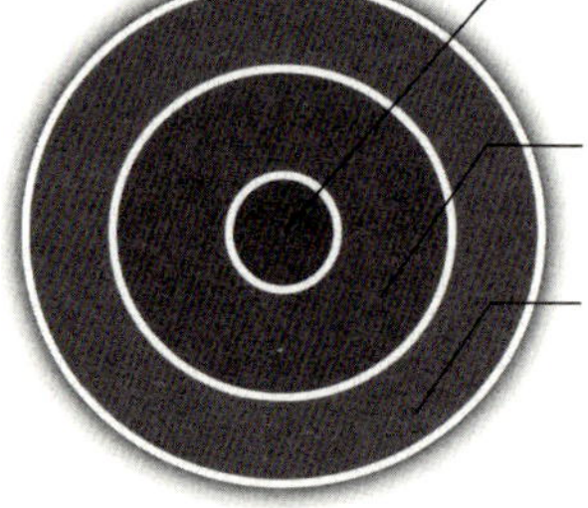

최근 한국기업에서는 조직문화를 한국기업들의 성장을 제한하는 요소로 진단하고 많은 기업들이 기업문화혁신에 나서고 있다. 대한상의가 조사한 한국기업의 조직문화폐해는 권위주의, 상명하복식 경영, 불통, 습관적 야근, 주말/휴일 근무, 길고 잦은 회의, 부적절한 인사 등 다양하게 제시되고 있다.[18)]

한편, 한국 재계의 기업문화 개편 사례는 아래의 표와 같이 정리된다.:[19)]

〈표 14-문제1〉 재계 조직문화 개편사례

기 업	주요 내용
삼성전자	7단계 직급 4단계로 단순화, 수평적 호칭 사용
SK C&C	30대에 임원될 수 있도록 직급별 연한 폐지, 평가 · 보상제도 바꿔
LG그룹	직원 아이디어 받는 사내 포털 오픈, 실제 사업화 지원
GS칼텍스	GS타워 27층에 임직원 소통공간 "지음" 오픈
한화그룹	과장, 차장, 부장 승진할 때마다 1개월 안식 휴가
신한은행	자율 출퇴근, 재택근무 허용하는 '스마트근무제' 도입
카카오	임직원끼리 영어 호칭 사용, 나만의 업무공간 '1인 업무실' 오픈
한미글로벌	직원 10년, 임원 5년 근무하면 2개월 유급 안식휴가

〈표 14-문제1〉에 나타난 내용 중에서 '수평적 호칭사용', '소통공간 마련', '재택근무', '안식휴가' 등은 위에 제시된 샤인의 조직문화모델의 가정, 가치, 인공물 중에서 어디에 해당하는가? 조직문화 변화에 있어 어떤 한계가 예상되는가?

(2) 본문에서 홉스테드의 권력격차(Power Distance)를 배웠다. 조직에서는 상급자와 하급자 간의 관계에 있어서는 심리적 거리로 해석될 수 있고, 일반적으로는 불평등(inequality)을 수용하는 정도를 의미한다. 한국이 권력격차가 비교적 높은 것은 어떤 이유 때문일까?

종합 사례 14 나이키(Nike)의 스토리텔링 조직문화

한국에도 잘 알려진 운동화제조회사인 나이키는 나름대로의 독특한 조직문화를 가지고 있는 회사로도 유명하다. 나이키에서는, "회사가 미래에 성장하고 번영할 수 있는 가장 좋은 방법은 모든 조직원들이 회사의 과거를 철저히 이해하는 것이다. 그래서 나이키의 많은 원로 임원들은 젊은 직원들 데리고 캠프파이어 하면서 옛날이야기 하느라고 바쁘다."고 한다. 대부분의 사람들은 나이키라고 하면, 마이클 조단이나 마이아 햄, 그리고 타이거 우즈와 같은 슈퍼스타 운동선수들을 기억할 것이다. 하지만, 나이키의 직원들은 자신이 다니는 회사에 대해서 생각할 때마다, 은퇴한 대학육상팀 코치, 1975년 자동차 사고로 선수생활을 비극적으로 마감한 올림픽 육상선수, 그리고 육상선수로서보다는 기업가로서 훨씬 더 큰 성과를 올린 고만고만했던 육상선수를 떠올린다. 바로 필 나이트다.

대부분의 사람들은 나이키의 CEO 필 나이트(Phil Knight)에 대해서 들어봤을 것이다. 그는 중거리 육상선수생활을 끝내고, 자기 차에 운동화 몇 켤레 가지고 다니면서 팔다가 운동화뿐 아니라 운동복판매까지 하는 거대한 다국적 기업을 만들어냈다. 하지만 그와 나이키를 공동 설립한 빌 바우어만(Bill Bowerman)과 스티브 프리폰테인(Steve Prefontaine)에 대해서는 들어본 사람은 많지 않을 것이다. 특히 지금은 작고한 스티브 프리폰테인은 필 나이트와 같이 바우어만의 코치를 받는 선수였는데 항상 더 좋은 운동장비를 찾아다니는 버릇이 있어 바우어만과 나이트가 나이키 왕국을 건설하는 데 결정적인 영감을 제공했던 인물이다. 이들 세 사람은 나이키 안에서는 어느 슈퍼스타 선수들보다 중요시되는 회사의 영웅들이며, 회사 정체성의 상징이고 나이키 조직문화의 핵심을 차지한다.

나이키에는 다수의 원로 임원들이 있다. 이들은 대부분의 시간을 "회사 이야기"를 하면서 보낸다. 이들은 나이키판매점의 임시직 직원에서부터 영업직원, 그리고 젊은 부사장들에게까지 나이키의 과거 이야기를 하며 다니느라고 바쁘다. 이들은 자신들의 과거를 이야기함으로써 미래를 구축하는 일을 한다고 말한다. 이들이 하는 이야기는 회사의 비즈니스 플랜이나 엄청난 이익을 냈던 이야기가 아니다. 자신들이 한창일 때 어려움을 극복하고 일을 관철시켰던 이야기들이 대부분이다. 우리나라 식으로 얘기하면 옛날에 군대 가서 겪었던 일 같은 것이라고나 할까. 나이키에서는 이런 스토리텔링을 내부 브랜드 만들기라고 한다. 조직문화도 하나의 브랜드라는 것이다. 모든 조직원들이 머릿속에 가지고 있는 생각의 틀을 건축하는 일, 이것을 새로운 상품을 만드는 일에 비유한 것이다.

이렇게 수많은 이야기를 하다 보면 대표적인 이야기들이 생겨나고 이들을 통하여 직원들은 나이키의 정신과 가치관을 자연스럽게 배우게 된다. 예를 들어, 바우어만 코치가 선수(runner)들에게 더 좋은 러닝화를 만들어 줘야겠다고 결심한 뒤, 작업실에 들어가 신발 만들 때 사용하는 고무재료를 구해다가 가족이 아침식사 때 먹는 와플(waffle)빵 만드는 기계에 부어 찍어낸 것이 러닝화의 "와플 밑창"이 탄생하게 된 계기가 됐다는 스토리가 있다. 하지만 이 이야기는 단순히 운동화 밑창얘기를 하고 있는 것이 아니라 사실 "이노베이션 스피릿(innovation spirit: 혁신정신)"을 전달하고 있는 것이다. 이 이외에도 나이키에는 수많은 난관극복의 스토리들이 있다. 이러한 스토리는 특히 회사의 경영상태가 안 좋을 때 직원들이 현실적 난관을 극복하는 데 큰 역할을 한다. 과거의 난관극복 사례가 하나의 징표가 되어 직원들에게 용기를 불어넣는 것이다. 또한 직원들의 대부분은 운동선수가 아니었다. 그러므로 운동선수로서 성장한다는 것이 무엇을 의미하는지를 스토리를 통해서 배우게 되는 효과도 있다.

스토리 경영을 지원하기 위해서 나이키는 사내대학 "나이키 대학(Nike University)"를 설립하여 직원들에게 체계적으로 스토리를 전파하고 있다. 특히 신입사원들에게 뿐 아니라, 나이키가 내부적으로 "에킨즈"(Ekins: Ekin은 Nike 철자를 거꾸로 한 것. 거기에 복수 s를 붙인 것이 Ekins; 사진 참조)도 오리곤주에 있는 나이키 연수원에서 9일짜리 프로그램을 받도록 되어있다. 에킨즈란 나이키의 공식적 스토리텔러로서 나이키 브랜드와 기술을 대표하는 홍보대사 같은 사람들이다. 이들은 발목의 복숭아뼈 바로 위에 나이키 로고를 문신으로 새기고 돌아다닌다. 9일간의 훈련은 이들이 공식활동을 하기 전에 받아야 하는, 군대 훈련같이 엄격한, 필수훈련이며, 9일 중 하루는 바우어만이 코치했던 헤이워드 트랙을 뛰기도 하고 프레폰테인이 자동차사고로 사망한 곳을 방문하기도 한다.

모든 회사가 나름대로의 회사역사를 가지고 있다. 하지만 나이키의 역사는 단순한 역사가 아니라 계승 발전시켜야 하는 하나의 위대한 유산이라고 말한다. 역사는 과거에 머무르지만, 유산은 오늘날에도 살아 있으면서 후손들의 마음을 움직이는 것이다. 최고 스토리텔링책임자(Chief Storytelling Officer)인 페리스 씨는 나이키가 점점 커지면서 스토리텔링의 중요성도 한층 더 커지고 있다고 말했다. 나이키 직원들은 나이키를 단순한 직장 이상의 장소로 생각한다.(Fast Company. 1999. 12. 31)

한편, 전세계 26,000명의 직원들과 여러 나라에 많은 공장들을 소유하고 있는 나이키는 포드 자동차회사가 컨베이어벨트를 만들어 표준화된 자동차들을 기계적으로 찍어내면서 효율성을 올려 세계를 지배했던 방법(이것을 포디즘, Fordism이라고 한다)과는 전혀 다른 포스트-포디즘(Post-Fordism) 방법의 조직문화를 정착시켜 성공하고 있다고 평가 받는다. 전세계에 다양한 인력과 다양한 생산시설을 예술적으로 조율하지 않고서는 경쟁력을 확보하기가 힘들다는 것이다. 이런 차원에서 나이키 경영의 특징을 '분열화'(fragmented)와 '다원화'(pluralistic)라고 정의한다. 생산시스템은 유연한 전문화(flexible specialization)를 위해서 강력한 IT기술의 지원을 받고 있다. (2011. 1.; http://hubpages.com/hub/theglaringfact)

[종합 사례 14] 스토리텔링이 조직원들에게 주는 효과는 무엇인가?

제 15 장

조직 변화와 개발

본 장의 요점

❖ 조직변화가 경영의 과정에서 왜 필요한지를 이해한다.

❖ 조직변화의 대상, 방법, 과정을 학습함으로써 change agent의 역할을 수행할 수 있는 기초를 다진다.

❖ 변화관리의 기초가 되는 다양한 기법들을 이해하여 조직변화를 관리할 수 있는 자질을 키운다.

❖ 조직개발의 개념을 이해함으로써 조직변화의 실천적 방법을 터득한다.

❖ 조직개발의 한계점들을 학습함으로써 조직변화와 관리에 대한 유연한 관점을 갖도록 한다.

Let' s Talk!

"오직 편집광만이 살아남는다!"

기업이 살아남기 위해서는 변화해야 한다. 어떤 기업이 살아남는가? 이에 대해서는 진화론을 발표한 찰스 다윈(Charles Darwin)과 인텔(Intel)의 전임 CEO 앤디 그로브(Andy Grove; 1936~2016)의 말이 감동을 준다. 앤디 그로브는 D-RAM반도체제조사였던 인텔을 CPU제조사로 변화시켜 반도체제조(chip-maker) 종합 세계 1위 기업으로 만들었다.

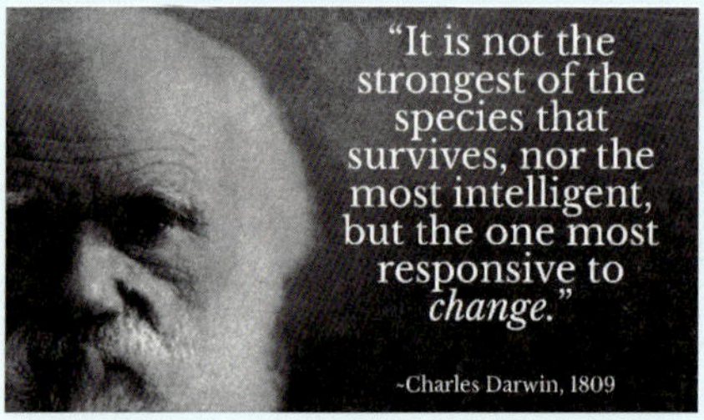

[찰스 다윈]
"살아남는 종(種; species)은 가장 힘센 종이거나 가장 지능이 높은 종이 아니라, 변화에 가장 잘 적응하는 종이다."(1809~1882)

[앤디 그로브]
"성공은 안일함을 낳고, 안일함은 실패를 낳는다. 오직 편집광만이 살아남는다."
(1936~2016)

앤디 그로브의 말은 성공한 기업들은 자만해지기 쉽고 자만해지면 실패하게 되니 편집광(paranoid)처럼 새로운 변화의 기회를 지속적으로 찾아야 한다는 의미이다. 변화에 가장 잘 적응하는 종이 살아남는다는 다윈의 사상과 적응을 위해 편집광처럼 노력하는 기업이 살아남는다는 철학은 똑같이 "변화"의 필요성을 말하고 있다. 모든 기업들이 적응하려 노력하므로 적응에 편집광처럼 집념을 보이는 기업이 적응을 제일 잘할 것이라는 논리이다.

✤ 〈토론 주제 15〉 기업들이 변화에 적응하지 못하는 이유는 무엇인가?

조직변화, 왜 필요한가

조직변화의 개념

오늘날의 조직은 지속적인 변화를 하지 않고서는 생존을 보장받을 수 없다. 경영자나 관리자들은 변화를 계획하고 성공적으로 실천하는 데 필요한 역량을 갖춰야 한다. 조직변화는 조직 내 개인이나 집단의 변화, 그리고 조직 차원의 포괄적 변화 등으로 구분된다. 개인의 변화란 조직구성원 개인의 행동, 가치관, 몰입, 만족도 등의 변화를 목표로 하며 집단의 변화란 소집단의 과정손실을 최소화하고 집단활동에서 얻어질 수 있는 여러 가지 장점들을 최대한 활용하는 것을 목표로 한다. 조직변화는 조직 내·외적인 변화의 압력을 고려하여 한 개체로서의 조직의 생존력을 높이려는 것으로서 개인이나 집단의 변화까지를 포함한다.

특히 오늘날 한국 조직의 경우, 사기업에서 정부조직에 이르기까지 커다란 변화 또는 변혁의 물결을 경험하고 있다. IMF경제위기와 2009년의 세계적 금융위기를 극복하면서 그만큼 변화의 필요성에 대한 인식이 일반화되어 있는 징표라고 볼 수 있을 것이다.

변화의 형태와 스피드도 과거와 많이 달라져 있다. 말로만 떠드는 형식적인 변화가 아니라 인력을 대폭 줄이고 조직을 경량화하며 전략적 방향을 바로잡는 실질적인 변화가 한국 기업에서 일어나고 있다. 아웃소싱과 M&A가 일반화되면서 소유구조나 경영방식에 있어서도 커다란 변화가 일어나고 있다. 뿐만 아니라, 변화의 스피드도 빨라졌다. 특히 다변적 FTA와 중국의 도약, 그리고 정보통신혁명의 거센 물결은 기업의 환경을 바꿔놓고 있으며 기업을 비롯한 각종 조직의 경영자들에게 빠르고 깊은 변화를 추구하도록 요구하고 있다.

조직변화의 범위

조직변화를 시도하는 기업들의 사례를 살펴보면, 그 범위에 있어 큰 차이를 보이는 것을 알 수 있다. 〔그림 15-1〕에 나타난 조직모델에서 가운데 네 요소가 변화의 초점을 이루는데 이들 중 어디에 보다 큰 비중을 두는가에 따라 변화 프로그램의 성격이나 결과가 달라지게 된다.

조직변화는 업무프로세스, 직무특성, 인적요소 그리고 공식적 조직구조 중 어느 한곳에 초점을 둘 수도 있고 여러 요소들의 변화를 동시에 추구할 수도 있다. 한국기업들의 '의식개혁운동' 같은 것은 인적요소의 가치관이나 태도의 변화를 목표로 하는 것이라고 볼 수 있으며 '리엔지니어링'기법은 직무특성, 업무프로세스, 또는 구조의 문제에 주안점을 두고 있는 프로그램이

그림 15-1
조직모델

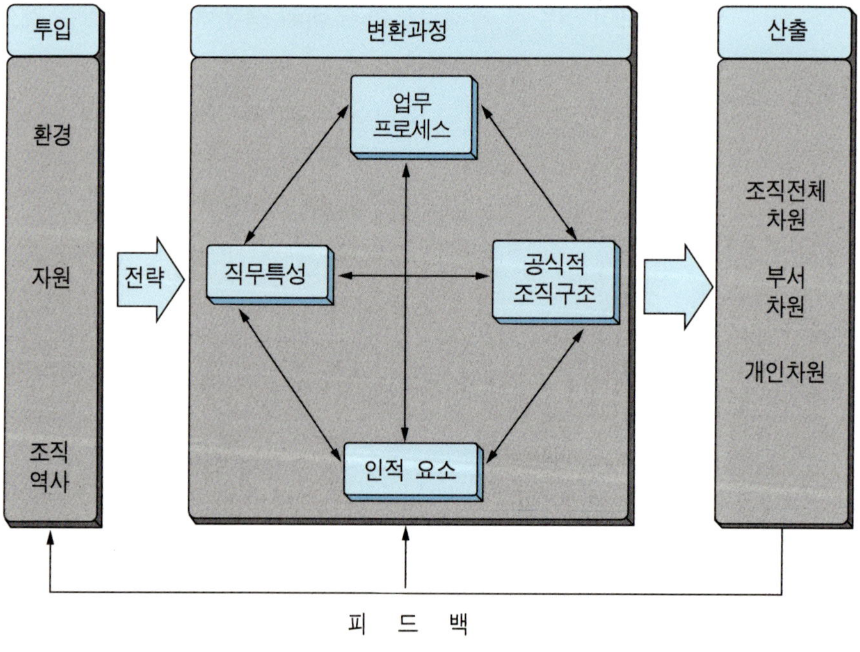

자료: Nadler, D. A., & Tushman, M. L. 1989. Organizational frame bending: Principles for managing reorientation. *The Academy of Management Executive*, Vol. Ⅲ-3, p.195에서 수정.

라고 볼 수 있다. 보다 포괄적인 차원에서의 '기업문화운동'은 인적요소의 변화에 초점을 두면서 다른 요소들의 변화도 경우에 따라 포함시키고 있는 조직변화 프로그램이다.

조직변화의 과정과 방법

조직변화는 무작정 계획 없이 시도할 것이 아니라 체계적이고 치밀한 계획하에 추진하는 것이 성공확률을 높여준다. 조직변화를 〔그림 15-2〕의 과정모델을 가지고 살펴보도록 하자.

〔그림 15-2〕는 조직변화를 계획, 실천하고 유지해 나아가다가 또다른 변화의 필요성에 직면했을 때 다시 변화를 계획하는 과정을 그림으로 나타낸 것이다. 이는 간단한 조직변화의 과정을 나타내고 있는 것이지만 각 단계마다 많은 고려사항들이 내재해 있음을 간과해서는 안된다.

예를 들어, 조직변화를 설계하고 계속하는 과정에서는 변화의 목표, 변화의 속도와 규모, 변화의 대상, 순서, 공개성, 변화평가의 방식, 조정방법 등을 충분히 고려해야 한다. 특히 변화의 속도와 규모 측면에서는 **점진적 변화**(Incrementalism)를 택할 것인지 **급진적(또는 양자론적) 변화**(Quantum Change)를 택할 것인지를 결정해야 한다. 점진적 변화는 비교적 장기간에 걸쳐 조금씩 변화시켜 나아가는 것인데 질서있는 변화를 이룩할 수 있을지는 모르지만

그림 15-2
조직변화 과정모델

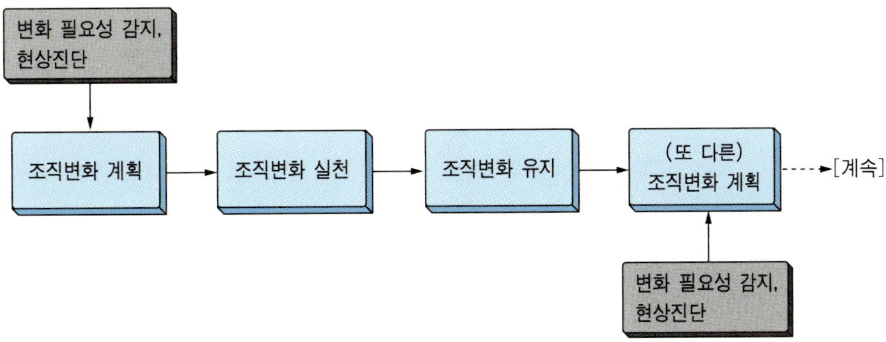

그림 15-3
변화에 대한 양대 관점

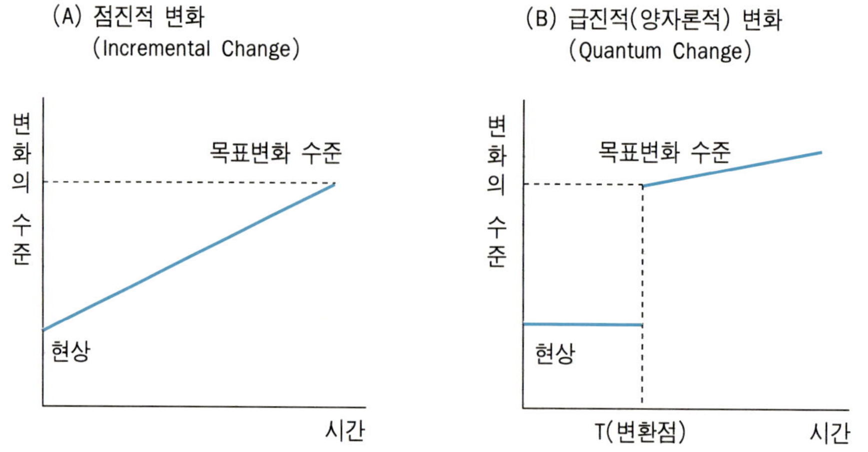

변화에 대한 저항을 효과적으로 극복하기 힘들다는 비판을 받아왔다.

변화에 대한 저항을 제대로 극복하기 위한 방안으로 급진적 또는 양자론적 변화[1] 방식이 많이 거론된다. 즉, 짧은 기간 동안에 광범위하고 대대적으로 조직변화를 시도해야 과거와 단절된 원하는 변화를 얻어낼 수 있다는 것이다. 이 두 변화의 관점들을 그래프로 나타내면 〔그림 15-3〕과 같다.

그림에서 보듯이 양자론적 변화는 계단함수에 의한 그래프로 표현된다. 즉, 더 이상 현상을 용납할 수 없는 시점(T)에서 대대적이고 과거와 단절된 질적 변화를 추구하는 것이 보다 효과적이라는 것이다.

조직변화를 실천하는 단계에서는 변화에 대한 저항을 극복하는 문제가 항상 관심의 대상이 된다. 변화에 대하여 저항하게 되는 원인들은 여러 가지가 있을 수 있으나 〔그림 15-4〕에서와 같이 조직요인, 집단요인, 개인요인별로 요약될 수 있을 것이다.

조직요인의 변화저항문화, 조직정체나 집단요인의 현상고수의 집단규범과 강한 응집력 등은 조직이나 집단 내에 존재하는 변화저항요인들이다.

사람은 지금까지 해오던 방식대로 하는 데 대해서 편안함을 느낀다. 새로운 방식, 새로운 행동은 지적 · 심리적 비용을 요구한다. 새로운 방식을 터득하고 분석하며 나름대로 평가하는 과정을 새로 경험해야 하기 때문이다. 따

그림 15-4
변화저항요인

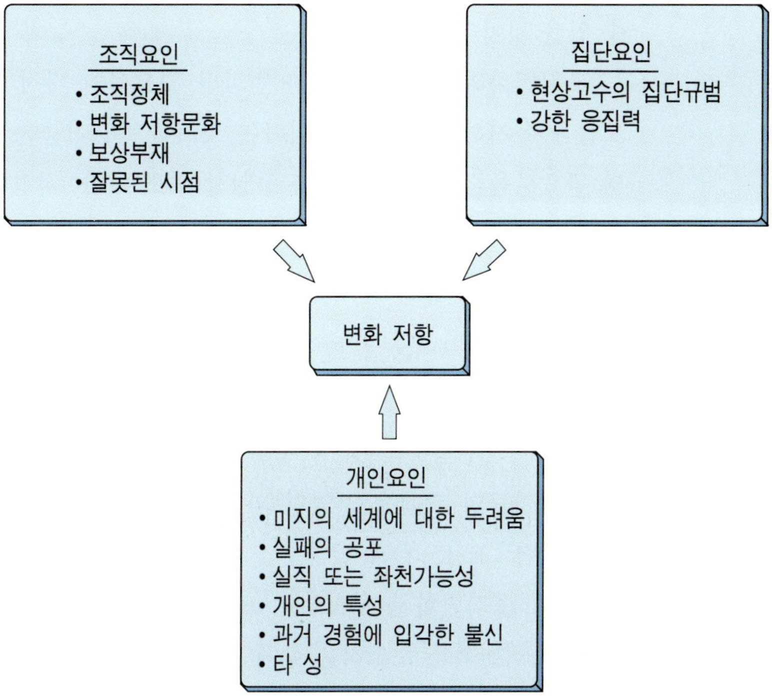

라서 습관이나 남이 하자는 대로 하는 것이 심리적 비용을 최소화해 주고 편안함을 유지할 수 있기 때문에 변화를 거부하게 되는 것이다. "잘 되고 있는데 왜 바꾸느냐?"는 식의 태도는 바로 이러한 변화 거부의 대표적 표현이라고 볼 수 있다.

실직이나 좌천가능성, 상호간의 불신 등도 변화를 더디게 하는 요인이 될 수 있다. 변화의 목적을 정치적으로 해석하고 그 효력을 자조적으로 인식하는 조직분위기하에서는 변화의 성공적 실천이 매우 어려워진다. 조직원들이 변화의 필요성을 공감하며 그것이 성공할 것을 믿고 지원해 주는 분위기 확보가 선행되어야 한다.

이러한 **조직변화의 저항**을 극복하기 위해서는 최고경영자의 강력한 의지 천명 및 행동, 제도적 지원교육 · 홍보, 구성원 참여, 협상, 조작, 강요 등의 방법들을 활용할 수 있다. 특히 한국 기업에서와 같이 소유주가 경영을 담당하는 상황에서는 최고경영자의 역할이 성공적 변화에 가장 중요한 요소라고 볼 수 있을 것이다.

조직변화의 마지막 단계는 변화의 필요성이 다시 대두될 때까지 변화된 모습을 유지하고 관리해 나아가는 것이다. 이 기능은 현상을 진단하여 변화의 필요성을 감지하는 기능과 동일할 수도 있다. 적절한 보상을 통하여 유지하고 지속적인 모니터링(monitoring)을 통하여 또다른 변화의 기회를 조기 감지하는 것이 중요하다.

조직변화의 모델

조직변화를 성공적으로 이룩하기 위한 다양한 프로그램들이 제시되고 있다.

경영자들의 관심을 끌었던 과거 20여 년간의 조직변화 프로그램들을 정리해 보면 〈표 15-1〉과 같다.

한편, 조직변화를 주도하는 조직원들을 **변화에이전트**(change agent)라고 한다. 조직변화를 주도하는 주체인 변화에이전트에는 아이디어 챔피언, 혁신팀, 벤처팀, 또는 독립적 사업단위 등이 포함된다. 아이디어 챔피언은 변화에 대한 저항을 극복하고 필요한 자원과 지원을 제공해주는 등의 행위를 통하여 변화노력을 자발적으로 또는 임명에 의해서 적극 후원해주는 조직원들을 일컫는다. **혁신팀**은 새로운 아이디어의 연구개발임무를 공식적으로 부여받은 조직구조상의 팀을 의미하며, 벤처팀은 아이디어를 개발하든가 변화를 실천하기 위해서 만들어진 태스크포스를 의미한다. 또한 독립사업단위는 아이디어가 너무 위험하든가, 기존 사업과 별로 관련이 없을 때 독립사업부를 설치하여 추진하게 되는 경우에 붙여지는 이름이다.

조직변화 모델에 대해 살펴보면, 일찍이 레윈(Kurt Lewin)은 **장이론**(場理論, field theroy)을 통하여 **조직변화의 3단계 모델**을 제시하였다.[2)] 〔그림 15-5〕에 나타났듯이, 조직변화는 해빙(Unfreezing), 변화(Changing), 그리고 재결빙(Refreezing)의 3단계를 거쳐 이루어진다고 한다.

해빙단계에서는 변화를 추진하는 세력과 변화에 저항하는 세력이 힘겨루기를 하게 된다. 앞서 언급하였듯이 현재의 위치와 혜택을 영구화하려는 현

표 15-1
조직변화의 화두

개 념	내 용
학습조직	학습이 조직성패의 핵심이라는 개념. 경영자는 전체 그림을 이해할 줄 알아야 하며 시스템 각 부분들간의 관계를 간파해야 한다.
리엔지니어링	관리시스템과 과정을 근본적으로 재설계하는 것. 일이 기능이나 과업 중심이 아니라 최종 결과(또는 고객) 중심으로 재구축되어야 한다고 주장.
핵심역량	조직이 자신이 제일 잘 할 수 있는 역량을 찾아내어 그들 중심으로 조직화되어야 한다는 개념. 전략은 이러한 핵심역량 중심으로 구축되어야 하며 제품이나 시장 중심으로 구축되어서는 안된다.
식스 시그마 (Six Sigma)	생산품의 결함발생률을 백만 개 중 3~4개 수준으로 낮추려는 데서 시작된 경영혁신운동으로 '측정'-'분석'-'개선'-'관리'(MAIC)의 과정을 통하여 문제를 찾아 개선해가는 과정
ERP	기업 전체의 경영자원을 효과적으로 관리하기 위해서 기업전반의 업무 프로세스를 통합 관리하여 경영상태를 실시간으로 파악, 관리함으로써 효율성을 높이는 방법
BSC	조직의 사명과 전략을 측정, 관리할 수 있도록 포괄적인 측정지표로 바꾸어 관리함으로써 조직의 사명, 전략과 관리활동을 연계시켜주는 혁신기법
TQM	전사적 품질경영으로서 제품이나 서비스뿐 아니라 경영과 업무수행, 구성원 자질까지도 품질개념에 넣어 관리해야 한다고 주장하는 혁신방법

그림 15-5
레윈의 조직 변화 모델

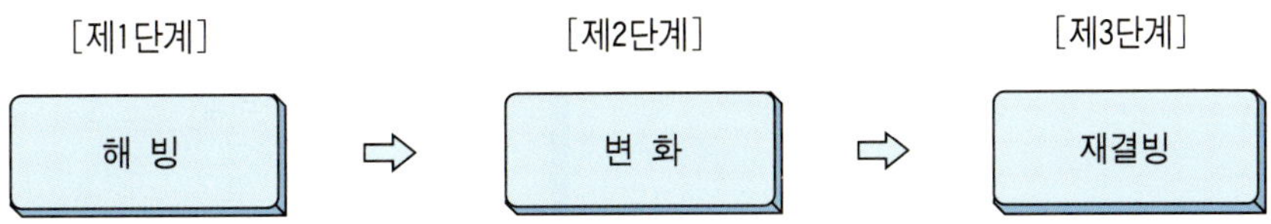

상유지 세력이 변화의 필요성을 인식하고 조직변화를 시도하려는 세력에 제동을 걸게 됨으로써 갈등이 발생하게 되는 단계이다. 레윈은 이들 양대세력을 '**추진세력**'(driving forces)과 '**저항세력**'(resisting forces)이라고 부르고 '**세력장분석**'(force-field analysis)이라는 기법을 통하여 각 세력의 구체적인 요인들을 분석한다.[3)]

세력장분석은 현재의 상태가 원하는 상태로 변화하기 위해 대립하게 되는 두 가지 세력인 변화추진세력과 변화저항세력을 진단하는 방법을 말한다. 세력장분석을 그림으로 나타내면 〔그림 15-6〕과 같다.

변화를 성공시키기 위해서는 추진세력의 힘의 총량이 저항세력의 힘의 총량을 능가하도록 만들어야 하는데 그렇게 하기 위해서는 ① 추진세력의 힘을 증진시키든가, ③ 저항세력의 힘을 약화시키든가, 아니면, ③ 이 두 방법을 동시에 사용하든가 할 수 있다. 저항세력을 약화시키는 방법으로는 앞서 언급했던 교육, 참여, 공개논의, 협상, 결속, 조작, 강요 등이 있을 수 있다.[4)]

제2단계인 **변화단계**는 여러 가지 기법들을 사용하여 계획된 변화를 실천

그림 15-6
세력장분석

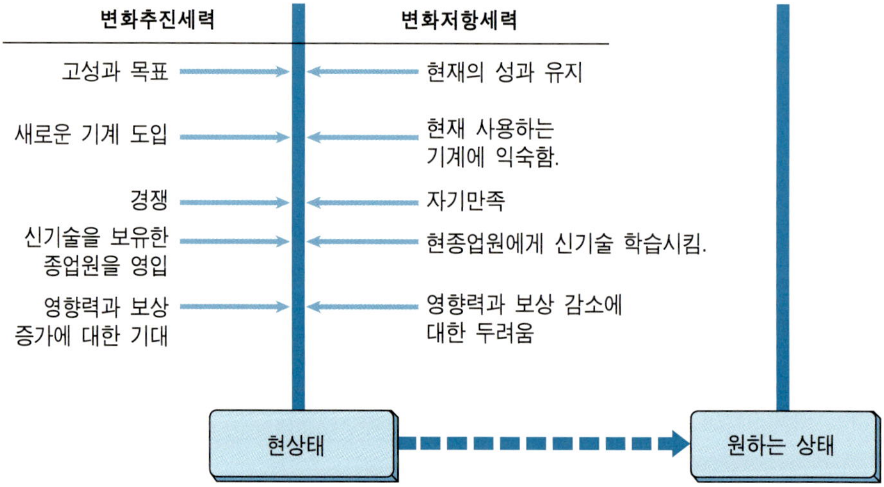

자료: Zand, D. E. 1995. Force field analysis. In N. Nicholson (ed.), *Blackwell Encyclopedic Dictionary of Organizational Behavior*. Oxford, England: Blackwell, 181.

에 옮기는 과정이다. 변화의 대상이 개인의 가치관이나 태도였다면 그에 걸맞는 프로그램을 만들어 추진해야 할 것이고 조직구조의 변화가 목표인 경우에는 전결규정을 분석, 조정하든가 불필요한 규정, 규칙, 정책 등을 개정하도록 해야 할 것이다.

재결빙단계는 바람직한 상태로 변화된 조직의 새로운 국면을 상시화하는 단계이다. 변화된 상태는 본래의 상태로 회귀하려는 성향을 가지므로 보다 강력한 재결빙 노력이 요청된다. 레윈은 재결빙시켜야 하는 요인들로서 새로운 목표, 조직구조, 행동, 그리고 태도 등을 들고 있다. 재결빙을 성공시키기 위해서는 최고경영자의 지원, 적절한 보상 및 강화, 그리고 체계적인 계획 등이 필요하다.[5)]

코터의 조직변화 8단계

존 코터(John Kotter) 박사는 조직변화에 있어 리더십의 중요성을 강조하면서 성공적 조직변화의 70~90%는 최고경영층의 리더십에 의해서 결정된다고 주장하였다. 실패한 조직변화의 사례들을 살펴보면 최고경영층이 실행과정에 있어 너무나 많은 실수를 저질렀다는 것이다. 이러한 실수를 방지하기 위해서 코터는 성공적 조직변화의 8단계를 〈표 15-2〉와 같이 제시하였다. 이들 중 1~4단계는 레윈의 '해빙'에 해당하며 5~7단계는 '변화', 그리고 마지막 8단계는 '재결빙'에 해당한다고 볼 수 있다.

조직개발이란 무엇인가

조직개발의 개념

조직개발(OD: Organizational Development)이란 조직행동, 인사관리, 조직구조, 전략 등에서 제시되는 이론들을 조직실무에 어떻게 적용할 것인가에 초점을 둔다. 이론을 해석하여 경영실제에 적용함으로써 변화를 이룩하고 성

표 15-2
코터의 조직 변화 8단계

개 념	내 용
제1단계 위기의식 고취	• 변화하지 않으면 망한다라는 위기의식을 고취시켜 조직을 해빙하라.
제2단계 주도세력 결집	• 조직 각 분야, 각 계층의 힘 있는 사람들을 모아 변화주도 세력화한다.
제3단계 비전과 전략구축	• 변화를 이끌어갈 비전을 확실히 하고 달성전략을 세운다.
제4단계 비전 전파	• 새로운 비전을 지속적으로 전파하기 위한 커뮤니케이션 전략의 수립, 실천.
제5단계 임파워먼트	• 변화저항 제거: 조직변화가 현실화되도록 위험감수, 창의적 문제해결 독려.
제6단계 단기성과 축적	• 단기적 변화성과를 인정하고 보상해줌으로써 변화가 가시화될 수 있다는 자신감 제공.
제7단계 변화확대	• 단기성과를 기반으로 더 큰 변화의 당위성을 확보하여 더 많은 사람을 끌어들이고 조직에 더 넓게 변화를 확산시킴.
제8단계 조직문화로 재결빙	• 변화된 상태를 조직문화로 고착시키고 지속시킴.

과를 향상시키도록 지원하는 것을 목적으로 한다.

조직개발은 1940년대 중반 레윈(Kurt Lewin)이 주도하는 MIT대학의 학자들에 의해서 시작되었다는 것이 정설로 받아들여지고 있다. 그는 소위 T-Group기법이라는 실험실훈련을 통하여 많은 성과를 올리고 있었다. 이것이 OD라는 이름으로 처음 사용된 것은 블레이크와 무튼(Blake & Mouton)이 1956년 공문서에 사용하면서부터였다. 또한 1960년에 처음으로 미국 Case Western Reserve Institute of Technology 대학에 OD전공 박사과정이 생겼다.[6)]

조직개발의 내용은 초기에는 주로 개인의 가치관과 태도의 변화, 또는 집단관계의 변화 등 비교적 미시적 분야에 머물러 있었다. 그 후 조직 전체의 변화에 초점을 둔 프로그램들이 많이 등장하면서 거시적 이슈까지를 포함하게 되었다.

프렌치(French)와 벨(Bell)에 따르면, **조직개발**이란 조직이 직면하고 있는 문제를 해결하고 조직의 재생능력을 증진시키기 위한 장기적인 노력을 의미하며, 특히 변화관리자나 변화주도자의 도움과 응용행동과학의 이론 및 기술을 이용하여 보다 효율적이고 협력적인 조직문화를 형성해 나아가는 것을 뜻한다.[7]

또한 버크(Burke)는 조직개발은 행동과학에서 개발된 기술, 연구된 결과와 이론들을 이용하여 조직문화를 계획적으로 변화시켜 나아가는 과정이라고 하였다.[8]

조직개발의 성격

조직개발은 1950년대 감수성 훈련(Sensitivity training)이나 T-Group에서 오늘날의 조직차원의 진단, 직무재설계, 그리고 조직생활의 질 개선운동(QWL: Quality of Work Life) 등에 이르기까지 매우 다양한 성격의 프로그램들을 포함한다. 조직개발의 성격들을 〈표 15-3〉과 같이 요약할 수 있다.

조직개발 모델

조직개발을 계획하고 실시함에 있어 표준적 절차를 상정해 볼 수 있다. 물론 실제 적용함에 있어서는 차이가 날 수도 있을 것이다. 그러나 하나의 과정모델을 정해놓고 설명하는 것이 학습효과를 높일 수 있을 것이다. 예컨대, 〔그림 15-7〕의 조직개발 실천과정모델을 생각해 볼 수 있다. 이 모델은 조직개발의 실천과정을 단계적으로 나타내주고 있는데 각 단계에 대한 구체적인 내용을 기술하고 있다.

표 15-3
조직개발의 성격

성 격	의 미
(1) 계획된 변화다.	구체적 목표를 가지고 철저한 진단에 입각하여 변화를 계획하고 실천한다.
(2) 공동노력에 의한 변화를 추구한다.	변화에 영향을 받는 조직구성원들의 참여와 몰입을 전제로 한다.
(3) 성과지향적이다.	성과를 높이는 방법에 초점을 둔다.
(4) 인본주의에 기초한다.	OD는 근본적으로 구성원들의 잠재력을 극대화시켜 보다 효과적인 조직성과를 창출해 내는 데 주력한다.
(5) 시스템접근에 의한다.	조직의 한 부분, 한 문제에 국지적으로 적용할 수도 있지만 전체 조직시스템의 변화를 더 중시한다.
(6) 과학적이다.	조직효과증진에 효과가 있다고 입증된 기법들을 적용한다.

자료: Harvey, D. F. & Brown, D. R. 1996. *An Experiential Approach to Organization Development*. Upper Saddle River, N. J.: Prentice-Hall, p.4.

그림 15-7
조직개발 과정 모델

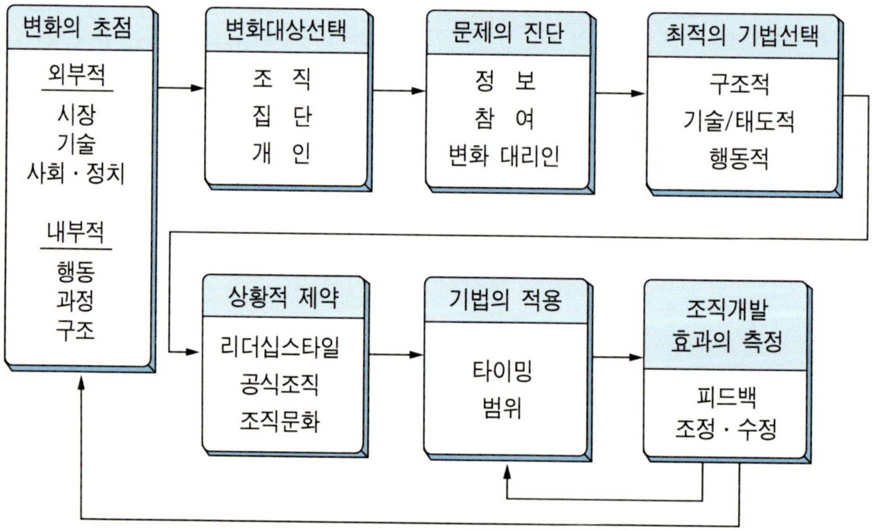

자료: Ivancevich, J. M. & Matteson, M. T. 1987. *Organizational Behavior and Management*. Business Publication, Inc.에서 수정 인용.

변화의 초점 및 대상의 선택

변화의 초점은 크게 외부적 초점과 내부적 초점으로 나누어 볼 수 있다. 외부적 초점은 기업 외부로부터의 불확실성에 대응하기 위한 것이고, 내부적 초점은 기업 내부요인들의 불확실성을 제거하기 위한 것이다.

시장, 기술, 사회, 정치적 변화에 민감하게 대응할 수 있는 관리자양성을 조직개발의 목표로 삼을 수 있다. 조직외적 환경과의 관계에 초점을 두고 있다는 점에서 경영전략 분야와 관련된다. 최근 들어 경영환경의 변화가 빠르고 복잡한 양상을 띠면서 관리자들의 경계관리(Boundary Spanning)역할이 보다 중요해지고 있다. 조직개발 프로그램의 초점도 내부적 요인에만 국한시켜서는 안될 것이다.

변화에 대한 내부적인 초점은 기업이 목표를 수행하는 과정과 구성원들의 행동에 있어서 발생할 수 있는 문제에 초점을 둔다. 흔히 다루어지는 분야들은 의사결정과 커뮤니케이션의 문제들이다. 경영자, 관리자, 조직원간에 커뮤니케이션이 원활히 이루어지지 않고 중요한 의사결정이 제도나 관행에 희생되는 상황을 개선하려는 것이다. 또한 구성원들은 기업의 목표를 수행하기보다는 자신의 만족을 위하여 조직목표와 상반되는 행동들을 하는 경우도 있다. 이러한 경우, 구성원들을 조직목표달성 과정에 동참시키는 것을 조직개발의 목표로 할 수 있다.

문제의 진단

문제란 보는 사람에 따라 달라질 수 있으므로 진단의 효과성을 높이기 위한 기법들을 참조할 필요가 있다. 흔히, 조직진단, 사기조사, 태도조사 등의 이름으로 불리우며 설문조사, 면접조사, 관찰조사 등의 방법을 사용한다. 그 중 가장 많이 쓰이는 설문조사의 경우 신뢰도나 타당성 검증이 탄탄히 이루어진 표준화된 설문을 사용하는 것이 결과의 유효성을 높이는 데 있어 매우 중요하다. 진단영역이 될 수 있는 것은 자율성, 직무몰입, 조직애착, 공식성, 갈등, 권력구조, 만족도 등 대단히 다양하다.[9)]

우리나라의 대기업들은 매년 정기적으로 조직진단을 위한 설문조사를 실

시한다.[10)]

외부 자문가의 도움을 받는 것도 객관성 유지를 위해서 바람직하다.

최적의 기법 선택

최적의 기법 선택이란 조직의 관리자가 진단한 문제를 해결하는 데 있어서 가장 적절한 기법을 선택하는 것을 말한다. 관리자들은 자신들이 원하는 최적의 결과를 얻을 수 있다고 판단되는 기법을 선택해야 한다. 지금까지 개발된 기법들이 상당히 많이 존재하고 있으며 기업의 상황에 맞는 기법을 선택하는 것이 조직개발의 성패를 가름한다고 할 수 있다. 기법들에 대한 자세한 내용은 제3절에 설명되어 있다.

상황적 제약

아무리 최적의 기법이 선택되었다고 하더라도 그것이 성공하려면 상황적 제약을 고려해야 한다. 상황적 제약의 대표적인 변수들은 조직문화, 조직구조의 특성, 그리고 리더십스타일 등이다. 즉, 선택된 조직개발기법은 이들 상황적 특성에 맞는 기법이어야 한다. 그러나 변화의 범위가 넓고 조직구조나 문화 자체가 변화의 대상인 경우에는 목적에 맞는 나름대로의 프로그램을 구축하는 것이 바람직하다.

기법의 적용

조직개발기법을 적용하는 데 있어서 중요한 두 가지 측면은 적용시기와 범위의 선택이다. 이것은 조직의 역사나 현상과 관련된다. 과거에 어떤 조직개발이나 변화 프로그램을 도입하였는가와 경영상태 등을 고려하여 실시하는 것이 성공 가능성을 높여 줄 수 있다.

조직개발효과의 측정

조직개발 프로그램이란 조직이 소유하고 있는 시간과 자금을 투자하여 기업이 희망하는 다른 자원(특히 인적 자원)을 획득하는 과정이라고 볼 수 있다. 따라서 적용된 기법이 적절히 수행되었는가를 평가하는 것은 투자효과를 확인하는 차원에서도 중요한 사항이다.

조직개발의 제기법

조직개발의 기법들을 분석의 수준에 따라 분류해 보면, 〈표 15-4〉에서처럼 개인수준, 집단수준, 그리고 조직수준의 기법들로 나눌 수 있다. 개인수준의 기법들은 개인의 행동, 지식, 태도 등의 변화를 추구한다. 물론 경우에 따라서는 같은 프로그램안에 개인, 집단, 그리고 조직수준의 변화를 동시에 목표로 하는 종합적인 프로그램들도 있다. 집단수준의 프로그램들은 개인대 집단, 집단구성원들간의 팀웍, 집단갈등 등의 문제들을 다룬다. 조직수준의 프로그램들을 조직개발 프로그램과 그렇지 않은 프로그램으로 분류하는 기준이 무엇인지는 분명치 않다. 〈표 15-4〉에서와 같이 스캔론 플랜이나 보상프로그램, 또는 조직원지주제 등을 조직 개발프로그램으로 볼 수 있는가에 대해서는 이견(異見)이 있을 수 있다. 또한 독자들은 이 기법들이 유효성 측면에서 상당한 차이를 보인다는 점에 유의해야 한다. 과학적 검증을 거쳐 유효성이 입증된 프로그램을 도입하는 것이 바람직하다.

이하에서는 각 수준의 기법들 중 중요시되는 몇몇 프로그램에 대하여 좀

표 15-4
분석의 수준에 따른 조직개발의 기법들[11)]

수 준	기 법
개인수준	감수성훈련, 그리드훈련(개인수준), 교류분석, 스트레스 수용능력개발, 생애-경력계획, 일반적 교육훈련 프로그램, 직무충실화, 역할연기
집단수준	팀빌딩, 집단대면, 과정자문법, 제3자 조정법, 서베이-피드백, 조직체거울, 감수성훈련, 그리드훈련(집단수준)
조직수준	그리드훈련(조직수준), 관리자대면기법, 시스템 4, 목표관리, QWL, 서베이-피드백, 스캔론플랜, 인적자원회계, 종업원지주제, 보상프로그램

더 자세히 살펴보도록 하겠다.

조직개발 기법의 예

팀빌딩

팀빌딩법의 가정

팀빌딩법은 집단내 개인의 행동과 태도에 영향을 미치는 집단구성원간의 비공식적인 관계를 중시함으로써 집단과정에서의 손실을 최소화하고 집단의 장점을 최대한 활용할 수 있다는 점을 강조한다. 구체적으로 팀구축법은 다음의 가정들에 기초하고 있다:

- 작업집단은 기술적 구조인 동시에 사회적 시스템이다.
- 집단구성원들이 공동목표를 달성하기 위하여 서로 협조할 때 작업집단의 효율성이 증진될 수 있다.
- 작업집단구성원들의 정서적인 욕구가 충족되고 복지가 향상되어야만 작업집단의 유지와 효율성 증진이 가능하다.

팀빌딩의 절차[12)]

팀빌딩의 절차를 요약하면 〈표 15-5〉와 같다.

조직개발에 대한 평가

조직개발기법들은 과연 효과가 있는가? 이 문제에 대해서 많은 논란이 있어 왔다. 조직개발개념을 지지하는 학자들은 조직개발기법들의 타당성이 과학적으로 입증되었다고 주장해 왔으나 다른 학자들은 여러 가지 이유를 들어 조직개발의 효과에 대해서 심각한 의문을 제기하고 있다.[13)] 예를 들어 우드만(Woodman)이란 학자는 조직개발분야의 연구결과와 방향을 밝히는 논문에서 다음과 같이 결론짓고 있다.

"조직개발분야는 여러 차원에서 이론, 실증연구, 그리고 적용간에 더 강

표 15-5
팀빌딩 절차

단 계	내 용
제1단계: 팀 연수	연수회(워크숍)를 통하여 조직 내의 여러 팀들이 변화를 수용할 수 있도록 만든다.
제2단계: 자료수집	설문지를 통하여 일선 감독자들로부터 조직의 분위기, 감독상태, 직무만족도 등에 대하여 자료를 수집한다.
제3단계: 자료처리	변화담당자는 전단계에서 얻은 자료를 팀에 제시하고 변화담당자가 참관하는 가운데 제시된 문제를 공개토론 시킨다. 공개토론을 통하여 우선순위를 결정하고 사전권고를 한다.
제4단계: 행동계획	앞에서 토론된 내용을 중심으로 실제로 수행할 변화계획을 수립한다.
제5단계: 팀빌딩	이 단계에서는 각 팀의 유효성을 저해하는 요소들을 규명하고, 거기에 대한 해결책을 개발하며, 바람직한 변화가 실천되도록 한다.
제6단계: 집단간 팀빌딩	조직 전체목표를 달성하는 데 있어서 서로 의존관계에 있는 팀들간의 문제를 밝혀내고 팀간에 서로 협조할 수 있는 체제를 확립하며 조직 전체에 이러한 변화를 확대해 나간다.

력한 연결을 필요로 하고 있다. …이 분야는 아직도(특정 기법의 효과를 검증하는) 실증연구들 중 많은 연구들이 질적으로(과학적으로) 엄격하지 못했다는 점 때문에 발전에 제약을 받고 있다."(p.223.)

조직개발분야의 연구들을 종합 검토한 논문들[14]을 종합해 볼 때, 조직개발에 관한 다음 몇 가지 사항들에 유념할 필요가 있다.

첫째, 조직개발기법에 대한 타당성 검증연구들의 과학적 엄격성이 과거보다는 나아졌으나 아직도 많은 문제점들을 내포하고 있다. 따라서 일반적으로 조직개발기법들을 실제에 적용함으로써 원하는 결과를 얻을 수 있는가에 대하여 커다란 확신은 가질 수 없다.

둘째, 연구결과들에 따르면 조직개발은 개인에게는 효과가 있는 것으로 나타났으나 조직전체과정에 대해서는 별 효과를 발견할 수 없었다.[15]

즉, 조직개발기법들이 효과가 있다고 하더라도 그 효과가 조직 전체에 스며들도록 하는 데는 많은 장애물들이 있음을 의미한다.

셋째, 상황에 따라 기법들의 효과가 많은 차이를 보인다.[16)]

넷째, 조직개발기법들이 직무성과에 대해서 어떤 영향을 미치는지는 확실치 않으나 구성원들의 태도나 동기(예, 만족도, 자기발견, 개방성향, 목표중시 등)와는 관련이 되는 것으로 나타나고 있다.[17)]

다섯째, 조직개발의 연구영역을 확대해야 한다는 주장이 제기되고 있다.[18)] 예를 들어, 전략적 문제를 해결하고 실천하는 데 조직개발기법을 적용하는 방안, 다국적기업에서의 조직개발활용문제, 사회운동에서의 조직개발기법의 사용, 그리고 고성과-고몰입(高成果-高沒入) 집단의 개발문제 등을 새로운 연구분야로 들 수 있다. 뿐만 아니라 하향식 개입방식만을 사용할 것이 아니라 상향식 방법도 고려할 수 있을 것이며 다가오는 시대의 조직변화에 대한 도전을 극복할 수 있는 새로운 조직개발기법의 창안을 주장하는 학자들도 있다.[19)]

제15장 문제 풀이

(1) 조직변화와 조직개발의 공통점과 차이점을 제시하시오.

(2) 다음은 한 연구소에서 조사한 "성공적인 변화구도"에 관한 자료이다. 조직이 추진하는 변화에 대한 구성원들의 태도가 선도자에서 반대자에 이르기까지 다양하게 나타난다. 성공하는 변화프로그램과 실패하는 프로그램 간에는 선도자~동조자의 비율에 있어 차이가 난다.

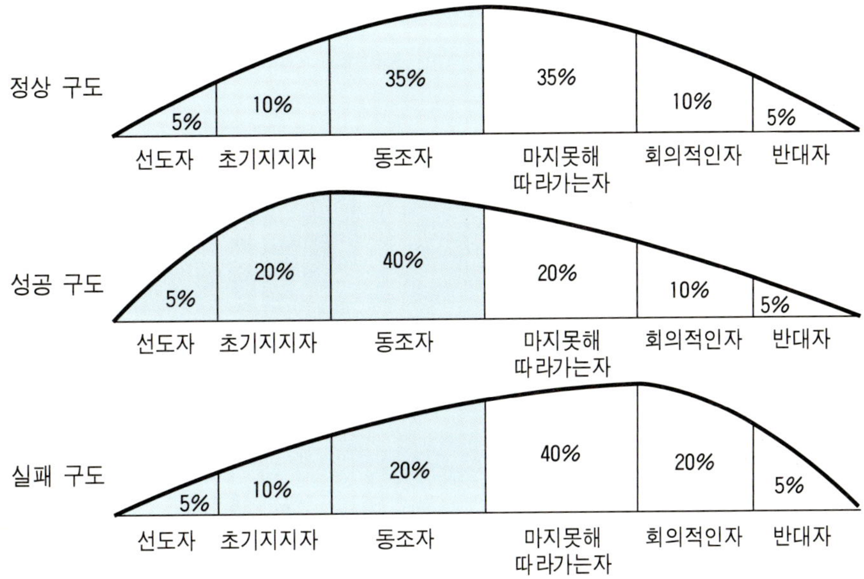

성공구도와 실패구도의 특징 차이는 무엇인가?

종합 사례 15 IBM의 조직변화

IBM은 1970~1980년대까지만 해도 메인프레임 컴퓨터나 PC 등 컴퓨터 하드웨어를 만들던 회사이다. 하지만 1990년대 초 경쟁에서 뒤지면서 위기를 맞았다. 급기야 1993년 루 거스트너(Lou Gerstner)를 새로운 CEO로 영입하면서 소프트웨어 솔루션(software solution) 회사로 대대적인 조직변화를 성공시켰다.

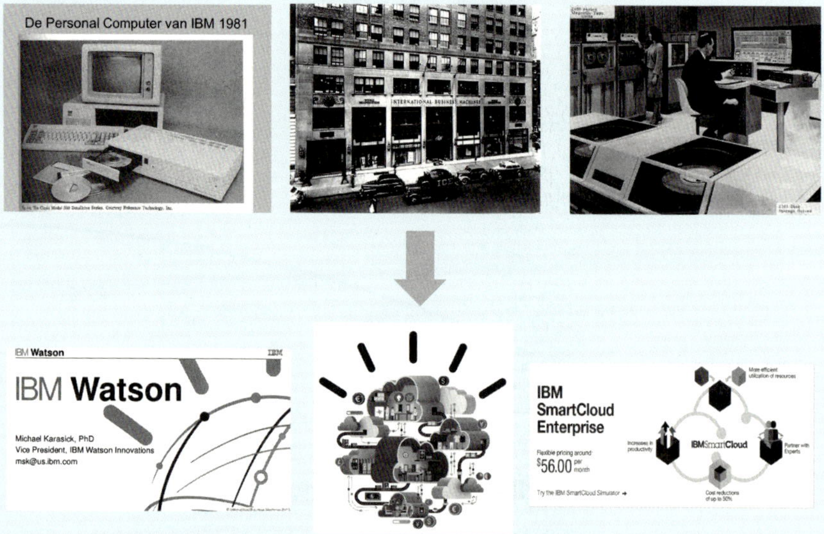

IBM 조직변화의 구체적 내용은 다음 몇 가지로 요약된다.

1. 과감한 구조조정과 재통합
2. 최대의 서비스 및 토털 솔루션업체로 변신
3. 프로세스 중심의 업무 혁신
4. 기업문화 혁신
5. 앞선 기술로 고객을 위한 가치창출

[종합 문제 15] IBM 혁신의 성공요인은 무엇인가?

나의 조직행동 진단 15

나의 변화지향성향

▣ 아래의 〈응답양식〉을 이용하여 주어진 항목에 응답하시오.

〈응답양식〉

1	2	3	4	5
전혀 그렇지 않다	그렇지 않다	보통이다.	그런 편이다	매우 그렇다

항 목	1	2	3	4	5
1. 나는 일을 할 때 종종 보다 개선된 절차를 적용하려고 노력한다.					
2. 나는 종종 좀더 효과적으로 일하기 위해서 무엇을 바꾸면 될까를 생각한다.					
3. 나는 다른 사람들과 함께 일 할 때도 종종 전체를 위해서 일 방식을 개선하려고 노력한다.					
4. 나는 보다 효과적인 새로운 일 처리 방식을 도입하려고 노력한다.					
5. 나는 종종 비생산적인 규범이나 규칙을 바꾸기 위해서 노력한다.					
6. 나는 일을 더 효과적으로 할 수 있는 건설적 제안을 한다.					
7. 나는 종종 잘못된 일의 절차나 관행을 바로 잡으려고 노력한다.					
8. 나는 종종 중복되고 불필요한 일 처리 절차를 없앤다.					
9. 나는 가끔 고질적 문제에 대한 해법을 찾아내곤 한다.					
10. 나는 가끔 효율성을 높일 수 있는 절차나 방법을 제안한다.					

[해 석]

당신의 응답을 다 합한 뒤, 10으로 나눈 것이 당신의 점수이다. 당신의 점수가 4.0 이상이면 변화지향성이 매우 높은 것이며, 2.0 이하이면 매우 낮은 것이다. 그 사이에 오면 보통이라고 보면 된다.

각 주 모 음

제2장 능력, 태도, 가치관

1) John M. Ivancevich & Michael T. Matteson, 1987, *Organization Behavior and Management*, Plano, Texas : Business Publications, Inc., p.56.
2) Chris Argyris, 1962, *Interpersonal Competence and Organizational Effectiveness*, Homewood, Ⅲ.: Irwin, Dorsey Press.
3) John L. Bledsoe, 1976, "Your Four Communication Style," *Trainning*, pp.18-21.
4) A. Kohn, October 1987, "It' s hard to get left out a pair," *Psychology Today*, pp.53-57.
5) Lean Festinger, 1957, *A Theory of Cognitive Dissonance*, Stanford University Press.
6) Locke, E. A., 1976, "The nature and cause of Job Satisfaction," In M. D. Dunnette (ed.), *Handbook of Industrial & Organizational Psychology*, Chicago: Rand McNally.
7) Smith, P. C., Kendall, L. M. & Hulin, C. L., 1969, *Measurement of Satisfaction in Work and Retirement*, Chicago Rand McNally.
8) Luthans, F., 1998, OB, McGraw Hill.
9) Judge, T. A., Thoresen, C. J., Bono, J. E., & Patton, G. K., May 2001. The job satisfaction-job performance relationship: A qualitative and quantitative review. *Psychological Bulletin*, 376-407.
10) Judge, T. A., Piccolo, R. F., Podsakoff, N. P., Shaw, J. C., & Rich, B. L. 2010. The relationship between pay and job satisfaction: A meta-analysis of the literature. *Journal of Vocational Behavior*, 77, 157-167.
11) 이것을 "수준적응이론"(adaptation level theory)이라고 한다.
12) Green, C., & Heywood, J. S. 2007. Does performance pay increase job satisfaction? *Economica*, 75, 710-728.
13) Meyer, J. P. and Allen, N. J., 1991, "A Three-Component Conceptualization of Organizational Commitment," *Human Resource Management Review*, 1, pp. 61-89.
14) Organ, D. W. 1988. *Organizational citizenship behavior: The good soldier syndrome*. Lexington, MA: Lexington Books.
15) Williams, L. J., & Anderson, S. E. 1991. Job satisfaction and organizational commitment as predictors of organizational citizenship and in-role behaviors. *Journal of Management*, 17, 601-617.
16) Milton Rokeach, 1973, *The Nature of Human Values*, New York: Free Press, p.5.
17) *Ibid.*
18) Anthoney J. DeVito, Janet F. Carlson, and Joanno Kraus, 1984, "Values in Relation to Career Orientation, and Each Other," *Counselling and Values*, pp.202-6.
19) Stephen P. Robbins, 1984, *Essentials of Organizational Behavior*.
20) *Ibid.*
21) Georgo, J.M., & Zhou, J. 2001. When openness to experience and conscientiousness are related to creative behavior: An interactional approach. *Journal of Applied Psychology*, 86-3, 523-524.

제3장 성격, 감정, 지각

1) Avis, J. M., Kudisch, J. D., & Fortunato, V. J. 2002. Examining the incremental validity and adverse impact of cognitive ability and conscientiousness on job performance. *Journal of Business and Psychology*, 17-1, 87-105.
2) Boyce, C. J., Wood, A. M., & Brown, G. D. A. 2010. The dark side of conscientiousness: Conscientious people experience greater drops in life satisfaction following unemployment. *Journal of Research in Personality*, 44-4, 535-539.
3) Smith, M. M., Saklofske, D. H., & Nordstokke, D. W. 2014. The link between neuroticism and perfectionistic concerns: The mediating effect of trait emotional intelligence. *Personality and Individual Differences*, 61-62, 97-100.

4) Friedman, M. & Roseman, R. H., 1974, *Type A Behavior and Your Heart*, Greenwich, Conn.: Fawcett Publication.

5) Greenberg, J. & Baron, R. A., 1997, *Organizational Behavior*, N. J.: Prentice Hall.

6) Michell, T. R., Smyser, C. M. and Weed, S. E., 1975, "Locus of Control: Supervision and Work Satisfaction," *Academy of Management Journal*, pp.623-31.

7) Abraham K. Korman, 1974, *The Psychology of Motivation*, Englewood Cliffs, N. J.: Prentice-Hall, p.227.

8) Albert Bandura, 1982, "Self-efficacy Mechanism in Human Agency," *American Psychologist*, vol.37, pp.122-147.

9) John B. Miner, 1988, *Organizational Behavior*, New York: Random House, p. 84.

10) Raymond A. Katzell and Donna E. Thompson, 1990, "Work Motivation," *American Psychologist*, pp.145-146.

11) Maccoby, M. 2007. *Narcissistic leaders: Who succeeds and who fails*. Harvard Business School Press.

12) Zeigler-Hill, V., & Besser, A. 2013. A glimpse behind the mask: Facets of narcissism and feelings of self-worth. *Journal Of Personality Assessment*, 95(3), 249-260.

13) Maccoby, M. 2007. *Ibid*.

14) Muchinsky, P. M. 2000. Emotions in the Workplace : The neglect of organizational behavior. *Journal of Organizational Behavior*, 21: 801-805.

15) Seo, M.G., Barret, C.F., & Bartunek, J.M. 2004. The role of affective experience in work motivation. *Academy of Management Review*, 29-3: 423-439.

16) Jordan, P.J., Ashkanasky, N.M., & Hartel, C.E.J. 2002. Emotional Intelligence as a moderator of emotional and behavioral reactions to job insecurity, *Academy of Management Review*, 27-3: 361-372.

17) David L. Hamilton, 1979, "A Cognitive-Attributional Analysis of Stereotyping," In L. Berkowitz(ed.) *Advances in Experimental Social Psychology*, New York: Academic Press, Vol. 12, pp.53-84.

18) Broverman, I. K., Susan Raymond Vogel, Donald M. Broverman, Frank E. Clarkson, and Paul S. Rosenkrantz, 1972, "Sex-Role Stereotypes: A Current Appraisal," *Journal of Social Issues* 28, no.2, p.75.

19) Skrypnek, B. J. and Mark Snyder, 1982, "On the Self-Perpetuating Nature of Sterotypes about Women and Men," *Journal of Experimental Social Psychology*, pp.227-91.

20) Benson Rosen and Thomas H. Jerdee, 1985, *Older Employees: New Roles for Valued Resources*, Homewood, Ⅲ.: Dow Jones-Irwin.

21) David A. Waldman and Bruce J. Avolio, 1986, "A Meta-Analysis: Age Differences in Job Performance," *Journal of Applied Psychology*, p.36.

22) Robert Rosenthal and Lenore Jacobson, 1968, *Pygmalion in the Classroom: Teacher Expectation and Pupils' Intellectual Development*, New York: Holt, Rinehart & Winston.

23) Dov Eden, 1984, "Self-Fulfilling Prophecy as a Management Tool: Harnessing Pygmalion," *Academy of Management Review*, pp.64-73.

24) Luthans, F., 1998, *Organizational Behavior*, Boston: McGraw-Hill.

제4장 욕구중심 동기부여 이론들

1) Alderfer, C. P., 1969, "An empirical test of a new theory of human needs," *Organizational Behavior and Human Performance*, 4, pp.142-175.

2) Henry A. Murray, 1938, *Explorations in Personality*, New York: John Wiley & Sons.

3) Steers, 1984, 앞의 책.

4) Steers, 1984, 앞의 책.

5) Miner, J. B., 1980, *Theories of Organizational Behavior*, Hinsdale, Ⅲ.: The Dryden Press.

6) Frederick, Herzberg, and Alex Zautra, 1976, "Orthodox Job Enrichment: Measuring True Quality in Job Satisfaction," *Personnel*, vol.5-3-5, pp.54-68.

제5장 최근 동기부여 이론들

1) Locke, E. A., 1968, "Toward a theory of task motivation and incentives," *Organizational Behavior and Human Performance*, E, pp.157-89.

2) 예를 들면, Early, P. C., Lee, C. & Hanson, L. A., 1989, "Joint moderating effects of job experience and task component complexity: Relations among goal setting, task strategies and performance," *Journal of Organization Behavior*, 10.

3) 예를 들면, Bandura, A. & Cervone, D., 1983, "Self-

evaluative and self-efficiency mechanisms governing the motivational effects of goal systems," *Journal of Personality and Social Psychology*, 45, pp.1012-1028.

4) Locke, E. A., 1968, 앞의 논문; Hollenbeck, J. R. & Klein, H. J., 1987, "Goal commitment and the goal setting process: Problems, prospects, and proposals for future research," *Journal of Applied Psychology*.

5) Locke, E. A. & Latham, G. P., 1990, 앞의 책.

6) Wood, R. E., 1986, "Task Complexity: Definition of the construct," *Organizational Behavior and Human Decision Processes*, 37, pp.60-82.

7) Wood, R. E., Mento, A. J. & Locke, E. A., 1987, "Task Complexity as a moderator of goal effects: A meta-analysis," *Journal of Applied Psychology*, 72, pp.416-25.

8) Kibok Baik, 1988, "Test of goal setting under competition," *Doctoral Dissertation*, University of Houston.

9) Miner, J. B., 1980, 앞의 책.

10) Bem, D. J., 1972, "Self-Perception theory," In L. Berkowits(ed.), *Advances In Experimental Social Psychology*, vol.6, New York: Academic Press.

제6장 학습과 스트레스

1) Bandura, A., 1977, *Social Learning Theory*, Englewood Cliffs, N. J.: Prentice-Hall.

2) Dewey, J. 1938. *Experience and Education*. New York, Collier.

3) 여기에서의 자극이란 왓슨의 Stimulus개념이 아니라 Cue(단서)에 해당하다. 예를 들어 뜨거운 스토브에 손을 댔을 때 우리는 재빨리 손을 뺀다. 뜨거운 스토브라는 Stimulus가 행동의 직접적인 원인이 된 것이다. 그러나 차를 몰다가 빨간불이 들어왔을 때 제동을 거는 것은 통과했을 때 발생할 수 있는 결과(예, 사고)를 가상한 행동이다. 이 경우 Cue 가 작용했다고 한다.

4) Arvey, R. D. & Ivancevich, J. M., 1980, "Punishment in Organizations: A Review, Propositions, and Research Suggestions," *Academy of Management Review*, pp.123-32.

5) Ferter, C. B. & Skinner, B. F., 1957, *Schedules of Reinforcement*, New York: Appleton-Century-Crofts.

6) Luthans, F. & Kreitner, R., 1985, *Organizational Behavior Modification and Beyond: An Operant and Social Learning Approach*, Glenview, Ⅲ.: Scott, Foresman.

7) 앞의 책.

8) Hunter, L. W., & Thatcher, S. M. B. 2007. Feeling the heat: Effects of stress, commitment, and job experience. *Academy of Management Journal*, 50(4), 953-968.

9) 여기서 개인차 변인들을 조절변인이라고 한다. 조절변인과 모델 해석에 대해서는 제1장의 연구방법 부문을 참조하기 바란다.

10) Selye, H., 1976, *The Stress of Life*, New York: McGraw-Hill; 유기현, 1992, 「스트레스 관리」, 무역경영사.

제7장 집단과 팀

1) David DeSteno. DECEMBER 12, 2016. To Make a Team More Effective, Find Their Commonalities. *Harvard Business Review*. https://hbr.org/2016/12/

2) Steiner, I. D., 1972, *Group process and productivity*, New York: Academic Press.

3) Jackson, S. E., & Joshi, A. 2004. Diversity in social context: A multi-attribute, multilevel analysis of team diversity and sales performance. *Journal of Organizational Behavior*, 25(6), 675-702.

4) Timmerman, T. A. 2000. Racial diversity, age diversity, interdependence, and team performance. *Small Group Research*, 31, 592-606.

5) Kreitner & Kinicki, 앞의 책.

6) McGrath, J. E., 1964, *Social Psychology: A brief introduction*, New York: Holt, Rinehart, & Winston.

7) Hackman, J. R., 1992, "Group influence on individuals in organizations," In M. D. Dunnette & L. M. Hough(eds.), *Handbook of Industrial and Organizational Psychology* (Vol. 3), Palo Alto, CA.: Consulting Psychologists Press Inc., pp.199-267.

8) Feldman, D. C., 1984, "The development and enforcement of group norms," *Academy of Management Review*, pp.47-53.

9) Mohrman, S. A., 1993, "Integrating roles & Structure in the lateral organization," In Galbraith, J. R. & Lawler, E. E., Ⅲ, (eds.), *Organizing for the future*, San Fransisco: Jossey Bass, pp.109-141.

10) Lipnack, L., & Stamps, J. 2001. *Virtual teams: People working across boundaries with technology*. New York: Wiley.

11) Gilder, G. 2001. *Telecosm: How infinite bandwidth will revolutionize our world.* New York: Free Press.

12) Salas, E., Nancy J. Cooke, N. J., & Michael A. Rosen, M. A. 2008. On teams, teamwork, as well as team performance: Discoveries and developments. *Human Factors: The Journal of the Human Factors and Ergonomics Society*, 50-3, 540-547.

13) Harris, T. C., & Barnes-Farrell, J. L. 1997. Components of teamwork: Impact on evaluations of contributions to work team effectiveness. *Journal of Applied Social Psychology*, 27-19, 1694-1715.

14) Hellriegel et al., 1998, 앞의 책.

15) Robbins, S. P., 1998, *Organizational Behavior*, Upper Saddle River, N. J.: Prentice-Hall.

제8장 커뮤니케이션

1) James L. Bowdick and Anthony F. Buono, 1985, *A Primer on Organizational Behavior*, New York: John Wiley & Sone, p.81.

2) Petković M., Janićijević N., Bogičević Milikić B. 2008. *Organizacija*. Ekonomski Fakultet, Beograd.: Neher, W. W. 1997. *Organizational Communication-Challenges of Change, Diversity and Continuity*. Allyn and Bacon, Boston.

3) Shannon, C. & Weaver, W., 1953, *The Mathematical Theory of Communication*, Urbana: University of Illinois Press; W. Schramm, "How Communication Works," In *The Press and Effects of Mass Communication*, ed. Wilbur Schramm, Urbana: University of Illinois Press, pp.3-26.

4) Robert E. Ault, 1986, "Draw on New Lines of Communications," *Personnel Journal*, pp.72-77.

5) Lengel, R. H. and Daft, R. L., 1988, "The Selection of Communication Media as an Executive Skill," *Academy of Management Executive*, pp.225-32.

6) Greenberg, J. & Baron, R. A., 1997, *Behavior in Organizations*, Upper Saddle River, N. J. : Prentice-Hall.

7) S. Ashford, 1986, "Feedback-Seeking in Individual Adaptation: A Resource Perspective," *Academy of Management Journal*, pp.465-87.

8) Mark, M. L. 1994. Electronic mail as the medium of managerial choice. *Organization Science*, 5, 502-527.

9) Lee, H., Kwak, N. J., Campbell, S. W., & Ling, R. 2014. Mobile communication and political participation in South Korea: Examining the intersections between informational and relational uses. *Computers in Human Behavior*, 38, 85-92.

10) Korea Internet & Security Agency. 2012. 2012 survey on the wireless Internet usage: Executive summary. 〈http://isis.kisa.or.kr/board/?leDown.jsp?pageId=040100&bbsId=7&itemId=790&athSeq=2〉.

11) Bruce Barry, B., & Fulmer, I. S. 2008. The medium and the message: The adaptive use of communication media in dyadic influence. *Academy of Management Review*, 29-2, 272-292.

12) Robert E. Callahan and C. Patrick Fleemor, 1988, *Managing Human Relations*, Columbus, Ohio: Merill Publishing Co., p.141.

13) Bavelas, A. and Barrett, D., 1951, "An Experiential Approach to Organization Communication," Personnel, 1951; M. E. Shaw, 1986, *Group Dynamics: The Psychology of Small Group Behavior*, New York: McGraw-Hill; E. M. Rogers and R. A. Rogers, 1976, *Communication in Organizations*, New York: The Free Press.

14) Katz, D. and Kahn, R. L., 1978, *The Social Psychology of Organizations*, 2nd ed., New York: John Wiley & Sons.

15) Beck C. E. and Beck, E. A., 1986, "The Manager's Open Door and the Communication Climate," *Business Horizons*, pp.15-19.

16) Allan D. Frank, 1985, "Trends in communication: Who Talks to Whom?" *Personnel*, pp.41-47.

17) Ivancevich, J. M. and Donnelly, J. M. Jr., 1974, "A Study of Role Clarity and Need for Clarity in Three Occupational Groups," *Academy of Management Journal*, pp.28-36.

18) Keith Davis, 1953, "Management communication and the Grapevine," *Harvard Business Review*, pp.43-49.

19) http://www.crossroadsinstitute.org. 2004. 6. 19.

제9장 권력과 정치

1) Grimes, A. J., 1978, "Authority Power, Influence, and Social Control: A Theoretical Synthesis," *Academy of Management Review*, p.725.

2) 예를 들어, Kipnis, D., 1976, *The Powerholders*, Chicago: University of Chicago Press, p.77.

3) *Ibid.*, pp.349-350.

4) Kipnis, D., Schmidt, S.M., & Wilkinson, J. 1980. Intraorganizational influence tactice : Explorations in getting one's way. *Journal of Applied Psychology,* 440-452.

5) Robello, K., Burrows P., & Sager, I., 1996(Feb. 5), "The fall of an American icon," *Business week,* pp.34-42.

6) Kelman, H. C., 1958, "Compliance, Identification, and Internalization: Three Processes of Attitude Change," *Journal of Conflict Resolution,* 2, pp.51-60; Etzioni, A. 1961, *A Comparative Analysis of Complex Organizations,* New York: Free Press.

7) Luthans, 1998, 앞의 책.

8) Organ, D. W. & Bateman, T. S., 1991, *Organizational Behavior,* Homewood, Ⅲ.: Irwin.

9) Ashford, B. E., 1989, "The experience of powerlessness in organizations," *Organizational Behavior and Human Decision Processes,* 43, pp.207-42.

10) Kanter, R. M., 1979, "Power failure in management circuits," *Harvard Business Review,* 57, pp.65-75.

11) 박원우, 1994, *임파워먼트「고급관리자 과정」*, 대우그룹연수원.

12) Spreitzer, G. M., Kizilos, M. A. & Nason, S. W., 1997, "A dimensional analysis of the relationship between psychological empowerment and effectiveness, satisfaction, and strain," *Journal of Management,* 23-5, pp.679-704.

13) Ferris, G. R., Russ, G. S., & Fandt, P. M. 1989. Politics in organizations. In R. A. Giacalone & P. Rosenfield (Eds.), *Impression management in the organization*(pp.143-170). Hillsdale: Lawrence Erlbaum

14) FROST, P. J., & EGRI, C. P. 1991. The political process of innovation. In L. L. Cummings & B. M. Staw(Eds.). *Research in organizational behaviour. Greenwich,* CT: JAI Press, pp.229-295.

15) Buchanan, D., & Badham, R. 1999. Politics and organizational change: The lived experience. *Human Relations,* 52(5): 609-629.

16) Miller, B. K., Rutherford, M. A., & Kolodinsky, R. W. 2008. *Journal of Business and Psychology,* 22(3): 209-222.

17) Robert H. Miles, 1980, 앞의 책, pp.182-184.

18) Schoen, H. 2011. Personality and the foundations of political behavior. *Acta Politica,* 46(3): 323-325.

19) Allen, R. W., Madison, D. L., Porter, L. W., Renwick, P. A., & Mayes, B. T. 1979. Organizational politics: Tactics and characteristics of its actors. *California Management Review,* 22, 77-83.

20) Byrne, Z. S. 2005. Fairness reduces the negative effects of organizational politics on turnover intentions, citizenship behavior and job performance. *Journal of Business and Psychology,* 20(2): 175-200.

21) Stephen L. Payne and Bernard F. Pettingill, 1986, "Coping with Organizational Politics," *Supervisory Management,* April, pp.28-31.

22) Tyler, T. R., & Lind, E. A. 1992. A relational model authority in groups. In M. P. Zanna(Ed.), *Advances in experimental social psychology*(pp.115-191). 25 San Diego, CA: Academic Press.

23) Beeman, D. R. & Sharkey, T. W., 1987, "The Use and Abuse of Corporate Politics," *Business Horizons,* p.30.

제10장 리더십 I

1) Bass, B. M. 1981. Stogdill's handbook of leadership. New York : The Free Press.

2) Rost, J. C. 1993. *Leadership for the twenty-first Century.* Praeger Publishers.

3) Bennis W. & Nanus, B., 1985, *Leaders: The Strategies for Taking Charge,* New York: Harper & Row.

4) Fleishman, E. A., Harris, E. F. & Burtt, H. E., 1955, *Leadership and Supervision in Industry,* Columbus: Bureau of Educational Research, Ohio State University.

5) Jago, A. G., 1982, 앞의 논문.

6) Blake, R. R. and Mouton, J. S., 1964, *The Managerial Grid,* Houston, TX: Gulf Publishing Co.

7) Organ, D. W. & Bateman, T. S., 1991, *Organizational Behavior,* Homewood, Ⅲ.: Irwin Inc.

8) 즉, VDL이론은 분석의 수준(level of analysis)이 수직쌍(dyad)이다. 그리고 수직쌍(dyad)을 분석수준으로 삼는 연구는 사회학에서 많이 발견된다(예, 남과 여, 부와 모 등).

9) 내집단(in group), 외집단(out group)을 지원자 vs. 보통의 구성원, 리더십 관계 vs. 감독관계, 양질의 관계 vs. 저질의 관계, 또는 집단내(within group) vs. 집단간(between group) 등으로도 구분한다.

10) Graen, G. B., & Uhl-Bien, M. 1995. Relationship-based

approach to leadership: Development of leader-member exchange(LMX) theory of leadership over 25 years: Applying a multi-level multi-domain perspective, *Leadership Quarlerly*, 6(2), p. 231에서 수정 인용.

11) Rockstuhl, T., & Dulebohn, J. H., Soon, A., & Shore, L. M. 2012. Leader-member exchange(LMX) and culture: A meta-analysis of correlates of LMX across 23 countries. *Journal of Applied Psychology*, 97(6): 1097-1130.

12) Fiedler, F. E., 1967, *A Theory of Leadership Effectiveness*, New York: McGraw Hill.

13) Fiedler가 분류하는 리더십을 성격특성으로 볼 것인가 아니면 리더의 행위로 볼 것인가에 대하여 혼동을 일으키는 경우가 종종 있다. 그러나 1967년, 1971년, 그리고 1974년에 출판된 Fiedler의 저서들을 보면 분명히 "personality trait"임을 알 수 있다. 그러나 Fiedler도 종종 trait와 behavior를 혼동한 흔적이 있다.

14) 즉, House, R. J., 1971, "A Path-Goal Theory of Leader Effectiveness," *Administrative Science Quarterly*, Vol.16, pp.321-338; R. J. House & G. Dessler, G. Hunt & L. L. Larson(eds.), *Contingency Approaches to Leadership*, Southern Illinois University Press, pp.29-55; R. J. House and T. R. Mitchell, 1974, "Path-Goal Theory of Leadership." *Journal of Contemporary Business*, Vol.5, pp.81-97.

15) 본래 Hersey와 Blanchard는 상황변수로 'maturity'라는 단어를 사용하다가 1988년 저서에서는 'readiness'라는 어휘로 대체하였다. 물론 양자간에 뉘앙스의 차이는 있겠으나 적당한 역어를 발견하지 못하여 readiness에 대해서 그냥 '성숙도'라고 표현하기로 하였다. 지금까지 성숙도라는 낱말은 maturity에 대한 역어로 사용되어 왔다.

16) Randolph, W. A. & Blackburn, R. S., 1989, *Managing Organizational Behavior*, Homewood, Ⅲ,: Irwin, p.319.

17) Kerr, S. & Jermier, J. M., 1978, "Substitutes for leadership," *Organizational Behavior and Human Performance*, 22, pp.375-403.

18) Bass, B. M., 1990, *Bass & Stogdill's Handbook of Leadership*, New York: Free Press.

19) Wedley, W. C. & Field, R. H. G., 1984, "A Predecision Support System," *Academy of Management Review*, 9, pp.696-703.

20) 1973년 본래 모델의 상황변수는 여덟 가지였으나 한 가지("당신은 무슨 정보가 필요하며 누가 그것을 가지고 있고, 어떻게 그것을 수집할 수 있는지를 정확히 알고 있습니까?")는 실증적 지지가 나타나지 않아 Vroom, Yetton & Jago(1976)에서부터 현재의 일곱 가지로 굳어져 사용되고 있다: Vroom, V. H., Yetton P. W. & Jago, A. G., 1976, *Leadership and decision making cases and manuals for use in leadership training*(3rd ed.), New Haven, CT.:Authors.

21) 김남현 & 백기복 공역[Vroom & Jago 저], 1994. 「뉴리더십」, 매일경제신문사.

제11장 리더십 II

1) House, R. J., 1977, "A 1976 theory of charismatic leadership" In Hunt, J. G. & Arson, L. L.(eds.), *Leadership: The Cutting Edge*, Carbondal: Southern Illinois University Press.

2) Lowenstein, K., 1966, *Max Weber's political ideas in the perspective of our time*, The University of Massachusetts Press.

3) Weber, M., 1947, *The theory of social and economic organizations*(T. Parson, Trans.), New York: Free Press.

4) Bass, B. M., 1985, *Leadership and performance beyond expectations*, New York: Free Press.

5) Jay. A. Conger, 1989, *The Charismatic Leader*, San Fransisco: Jossey-Bass.

6) Conger, J. A., & Kanungo, R. N. 1998. *Charismatic leadership in organizations*. Thousand Oaks: Sage.

7) Shamir, B., House, R. J. & Arthur, M. B., 1998, "The motivational effects of charismatic leadership: A self-concept based theory," *Organization Science*, 4, pp.1-17.

8) Shackleton, V., 1995, *Business leadership*, New York: Routledge.

9) Lowe, K. B., Kroeck, K. G. & Sivasubramaniarn, N., 1996, "Effectiveness correlates of transforma-tional & transactional leadership: A meta-analysis review of the MLQ literature," *Leadership Quarterly*, 7, pp.385-425.

10) Baum, J. R., Locke, E. A. & Kirkpatrick, S. A., 1998, "A Longitudinal Study of the relation of vision and vision communication to venture growth in entrepreneurial firms," *Journal of Applied Psychology*, 86-1, pp.43-54.

11) Bass, B. M. 1985. *Leadership and performance beyond expectations*. New York: The Free Press.

12) Bass, B. M., & Avolio, B. J. 1990. *Improving organizational effectiveness through transformational leadership*. Thousand Oaks: Sage Publications.

13) Tims, M., Bakker, A. B., & Xanthopoulou, D. 2011. Do transformational leaders enhance their followers' daily work engagement? *Leadership Quarterly*, 22: 121-131. 원리는 이상적 역할모델만을 카리스마로 봤으나 최근에는 영감적 동기부여까지 포함한 개념으로 보기도 한다.

14) Bass, B. M. 1985. 위의 책.

15) Judge, T. A., & Piccolo, R. F. 2004. Transformational and transactional leadership: A meta-analytic test of their relative validity. *Journal of Applied Psychology*, 89: 755-768.

16) Bycio, P., Hackett, R. D., & Allen, J. S. 1995. Further assessments of Bass' 1985 conceptualization of transactional and transformational leadership. *Journal of Applied Psychology*, 80(4): 468-478.

17) Rafferty, A. E., & Griffin, M. A. 2004. Dimensions of transformational leadership: Conceptual and empirical extensions. *Leadership Quarterly*, 15: 329-354.

18) Wang, X. H., & Howell, J. M. 2012. A multilevel study of transformational leadership, identification, follower outcomes. *Leadership Quarterly*, 23: 775-790.

19) Yukl, G. 1999. An evaluation of conceptual weaknesses in transformational and charismatic leadership theories. *Leadership Quarterly*, 10(2): 285-305.

20) Manz, C. and Sims, H., 1989, *Superleadership: Leading others to lead themselves*, New York: Prentice-Hall.

21) Bass, B. M., 1990, 앞의 책.

22) 백기복 · 신제구 · 김정훈. 2015. 리더십의 이해. 창민사, 122쪽.

23) 윤정구. 2015. *진성리더십: 21세기 한국 리더십의 새로운 표준*. 라온북스.

24) Avolio, B. J., Gardner, W. L., Walumbwa, F. O., Luthans, F., & May, D. R. 2004. Unlocking the mask: A look at the process by which authentic leaders impact follower atttitudes and behaviors. *Leadership Quarterly*, 15(6): 801-823.

25) Zhu, W., Avolio, B. J., Riggio, R. E., & Sosik, J. J. 2011. The effect of authentic transformational leadership on follower and group ethics. *Leadership Quarterly*, 22(5): 801-817.

제12장 의사결정

1) MacCrimmon, K. R., & Taylor, R. M., 1976, "Decision Making and Problem Solving," In M. D. Dunnette(ed.), *Handbook of Industrial & Organizational Psychology*, Chicago: Rand McNally.

2) Taylor, R. N., 1984, *Behavioral Decision Making*, Glenview, Ⅲ.: Scott, Foresman, pp.16-17.

3) Simon, H. A., 1957, *Administrative Behavior: A Story of Decision Making Process in Administrative Organization*, New York: Free Press.

4) Simon, H. A., 1991, " Bounded rationality and Organizational learning," *Organization Science 2*, pp.125-134.

5) Hellriegel 등, 1998, 앞의 책.

6) Janis, I. L. & Mann, L., 1979, *Decision Making*, New York: The Free Press.

7) Kahneman, D. & Tversky, A., 1984, *American psychologist*, 39, pp.341-50: Tversky A. & Kahneman, D., 1974, "Judgment under uncertainty: Heuristics and biases," *Science*, 11, pp.1124-1131.

8) Kreitner, R., 1986, *Management*, 3rd ed., Boston: Houghton-Mifflin, p.211.

9) Kreitner & Kinicki, 1989, 앞의 책.

10) Bouchard, T. J., 1971, "Whatever Happened to Brainstorming?," *Journal of Creative Behavior*, pp.182-89.

11) Delbecq, A. L., Van de Ven, A. H. & Gustafson, D. H., 1975, *Group techniques for program planning*, Glenview, Ⅲ.: Scott, Foresman.

12) Norman Dalkey, 1969, *The Delphi Method: An Experimental Study of Gropu Opinion*, Santa Monica, Calif.: Rand Corporation.

13) Mason, R. O., 1969, "A dialectical approach to strategic planning," *Management Science*, 15, B406-B414.

14) Schweiger, D. M., Sandberg, W. R. & Ragan, J. W., 1986, "Group approaches for improving decision making: A Comparative analysis of dialectical inquiry, devil's advocacy, and consensus," *Academy of Management Journal*, 29, pp.51-71.

15) 박원우, 1992, 앞의 논문.

16) Bommer, M., Gratto, C., Gravander, J., & Tuttle, M. 1987.

A behavioral model of ethical and unethical decision making. *Journal of Business Ethics*, 6(4): 265-281.

17) Felps, W., Mitchell, T. R., Byington, E. 2006. How, when, and why bad apples spoil the barrel: The negative group members and dysfunctional groups. *Research in Organizational Behavior*, 27: 175-222.

18) "Newspaper Test" 대신에 "Internet Test" 등의 용어도 쓰인다. 인터넷에 유포되어도 떳떳한지를 따져보고 윤리성을 판단한다는 의미이다.

19) Luthans, 1998, 앞의 책.

20) Hellriegel 등, 1998, 앞의 책.

21) Gundlach, M. J., Douglas, S. C., & Martinko, N.J. 2003. The decision to blow whistle : A social information processing framework, *Academy of Management Review*, 28-1, 107-123.

제13장 갈등과 협상

1) http://mystory001.tistory.com/entry/BATNABest-Alternative-To-Negotiated-Agreement.

2) Thomas, K. W. 1992. Conflict and negotiation processes in organizations, in M. D. Duunette and L. M. Houghceds Handbook of Industrial and Organizational Psychology(2nd ed.) vol.3, Palo Alto, CA: Consulting Psychologiets Press, pp.651-717.

3) Stephen P. Robbins, 1978, "'Conflict Management' and 'Conflict Resolution' Are Not Synonymous Terms," *California Management Review*, p.70.

4) Jehn, K. A. 1995. A multimethod examination of the benefits and detriments of intragroup conflict. *Administrative Science Quarterly*, 40(2): 256-282.

5) Wang, G., Jing, R., & Klossek, A. 2007. Antecedents and management of conflict: Resolution styles of Chinese top managers in multiple rounds of cognitive and affective conflict. *International Journal of Conflict Resolution*, 18(1): 74-97.

6) Alan C. Filley, 1975, *Interpersonal Conflict Resolution*, Glenview, Ⅲ.: Scott, Foresman, pp.9-12.

7) Sherif, M. and Sherif, C., 1969, *Social Psychology*, New York: Harper & Row, pp.228-262.

8) Notz, W. and Starke, F., 1978, "Final Offer vs. Conventional Arbitration as Means of Conflict Management," *Administrative Science Quarterly*, pp.189-203: F. Luthans, 1998, *Organizational Behavior*, New York: McGraw-Hill.

9) Mehrabian, A., 1968, "Communicating with Words," *Psychology Today*, p.53.

10) Kaufman, F., 1970, "Decision making: Eastern & Western style," *Business Horizons*, 13-6, pp.81-86.

11) http://www.payscale.com/compensation-today/2013/09/

제14장 조직문화

1) Schein, E. H., 1985, 앞의 책.

2) 박원우, 1993, 앞의 논문; 류한호, 1992, 앞의 논문; Young, E., 1989, "On the naming of the rose: Interest and multiple meanings as elements of organizational culture," *Organizational Dynamics*, 10, pp.187-206.

3) 이 이외에도 이념, 관습, 규범, 전통, 지식, 기술 등의 용어들이 조직문화의 정의에 많이 사용된다.

4) Kreitner & Kinicki, 1989, 앞의 책.

5) Beyer, J. M. & Trice, H. M., 1987, "How an organization's rites reveal its culture," *Organizational Dynamics*.

6) Swindler, A., 1986, "Culture in action: Symbols and strategies," *American Sociological Review*, 51, pp.273-286; 서인덕, 1986, 앞의 논문; 김원석, 1991, 「*기업문화와 기업전략이 조직유효성에 미치는 영향에 대한 연구*」, 서강대 박사학위 논문.

7) Fiol, C. M., 1991, "Managing culture as a competitive resource: An identity-based view of sustainable competitive advantage," *Journal of Management*, 17-1, pp.191-211.

8) 김인수, 1991, 「*거시조직이론*」, 무역경영사, p.586.

9) Kotter, J. P., & Haskett, J. L. 1992, *Corporate Culture and Performance*. New York: The Free Press.

10) Smircich, L., 1983, "Concepts of culture and organizational analysis," *Administrative Science Quarterly*, pp.339-358.

11) Trompenaars, F. 1994. *Riding the waves of culture: Understanding culture and diversity in business*. London: Nicholas Brealey.

12) Quinn, R. E. 1988. *Beyond rational management: Mastering the paradoxes and competing demands of high performance*. Jossey-Bass.

13) Schein, E. H., 1985, 앞의 책.

14) Schein, E. H., 1985, 앞의 책.

15) Hofstede, G., 1983, "The cultural relativity of

organizational practices and theories," *Journal of International business Studies*, 14-2, pp.75-90.

16) Hofstede, 1983, 앞의 논문.

17) Hofstede, 1983, 앞의 논문.

18) 대한상의 보도자료. 2016. 3. 15. 한국기업의 조직건강도와 기업문화 보고서.

19) http://news.mk.co.kr/newsRead.php?no=752697&year=2016.

제15장 조직변화와 개발

1) 양자론(量子論: Quantum Theory)이란 눈에 보이는 연속적 현상만을 설명해주던 고전 물리학의 한계를 뛰어 넘어 원자, 분자와 같은 소립자들의 불연속적 변화현상을 체계화한 물리학의 한 이론이다. 조직학에서는 혁명적 변화를 뜻하는 말로 차용되고 있다. 점진적 변화에 대해서는 Quinn, J. B., 1980, *Strategies for Change: Logical Incrementalism*, Homewood, Ⅲ.: Irwin 참조.

2) Lewin, K., 1951, *Field Theory in Social Science*, New York: Harper & Row.

3) Randolph, W. A. & Blackburn, R. S., 1989, *Managing Organizational Behavior*, Homewood, Ⅲ.: Irwin.

4) Kotter, J. P. & Schlesinger, L. H., March-April 1979, "Choosing Strategies for change," *Harvard Business Review*, pp.106-114.

5) Randolph & Blackburn, 1989, 앞의 책.

6) French, W. C., Bell, C. H. Jr. & Zawacki, R. A., 1994, *Organization development and transfor-mation*, Boston: Irwin.

7) French, D. & Bell, H. Jr., 1990, *Organization Development: Behavioral Science Interventions for Organizational Development*(4th ed.), Englewood Cliffs, N. J.: Prentice-Hall.

8) Burke, W. W., 1982, *Organization Development*, Boston: Little, Brown, p.10.

9) Price, J. L. & Mueller, C. W., 1986, *Handbook of Organizational Measurement*, Cambridge, Mass.: Ballinger Pub.

10) 박광량, 1994, *조직혁신: 조직개발적 접근*, 경문사.

11) French, W. L. & Bell, C. H. Jr., 1984. *Organization Development*, 3rd ed., Englewood Cliffs, N. J.: Prentice-Hall: Porras, J. I. & Robertson, P. J. 1992. Organizational Development: Theory, Practice and Research, In M. D. Dunnette & L. M. Hough(eds.), *Handbook of Industrial & Organizational Psychology*, Consulting Psychologists Press, pp.719-822 등에서 요약 정리.

12) Nielsen, W. R. & Kimberly, J. R., 1973, "The Impact of Organizational Development on the Quality of Organizational Output," *Academy of Management Proceedings*, pp.528-529.

13) Woodman, R. W., 1989, "Organizational change and development: New arenas for inquiry and action," *Journal of Management*, 15-2, pp.205-228.

14) 최초의 종합 검토 논문: Friedlander, F. & Brown, L. D., 1974, "Organizational development," In Rosenzweig, M. R. & Porter, L. W.(eds.), *Annual Review of Psychology*, Palo Alto, CA: Annual Review, Vol.25, pp.313-341; 보다 최근의 예로는, Porras & Robertson, 1992, 앞의 논문을 들 수 있다.

15) Porras, J. I. & Berg, P. O., 1978, "The impact of organization development," *Academy of Manage-ment Review*, 3, pp.249-266.

16) Nicholas, J. M., 1982, "The comparative impact of organization development intervention on hard criteria measures," *Academy of Management Review*, 7, pp.531-542.

17) Luthans, 1998, 앞의 책.

18) Woodman, 1989, 앞의 논문.

19) Schein, E. H., 1990, "Organizational culture," *American Psychologist*, p.160.

찾아보기

[ㅂ]

[ㅅ]

[ㅇ]

[ㅈ]

[ㅎ]

[기타]

♣ 저자약력 ♣

白基福

현재 국민대학교 경영대학 교수
리더십/코칭MBA 창안 교수
"리더십연구" 편집위원장

역임 한국윤리경영학회 회장, 한국인사조직학회 회장, 대한리더십학회 회장, 한미경영학자협의회 공동의장, 국민대학교 교수회 회장, POSRI 연구원, 포항공대 겸직교수, (미국)James Madison University 조교수

저서 이슈리더십, 리더십리뷰, 대왕세종, 말하지 말고 대화를 하라, 리더십의 이해(공저), 성취형 리더의 7가지 행동법칙, 박태준 사상 미래를 열다(공저) 기타

간편 **조직행동**

2017년 2월 15일 초판 1쇄 발행
2019년 8월 20일 초판 3쇄 발행

昌 旼 社

저 자 백 기 복
발행인 윤 동 구
발행처 **창 민 사**
서울특별시 마포구 토정로 194 창성빌딩 203호
등 록 1999년 10월 28일 제10-1846호
전 화 3272-1243~4
F A X 3272-1245
E-mail cmbooks@hanmail.net

정가 26,000원 ISBN 978-89-90359-93-3 93320